L'ENCYCLO DE LA CUISINE

Garantie de l'éditeur
Pour vous parvenir à son plus juste prix, cet ouvrage a fait l'objet d'un gros tirage.
Malgré tous les soins apportés à sa fabrication, il est malheureusement possible
qu'il comporte un défaut d'impression ou de façonnage. Dans ce cas, ce livre vous sera échangé sans frais.
Veuillez à cet effet le rapporter au libraire qui vous l'a vendu ou nous écrire à l'adresse ci-dessous
en nous précisant la nature du défaut constaté. Dans l'un ou l'autre cas,
il sera immédiatement fait droit à votre réclamation.

Librairie GRÜND – 60, rue Mazarine – 75006 Paris

Traduit de l'allemand par :
Jean Bertrand (p. 43 à 82 et p. 395 à 413)
Annie Chérouvrier (p. 83 à 133)
Didier Debord (p. 414 à 474)
Jeanne-Marie Gaillard-Paquet (p. 10 à 42 et p. 134 à 167)
Catherine Métais-Buhrendt (p. 238 à 394)
Florence Paban (p. 168 à 237)

Adaptation française : Annie Herschlikowitz
Révision : Françoise Thechi et Béatrice Bottet
Mise en page : Louis Duparque

Première édition française 1995 par Librairie Gründ, Paris
©1995 Librairie Gründ pour l'édition française
ISBN : 2-7000-2302-1
Dépôt légal : octobre 1995

© Ceres-Verlag Rudolf-August Oetker KG, Bielefeld
© Rebo Production, Lisse
Photographies :
Ludwig Bartling, Bielefeld
Fotostudio Büttner, Bielefeld
Thomas Diercks, Hamburg
Gruner & Jahr, Hamburg
Friederun Köhnen, Sprockhövel
Fotodesign Bernd Lippert, Bielefeld
Herbert Maas, Hamburg
Orbis Verlag, München
Christiane Pries, Borgholzhausen
Fotostudio Teubner, Füssen
Brigitte Wegner, Bielefeld
Arnold Zabert, Hamburg

Photocomposition : Compo Rive Gauche
en Egyptian light et Balloon
Imprimé en Slovénie

L'ENCYCLO DE LA CUISINE

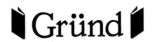

LES ENTRÉES ET LES ENTREMETS

*Sucrées ou salées,
des préparations idéales
pour commencer
un repas ou organiser
une petite collation.*

_____ Page 9

LES POMMES DE TERRE

*Appréciées
comme garniture,
les pommes de terre
peuvent aussi occuper
la place d'honneur
à table.*

_____ Page 43

LES PÂTES

*Leur infinie
variété permet
toutes les préparations
et toutes les fantaisies.*

_____ Page 61

LES LÉGUMES

*Cuisinés à l'ancienne,
ils offriront des saveurs
oubliées et mettront
en valeur viandes,
volailles et poissons.*

LES SALADES

*Fraîches et pleines de
vitamines, elles sont
toutes à croquer
sans modération.*

LES VIANDES

*Simples ou élaborées,
des recettes inventives
pour préparer tous
les types de viandes et
ne jamais manquer d'idées.*

LES POISSONS

Des préparations variées et des accompagnements originaux : les amateurs de poisson seront comblés.

_____ Page 239

LES GIBIERS

Plat de fête par excellence, les gibiers offrent des saveurs authentiques. Des recettes faciles à réaliser pour un succès garanti.

_____ Page 277

LES VOLAILLES

Rôties, en brochettes, en escalopes ou en émincés, les volailles occuperont une place de choix sur votre table.

_____ Page 307

LES POTÉES ET LES PLATS MIJOTÉS

Des recettes traditionnelles et des spécialités régionales pour des repas simples et conviviaux.

LES GRATINS

Croustillants et savoureux, ils séduiront tout à la fois les gourmands et les gourmets.

LES DESSERTS

Il sera difficile de leur résister : leur présentation est déjà un régal pour les yeux.

poêle sans matière grasse. Incorporez la crème fraîche dans la soupe en tournant doucement. Vous pouvez aussi la mélanger aux pignons de pin et servir le mélange séparément. La soupe au potiron peut très bien se consommer froide.

POTAGE AUX CAROTTES

Pour 4 personnes

400 g de carottes	1/2 pot de crème fraîche
2 grosses pommes de terre	1 cuillerée à soupe
1 céleri-rave	d'aneth haché
2 ou 3 oignons	Sel
1 ou 2 noix de beurre	Poivre

GRATTEZ les carottes et épluchez pommes de terre et céleri. Pelez les oignons. Coupez tous les légumes en dés. Faites blondir doucement les oignons dans le beurre fondu, ajoutez-y les légumes et faites-les revenir.

Mouillez avec un litre d'eau salée et poivrée, portez à ébullition, laissez bouillir 12 minutes, puis passez le potage à la moulinette ou au mixer.

Ajoutez la crème fraîche en tournant doucement, salez et poivrez. Incorporez l'aneth haché dans le potage au moment de servir, mélangez bien et parsemez de noisettes de beurre.

SOUPE AU POTIRON

Pour 4 à 6 personnes

1 kg d'os de bœuf	100 g d'oignons
1 poireau	1 kg de pulpe de potiron
1 carotte	30 g de beurre
1 navet	50 g de pignons de pin
1 branche de céleri	1 cuillerée à soupe
Persil	d'aneth haché
2 feuilles de laurier	100 g de crème fraîche
1 cuillerée à soupe	Sel
de poivre blanc en grains	Poivre

RINCEZ abondamment les os à l'eau froide, plongez-les dans 1,5 litre d'eau salée, portez à ébullition et écumez. Épluchez les légumes et coupez-les grossiè-rement, plongez-les dans la soupe avec les feuilles de laurier et le poivre en grains. Faites bouillir doucement sans couvercle, écumez si nécessaire. Laissez réduire le bouillon d'un tiers environ, puis passez-le au tamis.

Émincez les oignons. Coupez la pulpe de potiron en dés de 1 cm environ. Faites blondir les oignons dans le beurre fondu, ajoutez-y les morceaux de potiron, faites-les revenir à feu doux. Versez le bouillon chaud sur le mélange, portez à ébullition et laissez bouillir à feu doux pendant 15 minutes, jusqu'à ce que le potiron commence à se désagréger. Retirez la cocotte du feu, passez la soupe au mixer en prenant soin de laisser quelques morceaux entiers. Salez, poivrez et ajoutez l'aneth haché. Ajoutez les pignons de pin dorés à la

VELOUTÉ DE POIVRONS

Pour 4 personnes

3 ou 4 poivrons	de viande
4 oignons	3 ou 4 cuillerées à
200 g de choucroute	soupe de vin blanc
2 ou 3 cuillerées à	1/8 de litre de crème liquide
soupe d'huile	Sel
1 litre de bouillon	Poivre

COUPEZ les poivrons en deux, ôtez les filaments et les pépins, émincez-les. Pelez les oignons et coupez-les en dés. Émiettez la choucroute avec deux fourchettes.

Faites blondir doucement les oignons dans l'huile chaude. Ajoutez-y les poivrons et la choucroute et faites chauffer le tout. Incorporez le bouillon, portez à ébullition et laissez cuire 20 minutes. Salez et poivrez.

Mouillez avec le vin blanc, ajoutez la crème liquide et faites chauffer le velouté sans bouillir.

CONSOMMÉ AU FROMAGE ET AUX PETITS OIGNONS

Pour 4 personnes

40 g de beurre
40 g de farine
1 litre de bouillon
de viande
200 g de gouda
2 cuillerées à soupe
de crème fraîche
Noix de muscade
1 botte de petits
oignons blancs
1 noix de beurre
Sel et poivre du moulin

FAITES fondre le beurre, ajoutez-y la farine et laissez blondir doucement. Mouillez avec le bouillon tout en fouettant pour éviter la formation de grumeaux. Portez à ébullition et laissez cuire 5 minutes. Ajoutez le fromage en dés et la crème fraîche, portez lentement à ébullition en remuant sans cesse jusqu'à ce que le fromage soit bien fondu. Salez, poivrez et ajoutez la noix de muscade râpée.

Coupez les tiges vertes des oignons jusqu'à 15 cm et coupez-les en rondelles. Faites-les blondir doucement dans du beurre fondu. Versez-les sur la soupe au moment de servir.

CRÈME D'AVOCAT

pour 3 à 4 personnes

30 g de beurre
40 g de farine
3/4 de litre de bouillon
de viande
1 avocat bien mûr
1/8 de litre de champagne
100 g de crème fouettée
bien ferme
1 cuillerée à café d'aneth
finement haché
Sel
Poivre

FAITES fondre le beurre, ajoutez-y la farine et laissez blondir doucement. Mouillez avec le bouillon, fouettez pour éviter la formation de grumeaux, portez le bouillon à ébullition et laissez cuire 3 minutes.

Coupez l'avocat en deux, ôtez le noyau et détachez la chair, écrasez-la en purée et incorporez-la dans le potage sans laisser bouillir. Salez et poivrez. Versez le champagne sur le potage et servez immédiatement. Garnissez de la crème fouettée et d'aneth haché.

Ci-dessous : *Crème d'avocat*
Page de gauche : *Soupe au potiron*

coupez-les en petits dés. Ajoutez l'oseille, l'ail et l'oignon à la soupe avec la ciboulette, le persil, un peu de noix de muscade, salez et poivrez. Portez à ébullition.

Mélangez le jaune d'œuf et la crème fraîche que vous incorporerez à la soupe pour la lier. Réchauffez à feu doux sans laisser bouillir. Versez sur la la soupe dans les assiettes sur les croûtons de pain et servez aussitôt.

Ci-dessus :
Velouté aux tomates

VELOUTÉ AUX TOMATES

Pour 3 à 4 personnes

400 g de tomates	2 cuillerées à soupe
60 g de lard	de concentré de tomates
1 oignon	Origan
2 gousses d'ail	4 cuillerées à soupe
40 g de farine	de crème fraîche
3/4 de litre de bouillon	Aneth haché
de viande	

COUPEZ le lard en dés et faites-le revenir dans la cocotte. Hachez l'oignon et les gousses d'ail. Faites-les revenir à feu doux avec les lardons. Saupoudrez de farine et laissez blondir.

Ajoutez-y les tomates lavées et coupées en petits dés. Mouillez avec le bouillon. Incorporez le concentré de tomates et l'origan en remuant bien. Couvrez et laissez cuire 10 minutes. Passez la soupe au tamis. Fouettez la crème. Au moment de servir, déposez-la délicatement à la surface de la soupe et saupoudrez d'aneth.

VELOUTÉ DE CHOUX DE BRUXELLES

Pour 4 personnes

500 g de choux	3 cuillerées à soupe
de Bruxelles	de crème fraîche
1 cube de bouillon	1 noix de beurre
de viande	Poivre de Cayenne
1 cuillerée à café	Persil haché
de maïzena	Sel
1 jaune d'œuf	Poivre

PLONGEZ les choux de Bruxelles dans 1/4 de litre d'eau bouillante salée, portez à ébullition et laissez cuire 10 minutes. Mettez 10 choux de côté et coupez-les en quatre. Passez le reste de la soupe à la moulinette ou au mixer. Ajoutez 1/2 litre d'eau bouillante et le bouillon de viande, portez à ébullition. Délayez la maïzena avec

SOUPE À L'OSEILLE

Pour 4 personnes

2 tranches de pain	ou 1 petit oignon
1 carotte	1 cuillerée à soupe
1 morceau de céleri-rave	de ciboulette hachée
2 poireaux	1 cuillerée à soupe
40 g de beurre	de persil haché
1 cuillerée à soupe	Noix de muscade
de farine	1 jaune d'œuf
100 g d'oseille	1 cuillerée à soupe
1 gousse d'ail	de crème fraîche
2 échalotes	Sel et poivre

COUPEZ le pain en petits dés et faites-le dorer dans 3 noix de beurre. Répartissez les croûtons dans 4 assiettes à soupe. Épluchez la carotte et le céleri et nettoyez les poireaux, dont vous ne garderez que le blanc et 10 cm de la partie verte. Lavez les légumes et émincez-les. Plongez-les dans 1 litre d'eau froide, portez à ébullition et faites cuire 30 minutes. Passez ensuite au tamis.

Faites fondre le reste du beurre, ajoutez une cuillerée à soupe de farine en remuant sans cesse et laissez blondir. Mouillez avec le bouillon de légumes en battant énergiquement au fouet pour éviter la formation de grumeaux, portez à ébullition. Enlevez les tiges de l'oseille, lavez et égouttez les feuilles et coupez-les en fines lamelles. Pelez l'ail et l'oignon, un peu d'eau froide, ajoutez la crème fraîche et incorporez le mélange à la soupe en battant au fouet. Réchauffez à feu doux. Ajoutez le beurre. Rectifiez l'assaisonnement avec du sel et du poivre de Cayenne.

Plongez dans la soupe les choux que vous avez mis de côté, faites réchauffer à feu doux et saupoudrez de persil haché.

VELOUTÉ À LA BIÈRE DU HOLSTEIN

Pour 3 à 4 personnes

150 g de pain	100 g de raisins secs
1/2 bâton de cannelle	2 pommes
Jus et zeste de 1/2 citron	1/2 litre de bière
non traité	1 œuf
125 g de sucre	Sel

Coupez le pain en dés. Plongez-le dans 1/2 litre d'eau et portez à ébullition. Laissez bouillir, passez au tamis. Incorporez la cannelle, le jus et le zeste de citron, le sel, le sucre et les raisins secs.

Portez à ébullition tout en remuant. Épluchez les pommes, coupez-les en quartiers, puis en lamelles après avoir ôté les pépins, ajoutez-les à la soupe. Versez-y la bière et laissez mijoter 10 minutes. Liez la soupe avec le jaune d'œuf battu.

Préparation des flocons meringués : battez le blanc d'œuf en neige avec le sucre. Formez des flocons et posez-les sur la soupe très chaude. Couvrez et laissez-les raffermir pendant 3 à 4 minutes.

Ci-dessous : *Velouté à la bière du Holstein*

CONSOMMÉ DE VOLAILLE

Pour 5 à 6 personnes

250 g de morceaux	1 branche de céleri
de poulet	200 g de pointes
500 g de blancs	d'asperges cuites
de poulet	100 g de petits pois
1 poireau	en conserve
1 carotte	Persil haché
1 navet	Sel

PLONGEZ les morceaux de poulet dans 1,5 litre d'eau salée froide, portez à ébullition, écumez. Épluchez les légumes, coupez-les en petits morceaux, plongez-les dans le bouillon, laissez cuire 20 minutes.

Passez le bouillon au tamis. Ajoutez les asperges et les petits pois, faites-les chauffer dans le bouillon. Salez, ajoutez les aromates, saupoudrez le bouillon de persil haché au moment de servir.

CONSOMMÉ AU VERMICELLE

Pour 4 personnes

1 litre de bouillon	1 cuillerée à soupe
de viande	de persil haché
40 g de vermicelle	Sel

PORTEZ le bouillon à ébullition. Jetez-y le vermicelle en remuant bien, laissez cuire 10 à 15 minutes. Saupoudrez le bouillon de persil haché. On peut aussi faire cuire le vermicelle à part dans de l'eau salée, et l'ajouter au bouillon quelques minutes avant de servir.

SOUPE AUX LENTILLES

Pour 4 à 6 personnes

200 g de lentilles	1 cuillerée à café
1,5 litre de bouillon	de maïzena
de viande	Thym et persil
1 poireau	2 ou 3 saucisses
1 carotte	de Montbéliard
1 navet	1 cuillerée à soupe
1 branche de céleri	de ciboulette hachée fin
1 oignon	Sel

DANS LE bouillon de viande mettez à tremper, 12 à 24 heures, les lentilles lavées, puis faites bouillir le tout. Parez les légumes et coupez-les en petits morceaux. Coupez en dés l'oignon pelé. Après 45 minutes de cuisson de la soupe, plongez-y légumes, oignon et saucisses coupées en rondelles. Laissez cuire encore

À droite : *Soupe de poisson au fenouil*
Ci-dessous : *Consommé de volaille*

45 minutes. Délayez la maïzena avec une cuillerée à café d'eau et incorporez-la dans la soupe pour la lier. Salez et ajoutez le thym. Au moment de servir, saupoudrez la soupe de ciboulette hachée.

SOUPE DE POISSON AU FENOUIL

Pour 4 personnes

500 g de filet de turbot ou	Persil
de saumon	1 gousse d'ail
1 kg d'arêtes de poisson	4 cuillerées à soupe
Jus de 1 citron	d'huile d'olive
4 ou 5 bulbes de fenouil	100 g de riz long grain
4 oignons	1 cuillerée à café
2 feuilles de laurier	de poivre vert
1 poireau	250 g de tomates
1 carotte	2 cuillerées à soupe
1 navet	de persil haché
1 branche de céleri	Sel

PLONGEZ les arêtes dans 2 litres d'eau salée froide et faites bouillir 15 minutes. Filtrez et réservez le bouillon. Coupez les filets en petits morceaux, arrosez-les de jus de citron et laissez reposer 15 minutes. Mettez de côté le vert des fenouils coupés et lavez les bulbes. Coupez ces

derniers en huit, les oignons pelés en dés et les légumes parés en petits morceaux. Hachez l'ail. Faites chauffer l'huile et mettez-y à cuire 5 minutes fenouil, oignons, légumes, ail et riz. Après cela versez-y le bouillon de poisson et ajoutez le poivre vert fraîchement concassé et les deux feuilles de laurier. Couvrez et laissez bouillir durant 20 minutes, écumez si nécessaire.

Ébouillantez les tomates puis trempez-les dans l'eau froide. Pelez-les et coupez-les en dés. Ajoutez à la soupe les morceaux de poisson et les morceaux de tomates. Faites cuire à découvert durant 8 à 10 minutes sans laisser bouillir. Lavez et séchez le vert du fenouil, hachez-le et plongez-le dans la soupe au moment de servir, en même temps que le persil haché.

BOUILLON CLAIR

Pour 4 personnes

40 g de beurre	40 g de farine

DELAYEZ la farine dans le beurre fondu et laissez blondir en remuant. Tout en fouettant, mouillez avec un litre d'eau. Portez à ébullition et laissez bouillir durant 10 minutes environ, assaisonnez à volonté.

BOUILLON DE VIANDE

Pour 6 à 8 personnes

250 g d'os de bœuf	1 branche de céleri
375 g de viande de bœuf	1 noix de beurre
Légumes : 1 poireau,	1 cube de bouillon
1 navet, 1 carotte, 1 oignon,	Sel

Lavez et concassez les os, plongez-les dans 2 litres d'eau salée froide avec la viande et faites bouillir. Coupez en rondelles l'oignon pelé et faites dorer légèrement dans un peu de beurre. Parez les légumes. Plongez oignon et légumes dans le bouillon et laissez cuire 2 heures 30 à 3 heures. Tamisez, salez et ajoutez le cube de bouillon. Servez le bouillon avec des bâtonnets au fromage.

SOUPE PÉKINOISE TAIFUN

Pour 4 personnes

1 sachet de soupe	de yaourt
pékinoise épicée surgelée	Gingembre en poudre
100 g de potiron	Poivre de Cayenne
2 cuillerées à soupe	Sauce de soja

Preparez la soupe pékinoise selon les indications portées sur le sachet. Ajoutez-y le potiron coupé en petits morceaux. Laissez cuire 15 minutes. Ajoutez-y le mélange yaourt, gingembre, poivre de Cayenne et sauce au soja.

Ci-dessus : *Soupe piquante*
Ci-contre : *Soupe pékinoise taifun*

SOUPE PIQUANTE

Pour 4 à 6 personnes

250 g de viande de bœuf	Papikra
250 g de viande de porc	Origan
3 à 4 cuillerées à	1/4 litre de vin rouge
soupe d'huile	2 ou 3 tomates
250 g d'échalotes	1 gros poireau
2 cuillerées à soupe	340 g de maïs en boîte
de concentré de tomates	Sel et poivre

CoUPEZ la viande en morceaux, faites-la revenir dans l'huile très chaude en remuant pour qu'elle dore de tous côtés. Coupez en deux les échalotes pelées et ajoutez-les à la viande avec le concentré de tomates, le sel, le poivre, le paprika et l'origan. Mouillez avec 3/4 de litre d'eau et 1/4 de litre de vin rouge et portez à ébullition. Laissez cuire 45 minutes.

Plongez les tomates une minute dans l'eau bouillante, puis trempez-les dans l'eau froide, pelez-les et coupez-les en dés. Lavez le poireau, coupez-le en rondelles. Plongez les tomates, le poireau et le maïs avec son jus dans la soupe, salez et poivrez, ajoutez le paprika et laissez cuire encore 15 minutes.

SOUPE AUX PIGEONS

2 pigeons prêts à cuire	1 navet
1 poireau	1 branche de céleri
1 carotte	Sel

PLONGEZ les pigeons dans 2,5 litres d'eau salée, avec le cœur, le gésier ouvert, vidé et lavé, et le cou. Plongez également dans l'eau salée, les légumes parés. Portez à ébullition et laissez cuire 1 heure. Retirez les pigeons, détachez les os de la viande, coupez celle-ci en petits morceaux. Passez le bouillon au tamis. Servez bien chaud.

SOUPE À L'OIGNON

Pour 4 personnes

375 g d'oignons	de vin blanc
75 g de beurre	Croûtons grillés
1 litre de bouillon	70 g de gruyère rapé
de viande	Sel
4 cuillerées à soupe	Poivre

PELEZ les oignons et coupez-les en rondelles, faites-les revenir dans le beurre. Mouillez avec le bouillon et portez à ébullition. Salez, poivrez et ajoutez le vin blanc. Laissez cuire 15 à 20 minutes. Versez la soupe dans des assiettes qui résistent au feu, posez à la surface des croûtons de pain grillés au beurre dans la poêle, saupoudrez de fromage râpé et faites gratiner au four.

BOUILLON DE VEAU

Pour 4 personnes

250 g de poitrine de veau	Persil
250 g d'os de veau	1 cube de bouillon
concassés	100 g de pointes
1 poireau	d'asperges cuites
1 carotte	100 g de petits pois
1 navet	en conserve
1 branche de céleri	Sel

PLONGEZ les os et la viande dans 1,5 litre d'eau salée froide, portez à ébullition, écumez. Plongez-y le poireau, la carotte, le navet et la branche de céleri pelés, lavés et coupés en petits morceaux. Ajoutez le persil.

Après environ 1 heure 30 de cuisson, passez ce bouillon au tamis. Salez, mettez-y le cube de bouillon, les asperges et les petits pois, et laissez réchauffer 1 minute.

Ci-dessus : *Soupe piquante à la queue de bœuf*
À gauche : *Soupe à l'oignon*

SOUPE PIQUANTE À LA QUEUE DE BŒUF

Pour 4 personnes

1 oignon	1 pincée de paprika
1 cuillerée à soupe d'huile	1 boîte de soupe à la queue de bœuf
1 petit cornichon	Vin rouge
1 cuillerée à café de miel	Cognac
1 pincée de curry	Crème liquide

PELEZ l'oignon et coupez-le en dés. Faites-le revenir dans l'huile chaude. Émincez le cornichon. Ajoutez aux oignons le cornichon, le miel, le curry et le paprika, laissez mijoter une minute. Préparez la soupe à la queue de bœuf selon les indications portées sur la boîte, versez-la sur la préparation. Portez à ébullition tout en remuant soigneusement et retirez la cocotte du feu au premier bouillon. Incorporez le vin rouge et le cognac et liez avec un peu de crème liquide.

SOUPE PRINTANIÈRE

Pour 4 personnes

125 g de chou-fleur
2 carottes
4 asperges
1 poireau
125 g de céleri-rave
2 tomates

1 litre de bouillon de viande
1 cube de bouillon de viande
2 cuillerées à soupe
de persil haché
Sel
Poivre

SÉPAREZ les bouquets de chou-fleur, grattez les carottes, épluchez les asperges, nettoyez le poireau et le céleri. Coupez les carottes, les asperges et le poireau en rondelles et émincez le céleri.

Lavez les tomates et coupez-les en dés. Plongez les légumes dans le bouillon de viande, salez, poivrez, ajoutez le cube de bouillon et laissez cuire 20 minutes. Saupoudrez de persil.

SOUPE À LA TOMATE

Pour 3 à 4 personnes

375 g de tomates
1 oignon
50 g de lard gras
30 g de beurre
40 g de farine
1 cuillerée à café
de basilic haché

1/2 cube de bouillon
de viande
Paprika
Concentré de tomates
Sauce tabasco
Persil haché
Sel et poivre

LAVEZ les tomates et coupez-les en petits morceaux. Pelez l'oignon. Coupez le lard et l'oignon en dés. Faites revenir le lard dans sa graisse, ajoutez le beurre, la farine et l'oignon et laissez blondir.

Mouillez avec 3/4 de litre d'eau, ajoutez le sel, le basilic et le cube de bouillon. Portez à ébullition, laissez cuire 20 minutes. Passez la soupe au tamis, salez, poivrez, ajoutez le paprika, le concentré de tomates, la sauce *tabasco*, et saupoudrez de persil haché.

Variante : vous pouvez remplacer les tomates par 3 cuillerées à soupe de concentré de tomates pour 1 litre d'eau.

POTAGE AUX CHAMPIGNONS ET AU RIZ

Pour 4 à 5 personnes

500 g de jarret de bœuf
ou de plat de côtes
250 g de champignons
1 noix de beurre

50 g de riz
125 g de pointes
d'asperges cuites
Estragon et sel

PLONGEZ la viande dans 1,5 litre d'eau salée et portez à ébullition. Écumez et laissez cuire 2 heures. Enlevez ensuite les os et la viande du bouillon, coupez la viande en petits morceaux et mettez-la de côté.

Épluchez les champignons et coupez-les en lamelles. Faites-les revenir dans le beurre. Salez, ajoutez l'estragon. Laissez mijoter 10 minutes. Portez le bouillon à ébullition, versez-y le riz et laissez cuire 12 à 15 minutes. Le riz doit rester légèrement croquant.

Incorporez les morceaux d'asperges, la viande coupée et les champignons, laissez réchauffer 1 ou 2 minutes. On peut remplacer les champignons de Paris par des cèpes ou des girolles.

Ci-contre : *Soupe printanière*
Ci-dessous : *Potage aux champignons et au riz*

SOUPE GLACÉE AUX CERISES

Pour 4 personnes

750 g de cerises	1 bâton de cannelle
1/4 de litre de vin rouge	1 clou de girofle
ou de vin blanc	100 à 125 g de sucre
2 zestes de citron non traité	20 g de maïzena
1 cuillerée à soupe	150 g de semoule
de jus de citron	1 œuf
1/2 litre de lait	Sel

LAVEZ et dénoyautez les cerises. Mélangez le vin avec 3/4 de litre d'eau, le zeste de citron et le jus de citron. Ajoutez cannelle, clou de girofle, 75 à 100 g sucre et portez à ébullition. Plongez-y les cerises et laissez-les infuser durant 8 minutes sans bouillir mais frémir légèrement. Dans un bol, délayez la maïzena avec un peu d'eau froide, versez dans le sirop en remuant, donnez un bouillon. Retirez la cannelle et le clou de girofle et laissez refroidir au réfrigérateur.

Préparation des boulettes de semoule : mélangez le lait, 1 zeste de citron, 25 g de sucre et une pincée de sel, portez à ébullition, puis retirez du feu. Incorporez la semoule tout en remuant énergiquement, laissez cuire encore 1 minute, mélangez l'œuf battu à la pâte.

La semoule doit former une boule compacte. Formez, avec 2 cuillères à café humides, des boulettes de semoule, que vous plongerez dans de l'eau salée bouillante. Laissez-les pocher 5 à 7 minutes dans l'eau frémissante. Servez avec la soupe aux cerises bien glacée.

SALADE DE FRUITS VIENNOISE

Pour 4 à 6 personnes

750 g de fruits rouges :	de jus de citron
fraises, groseilles,	1 cuillerée à soupe
framboises, airelles	de Grand Marnier
et mûres	1 pincée de cannelle
150 g de sucre glace	1 litre de lait caillé
2 cuillerées à soupe	Glace à la vanille

TRIEZ les framboises et lavez les autres fruits. Égouttez et ôtez les queues. Ajoutez le sucre glace, le jus de citron, le *Grand Marnier* et la cannelle, mélangez, couvrez et laissez mariner 30 minutes. Ajoutez le lait caillé en remuant. Servez avec de la glace à la vanille.

FLOCONS MERINGUÉS

Pour 4 personnes

2 blancs d'œufs	Chocolat râpé
2 cuillerées à café	ou sucre en poudre
de sucre en poudre	Cannelle

MONTEZ en neige les blancs d'œufs et incorporez-leur le sucre en remuant doucement. Formez-en des petites boulettes. Plongez-les dans un sirop très chaud ou de l'eau bouillante, laissez-les raffermir 5 minutes, puis garnissez-les de chocolat râpé ou de sucre et de cannelle.

SOUPE DE FRUITS À L'AIL

Pour 4 personnes

2 cuillerées à soupe	2 à 3 cuillerées à soupe
d'amandes effilées	d'huile
5 à 6 cuillerées à soupe	200 g de raisin frais
de chapelure	200 g environ de melon
2 ou 3 gousses d'ail,	Sel
hachées fin ou écrasées	Poivre du moulin

Ci-contre : *Soupe glacée aux cerises*

MÉLANGEZ amandes, chapelure et ail au mixer, incorporez-y peu à peu l'huile et versez-y un bon quart de litre d'eau, mélangez bien le tout. Salez et poivrez. Lavez et séchez le raisin, coupez les grains en deux, épépinez-les. Coupez le melon en deux, ôtez les graines. À l'aide d'une cuillère, détachez la chair et coupez-la en dés. Plongez les raisins et le melon dans la préparation. Servez très froid et avec des glaçons si vous le désirez.

Ci-dessus :
Soupe de fruits à l'ail

SOUPE AU VIN ROUGE

Pour 4 à 5 personnes

1 bâton de cannelle	3/4 de litre de vin rouge
2 clous de girofle	2 cuillerées à soupe
1 petite pomme	de jus de citron
40 g de tapioca	100 g de sucre

ÉPLUCHEZ la pomme, coupez-la en quartiers, puis en tranches, cœur et pépins ôtés. Plongez la cannelle et les clous de girofle dans 1/3 de litre d'eau, portez à ébullition. Ajoutez les tranches de pomme, le tapioca, remuez, portez à ébullition, laissez cuire 10 à 15 minutes, puis retirez la cannelle et les clous de girofle. Versez le vin rouge sur le bouillon, faites réchauffer sans porter à ébullition. Ajoutez sucre et jus de citron en remuant avec précaution. Vous pouvez servir cette soupe au vin chaude ou froide à volonté. À la place du tapioca vous pouvez utiliser du riz (20 à 30 minutes de cuisson).

SOUPE À LA RHUBARBE
ET AUX FRUITS ROUGES

Pour 6 à 8 personnes

500 g de rhubarbe	500 g de fraises
140 g de sucre en poudre	1 blanc d'œuf
1/4 de litre de vin blanc	1 cuillerée à café
250 g de framboises	de cannelle
fraîches ou bien	5 cuillerées à café
surgelées	de sucre glace

ÉPLUCHEZ la rhubarbe, coupez-la en petits morceaux. Chauffez lentement 10 g de sucre en poudre jusqu'au début de sa caramélisation et mouillez avec le vin blanc. Laissez chauffer ce mélange en remuant. Incorporez-y rhubarbe et framboises. Laissez bouillir 10 minutes, tamisez puis plongez-y les fraises coupées en deux. Montez le blanc d'œuf en neige ferme puis incorporez en remuant lentement le reste de sucre en poudre.

Faites-en de petites boulettes et plongez-les dans l'eau bouillante ; couvrez et laissez ces flocons meringués raffermir 5 minutes puis déposez-les sur la soupe. Mélangez la cannelle avec 5 cuillerées à café de sucre glace et saupoudrez-en les flocons. Ce potage peut se préparer la veille et se consommer glacé : les flocons seront alors posés juste avant de servir.

SOUPE AU LAIT

Pour 4 personnes

1 sachet d'entremets	1 litre de lait
à la vanille	1 zeste de citron non traité
60 g de sucre	1 cuillerée à café de
1 œuf	sucre en poudre et sel

MELANGEZ le contenu du sachet d'entremets avec le sucre, une pincée de sel et le jaune d'œuf. Incorporez 6 cuillerées de lait froid et remuez bien. Versez ce mélange dans le reste du lait préalablement bouilli avec le zeste de citron. Remuez bien et portez de nouveau à ébullition. Montez le blanc d'œuf en neige ferme et incorporez le sucre en remuant lentement. Avec une cuillère, faites-en de petites boulettes et plongez-les dans la préparation bouillante avant de servir.

SOUPE GLACÉE À LA RHUBARBE

Pour 4 personnes

375 g de rhubarbe	*3 à 4 cuillerées à*
150 g de sucre	*soupe de vin blanc*
1 sachet d'entremets au citron	*100 g de fraises*

COUPEZ en petits morceaux la rhubarbe lavée. Plongez-la avec le sucre dans 1,25 litre d'eau bouillante puis retirez du feu au premier bouillon. Délayez le contenu du sachet avec 4 cuillerées à soupe d'eau froide. Mélangez le tout à la soupe bouillante pour la lier. Ajoutez-y le vin blanc et, si nécessaire, du sucre. Laissez refroidir au réfrigérateur. Servez glacée et garnie de fraises coupées en deux.

SOUPE FROIDE AU KIWI

Pour 4 personnes

1/2 litre de vin blanc doux	*4 cuillerées à soupe*
2 cuillerées à soupe	*de sirop d'érable*
de sucre en poudre	*5 kiwis*
4 clous de girofle	*10 cl de crème fraîche*
1 bâton de cannelle	*Quelques feuilles de menthe*

MELANGEZ vin blanc, sucre en poudre, clous de girofle et cannelle. Faites bouillir et incorporez le sirop d'érable en remuant doucement. Laissez refroidir, puis tamisez. Coupez en rondelles les kiwis pelés. Réservez-en pour la garniture et passez le reste au mixer : tamisez pour retenir les pépins. Versez le vin sur cette purée et battez-la pour y incorporer la crème fraîche. Laissez refroidir au réfrigérateur. Pour servir, garnissez ce potage de les rondelles de kiwi et de feuilles de menthe.

Ci-dessous : *Soupe froide au kiwi*
À gauche : *Soupe à la rhubarbe et aux fruits rouges*

POTAGE RUSSE

Pour 4 à 6 personnes

1/2 litre de jus de concombre
fraîchement pressé
50 cl de crème fraîche
1/2 concombre
1/2 poivron rouge
1/2 poivron vert
200 g de betteraves

rouges cuites
2 œufs durs écalés
2 bouquets de ciboulette
3 cuillerées à soupe
de vodka
Sel
Poivre du moulin

MELANGEZ le jus de concombre avec la crème. Lavez le demi-concombre. Ôtez côtes et pépins des demi-poivrons. Égouttez les betteraves rouges. Coupez en petits morceaux tous les légumes. Écrasez les œufs durs écalés. Ciselez la ciboulette. Mettez le tout dans le jus de concombre et remuez bien le potage. Versez-y la vodka, poivrez et salez. Le potage russe se consomme froid.

SOUPE FROIDE AUX COURGETTES ET AUX TOMATES

Pour 4 à 5 personnes

2 ou 3 petites courgettes
3 pots de yaourt
20 cl de crème fraîche
1/8 de litre de lait
300 g de tomates pelées
et coupées en dés
1 cuillerée à soupe
de feuilles de menthe
ou d'estragon hachées

1 cuillerée à café
d'aneth haché
1 cuillerée à café
de persil haché
Quelques feuilles de
salade
1 œuf dur écalé
1 ou 2 gousses d'ail
Sel et poivre du moulin

Ci-dessus : *Velouté au vin blanc*
Ci-contre : *Potage russe*

COUPEZ les courgettes en deux dans le sens de la longueur et émincez-les. Faites les cuire 10 minutes à la vapeur jusqu'à ce qu'elles soient tendres. Incorporez le yaourt et la crème fraîche dans le lait, mélangez et plongez-y les courgettes et les tomates. Ajoutez à la préparation la menthe ou l'estragon, l'aneth et le persil. Émincez l'ail, incorporez-le au potage. Salez et poivrez. Laissez macérer pendant quelques heures au réfrigérateur.
Tapissez un saladier avec les feuilles de salade, versez-y le potage, saupoudrez-le à volonté d'œuf dur écrasé et garnissez avec quelques branches de menthe.

VELOUTÉ AU VIN BLANC

Pour 4 personnes

1 bâton de cannelle	de sucre glace
2 ou 3 gouttes	3/4 de litre
d'extrait de citron	de vin blanc
30 g de maïzena	1 œuf
2 cuillerées à café	100 g de sucre

PLONGEZ la cannelle dans 30 cl d'eau et faites bouillir. Délayez la maïzena avec 2 cuillerées à soupe d'eau froide,

ajoutez-la hors du feu, puis remettez à bouillir quelques instants. Versez le vin blanc dans ce mélange, faites chauffer sans bouillir. Incorporez le jaune d'œuf et le sucre dans ce velouté tout en remuant pour lier la préparation.

Préparation des flocons meringués : fouettez énergiquement le blanc d'œuf pour le monter en neige ferme. Saupoudrez de sucre glace tout en remuant délicatement. À l'aide d'une cuillère à café humide, formez des petites boulettes que vous plongez dans l'eau bouillante, couvrez et laissez les boulettes se raffermir pendant 5 minutes, pour devenir des flocons meringués. Ajoutez-les ensuite au velouté.

PÂTÉ DE TRUITE EN CROÛTE

Pour 6 à 8 personnes

2 truites en filets
1 oignon
1 cuillerée à soupe
de ciboulette ciselée fin
1/10 de litre de vin blanc
5 cuillerées à soupe
d'huile
300 g de farine
5 œufs
100 g de saindoux
500 g de filets de soles
surgelés

1 grosse cuillerée à
soupe d'aneth haché fin
2 cuillerées à soupe
de chapelure
1 zeste de citron
non traité
150 g de crème fraîche
50 g de beurre
1/2 cuillerée à soupe
de lait
Sel
Poivre

METTEZ les filets de truite dans un plat creux. Pelez l'oignon et coupez-le en rondelles. Mélangez l'oignon, le vin blanc, la ciboulette et l'huile. Versez sur les filets de truites, couvrez et laissez reposer dans un endroit frais 4 à 5 heures ou pendant toute une nuit.

Préparation de la pâte : tamisez la farine et creusez un puits au milieu. Incorporez 1 œuf entier plus 1/2 jaune et 1/2 blanc, 1 cuillerée à soupe d'eau froide et le sel. Pétrissez ces ingrédients avec une spatule en bois en y incorporant progressivement la farine. Quand la pâte est épaisse, ajoutez le saindoux coupé en petits morceaux, recouvrez avec le reste de farine et pétrissez le tout rapidement pour obtenir une pâte bien lisse. Faites-en une boule et laissez reposer 4 ou 5 heures ou toute une nuit.

Laissez décongeler les filets de soles à la température ambiante et hachez-les. Mélangez le hachis avec 2 œufs, l'aneth, la chapelure, le zeste de citron râpé, la crème fraîche et le beurre fondu. Salez et poivrez généreusement.

Pétrissez une nouvelle fois la pâte. Étalez-en les 2/3 sur votre plan de travail. Beurrez et foncez un moule à cake de 30 x 11 cm. Collez les bords avec 1/2 blanc d'œuf. Veillez à ce que les jointures des angles soient bien étanches. Disposez sur la pâte la moitié de la préparation des filets de soles, puis les filets de truites égouttés et séchés. Recouvrez avec la

ASSIETTES DE TRUITE FORELLENHOF

Pour 1 personne

1 feuille de scarole	crème fraîche
1 feuille d'endive	1 cuillerée à café
1 rondelle d'orange	d'aneth haché finement
1 filet de truite fumée	1 cuillerée à café
2 cuillerées à café	de raifort râpé, en bocal
de jus de citron	Sel
1 cuillerée à soupe de	Poivre

Lavez les feuilles de salade et égouttez-les. Ôtez la peau du filet de poisson. Disposez sur une assiette la salade, la rondelle d'orange et le filet de truite et arrosez de jus de citron.

Mélangez la crème fraîche, l'aneth et quelques gouttes de jus de citron, salez et poivrez. Versez la sauce sur le filet et disposez le raifort à côté.

À gauche : *Assiettes de truite Forellenhof*
Ci-dessous : *Pâté de truite en croûte*

seconde moitié du mélange et tassez légèrement le pâté. Coupez la pâte des parois du moule à environ 1 cm au-dessus du pâté. Étalez le reste de la pâte et découpez un couvercle. Posez-le sur le pâté, collez-le au blanc d'œuf, percez-le de 2 ou 3 cheminées de 2 à 3 cm de diamètre.

Avec la pâte restante, formez des petits motifs de décoration et collez-les au blanc d'œuf sur le couvercle du pâté. Glissez le pâté dans le four à 175°-200°C (thermostat 5-6).

Au bout de 30 minutes de cuisson, badigeonnez la pâte avec 1/2 jaune d'œuf et 1/2 cuillerée à soupe de lait battus, puis remettez au four pendant 3/4 d'heure. Détachez prudemment le pâté des bords du moule et laissez refroidir avant de le démouler.

Ce pâté se conserve quelques jours au réfrigérateur, emballé dans du papier d'aluminium.

FILETS DE HARENGS À L'ANETH

Pour 6 à 8 personnes

10 filets de harengs
2 ou 3 oignons rouges
5 à 6 cuillerées à soupe
d'aneth haché

3/8 de litre de vinaigre
de vin rouge
2 feuilles de laurier

ÉMINCEZ les oignons pelés. Disposez, par couches alternées, les filets de harengs, l'aneth et les oignons dans un bocal à couvercle. Faites bouillir le vinaigre avec les feuilles de laurier. Laissez refroidir.

Quand la marinade est froide, versez-la dans le bocal. Fermez bien. Laissez mariner 2 jours au frais (mais pas au réfrigérateur).

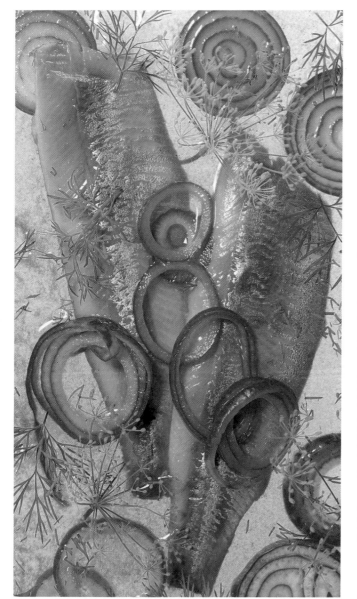

HARENGS EN GELÉE

Pour 4 personnes

500 g de harengs frais
1 tomate moyenne
1 œuf dur
1 cornichon
Huile
3 piments
1 feuille de laurier
1 poireau
1 carotte

1 navet
1 branche de céleri
1 blanc d'œuf
Persil
1 oignon
1/8 de litre de vinaigre
1 sachet de gélatine
blanche en poudre
Sel

PORTEZ 1/2 litre d'eau à ébullition. Mettez-y le sel, les piments, la feuille de laurier, les légumes et l'oignon et laissez cuire environ 15 minutes.

Videz les harengs, coupez les têtes et rincez-les à l'eau froide. Plongez les harengs dans le bouillon et laissez pocher pendant 10 à 15 minutes. Ensuite retirez-les du bouillon, enlevez la peau et les arêtes et laissez-les refroidir. Passez le bouillon au tamis. Réservez 3/8 de litre de bouillon, complétez éventuellement le bouillon restant avec de l'eau.

Versez le vinaigre dans le bouillon et salez. Si le bouillon est trouble, éclaircissez-le : écrasez une coquille d'œuf et battez-la avec un blanc d'œuf et 3 cuillerées à soupe d'eau froide. Incorporez le mélange au bouillon. Réchauffez tout en battant énergiquement et sans arriver à ébullition. De cette façon, le blanc d'œuf épaissit et lie les particules troubles du bouillon. Laissez reposer le bouillon jusqu'à ce qu'il soit parfaitement clair. Écumez et passez à travers une mousseline. Faites dissoudre la gélatine dans 5 cuillerées à soupe d'eau froide. Laissez reposer 10 minutes. Incorporez-la au bouillon chaud, remuez jusqu'à complète dissolution.

Enduisez un moule d'huile. Versez-y un peu de bouillon. Laissez prendre au réfrigérateur. Coupez en rondelles la tomate, l'œuf dur et le cornichon. Disposez les rondelles dans le moule, sur la gelée. Versez quelques cuillerées à soupe de bouillon et laissez à nouveau prendre au réfrigérateur. Coupez les harengs refroidis en dés, disposez-les dans le moule et versez le reste du bouillon déjà épaissi. Laissez de nouveau reposer au réfrigérateur.

Avant de servir, plongez le moule dans de l'eau chaude pour pouvoir détacher plus facilement la gelée à l'aide d'un couteau.

Ci-contre : *Filets de harengs à l'aneth*
À droite : *Harengs à la crème*

COCKTAIL DE FILETS DE HARENGS

Pour 4 à 6 personnes

200 g de haricots verts cuits
2 cuillerées à café d'huile
2 cuillerées à café
de vinaigre
2 cuillerées à café
d'aneth haché
Quelques feuilles
de salade verte
4 filets de harengs
2 cuillerées à soupe
de mayonnaise

2 cuillerées à soupe
de vin blanc
2 cuillerées à soupe
de crème fraîche
1 cuillerée à café
de raifort en bocal
3 cuillerées à soupe
de ketchup
Aneth
Sel
Poivre

ÉGOUTTEZ les haricots verts et coupez-les en petits morceaux. Mélangez l'huile, le vinaigre et l'aneth, salez et poivrez. Versez la sauce sur les haricots et mélangez bien. Rincez légèrement les filets de harengs et séchez-les. Coupez-les en lamelles.

Garnissez de feuilles de salade 4 ou 6 coupes individuelles et répartissez-y les haricots et les harengs. Mélangez la mayonnaise, le vin blanc, la crème fraîche, le raifort et le *ketchup*. Versez la sauce sur les coupes et décorez-les avec un peu de *ketchup* et quelques branches d'aneth.

HARENGS À LA CRÈME

Pour 6 à 8 personnes

6 harengs marinés
1 petit oignon
250 g de crème

Jus de 1 citron
ou vinaigre
Sel et poivre

COUPEZ les harengs en fines lamelles. Épluchez l'oignon et râpez-le. Battez ensemble la crème, l'oignon, le sel et le poivre. Rectifiez l'assaisonnement selon votre goût, avec le jus de citron ou le vinaigre. Versez le mélange sur les harengs et laissez mariner quelques heures.

CRABE À LA MAYONNAISE

Pour 4 personnes

375 g de chair de crabe
fraîche ou surgelée
100 g de crevettes
décortiquées
1 jaune d'œuf
1 cuillerée à soupe
de jus de citron
1 cuillerée à soupe

de ketchup
1/8 de litre d'huile
Quelques feuilles
de salade verte
Rondelles de citron
Cerises confites
Fines herbes fraîches
Sel

METTEZ dans une jatte le jaune d'œuf, le jus de citron, le *ketchup* et le sel et fouettez comme une mayonnaise tout en versant l'huile lentement sans vous arrêter de battre.

Tapissez de feuilles de salade 4 coupes individuelles. Répartissez la chair de crabe et les crevettes entre les coupes et versez la sauce, garnissez à volonté de rondelles de citron, de cerises confites et d'herbes fraîches.

COCKTAIL DE LANGOUSTINES

Pour 2 à 3 personnes

300 g de queues
de langoustines cuites
et décortiquées
2 noix de beurre
1 gousse d'ail
1/2 bouquet d'aneth haché
20 cl de crème fraîche

3 cuillerées à soupe
de xérès
Sauce Worcester
1 cuillerée à café
de jus de citron
4 feuilles de salade verte
Sel et poivre du moulin

FAITES revenir à feu vif dans le beurre fondu l'ail pelé et pilé, l'aneth haché, les queues de langoustines, salez et laissez revenir le tout. Mettez ensuite à refroidir au réfrigérateur.

Mélangez la crème fraîche, le xérès, quelques gouttes de sauce *Worcester* et le jus de citron. Salez et poivrez. Tapissez de feuilles de salade 4 coupes individuelles, disposez les queues de langoustines et versez la sauce. Saupoudrez d'aneth haché.

MAQUEREAUX MARINÉS À L'ANETH

Pour 6 à 8 personnes

1 kg de filets de
maquereaux
2 ou 3 oignons rouges
1/8 de litre de vinaigre
10 grains de poivre

2 feuilles de laurier
Quelques baies de
genièvre
1 bouquet d'aneth haché
Sel

PELEZ les oignons et coupez-les en rondelles. Disposez les filets dans un saladier, recouvrez avec les rondelles d'oignon.

Mélangez le vinaigre, 1/4 de litre d'eau, les grains de poivre, les feuilles de laurier, les baies de genièvre, le sel et portez à ébullition. Au bout de 5 minutes, laissez refroidir la marinade, puis versez-la sur le poisson et laissez reposer 1 ou 2 jours. Au moment de servir, saupoudrez les maquereaux d'aneth haché.

Ci-dessous : *Crabe à la mayonnaise*
À droite : *Paupiettes de soles
à la niçoise*

PAUPIETTES DE SOLES À LA NIÇOISE

Pour 4 personnes

800 g de filets de soles
soit 12 filets
1/8 de litre de vin blanc
6 grains de poivre
4 cuillerées à soupe
de moutarde à l'ancienne
4 cuillerées à soupe
de vinaigre
12 fonds d'artichauts
en boîte

2 ou 3 grosses tomates
1 jaune d'œuf
1/8 de litre d'huile
4 cuillerées à soupe
de crème
1 cuillerée à soupe
de ciboulette ciselée
1 cuillerée à soupe
de persil haché
Sel et poivre

ROULEZ les filets sur eux-mêmes et attachez-les avec des pique-olives. Mélangez le vin blanc, 1/8 de litre d'eau, les grains de poivre et 3 cuillères à soupe de moutarde, 2 cuillerées à soupe de vinaigre, le sel et une pincée de poivre et portez à ébullition. Plongez les paupiettes de soles dans le bouillon et faites-les pocher 5 minutes, puis retirez-les et laissez-les refroidir. Ôtez les pique-olives.

Préparation de la sauce aux fines herbes : mélangez bien le jaune d'œuf, 2 cuillerées à soupe de vinaigre, 1 cuillerée à café de moutarde, le sel, le poivre, l'huile, la crème, la ciboulette et le persil, salez et poivrez. Égouttez les fonds d'artichauts, saupoudrez-les de sel. Lavez les tomates et coupez-les en rondelles.

Étalez la sauce sur le plat de service, placez-y les fonds d'artichauts, puis une rondelle de tomate sur chacun d'eux et une paupiette de sole. Fixez le tout à l'aide d'un bâtonnet en bois.

SALADE DE TOMATES DE GÉRONE

Pour 3 à 4 personnes

500 g de tomates	de vinaigre
2 gros oignons	1/2 cuillerée à café
2 gousses d'ail	de moutarde
1 œuf dur	75 g de lardons
3 cuillerées à soupe	2 ou 3 cuillerées à soupe
d'huile	de basilic haché
2 cuillerées à soupe	Sel et poivre

PLONGEZ un instant les tomates dans l'eau bouillante, puis trempez-les dans l'eau froide et coupez-les en rondelles. Pelez les oignons, coupez-les en rondelles et mettez-les dans un saladier avec les tomates.

Épluchez l'ail et hachez-le finement au couteau. Écalez l'œuf dur, coupez le blanc en petits dés et mettez-le de côté, écrasez le jaune en purée. Mélangez l'huile, le vinaigre, la moutarde, le sel, le poivre, l'ail et le jaune d'œuf et versez la sauce sur les tomates et les oignons. Coupez le lard en petits dés, faites-le griller, incorporez le blanc d'œuf écrasé en purée et versez le tout sur la salade. Saupoudrez de basilic à volonté.

SALADE MIXTE

Pour 6 à 8 personnes

1 petite laitue	2 ou 3 cuillerées à soupe
1 poivron rouge	de ketchup
1 poivron vert	2 ou 3 cuillerées à
4 grosses tomates	soupe de lait
3 ou 4 petits oignons	Persil haché
1/2 concombre	Aneth haché
1 petite boîte de maïs	Ciboulette
250 g de thon au naturel	Sel
300 g de crème fraîche	Poivre

LAVEZ la salade. Coupez les grandes feuilles. Coupez les poivrons en deux, ôtez les côtes et les pépins. Émincez-les. Coupez les tomates en rondelles. Pelez les oignons et coupez-les également en rondelles. Coupez le concombre en très fines rondelles. Égouttez le maïs et le thon. Mélangez tous ces ingrédients dans un grand saladier.

Mélangez la crème fraîche, le *ketchup* et le lait, salez et poivrez. Versez la sauce sur la salade. Saupoudrez de persil, d'aneth et de ciboulette.

SALADE DE TOMATES ET DE THON

Pour 4 à 5 personnes

500 g de tomates	de vinaigre de vin rouge
200 g de thon à l'huile	2 cuillerées à soupe
2 gros oignons rouges	de persil haché
3 cuillerées à soupe d'huile	Sel
2 cuillerées à soupe	Poivre

COUPEZ les tomates en rondelles. Pelez les oignons et coupez-les en rondelles. Ajoutez le thon en l'émiettant à l'aide de 2 fourchettes.

Mélangez l'huile, le vinaigre, le sel et le poivre. Versez sur la salade. Saupoudrez de persil haché.

pelez-les et coupez-les en dés. Coupez le gruyère en petits dés. Mélangez la crème fraîche et le *Pernod*, salez et poivrez.

Tapissez de feuilles de salade les parois de 4 coupes en verre. Répartissez les ingrédients entre les coupes et versez la sauce par-dessus. Garnissez les cocktails avec les bouquets de brocolis que vous avez mis de côté et les pistaches hachées.

SALADE
DE CAROTTES RÂPÉES AUX NOIX

Pour 6 à 8 personnes

750 g de carottes	*Quelques feuilles*
5 à 6 cuillerées à soupe	*de salade verte*
de jus de citron	*Quelques rondelles*
4 cuillerées à soupe	*de citron non traité*
d'huile de noix	*Sel*
75 g de noix	*Poivre*

RAPEZ les carottes. Mélangez le jus de citron et l'huile, salez et poivrez et versez sur les carottes râpées. Hachez grossièrement les noix, mélangez-les à la salade, laissez-les macérer pendant 15 minutes.

Tapissez de feuilles de salade une grande coupe en verre, ou bien en coupes individuelles. Répartissez-y la préparation sur les feuilles de salade. Garnissez avec les rondelles de citron.

Ci-contre : *Salade de tomates de Gérone*

COCKTAIL AUX BROCOLIS

Pour 4 personnes

250 g de brocolis	*de Pernod, 2 cl environ*
3 tomates	*Quelques feuilles*
125 g de gruyère	*de salade verte*
150 g de crème fraîche	*Pistaches hachées*
1 fond de verre	*Sel et poivre*

LAVEZ les brocolis. Plongez-les dans de l'eau salée bouillante, laissez-les cuire 10 à 12 minutes, puis essorez-les et mettez-les à refroidir. Coupez-les en petits morceaux, en prenant soin de garder quelques bouquets pour la garniture. Plongez les 3 tomates dans l'eau bouillante, trempez-les dans l'eau froide,

Ci-dessous : *Cocktail aux brocolis*

SALADE DE POMMES DE TERRE

Pour 6 à 8 personnes

750 g de pommes de terre	6 cuillerées à soupe
en robe des champs	d'huile
200 g de bœuf bouilli	3 cuillerées à soupe
1 poireau	de vinaigre
150 g de girolles	1 cuillerée à café
3 ou 4 tomates	de moutarde
1 gros oignon	Sel et poivre

PELEZ les pommes de terre encore chaudes et coupez-les en rondelles. Coupez la viande en dés. Nettoyez le poireau, coupez-le en deux dans le sens de la longueur et émincez-le finement. Faites revenir les girolles, égouttez-les et coupez-les en deux si nécessaire. Plongez les tomates un bref instant dans l'eau bouillante, trempez-les dans l'eau froide, pelez-les, épépinez-les et coupez-les en dés. Mélangez pommes de terre, viande, poireau, girolles et tomates. Pelez l'oignon et coupez-le en dés.

Mélangez l'huile, le vinaigre et la moutarde, incorporez l'oignon, salez et poivrez. Versez la sauce sur la salade, mélangez et laissez reposer 1 heure environ avant de servir.

SALADE DE CHOU DE CHINE

Pour 5 à 6 personnes

600 g de chou de Chine	2 cuillerées à soupe
1 petit oignon	de ketchup
3 cuillerées à soupe d'huile	1 cuillerée à café
2 cuillerées à soupe	de moutarde
de vinaigre	Sel et poivre

COUPEZ le chou en fines lamelles. Pelez l'oignon, coupez-le en petits dés et mélangez-le avec l'huile, le vinaigre, le *ketchup et* la moutarde, salez et poivrez. Versez la sauce sur la salade et mélangez bien. Servez aussitôt.

SCAROLE AUX CHAMPIGNONS

Pour 2 à 4 personnes

1/2 scarole	de vinaigre de vin
2 ou 3 branches de céleri	1 cuillerée à soupe
200 g de champignons	de crème fraîche
4 filets d'anchois	1 cuillerée à soupe de
3 cuillerées à soupe d'huile	noisettes pilées
2 cuillerées à soupe	Sel et poivre

ENLEVEZ les feuilles extérieures de la salade, puis émincez-la en fines lamelles. Nettoyez les branches de céleri, enlevez les fils, lavez et coupez en petits morceaux. Émincez les champignons. Mélangez le tout dans un saladier.

Écrasez les filets d'anchois. Mélangez huile, vinaigre, crème fraîche, poivre et noisettes pilées. Versez la sauce sur la salade et garnissez avec la purée d'anchois.

SALADE DE SCAROLE ET DE POIVRONS À L'ESPAGNOLE

Pour 5 à 6 personnes

1 scarole	4 cuillerées à soupe
2 poivrons	d'huile d'olive
10 olives vertes	3 cuillerées à soupe
farcies au piment	de vinaigre
1 oignon	Paprika
1 œuf dur	Moutarde, sel, poivre

COUPEZ la salade en lamelles. Coupez en deux les poivrons, enlevez le pédoncule, les pépins et les côtes. Émincez-les. Coupez les olives en rondelles. Mélangez le tout. Pelez l'oignon, coupez-le en petits dés. Écalez l'œuf dur, partagez-le en deux, séparez le jaune du blanc et écrasez-les séparément.

Mélangez oignon, jaune d'œuf, huile d'olive, vinaigre, sel, poivre, moutarde et paprika. Versez la sauce sur la salade, parsemez de blanc d'œuf écrasé. Servez aussitôt.

SALADE DE CHOU ROUGE AU THON

Pour 4 à 5 personnes

250 g de chou rouge	2 à 3 cuillerées à soupe
200 g de thon au naturel	de vinaigre
3 œufs durs	Sel
3 cuillerées à soupe d'huile	Poivre

DETACHEZ les feuilles de chou rouge, lavez-les et égouttez-les. Égouttez le thon et écrasez-le. Coupez les œufs durs en rondelles. Mélangez huile, vinaigre, sel et poivre. Versez la sauce sur le chou rouge, le thon et les œufs et mélangez bien. Rectifiez l'assaisonnement avec du vinaigre, du sel et du poivre si nécessaire.

AVOCATS FARCIS

Pour 4 personnes

2 avocats bien mûrs	150 g de crème fraîche
Jus de 1/2 citron	1 à 3 cuillerées
250 g de fraises	à soupe de sirop
1 kiwi	de grenadine
Sucre	

OUVREZ les avocats, ôtez le noyau, enlevez une partie de la chair sans abîmer la peau, coupez-la en dés et arrosez de jus de citron. Lavez et égouttez les fraises, enlevez les queues, partagez en deux les plus grosses. Coupez le kiwi en rondelles. Mélangez les fruits avec les morceaux d'avocat, saupoudrez de sucre à volonté. Remplissez les avocats de ce mélange.

Mélangez crème fraîche et sirop de grenadine. Placez les avocats sur un lit de glaçons et arrosez-les de sauce.

Ci-dessous : *Salade de chou rouge au thon*
Page de gauche : *Scarole aux champignons* et *Salade de scarole et de poivrons à l'espagnole*

FONDS D'ARTICHAUTS AUX CREVETTES

Pour 6 à 8 personnes

14 à 16 fonds d'artichauts	de ketchup
en conserve	*3 cuillerées à soupe*
Jus de 1 citron	*de crème fraîche*
Sauce Worcester	*1 cuillerée à soupe*
250 à 300 g de crevettes	*de cognac*
surgelées	*Olives farcies au poivron*
Quelques feuilles de laitue	*Sel*
4 à 5 cuillerées à soupe	*Poivre*

*T*APISSEZ un plat de feuilles de salade. Égouttez les fonds d'artichauts, posez-les sur le plat et arrosez-les de quelques gouttes de jus de citron et de sauce *Worcester*. Répartissez les crevettes sur les fonds d'artichauts.

Mélangez le *ketchup*, la crème fraîche et le cognac. Salez et poivrez. Versez la sauce sur les crevettes. Coupez les olives en rondelles et décorez-en les fonds d'artichauts.

TOMATES FARCIES AUX CHAMPIGNONS

Pour 4 personnes

4 tomates moyennes	*de crème fraîche*
150 g de champignons	*2 tranches de jambon*
Jus de 1 citron	*de Paris*
Vin blanc	*Ciboulette ciselée*
1 noix de beurre	*Sel*
2 cuillerées à soupe	*Poivre*

*D*ECALOTTEZ et videz les tomates. Saupoudrez l'intérieur de sel et de poivre. Arrosez de jus de citron les champignons émincés. Faites-les cuire dans un peu de vin blanc. Laissez refroidir. Faites fondre le beurre, ajoutez-y champignons et crème fraîche en remuant. Faites bouillir un bref instant. Coupez en petits morceaux le jambon, ajoutez-le aux champignons, salez et poivrez si nécessaire. Remplissez les tomates de cette farce, déposez un peu de beurre sur le dessus, glissez les tomates dans le four chaud et faites-les gratiner 15 minutes. Sortez-les du four et saupoudrez de ciboulette avant de servir.

COCKTAIL D'ASPERGES HAWAÏEN

Pour 5 à 6 personnes

500 g de pointes d'asperges	de crème fraîche
250 g de crevettes surgelées	1 cuillerée à soupe
5 cuillerées à soupe	de xérès
de mayonnaise	1 jus de citron
2 cuillerées à soupe	2 oranges

Égouttez bien les asperges et laissez décongeler les crevettes à la température ambiante. Mélangez asperges et crevettes.

Mélangez mayonnaise, crème fraîche et xérès. Coupez les oranges en deux, videz-les et coupez la pulpe en petits morceaux. Ajoutez les morceaux d'oranges aux asperges et aux crevettes et remplissez les moitiés d'oranges de ce mélange. Versez la sauce et servez frais.

SALADE DE TOMATES À LA GRECQUE

Pour 5 personnes

500 g de tomates	1 oignon
15 olives	3 feuilles de menthe,
150 g de feta	hachées ou 1 cuillerée à
3 cuillerées à soupe d'huile	soupe de fines herbes
2 cuillerées à soupe	hachées
de jus de citron	Sel et poivre

Coupez les tomates en fines rondelles. Disposez-les dans un plat creux avec les olives et la feta coupée en dés. Mélangez l'huile et le jus de citron, salez et poivrez. Pelez l'oignon, coupez-le en dés et incorporez-le à la sauce avec la menthe ou les herbes. Versez la sauce sur la salade. Laissez macérer 1/4 d'heure avant de servir.

SALADE PIQUANTE AU CHOU ROUGE

Pour 4 à 5 personnes

500 g de chou rouge	de vinaigre
1 oignon	1 cuillerée à café
1 à 2 cuillerées à soupe	de moutarde
de sirop de betterave	Sel
2 à 3 cuillerées à soupe	Poivre

Émincez le chou rouge très finement. Coupez l'oignon en fines rondelles. Mélangez sirop de betterave, vinaigre et moutarde, salez et poivrez. Versez la sauce sur le chou et l'oignon, mélangez et servez aussitôt.

SALADE PRINTANIÈRE AUX ŒUFS

Pour 2 personnes

1 radis noir	de moutarde douce
1/2 concombre	1 cuillerée à soupe
2 tomates	de xérès
Quelques feuilles	1 œuf dur
de salade verte	1 cuillerée à soupe
4 cuillerées à soupe	de ciboulette hachée
de crème	Sel
1 cuillerée à café	Poivre

Coupez radis, concombre et tomates en rondelles. Tapissez de feuilles de laitue deux coupes individuelles et garnissez-les avec les rondelles de tomates, de radis et de concombre. Mélangez la crème, la moutarde et le xérès, salez et poivrez. Versez cette sauce sur la salade. Écalez l'œuf et coupez-le en quartiers que vous déposerez sur le dessus des coupes. Saupoudrez de ciboulette.

Page de gauche : *Tomates farcies aux champignons*
Ci-dessous : *Salade printanière aux œufs*

COCKTAIL DE BŒUF À LA CHÂTELAINE

Pour 4 personnes

200 g de bœuf bouilli	Sauce Worcester
100 g de jambon	1/8 de litre de crème
maigre cru	4 cuillerées à soupe
1 cuillerée à soupe	de mayonnaise
de câpres	2 cuillerées à soupe
1 oignon	de moutarde
2 cornichons	90 g d'œufs de lump
4 œufs durs	Quelques feuilles de
4 cuillerées à soupe	salade
de ciboulette ciselée	Sel

COUPEZ le bœuf, le jambon et les cornichons en petits dés. Pelez l'oignon et coupez-le en rondelles. Égouttez les câpres. Écalez et hachez finement les œufs durs. Placez tous ces ingrédients dans un saladier et mélangez bien. Incorporez la ciboulette et assaisonnez avec du sel et de la sauce *Worcester*.

Mélangez crème fraîche, mayonnaise, moutarde et une partie des œufs de lump. Tapissez de feuilles de salade 4 coupes individuelles, répartissez le cocktail dans les coupes et arrosez avec une partie de la sauce.

Décorez avec les œufs de lump restants. Servez le reste de la sauce à part.

COCKTAIL DE HOMARD LOREN

Pour 2 personnes

450 g de chair	1 cuillerée à soupe
de homard cuit	de fines herbes
2 tomates	hachées
1/2 boîte de maïs	Aneth
12 olives farcies au piment	Sel
1. pot de yaourt	Poivre blanc

ÉMIETTEZ la chair de homard. Plongez un bref instant les tomates dans l'eau bouillante, trempez-les ensuite dans l'eau froide, pelez-les, videz-les et coupez-les en lamelles. Égouttez le maïs et coupez les olives en rondelles.

Mélangez le yaourt et les herbes, salez et poivrez. Disposez tous les ingrédients dans des coupes individuelles et arrosez-les de sauce. Garnissez de branches d'aneth.

SAUCE VERTE

Pour 4 personnes

1 bouquet de persil	1/2 botte de cresson
1 bouquet de ciboulette	1 petit oignon
1 bouquet de cerfeuil	150 g de crème fraîche
1 bouquet d'aneth	125 g de fromage
1 bouquet de bourrache	blanc maigre
1 bouquet d'estragon	Sel
1 bouquet de basilic	Poivre

Lavez les herbes et séchez-les dans un linge. Pelez l'oignon. Hachez grossièrement herbes et oignon, puis versez-les dans un mixer avec la crème fraîche et le fromage blanc. Battez quelques minutes. Salez et poivrez.

Servez avec une terrine de légumes.

Ci-contre : *Cocktail de bœuf à la châtelaine*
Ci-dessous : *Sauce verte*

POMMES DE TERRE EN ROBE DES CHAMPS

Pour 4 à 5 personnes

Lavez 1 kg de pommes de terre de même taille et de même variété. Plongez-les dans de l'eau salée où vous aurez éventuellement ajouté une cuillerée à café de cumin, portez à ébullition et faites-les cuire 25 à 30 minutes. Une fois qu'elles sont cuites, égouttez-les et épluchez-les.

Conseil : vous pouvez faire sauter les pommes de terre à la poêle dans de l'huile ou du beurre.

POMMES DE TERRE À LA CIBOULETTE

Pour 4 à 5 personnes

1 kg de pommes de terre	1/2 cube de bouillon
30 g de beurre	2 cuillerées à soupe
30 g de farine	de ciboulette coupée fin
25 cl de lait	Sel

Lavez les pommes de terre et faites-les cuire 20 à 30 minutes dans de l'eau salée. Égouttez-les, pelez-les encore chaudes et laissez-les refroidir. Coupez-les en rondelles.

POMMES DE TERRE À L'ÉTOUFFÉE

Pour 4 à 5 personnes

1 kg de pommes de terre	*75 g de lard gras*

COUPEZ en dés les pommes de terre épluchées et lavées. Faites revenir le lard coupé en dés. Ajoutez les pommes de terre, salez, couvrez et laissez cuire 20 à 30 minutes. En fin de cuisson, mettez à découvert pour faire dorer.

POMMES DE TERRE AU LAIT

Pour 4 à 5 personnes

1 kg de pommes de terre	*125 g de lard maigre*
60 cl de lait	*3 oignons*
45 g de maïzena	*Sel*

COUPEZ en petits morceaux les pommes de terre épluchées et lavées. Faites-les cuire dans de l'eau salée. Faites chauffer le lait. Réduisez en purée les 2/3 des pommes de terre, puis versez la purée et les morceaux entiers dans le lait bouillant. Portez à ébullition. Mouillez la maïzena avec un peu d'eau, puis liez la purée à ce mélange. Faites revenir le lard coupé en dés avec les oignons épluchés et coupés en petits morceaux et laissez-les dorer. Versez sur les pommes de terre. Accompagnez avec des saucisses grillées et une salade.

Ci-dessus : *Pommes de terre à la ciboulette*
À droite : *Pommes de terre au lait*

Préparation de la sauce à la ciboulette : faites fondre le beurre, ajoutez-y la farine en tournant et laissez blondir. Ajoutez le lait, l'eau et la tablette de bouillon. Battez au fouet pour éviter les grumeaux. Portez à ébullition. Salez, ajoutez les pommes de terre et la ciboulette et laissez cuire 10 minutes. Rajoutez du sel si nécessaire.

RAGOÛT DE POMMES DE TERRE

Pour 4 à 5 personnes

1 kg de pommes de terre	1 cuillerée à soupe
50 cl de bouillon de viande	de persil haché
1 noix de beurre	Sel

ÉPLUCHEZ les pommes de terre, lavez-les et coupez-les en dés. Plongez-les dans le bouillon, portez à ébullition et laissez-les cuire 15 à 20 minutes. Salez et ajoutez le beurre et le persil. Servez avec du poisson, du jambon cru ou une viande en sauce.

Variante : vous pouvez y ajouter des carottes émincées.

PURÉE DE POMMES DE TERRE

Pour 4 à 5 personnes

1 kg de pommes de terre	25 cl de lait
75 g de beurre	Noix de muscade et sel

Ci-dessous : *Pommes de terre au gruyère*

COUPEZ en morceaux les pommes de terre lavées et épluchées. Plongez-les dans de l'eau salée bouillonnante et faites-les cuire 20 minutes. Une fois cuites, égouttez-les et passez-les aussitôt au presse-purée. Ajoutez le beurre et le lait chaud.

Remettez la casserole sur le feu et tournez la purée jusqu'à ce qu'elle forme une masse homogène. Salez éventuellement et râpez un peu de noix de muscade. Vous pouvez aussi présenter la purée couverte de rondelles d'oignons frits ou de la chapelure grillée.

POMMES DE TERRE AU GRUYÈRE

À L'AUTOCUISEUR
Pour 4 à 5 personnes

1 kg de pommes de terre	25 cl de bouillon de viande
50 g de lard gras	2 cuillerées à soupe
2 oignons	de ciboulette coupée fin
100 g de gruyère râpé	Sel
Marjolaine	Poivre

COUPEZ en rondelles les pommes de terre épluchées et lavées. Dans l'autocuiseur ouvert, faites revenir le lard coupé en dés et les oignons émincés. Ajoutez les pommes de terre. Saupoudrez de fromage. Assaisonnez de sel, de poivre et de marjolaine. Ajoutez le bouillon, fermez l'autocuiseur et laissez cuire environ 12 minutes. Saupoudrez les pommes de terre de ciboulette.

POMMES DE TERRE À LA BÉCHAMEL

Pour 4 à 5 personnes

1 kg de pommes de terre	25 cl d'eau
2 petits oignons	1/2 cube de bouillon
40 g de jambon cru	Noix de muscade
30 g de beurre ou	2 cuillerées à soupe
de margarine	de persil haché
30 g de farine	Sel
25 cl de lait	Poivre

PLONGEZ les pommes de terre lavées dans de l'eau salée bouillonnante et laissez-les cuire 20 à 30 minutes. Égouttez-les et pelez-les aussitôt. Laissez-les refroidir et coupez-les en rondelles.

Préparation de la sauce béchamel : épluchez les oignons, coupez-les en petits morceaux, comme le

jambon. Faites fondre le beurre et faites-y revenir le jambon, puis les oignons. Ajoutez la farine en tournant et laissez blondir. Ajoutez le lait, l'eau et le 1/2 cube de bouillon. Battez au fouet en faisant attention qu'il ne se forme pas de grumeaux. Portez la sauce à ébullition et laissez-la cuire 5 minutes environ. Ajoutez les pommes de terre, portez à ébullition et assaisonnez de sel, de poivre, de muscade et de persil.

PURÉE AUX HERBES AVEC ŒUFS BROUILLÉS AU JAMBON

Pour 4 à 5 personnes

1 kg de pommes de terre	6 œufs
50 à 75 g de beurre	150 g de jambon cuit
aux herbes	20 g de beurre ou
25 cl de lait	de margarine
Noix de muscade	Sel et poivre du moulin

Ci-dessus : *Purée aux herbes avec œufs brouillés au jambon*

ÉPLUCHEZ les pommes de terre, lavez-les et coupez-les en morceaux. Plongez-les dans de l'eau salée, portez à ébullition et faites-les cuire 20 minutes environ. Une fois qu'elles sont cuites, égouttez-les et passez-les aussitôt au presse-purée. Ajoutez le beurre et le lait chaud. Remettez la casserole sur le feu et tournez jusqu'à ce que la purée forme une masse homogène. Assaisonnez de sel, de poivre et de noix de muscade râpée. Laissez au chaud.

Mélangez les œufs avec un peu d'eau sans les battre. Salez et poivrez. Coupez le jambon en lanières. Faites fondre le beurre, versez-y le mélange d'œufs, puis le jambon.

Remuez aussitôt que la masse commence à prendre et faites cuire 5 minutes environ. Les œufs brouillés doivent être moelleux et aérés, mais pas trop secs. Servez en même temps que la purée aux herbes.

SALADE ITALIENNE

Pour 2 à 3 personnes

125 g de pommes de terre
épluchées et cuites à l'eau
100 g de carottes cuites
125 g de pommes
125 g de restes de viande
ou de jambon cuit
125 g de cornichons
 au vinaigre
 2 filets d'anchois
1 oignon
1 cuillerée à café d'épices :

persil, aneth, ail
et pimprenelle
1 œuf
1 cuillerée à soupe
de vinaigre
1 cuillerée à café de
moutarde
10 cl d'huile
2 cuillerées à soupe de
yaourt
Sel

COUPEZ les pommes de terre et les carottes en rondelles. Coupez en fines lamelles les pommes épluchées et épépinées, ainsi que la viande et les cornichons. Hachez les filets d'anchois. Coupez l'oignon en petits morceaux.

Préparation de la mayonnaise : battez, avec un mixer électrique ou un fouet, le jaune d'œuf avec le vinaigre, la moutarde et le sel jusqu'à obtenir une masse épaisse. Versez l'huile (pas nécessairement au goutte à goutte, mais par 2 cuillerées à la fois, les condiments empêchant le jaune d'œuf de se durcir). Ajoutez le yaourt.

Mélangez la mayonnaise avec les ingrédients de la salade et les herbes. Salez et vinaigrez. Garnissez à volonté de tranches de tomates, de cornichons et d'œuf dur.

POMMES DE TERRE AU PERSIL

Pour 4 à 5 personnes

1 kg de pommes de terre,
si possible petites et
de même taille
40 g de beurre ou

de margarine
2 cuillerées à soupe
de persil
Sel

FAITES cuire 20 à 30 minutes dans une eau salée bouillonnante les pommes de terre lavées. Pelez-les aussitôt cuites. Laissez-les refroidir et coupez-les en rondelles.

Faites fondre le beurre, ajoutez-y les pommes de terre, le sel et le persil. Faites-les bien sauter (les pommes de terre nouvelles se prêtent parfaitement à ce plat).

POMMES DE TERRE À LA MOUTARDE

Pour 4 à 5 personnes

1 kg de pommes de terre	2 cuillerées à soupe
30 g de beurre ou	de moutarde
de margarine	Vinaigre
30 g de farine	Sel

FAITES cuire 20 à 30 minutes dans une l'eau salée bouillonnante les pommes de terre lavées. Pelez-les aussitô cuites. Laissez-les refroidir et coupez-les en rondelles.

Préparation de la sauce à la moutarde : faites fondre le beurre, ajoutez la farine en tournant et laissez blondir. Ajoutez 50 cl d'eau et battez au fouet pour éviter les grumeaux. Portez à ébullition et laissez cuire 5 minutes. Ajoutez moutarde, sel, et pommes de terre. Laissez cuire encore 10 minutes. Assaisonnez de vinaigre.

SALADE DE COMCOMBRE ET DE POMMES DE TERRE

Pour 5 personnes

750 g de pommes de terre	3 cuillerées à soupe
1 concombre	de crème fraîche
1 oignon	2 bouquets d'aneth
150 g de yaourt	Sel et poivre du moulin

FAITES cuire 20 à 30 minutes dans une eau salée bouillonnante les pommes de terre lavées. Pelez-les aussitôt. Laissez-les refroidir et coupez-les en rondelles. Coupez en fines rondelles le concombre lavé et en petits morceaux l'oignon épluché. Mélangez le tout.

Dans un bol, incorporez bien la crème au yaourt, salez et poivrez. Hachez fin l'aneth lavé et bien éponge et ajoutez-le à la sauce. Versez la sauce sur la salade et rectifiez l'assaisonnement. Ne pas trop attendre pour consommer car les tranches de concombre perdent rapidement leur eau.

À gauche : *Salade de concombre et de pommes de terre*
Ci-dessus : *Salade de pommes de terre aux harengs*

SALADE DE POMMES DE TERRE AUX HARENGS

Pour 4 personnes

4 filets de harengs	1 ou 2 cuillerées à café
250 g de pommes de terre	de moutarde
cuites dans leur peau	1 cuillerée à soupe
2 œufs durs	de vinaigre
200 g de saucisse fumée	10 cl d'huile
1 pomme	3 cuillerées à soupe
1 gros cornichon doux	de yaourt
1 jaune d'œuf	Sel et poivre du moulin

ÉGOUTTEZ les harengs et épongez-les. Pelez les pommes de terre et écalez les œufs. Enlevez la peau de la saucisse. Épluchez la pomme, coupez-la en quatre et enlevez les pépins. Coupez tous ces ingrédients en dés, ainsi que le cornichon. Mélangez le tout avec une mayonnaise. Pour la préparation de la mayonnaise, voir page précédente la recette de la *Salade italienne*.

POÊLÉE FORESTIÈRE

Pour 2 personnes

250 g de pommes de terre   de Paris
cuites à l'eau   3 œufs
50 g de lard   10 cl de lait
1 oignon   1 bouquet de ciboulette
100 g de champignons   Sel

COUPEZ en dés les pommes de terre et le lard. Faites fondre le lard dans sa graisse. Puis ajoutez-y l'oignon épluché et émincé avec les champignons coupés en lamelles et faites-les dorer. Battez les œufs avec le lait, salez. Mettez-y la ciboulette ciselée. Versez ce mélange sur les pommes de terre. Laissez prendre. Ajoutez un peu de beurre dans la poêle, pour ne pas avoir une omelette trop sèche. Une fois le dessous doré, faites glisser l'omelette sur une assiette chaude.

POMMES DE TERRE SAUTÉES

Pour 4 à 5 personnes

1 kg de pommes de terre   50 g de beurre et sel

FAITES cuire 20 minutes dans de l'eau les pommes de terre lavées. Pelez-les aussitôt. Une fois refroidies, coupez-les en cubes si nécessaire. Faites fondre le beurre et ajoutez les pommes de terre. Salez. Laissez dorer les pommes de terre pendant une dizaine de minutes.

Ci-dessus : *Croquettes de pommes de terre*
Ci-contre : *Poêlée forestière*

CROQUETTES
DE POMMES DE TERRE

Pour 4 personnes

750 g de pommes de terre   50 g de chapelure
3 œufs   ou 100 g d'amandes
1 bonne cuillerée à   effilées
café de maïzena   Huile végétale
Noix de muscade   Sel

CHIPS

Pour 2 à 3 personnes

500 g de pommes de terre   Huile et sel

FAITES cuire 20 minutes, dans de l'eau salée bouillante, les pommes de terre épluchées et lavées. Égouttez-les et passez-les aussitôt au presse-purée. Laissez-les refroidir. Battez les pommes de terre avec 2 jaunes d'œufs et la maïzena. Salez et ajoutez un peu de noix de muscade râpée.

Avec cette pâte, formez des petits boudins ou des boulettes. Passez-les dans l'œuf restant battu, puis dans la chapelure. Plongez-les dans l'huile bouillante et laissez-les dorer 2 à 3 minutes. Vous pouvez aussi faire frire les boulettes sans chapelure puis les rouler dans 100 g d'amandes effilées grillées.

ÉPLUCHEZ, lavez et coupez les pommes de terre en très fines rondelles. Faites-en plusieurs tas et épongez-les. Plongez-les 1 ou 2 minutes, en plusieurs fois, dans l'huile bouillante. Dès qu'elles commencent à dorer, sortez-les et laissez-les s'égoutter. Une fois refroidies, plongez-les à nouveau, 3 minutes, dans l'huile bouillante pour qu'elles soient bien dorées et croustillantes. Égouttez les chips dans une passoire. Une fois refroidies, salez-les.

PETIT DÉJEUNER PAYSAN

Pour 4 personnes

750 g de pommes de terre	3 cuillerées à soupe de lait
4 petits oignons	Paprika
200 g de lard maigre	Noix de muscade
30 g de beurre ou	2 cuillerées à soupe
de margarine	de ciboulette coupée fin
3 œufs	Sel et poivre

FAITES cuire, 20 à 25 minutes dans de l'eau salée bouillante, les pommes de terre lavées. Une fois cuites et égouttées, pelez-les encore chaudes. Laissez refroidir et coupez-les en rondelles. Coupez en petits morceaux les oignons épluchés. Mettez à fondre 75 g de lard en dés. Ajoutez le beurre et faites-y revenir les oignons. Ajoutez les pommes de terre et laissez-les dorer. Battez les œufs avec le lait. Assaisonnez de sel, de paprika, de noix de muscade râpée et de poivre. Incorporez la ciboulette et le reste de lard, puis versez sur les pommes de terre. Laissez prendre 10 minutes. Servez bien chaud.

OMELETTE AUX POMMES DE TERRE

Pour 3 personnes

500 g de pommes de terre	1 cuillerée à soupe
2 petits oignons	de persil haché et
75 g de lard gras	de ciboulette ciselée
12 cl de lait	Sel
3 œufs	

À gauche : *Omelette aux pommes de terre*
Ci-dessous : *Petit déjeuner paysan*

LAVEZ les pommes de terre et faites-les cuire dans de l'eau salée. Égouttez-les et pelez-les encore chaudes. Une fois refroidies, coupez-les en rondelles. Coupez en petits morceaux les oignons épluchés. Faites revenir le lard coupé en dés. Ajoutez-y les pommes de terre et les oignons. Laissez dorer. Battez le lait avec les œufs. Salez et ajoutez le persil et la ciboulette. Versez ce mélange sur les pommes de terre, une fois le dessus cuit et le dessous bien doré (10 minutes), faites glisser l'omelette. Accompagnez d'une salade verte.

chauffer suffisamment d'huile pour que les frites soient bien immergées. Quand l'huile est bouillante, plongez-y les frites et laissez-les cuire à moitié pendant 2 minutes (ne mettez pas trop de frites à la fois, sinon vous risqueriez de ne plus pouvoir les mélanger et de faire refroidir l'huile trop rapidement).

Aussitôt que les frites sont dorées, sortez-les avec une écumoire, posez-les dans une passoire, égouttez-les et laissez-les refroidir. Quand elles sont froides, plongez-les une nouvelle fois dans l'huile bouillante et laissez-les dorer pour qu'elles deviennent croustillantes (4 à 5 minutes environ). Salez-les et servez aussitôt.

GALETTES À LA CIBOULETTE FOURRÉES À LA FAISSELLE

Pour 4 personnes

1 kg de pommes de terre	*1 cuillerée à soupe*
2 petits oignons	*de jus de citron*
1 ou 2 cuillerées à soupe	*1 petite gousse d'ail*
de farine	*125 g de jambon cuit*
3 œufs	*1 bouquet de persil*
1 bouquet de ciboulette	*150 g de saindoux,*
500 g de faisselle	*à défaut, huile*
10 cl de lait	*Sel et poivre du moulin*

ÉPLUCHEZ, lavez et râpez les pommes de terre et les oignons. Ajoutez-y la farine, les œufs et le sel. Rincez la ciboulette, épongez-la et coupez-la finement. Incorporez-en la moitié à la pâte de pommes de terre. Mélangez l'autre moitié avec la faisselle salée et poivrée, le lait et le jus de citron. Épluchez la gousse d'ail et pressez-la ou hachez-la. Coupez le jambon en dés. Rincez le persil, épongez-le et hachez-le finement.

Ajoutez ces trois ingrédients à la faisselle. Faites fondre le saindoux dans une poêle, puis déposez de la pâte de pommes de terre en petites galettes avec une cuillère. Égalisez bien et faites dorer sur les deux faces 6 à 8 minutes. Étalez de la faisselle sur la moitié des galettes. Recouvrez le tout d'une autre galette.

POMMES DE TERRE EN PAPILLOTES

Pour 4 personnes

8 pommes de terre	*Papier d'aluminium*
de taille moyenne	*Beurre*

LAVEZ les pommes de terre et épongez-les, enveloppez-les séparément dans du papier d'aluminium. Mettez-les sur une tôle dans le four à 200-225°C (thermostat 6-7) pendant 40 à 60 minutes. Une fois qu'elles sont cuites, pratiquez sur chaque pomme de terre une incision en forme de croix, relevez les coins du papier et creusez un peu le centre. Mettez-y du beurre. Accompagnez d'un yaourt aux herbes et de salade.

POMMES FRITES

Pour 4 personnes

1 kg de pommes de terre	*Huile et sel*

ÉPLUCHEZ les pommes de terre, lavez-les et coupez-les en bâtonnets. Épongez-les dans un linge. Faites

Ci-dessus : *Pommes de terre en papillotes*
À droite : *Galettes à la ciboulette fourrées à la faisselle*

PAILLASSON
DE POMMES DE TERRE

Pour 4 personnes

1 kg de pommes de terre   40 g de beurre et sel

FAITES cuire 3 minutes dans de l'eau bouillante les pommes de terre lavées. Égouttez-les et pelez-les aussitôt. Laissez-les refroidir et râpez-les. Faites fondre le beurre et mettez-y la moitié des pommes de terre. Salez. Étalez bien la masse de pommes de terre et laissez dorer 10 minutes. Retournez le paillasson sur une assiette et remettez sur l'autre face 10 autres minutes en ajoutant un peu d'huile dans la poêle. Une fois le paillasson doré, réservez au chaud. Faites un deuxième paillason avec le reste des pommes de terre. Le paillasson accompagne très bien les viandes émincées en sauce et la salade verte.

BEIGNETS DE POMMES DE TERRE

Pour 5 à 6 personnes

1 kg de pommes de terre	*2 cuillerées à café*
500 g de farine	*de sel*
1 paquet de levure	*15 cl de lait*
de boulanger	*250 g de raisins secs*
2 œufs	*20 cl d'huile*

TAMISEZ la farine dans un saladier et mélangez-la soigneusement avec la levure. Épluchez les pommes de terre, lavez-les, puis râpez-les. Ajoutez-les à la farine avec les œufs, le sel et le lait chaud. Passez le tout au mixer, d'abord en position lente, puis rapide, pour bien travailler la pâte. Ajoutez les raisins secs à la pâte puis

mettez-la à reposer dans un endroit chaud, pour
doubler de volume. Ensuite passez-la à nouveau au
mixer, en position rapide. Chauffez un peu d'huile dans
une poêle et déposez-y, avec une cuillère, la pâte en
petits tas égaux. Laissez dorer les deux faces du
beignet et salez.

PIZZA DE POMMES DE TERRE

Pour 4 à 6 personnes

1,5 kg de pommes de terre	1 noix de beurre
25 cl de crème	500 g de tomates
4 œufs	300 g de mozzarella
2 cuillerées à café d'origan	100 g de salami
100 g de parmesan râpé	Sel et poivre

Ci-dessus : *Beignets de pommes de terre*
À gauche : *Paillasson de pommes de terre*

ÉPLUCHEZ les pommes de terre et lavez-les. Mélangez la
crème et les œufs battus. Râpez les pommes de terre
et mélangez-les aussitôt avec les œufs battus. Ajoutez-
y l'origan et le parmesan. Beurrez un plat à four.
Versez-y le mélange de pommes de terre. Glissez le
plat dans le four à 200-225° C (thermostat 6-7), le
plus haut possible. Laissez cuire 20 minutes environ.
Lavez les tomates et coupez-les en rondelles. Découpez
la mozzarella en lamelles. Garnissez le fond de la pizza
avec les tomates et le salami. Salez et répartissez la
mozzarella. Enfournez à nouveau la pizza, cette fois le
plus bas possible, et laissez-la cuire 20 minutes. Avant
de servir, laissez-la reposer 5 minutes à four éteint.
Poivrez avant de servir.

GRATIN DAUPHINOIS

Pour 4 personnes

1 kg de pommes de terre	1 noix de beurre
1 cuillerée à soupe	1 gousse d'ail
de persil haché	100 g de fromage râpé
1/2 cuillerée à café	40 cl de crème
de thym	Sel et poivre

ÉPLUCHEZ les pommes de terre et lavez-les. Coupez-les en fines rondelles. Saupoudrez-les de sel, de poivre, de persil et de thym. Beurrez un grand plat à gratin.

Épluchez la gousse d'ail, hachez-la ou écrasez-la et tapissez-en le fond du plat. Disposez les rondelles de pommes de terre en couches, puis saupoudrez de fromage râpé. Versez la crème par-dessus. Glissez le plat dans le four à 225-250°C (thermostat 7-8) et laissez cuire 30 à 40 minutes.

Conseil : le gratin dauphinois peut accompagner un rôti ou constituer un plat à lui tout seul.

POMMES DE TERRE AU CUMIN

Pour 6 personnes

1 kg de petites pommes
de terre nouvelles

1 cuillerée à soupe d'huile
Cumin
Sel

Ci-dessous :
Gratin dauphinois
Ci-contre : *Pommes
de terre au cumin*

LAVEZ soigneusement les pommes de terre mais ne les épluchez pas. Coupez-les éventuellement en deux. Badigeonnez-les d'huile et passez-les dans le sel, puis dans le cumin. Posez-les ensemble sur un grand morceau de papier d'aluminium. Enveloppez les pommes de terre et glissez-les à mi-hauteur du four à 200°C (thermostat 6) pendant 30 minutes.

PÂTES AU CHOU À LA TYROLIENNE

Pour 4 à 5 personnes

1 chou blanc de 1 kg	250 g de pâtes
2 gros oignons	250 g de saucisson à l'ail
75 g de saindoux	Sel et poivre

Coupez le chou en fines lanières, lavez-le et laissez-le bien s'égoutter. Épluchez les oignons et coupez-les en petits morceaux. Faites chauffer le saindoux dans une cocotte en fonte, ajoutez-y les oignons, puis le chou. Salez et poivrez. Couvrez et faites revenir pendant 25 minutes en tournant de temps en temps.

Faites cuire les pâtes dans 2 ou 3 litres d'eau bouillante salée, en remuant de temps en temps, pendant 10 minutes. Versez-les dans une passoire et laissez-les s'égoutter. Retirez la peau du saucisson, coupez-le en petits morceaux.

Mélangez le chou, les pâtes et le saucisson. Réchauffez en remuant. Rectifiez l'assaisonnement.

PÂTES AUX HERBES

Pour 3 personnes

250 g de pâtes plates et vertes	1 cuillerée à soupe de cerfeuil haché
40 g de beurre	Parmesan râpé
300 g de tomates	Feuilles de basilic
300 g de crème fraîche	Sel
Noix de muscade	Poivre

PÂTES AUX MOULES

Pour 6 personnes

250 g de pâtes	250 g de champignons
500 g de moules en boîte	de Paris
1 cuillerée à soupe d'huile	1 bouquet de persil
80 g de beurre	1 gousse d'ail
2 gousses d'ail	Sel et poivre

FAITES cuire les pâtes pendant une quinzaine de minutes dans 2 à 3 litres d'eau bouillante salée dans laquelle vous aurez ajouté l'huile. Versez-les dans une passoire, passez-les à l'eau froide et laissez-les s'égoutter.

Faites fondre 40 g de beurre et faites-y revenir les pâtes. Mettez-les dans un saladier et gardez-les au chaud. Épluchez les gousses d'ail et hachez-les finement. Épluchez les champignons, lavez-les, puis coupez-les en fines lamelles. Lavez le persil, épongez-le dans un linge et hachez-le. Égouttez les moules et réservez le liquide.

Faites fondre 40 g de beurre et faites-y revenir l'ail, puis les champignons et le persil ; laissez cuire 5 minutes. Ajoutez un peu du liquide des moules et laissez cuire, casserole fermée, pendant une dizaine de minutes. Ajoutez les moules et faites chauffer. Assaisonnez de sel, de poivre et d'ail haché menu. Versez les moules aux champignons sur les pâtes et servez aussitôt.

Ci-dessus : *Pâtes au chou à la tyrolienne*
Ci-contre : *Pâtes aux moules*

FAITES cuire les pâtes dans 1,5 litre d'eau bouillante salée, en remuant de temps en temps, pendant 8 à 10 minutes. Versez-les dans une passoire et laissez-les s'égoutter.

Lavez les tomates et égouttez-les. Plongez-les quelques instants dans de l'eau bouillante, puis passez-les à l'eau froide et pelez-les. Épépinez-les et coupez-les en petits morceaux.

Faites fondre 40 g de beurre et faites-y revenir les pâtes. Ajoutez les tomates et la crème et faites chauffer en remuant. Salez et poivrez. Saupoudrez d'un peu de noix de muscade râpée. Au moment de servir, saupoudrez à volonté de parmesan, de cerfeuil haché et de feuilles de basilic.

PÂTES AU CITRON

Pour 6 personnes

400 g de pâtes plates	à soupe d'aquavit
1 citron non traité	Jus de 1 citron
50 cl de crème	60 g de parmesan râpé
3 ou 4 cuillerées	Sel et poivre

FAITES cuire les pâtes dans 3 à 4 litres d'eau bouillante salée, en remuant de temps en temps, pendant 8 à 10 minutes. Versez-les dans une passoire, laissez-les s'égoutter et gardez-les au chaud.

Préparation de la sauce : lavez et séchez le citron, râpez le zeste et réservez-le. Ôtez la peau blanche entourant le citron, coupez la pulpe en petits dés et mélangez-les à la crème et à l'aquavit. Portez à ébullition et laissez cuire 5 minutes. Ajoutez le jus de citron et faites bouillir encore 5 minutes. Salez, poivrez. Mélangez les pâtes avec la sauce et le parmesan. Dressez sur un plat et décorez avec le zeste du citron.

Conseil : les pâtes au citron accompagnent merveilleusement les escalopes et les blancs de poulets grillés.

PÂTES AU SAUMON

Pour 4 à 5 personnes

300 g de tomates	300 g de crème fraîche
100 g de saumon fumé	1 cuillerée à café
en tranches	de menthe hachée
2 gousses d'ail	1/2 cuillerée à café
60 g d'olives noires	d'origan haché
3 cuillerées à soupe	400 g de pâtes fines
d'huile d'olive	Sel et poivre

PLONGEZ rapidement les tomates dans de l'eau bouillante, puis passez-les à l'eau froide. Pelez-les, coupez-les en deux, épépinez-les et écrasez la pulpe. Coupez le saumon en fines lanières. Épluchez les gousses d'ail et coupez-les en petits morceaux.

Coupez en petits morceaux les olives dénoyautées. Faites chauffer l'huile dans une poêle et faites-y dorer l'ail. Ajoutez les lanières de saumon et les olives en remuant doucement. Laissez cuire 2 ou 3 minutes. Ajoutez la crème en remuant toujours, puis la purée de tomates. Assaisonnez de sel, de poivre, de menthe et d'origan. Gardez la sauce au chaud. Faites cuire les pâtes durant 8 à 10 minutes, dans 3 à 4 litres d'eau salée bouillante, en remuant de temps en temps. Versez les pâtes dans une passoire et laissez-les s'égoutter. Mettez-les dans un plat, versez la sauce par-dessus, et garnissez de lanières de saumon et d'olives noires.

PÂTES AU PERSIL

À L'AUTOCUISEUR
Pour 3 personnes

250 g de pâtes	1 cuillerée à soupe
Huile	de persil haché
50 g de beurre	Sel
20 g de chapelure	

PÂTES VERTES AUX CHAMPIGNONS

Pour 4 à 5 personnes

400 g de pâtes vertes	de Paris
1 cuillerée à soupe d'huile	75 g de beurre aux herbes
1 gousse d'ail	1 cuillerée à café
250 g d'oignons nouveaux	de poivre noir concassé
750 g de champignons	Sel

PLONGEZ les pâtes dans 3 litres d'eau bouillante salée et ajoutez l'huile. Épluchez la gousse d'ail, hachez-la finement ou pressez-la, et mettez-la également dans l'eau. Faites bouillir, en remuant de temps en temps, pendant 8 à 10 minutes. Versez les pâtes dans une passoire, passez-les à l'eau froide et laissez-les s'égoutter.

Préparez les oignons en laissant environ 15 cm de tiges vertes. Lavez-les et coupez-les en rondelles. Épluchez les champignons et lavez-les.

Faites chauffer 50 g de beurre, faites-y revenir les oignons, ajoutez les champignons et laissez étuver 10 à 15 minutes. Ajoutez les pâtes, salez et poivrez. Ajoutez 25 g de beurre. Servez aussitôt.

Ci-dessus : *Pâtes au citron*
À droite : *Pâtes vertes aux champignons*

METTEZ 1,5 litre d'eau dans un autocuiseur. Salez, puis ajoutez les pâtes et un peu d'huile. Fermez l'autocuiseur et faites chauffer jusqu'à ce que la soupape commence à siffler. Retirez l'autocuiseur du feu et laissez la vapeur s'échapper lentement. Versez ensuite les pâtes dans une passoire, passez-les à l'eau froide et laissez-les s'égoutter.

Faites fondre le beurre dans l'autocuiseur ouvert et faites-y dorer légèrement la chapelure. Ajoutez-y les pâtes et le persil, et faites chauffer en remuant.

LASAGNES CLASSIQUES

Pour 4 personnes

250 g de lasagnes vertes (une quinzaine de plaques)	70 g de concentré de tomates
80 g de beurre	50 g de farine
300 g de viande hachée	40 cl de bouillon de viande
100 g de céleri	30 cl de crème fraîche
2 carottes	70 g de parmesan râpé
1 oignon	Noix de muscade
5 gousses d'ail	Sel
15 cl de vin rouge	Poivre du moulin

FAITES cuire les lasagnes, une à une, dans 2 litres d'eau bouillante salée pendant environ 5 minutes, puis plongez-les dans de l'eau froide où vous les laisserez.

Préparation de la farce : faites fondre 30 g de beurre et faites-y revenir la viande. Épluchez les carottes et le céleri, lavez-les et râpez-les. Épluchez l'oignon et les gousses d'ail, coupez l'oignon en petits morceaux et écrasez l'ail. Ajoutez-les avec les légumes à la viande, laissez-les dorer, puis ajoutez le vin. Salez et poivrez. Ajoutez le concentré de tomates.

Préparation de la sauce béchamel : faites fondre 50 g de beurre. Ajoutez la farine en remuant jusqu'à sa légère coloration. Ajoutez le bouillon et la crème. Battez au fouet et faites bouillir. Laissez cuire 10 minutes. Ajoutez la noix de muscade râpée et du parmesan.

Dans un plat à gratin bien beurré, déposez par fines couches, en alternant, la farce avec la béchamel et une plaque de pâte. La dernière doit être de béchamel. Saupoudrez de parmesan et déposez quelques noisettes de beurre. Mettez le plat au four à 225-250°C (thermostat 7-8) pendant 25 à 30 minutes.

PÂTES À LA FAISSELLE ET AUX HERBES

Pour 3 à 4 personnes

250 g de pâtes	1 cuillerée à soupe de persil haché
1 cuillerée à soupe d'huile	1 cuillerée à soupe de mélisse hachée
150 g de faisselle	
20 cl de crème fraîche	50 g de lard maigre
3 œufs	Sel
1 cuillerée à soupe d'ail émincé	Poivre du moulin

Ci-dessous :
Pâtes à la faisselle et aux herbes

Ci-dessus : *Pasta al limone*

FAITES cuire les pâtes dans 2 ou 3 litres d'eau bouillante salée à laquelle vous aurez ajouté l'huile, pendant une dizaine de minutes. Versez les pâtes dans une passoire, passez-les à l'eau froide et laissez-les s'égoutter.

Préparation de la sauce : mélangez faisselle, crème et œufs, puis ajoutez ail, persil et mélisse. Salez et poivrez. Mélangez avec les pâtes puis versez le tout dans un plat à gratin bien beurré. Couvrez de tranches de lard, puis mettez au four 40 minutes à 200-225°C (thermostat 6-7).

PASTA AL LIMONE

Pour 4 à 5 personnes

400 g de pâtes
20 cl de crème
200 g de fromage frais
4 cuillerées à soupe
de jus de citron

10 feuilles de citronnelle
2 cuillerées à soupe
de parmesan râpé
Sel

FAITES cuire les pâtes dans 3 litres d'eau bouillante salée, en remuant de temps en temps, pendant 8 à 10 minutes. Versez les pâtes dans une passoire, passez-les à l'eau froide et laissez-les s'égoutter.

Faites chauffer la crème et ajoutez le fromage frais, cuillère après cuillère, tout en remuant. Ajoutez le jus de citron en battant vigoureusement pour que la masse soit bien liée et laissez cuire jusqu'à ce que le mélange devienne crémeux. Versez sur les pâtes.

Rincez la citronnelle et épongez-la soigneusement dans un linge ou un papier absorbant. Réservez quelques feuilles pour la décoration. Découpez le reste en fines lanières et ajoutez-le aux pâtes avec le parmesan en remuant doucement. Garnissez de feuilles de citronnelle.

PÂTES FRAÎCHES AU BASILIC

Pour 6 personnes

500 g de farine	*pressée à froid*
4 blancs d'œufs	*30 g de parmesan râpé*
5 bouquets de basilic	*15 g de pecorino râpé ou*
20 pignons de pin	*à défaut de parmesan*
3 gousses d'ail	*Sel*
30 cl d'huile d'olive	*Poivre*

PASSEZ la farine au tamis, puis creusez un puits au milieu. Versez-y les blancs d'œufs et 15 cl d'eau, et mélangez avec la farine jusqu'à obtenir une pâte épaisse et lisse. Travaillez cette pâte encore 8 à 10 minutes à la main. La pâte doit être souple. Si elle colle, ajoutez un peu de farine. Étalez-la le plus fin possible. Découpez-la en plusieurs rectangles, saupoudrez-les de farine, roulez-les sur eux-mêmes pour former des boudins et découpez-les transversalement en fines lanières. Faites cuire les pâtes dans 3 litres d'eau bouillante salée, en remuant de temps en temps, pas plus de 5 minutes pour qu'elles soient *al dente*. Versez-les dans une passoire, passez-les à l'eau froide et laissez-les s'égoutter.

Préparation de la sauce : rincez le basilic et épongez-le dans un linge ou un papier absorbant. Détachez les feuilles de leurs tiges. Faites dorer les pignons dans une poêle, puis laissez-les refroidir. Hachez-les grossièrement avec le basilic ou écrasez-les dans un mortier. Épluchez les gousses d'ail, pressez-les et ajoutez-les. Incorporez l'huile d'olive peu à peu sans cesser de remuer. Ajoutez le parmesan et le *pecorino,* poivrez. Versez cette sauce sur les pâtes.

STRANGOZZE AUX ARTICHAUTS

Pour 6 personnes

500 g de farine	d'huile d'olive
4 blancs d'œufs	1 bouquet de persil
125 g de cœurs	3 gousses d'ail
d'artichauts en boîte	1 petit poivron
6 cuillerées à soupe	Sel

Passez la farine au tamis, puis creusez un puits au milieu. Versez-y les blancs d'œufs et 15 cl d'eau, et mélangez avec la farine jusqu'à obtenir une pâte épaisse et lisse. Travaillez cette pâte encore 8 à 10 minutes à la main. La pâte doit être souple. Si elle colle, ajoutez un peu de farine. Étalez-la le plus fin possible. Découpez-la en plusieurs rectangles, saupoudrez-les de farine, roulez-les sur eux-mêmes pour former des boudins et découpez-les transversalement en fines lanières.

Faites cuire les pâtes dans 3 litres d'eau bouillante salée, en remuant de temps en temps, pas plus de 5 minutes pour qu'elles soient *al dente*. Versez-les dans une passoire, passez-les à l'eau froide et laissez-les s'égoutter.

Préparation des artichauts : coupez les cœurs d'artichauts en petits morceaux. Faites chauffer l'huile et faites-y revenir les artichauts. Rincez le persil, épongez-le dans un linge et hachez-le. Épluchez les gousses d'ail, hachez-les ou pressez-les. Coupez le poivron en deux, enlevez les graines, lavez-le et hachez-le finement. Ajoutez persil, ail et poivron aux artichauts, faites-les revenir une dizaine de minutes, puis versez sur les pâtes.

Ci-dessus :
Lasagnes aux épinards

LASAGNES AUX ÉPINARDS

Pour 4 personnes

300 g d'épinards surgelés
70 g de beurre
Noix de muscade
250 g de pâtes larges
type tagliatelles
1 cuillerée à soupe d'huile
1 oignon
250 g de viande hachée :
moitié bœuf, moitié porc
1 gousse d'ail
250 g de tomates pelées
en conserve

2 à 3 cuillerées
à café de moutarde
Thym
Origan
100 g de parmesan
30 g de farine
50 cl de lait
2 à 3 cuillerées à
soupe de vin blanc
250 g de gruyère
en lamelles
Sel et poivre

FAITES dégeler les épinards à feu doux dans un peu d'eau et de beurre. Salez, poivrez et râpez un peu de noix de muscade. Faites cuire les pâtes dans 3 litres d'eau bouillante salée dans laquelle vous aurez ajouté un peu d'huile pendant environ 8 minutes (pas plus si vous voulez qu'elles soient *al dente)*, en remuant de temps en temps. Versez les pâtes dans une passoire, rincez-les à l'eau tiède et laissez-les bien s'égoutter. Réservez-les au chaud.

Épluchez l'oignon et coupez-le en petits morceaux. Faites fondre 20 g de beurre et faites-y revenir l'oignon. Ajoutez la viande hachée et faites-la griller en écrasant les gros morceaux. Épluchez la gousse d'ail, coupez-la finement ou pressez-la, et ajoutez-la à la viande. Égouttez les tomates et coupez-les en gros morceaux. Ajoutez-les à la viande avec leur jus et laissez cuire à couvert jusqu'à ce que la sauce épaississe. Assaisonnez copieusement avec la moutarde, le sel, le poivre, la noix de muscade, le thym et l'origan.

Préparation de la sauce : Faites fondre 30 g de beurre, saupoudrez de farine et faites chauffer rapidement. Ajoutez le lait et le vin et battez au fouet en faisant attention qu'il ne se forme pas de grumeaux. Portez à ébullition et laissez cuire 5 minutes environ. Ajoutez le parmesan râpé et faites-le fondre en remuant. Poivrez et saupoudrez de noix de muscade râpée.

Dans un plat à gratin beurré, déposez en couches et dans l'ordre : la moitié des pâtes, la viande hachée, la moitié de la sauce béchamel, les épinards, le reste des pâtes, et versez pour finir le reste de la sauce béchamel. Égalisez et recouvrez avec les lamelles de gruyère. Mettez le plat au four à 225°C (thermostat 7) pendant environ 30 minutes.

LASAGNES "AL FORNO"

Pour 4 personnes

250 g de lasagnes
(une quinzaine de plaques)
1 gousse d'ail épluchée
1 gros oignon
2 cuillerées à soupe d'huile
250 g de viande hachée :
moitié bœuf, moitié porc
3 cuillerées à soupe
de concentré de tomates

Romarin
Origan
Thym
20 cl de crème fraîche
15 cl de lait
40 g de parmesan râpé
2 noix de beurre
Sel
Poivre du moulin

FAITES cuire les lasagnes, une à une, dans 1,5 litre d'eau bouillante salée pendant environ 2 minutes, plongez-les dans de l'eau froide où vous les laisserez.

Écrasez la gousse d'ail. Coupez en petits morceaux l'oignon épluché. Faites chauffer l'huile et faites-y revenir l'oignon. Faites-y griller la viande hachée puis ajoutez le concentré de tomates et laissez cuire à couvert. Assaisonnez de sel, de poivre, de romarin, d'origan et de thym. Ajoutez si nécessaire un peu d'eau.

Préparation de la sauce : mélangez la crème, le lait et le parmesan. Égouttez les pâtes. Dans un plat à gratin beurré, déposez, par couches successives, les pâtes, la viande hachée et la sauce. La dernière doit être de sauce, les pâtes devant être recouvertes. Ajoutez quelques noix de beurre. Mettez au four à 200-225°C (thermostat 6-7) pendant environ 30 minutes.

Ci-contre : *Lasagnes "al forno"*

Tamisez la farine au-dessus d'un saladier, puis creusez un puits au milieu. Battez les œufs avec le sel et 10 cl d'eau. Versez ce mélange dans le puits et incorporez-le progressivement à la farine en faisant attention qu'il ne se forme pas de grumeaux. Travaillez la pâte à la cuillère jusqu'à ce qu'elle fasse des bulles.

Passez la pâte à travers une passoire à trous assez larges au-dessus d'une casserole d'eau bouillante ; vous pouvez aussi étendre la pâte sur une planche et la découper au couteau en petites lanières. Les *spätzle* seront cuits quand ils remonteront à la surface de l'eau. Laissez-les alors cuire encore quelques instants dans l'eau bouillante.

Versez-les dans une passoire, passez-les à l'eau froide et laissez-les s'égoutter. Faites fondre le beurre et faites-y revenir les *spätzle* pendant 3 à 4 minutes.

SPÄTZLE EN GRATIN

Pour 2 personnes

1/2 paquet ou 125 g de spätzle	150 g de crème
100 g de gruyère	Noix de muscade
2 œufs	Noix de beurre
	Sel et poivre

Faites cuire les *spätzle* comme indiqué sur leur emballage. Passez-les à l'eau froide et laissez-les s'égoutter dans une passoire. Mélangez le gruyère râpé ou en dés avec les œufs et la crème. Salez, poivrez et râpez un peu de noix de muscade.

Mélangez cette préparation avec les *spätzle*. Versez le tout dans un plat à gratin beurré. Ajoutez quelques noix de beurre et mettez au four à 200-225°C (thermostat 6-7) pendant 25 à 30 minutes. Accompagnez d'une salade verte et de grillades.

SPÄTZLE À LA TZIGANE

Pour 4 à 5 personnes

375 g de farine	50 g de beurre
3 œufs	Sel
75 g de paprika en poudre	Poivre du moulin

Tamisez la farine au-dessus d'un saladier et creusez un puits au milieu. Battez les œufs avec le paprika et 10 cl d'eau. Incorporez ce mélange dans le puits en évitant de former des grumeaux. Travaillez la pâte à

SPÄTZLE VERTS

Pour 4 à 6 personnes

200 g d'épinards surgelés	50 g de beurre
400 g de farine	1 bonne cuillerée à
4 œufs	café de sel

Faites dégeler les épinards à température ambiante. Tamisez la farine au-dessus d'un saladier et creusez un puits au milieu. Battez les œufs avec le sel et 10 cl d'eau. Incorporez ce mélange peu à peu à la farine en évitant de former des grumeaux. Travaillez la pâte à la cuillère jusqu'à ce qu'elle fasse des bulles. Ajoutez les épinards bien égouttés à la pâte.

Au-dessus d'une casserole d'eau bouillante, passez la pâte à travers une passoire à trous assez larges. Les *spätzle* cuits remonteront à la surface de cette eau. Laissez-les encore cuire quelques instants puis passez-les à l'eau froide dans une passoire. Laissez-les s'égoutter. Faites fondre le beurre et faites-y revenir les *spätzle*.

Conseil : servez les *spätzle* avec une sauce bolognaise.

SPÄTZLE

Pour 4 à 6 personnes

400 g de farine	1 bonne cuillerée
4 œufs	à café de sel
50 g de beurre	

la cuillère jusqu'à ce qu'elle fasse des bulles. Au-dessus d'une casserole d'eau bouillante, passez la pâte à travers une passoire à trous larges. Les spätzle cuits remonteront à la surface de cette eau. Laissez-les encore cuire quelques instants puis passez-les à l'eau froide. Laissez-les s'égoutter. Faites fondre le beurre et faites-y revenir les *spätzle*. Salez et poivrez.

SPÄTZLE AU PERSIL

Pour 4 à 6 personnes

50 g de persil
3 œufs
400 g de farine
50 g de beurre

1 bonne cuillerée à café de sel
Poivre

LAVEZ le persil, épongez-le dans un linge, puis hachez-le finement. Dans un saladier, battez les œufs avec le persil. Ajoutez la farine, le sel, le poivre et 10 cl d'eau. Mélangez bien les ingrédients en faisant attention qu'il ne se forme pas de grumeaux. Travaillez la pâte à la cuillère jusqu'à ce qu'elle fasse des bulles.

Passez la pâte à travers une passoire à trous assez larges au-dessus d'une casserole d'eau bouillante. Les *spätzle* seront cuits quand ils remonteront à la surface de l'eau. Laissez-les alors cuire encore quelques instants à l'eau bouillante.

Versez-les dans une passoire, passez-les à l'eau froide et laissez-les s'égoutter. Faites fondre le beurre et faites-y revenir les *spätzle*.

À gauche : Spätzle *verts*
Ci-dessous : Spätzle *en gratin*

TORTELLINIS VERTS AUX NOIX

Pour 4 à 5 personnes

500 g de tortellinis verts	15 cl de crème
200 g de cerneaux de noix	2 cuillerées à soupe de feuilles de marjolaine hachées
2 à 3 gousses d'ail	
10 cl d'huile d'olive	Sel

HACHEZ finement les 2/3 des noix. Épluchez l'ail et hachez-le. Faites chauffer l'huile, faites-y revenir l'ail, puis ajoutez les noix hachées et les noix entières. Ajoutez ensuite la crème et salez. Ajoutez la marjolaine. Mettez les tortellinis dans 3 ou 4 litres d'eau salée bouillante et laissez cuire 20 à 30 minutes.

Versez les tortellinis dans une passoire, passez-les à l'eau froide, laissez-les s'égoutter. Versez-les dans un plat et mélangez-les à la sauce.

Ci-dessous : *Tortellinis verts aux noix*

TORTELLINIS MARIO

Pour 2 personnes

125 g de tortellinis	10 cl de vin blanc sec
125 g de champignons	150 g de crème fraîche
1 cube de bouillon	Herbes de Provence
1 oignon	Sel
1 noix de beurre	Poivre

PREPAREZ un litre de bouillon, plongez-y les tortellinis. Faites-les cuire 20 minutes environ. Égouttez-les, passez-les à l'eau froide et égouttez-les à nouveau. Coupez en lamelles les champignons épluchés et lavés. Épluchez l'oignon et coupez-le en petits morceaux.

Faites fondre le beurre. Faites-y revenir l'oignon puis les champignons. Ajoutez le vin et laissez cuire 2 minutes. Versez la crème et laissez cuire encore 2 minutes. Salez et poivrez. Ajoutez les tortellinis et laissez quelques minutes sur feu doux. Saupoudrez d'herbes de Provence.

TORTELLINIS CENDRILLON

Pour 2 personnes

125 g de tortellini	Noix de muscade
1 cube de bouillon	Concentré de jus
1 gousse d'ail	de viande (Viandox)
150 g de crème fraîche	100 g de jambon en tranches
2 à 3 cuillerées à	Ciboulette hachée
soupe de lait	Sel et poivre

PREPAREZ un litre de bouillon, plongez-y les tortellinis et laissez-les cuire 20 minutes environ. Égouttez-les. Frottez une casserole avec l'ail épluché puis versez-y la crème et le lait et mettez-les à cuire quelques minutes.

Ajoutez les tortellinis. Salez, poivrez, râpez un peu de noix muscade et relevez avec un peu de concentré de jus de viande. Laissez cuire quelques minutes à feu doux. Coupez le jambon en lanières. Ajoutez jambon et ciboulette aux tortellinis. Servez aussitôt.

Ci-dessus :
Tortellinis Cendrillon

PÂTES À LA SAUCE DE MINUIT

Pour 4 à 6 personnes

400 g de pâtes	1 cuillerée à café
1 gros oignon	de menthe hachée
250 g de tomates	1 cuillerée à café
250 g de petites courgettes	de basilic haché
1 poivron	1 cuillerée à soupe d'huile
200 g de pruneaux	Sel
10 cl d'huile d'olive	Poivre

ÉPLUCHEZ l'oignon. Lavez les tomates, puis équeutez-les. Lavez les courgettes, coupez-les aux deux extrémités. Lavez le poivron, enlevez la queue et les graines, retirez les membranes blanches. Coupez ces quatre ingrédients en petits dés. Lavez les pruneaux, coupez-les en deux et dénoyautez-les.

Faites chauffer l'huile d'olive, mettez-y les légumes et les pruneaux, salez, poivrez, laissez mijoter 30 à 45 minutes. Ajoutez la menthe et le basilic. Faites cuire les pâtes dans 5 à 6 litres d'eau bouillante salée dans laquelle vous aurez ajouté une cuillerée d'huile, pendant une dizaine de minutes. Versez-les ensuite dans une passoire et laissez-les s'égoutter. Mélangez bien avec les légumes et les pruneaux, servez aussitôt.

CANNELLONIS ROSANELLA

Pour 3 personnes

250 g de cannellonis	Concentré de jus
250 g de viande hachée :	de viande (Viandox)
moitié bœuf et moitié porc	Basilic haché
2 tranches de pain rassis	1 cuillerée à soupe
Origan	de parmesan râpé
Thym	Noisettes de beurre
150 g de crème fraîche	Sel
6 cuillerées à soupe de lait	Poivre

POUR préparez la farce, faites ramollir le pain dans de l'eau froide. Pressez-le bien et mélangez-le avec la viande. Assaisonnez de sel, de poivre, d'origan et de thym. Fourrez les cannellonis avec ce mélange (en utilisant une poche à douille ou le manche d'une cuillère en bois). Disposez les cannellonis côte à côte dans un plat à gratin beurré.

Préparation de la sauce : mélangez la crème et le lait. Salez, poivrez et ajoutez un peu de concentré de jus de viande et le basilic. Versez sur les cannellonis (ils doivent être complètement recouverts de sauce). Saupoudrez de parmesan. Déposez quelques noisettes de beurre. Mettez au four à 175-200°C (thermostat 5-6) pendant 30 minutes environ.

CANNELLONIS GRATINÉS

Pour 4 personnes

250 g de cannellonis	Origan
150 g d'épinards surgelés	50 g de lard maigre
250 g de viande	1 cuillerée à soupe
de bœuf hachée	de farine
2 oignons	70 g de concentré
2 gousses d'ail	de tomates
2 cuillerées à soupe d'huile	Basilic
2 cuillerées à soupe	40 cl de bouillon de viande
de parmesan râpé	Gruyère râpé
1 cuillerée à soupe	Beurre
de crème	Sel
1 œuf	Poivre

POUR préparer de la farce, faites dégeler les épinards à température ambiante. Épluchez un oignon et une gousse d'ail et coupez-les en petits morceaux. Faites chauffer une cuillerée d'huile et faites-y revenir l'oignon et l'ail. Ajoutez les épinards et laissez cuire quelques instants. Réservez dans un saladier.

Faites fondre une noix de beurre et faites-y revenir la viande hachée. Ajoutez-la aux épinards, saupoudrez le tout de parmesan. Mélangez la crème et l'œuf, assaisonnez d'origan, de sel et de poivre. Fourrez les cannellonis avec ce mélange.

Préparation de la sauce tomate : épluchez un oignon et une gousse d'ail. Coupez l'oignon et le lard en petits dés, pressez l'ail. Faites chauffer une cuillerée d'huile et faites-y revenir le lard. Ajoutez l'oignon et l'ail et faites-les revenir. Ajoutez la farine, puis le concentré de tomates. Assaisonnez de sel, de poivre, de basilic et d'origan. Ajoutez le bouillon et mélangez bien le tout. Portez à ébullition et laissez cuire la sauce une dizaine de minutes.

Versez un peu de sauce dans un plat à gratin beurré, disposez les cannellonis côte à côte et versez le reste de sauce. Saupoudrez de fromage râpé et déposez quelques noisettes de beurre. Mettez au four à 175°C (thermostat 5) pendant 30 minutes environ.

Ci-contre : *Cannellonis Rosanella*

Ci-dessus : *Cannellonis sur lit d'épinards*

CANNELLONIS SUR LIT D'ÉPINARDS

Pour 4 personnes

600 g d'épinards surgelés	100 g de farine
125 g de cannellonis	85 cl de lait
2 cuillerées à soupe d'huile	250 cl de crème fraîche
1 oignon	120 g de parmesan râpé
Noix de muscade	250 g de faisselle
120 g de beurre	Sel et poivre

FAITES chauffer l'huile. Épluchez un oignon, coupez-le en petits morceaux et faites-le revenir. Ajoutez-y les épinards encore surgelés avec un peu d'eau et laissez étuver une quinzaine de minutes. Salez, poivrez et râpez un peu de noix de muscade. Égouttez les épinards et déposez-les dans un plat à gratin beurré.

Préparation de la sauce : faites fondre 100 g de beurre et ajoutez la farine. Tournez jusqu'à ce qu'elle se colore légèrement, puis ajoutez 75 cl de lait. Battez au fouet en faisant attention qu'il ne se forme pas de grumeaux. Portez à ébullition et laissez cuire 2 minutes. Salez, poivrez, et ajoutez le parmesan. Prenez un tiers de la sauce et mélangez-le à la faisselle. Rectifiez l'assaisonnement.

Fourrez les cannellonis avec cette sauce à la faisselle en utilisant une poche à douille. Versez la moitié de la béchamel restante sur les épinards. Déposez les cannellonis sur les épinards.

Mélangez le reste de sauce avec 10 cl de lait et versez-la sur les cannellonis. Saupoudrez de parmesan et déposez quelques noisettes de beurre. Mettez au four les épinards et les cannellonis préparés pendant 30 minutes environ à 225°C (thermostat 7).

SPAGHETTIS À LA BOLOGNAISE

Pour 4 personnes

400 g de spaghettis
500 g de tomates pelées
en boîte
250 g de viande hachée :
moitié bœuf, moitié porc

2 oignons
1 à 2 gousses d'ail
2 cuillerées à soupe
d'huile d'olive
Paprika

70 g de concentré
de tomates
10 cl de vin rouge ou d'eau
1 cuillerée à café de thym
1 cuillerée à soupe

de basilic haché
1 cuillerée à soupe d'huile
Parmesan râpé
Sel
Poivre

POUR préparer la sauce, épluchez les oignons et l'ail ; coupez-les en petits morceaux. Faites-les revenir dans l'huile d'olive. Ajoutez-y la viande hachée et faites-la griller 5 minutes sans arrêter de remuer et en écrasant les gros morceaux de viande. Assaisonnez de sel, de poivre et de paprika. Ajoutez les tomates avec leur jus et écrasez les gros morceaux de tomates. Ajoutez le concentré de tomates et le vin. Mélangez bien et portez à ébullition. Laissez cuire la sauce une quinzaine de minutes. Ajoutez le thym et le basilic.

Préparation des spaghettis : faites cuire les spaghettis dans 3 litres d'eau bouillante salée dans laquelle vous aurez ajouté 1 cuillerée d'huile pendant une dizaine de minutes, puis versez-les dans une passoire et laissez-les s'égoutter. Versez la sauce sur les spaghettis et servez après les avoir saupoudré de parmesan.

À gauche : *Spaghettis à la bolognaise*
Ci-dessous : *Spaghettis aux asperges*

SPAGHETTIS AUX ASPERGES

Pour 6 personnes

500 g d'asperges
400 g de spaghettis
250 g de jambon cuit
1 oignon
1 gousse d'ail

1 noix de beurre
3 œufs
100 g de parmesan
Sel

ÉPLUCHEZ les asperges en prenant soin de retirer la partie dure et sans abîmer les pointes. Lavez-les et coupez-les en petits morceaux. Mettez-les dans 2 litres d'eau bouillante salée et faites-les cuire durant une quinzaine de minutes. Retirez-les et gardez-les au chaud.

Plongez les spaghettis dans de l'eau bouillante salée et faites-les cuire, en remuant de temps en temps, durant une dizaine de minutes. Versez les spaghettis dans une passoire, passez-les à l'eau tiède et gardez-les au chaud. Épluchez l'oignon et l'ail, coupez-les en petits morceaux. Découpez le jambon en petits dés. Faites fondre le beurre et faites-y revenir l'oignon et l'ail. Mélangez les œufs avec le parmesan, puis avec le jambon et les asperges. Versez sur l'oignon et l'ail. Laissez prendre l'omelette en remuant plusieurs fois avec une cuillère en bois. Mélangez les spaghettis avec l'omelette aux asperges.

SPAGHETTIS AUX CHAMPIGNONS

Pour 4 personnes

400 g de spaghettis	2 bouquets de ciboulette
750 g de champignons	1 gousse d'ail
250 g de lard maigre	1 cuillerée à soupe d'huile
125 cl de crème fraîche	50 g de beurre
100 g de parmesan	4 jaunes d'œufs
fraîchement râpé	Sel
2 bouquets de basilic	Poivre

ÉPLUCHEZ les champignons, lavez-les et égouttez-les. Coupez-les en très fines lamelles. Coupez le lard en petits dés et faites-le fondre à la poêle. Ajoutez les champignons. Salez, poivrez et laissez cuire pendant 20 minutes environ

Mélangez la crème et le parmesan râpé. Lavez le basilic et la ciboulette, épongez-les dans un linge, hachez-les finement et mélangez-les à la crème. Ajoutez cette préparation aux champignons et laissez cuire 10 minutes. Faites cuire les spaghettis dans 4 litres d'eau bouillante salée dans laquelle vous aurez mis l'ail coupé en deux et la cuillerée d'huile pendant une dizaine de minutes. Versez les spaghettis dans une passoire, passez-les à l'eau froide et laissez-les s'égoutter. Faites fondre le beurre et faites-y sauter les spaghettis, puis disposez-les sur quatre assiettes et versez les champignons dessus. Déposez un jaune d'œuf sur chaque assiette.

SPAGHETTIS AUX TOMATES ET AUX MOULES

Pour 4 à 6 personnes

400 g de spaghettis	2 cuillerées à soupe
250 g de tomates	d'huile d'olive
150 à 200 g de moules	2 à 3 cuillerées à soupe
en boîte	de persil haché
375 g de thon en boîte	Sel
4 gousses d'ail	Poivre

PREPARATION de la sauce : plongez rapidement les tomates dans de l'eau bouillante, puis passez-les à l'eau froide. Retirez la peau et la queue, puis coupez-les en morceaux.

Égouttez les moules en réservant le liquide. Égouttez le thon et émiettez-le grossièrement. Épluchez l'ail et hachez-le. Faites chauffer l'huile d'olive et faites-y revenir l'ail. Ajoutez les tomates en morceaux et laissez-les cuire 5 minutes. Ajoutez les moules, le thon et un peu du liquide des moules. Faites chauffer le tout. Assaisonnez de sel, de poivre et de persil.

Faites cuire les spaghettis dans 3 litres d'eau bouillante salée, en remuant de temps en temps, pendant une dizaine de minutes. Versez les spaghettis dans une passoire et laissez-les s'égoutter. Mettez les spaghettis dans un plat et recouvrez de sauce.

Ci-contre : *Spaghettis aux tomates et aux moules*
Ci-dessous : *Spaghettis aux herbes*

SPAGHETTIS AUX HERBES

Pour 4 à 6 personnes

400 g de spaghettis	6 œufs
2 cuillerées à soupe d'huile	30 g de beurre
1 bouquet de persil	1 gousse d'ail
1 bouquet d'aneth	Noix de muscade
1 bouquet de basilic	150 g de jambon
1 bouquet de ciboulette	Sel
25 cl de crème	Poivre

FAITES cuire les spaghettis dans 3 litres d'eau bouillante salée dans laquelle vous aurez ajouté l'huile pendant une dizaine de minutes. Versez les spaghettis dans une passoire, passez-les à l'eau tiède et laissez-les s'égoutter.

Lavez les herbes, épongez-les dans un linge et coupez-les grossièrement. Mixez-les avec la crème, les œufs, le beurre et l'ail. Salez, poivrez et râpez un peu de noix de muscade.

Faites chauffer les spaghettis à feu doux avec la sauce, en remuant, jusqu'à ce qu'elle devienne onctueuse. Découpez le jambon en lanières et posez-les sur les spaghettis. Servez aussitôt.

ASPERGES EN VINAIGRETTE

Pour 4 personnes

1 kg d'asperges
Sel

1 bol de vinaigrette

LES ASPERGES doivent être d'un blanc tendre, se rompre facilement et être juteuses au point de rupture. Pelez les asperges de haut en bas en veillant à ce que les peaux soient toutes ôtées, sans blesser les pointes. Coupez les bases et toutes les tiges à la même hauteur. Lavez les asperges et liez-les en bottes de huit avec du fil alimentaire.

Portez à ébullition 2 litres d'eau salée, plongez-y les asperges, portez de nouveau à ébullition, faites-les cuire pendant environ 20 minutes, jusqu'à ce qu'elles soient tendres. Sortez les asperges cuites avec précaution à l'aide d'une écumoire. Égouttez-les sur un torchon plié en quatre sur un plat. Défaites les bottes. Servez tiède ou froid avec une vinaigrette.

Variante : enrobez les asperges de sauce à la crème fraîche ou de sauce hollandaise (voir page 93). Parsemez de fines herbes hachées.

POIREAUX À LA CRÈME

Pour 4 à 6 personnes

1 kg 750 de poireaux
40 g de beurre
1/8 de litre d'eau
Noix de muscade râpée
2 cuillerées à soupe

de crème fraîche
1 cuillerée à soupe
de persil haché
Sel

NETTOYEZ et lavez les poireaux, coupez-les en tronçons. Faites fondre le beurre et faites-y revenir les poireaux. Ajoutez l'eau, le sel, la noix de muscade râpée.

Laissez mijoter une dizaine de minutes. Incorporez la crème fraîche et nappez les poireaux. Rajoutez sel et muscade si nécessaire. Garnissez de persil.

Ci-dessous : *Poireaux à la crème*
Ci-contre : *Asperges en vinaigrette*

ASPERGES À L'IMPÉRIALE

Pour 4 personnes

1 kg d'asperges	150 g de crème fraîche
1 noix de beurre	1 cuillerée à soupe de
1/8 de litre de vin blanc	persil haché
2 jaunes d'œufs	8 tranches de jambon
1 cuillerée à café	de Parme (175 g environ)
de maïzena	Sel et poivre

PELEZ les asperges de haut en bas en veillant à éliminer toutes les peaux et les parties dures sans blesser les pointes. Plongez les asperges dans 2 litres d'eau bouillante salée. Amenez les asperges à ébullition. Faites-les cuire 25 minutes environ. Égouttez-les et laissez-les refroidir.

Mettez le vin blanc, les jaunes d'œufs, la maïzena et le sel à chauffer dans un récipient en remuant constamment. Donnez un bouillon. Laissez refroidir en remuant de temps en temps. Battez la crème, incorporez-la bien au mélange. Salez, poivrez. Placez les asperges sur 4 assiettes.

Garnissez chaque portion d'asperges de persil et de 2 tranches de jambon. Versez la sauce sur les asperges ou servez-la à part.

FENOUIL À LA SAUCE BLANCHE

Pour 3 à 4 personnes

750 g de bulbes de fenouil	de maïzena
1/4 de litre de bouillon	4 cuillerées à soupe
de viande	de lait froid
2 cuillerées à soupe	Sel

COUPEZ les tiges des fenouils, supprimez les parties brunes et lavez les fenouils. Coupez les bulbes en tranches. Plongez-les dans 1/2 litre d'eau bouillante salée.

Faites-les bien cuire pendant 20 minutes environ et égouttez-les en conservant la moitié de l'eau.

Préparation de la sauce : faites bouillir l'eau conservée. Ajoutez-y le bouillon et la maïzena, puis le lait. Faites bouillir quelques instants en mélangeant. Incorporez les tranches de fenouil à la sauce.

Ci-dessous : *Asperges à l'impériale*
À droite : *Concombres braisés au curry*

CONCOMBRES BRAISÉS AU CURRY

Pour 4 personnes

2 à 3 concombres (800 g)	8 cuillerées à soupe
1 oignon	de crème battue
2 noix de beurre	Curry
2 cuillerées à soupe	Jus de 1 citron ou
de jus de citron	du vin blanc
1 demi-cuillerée à café	Mélisse (à défaut, persil)
de zeste de citron râpé	Sel
non traité	Poivre blanc

ÉPLUCHEZ, coupez les concombres en deux dans le sens de la longueur. Enlevez les pépins à l'aide d'une cuillère. Découpez la chair en morceaux de 1 cm environ. Pelez l'oignon et coupez-le en dés. Faites fondre le beurre et faites-y cuire l'oignon.

Ajoutez la chair du concombre. Incorporez 2 cuillerées à soupe de jus de citron et le zeste. Salez et poivrez. Couvrez et laissez cuire les concombres 7 minutes environ. Incorporez la crème battue. Faites chauffer les concombres avec le curry, le jus de 1 citron ou le vin blanc. Goûtez. Garnissez de mélisse.

PETITS POIS AU JAMBON

Pour 2 personnes

1 paquet de petits	blanche instantanée
pois surgelés (300 g)	4 cuillerées à soupe
1 petit oignon	de crème battue
50 g de jambon cuit	Noix de muscade râpée
25 g de beurre	Sel
1 demi-paquet de sauce	Poivre

VERSEZ les petits pois dans 1/8 de litre d'eau bouillante salée et faites-les cuire 8 minutes. Conservez l'eau de cuisson. Émincez l'oignon, coupez le jambon en dés.

Faites fondre le beurre et ajoutez l'oignon et le jambon. Faites-les rissoler 5 minutes.

Mélangez la crème à la sauce instantanée. Ajoutez-y l'eau de cuisson et battez au fouet. Amenez à ébullition et assaisonnez la sauce avec du poivre et de la noix de muscade. Incorporez l'oignon et le jambon.

HARICOTS BLANCS AU LARD

Pour 4 personnes

750 g de haricots	2 à 3 oignons
blancs écossés	1 cuillerée à soupe
(avec cosses : 2,5 à 3 kg)	de ciboulette
1 brin de sarriette	finement hachée
100 g de lard	Sel

LAVEZ les haricots et la sarriette. Coupez le lard en dés et faites-le rissoler. Coupez en tranches les oignons pelés. Faites-les dorer avec le lard. Ajoutez les haricots, la sarriette et 15 cl d'eau salée.

Couvrez et laissez cuire 20 à 30 minutes, jusqu'à ce que les haricots soient tendres. Salez à votre goût et parsemez de ciboulette hachée au moment de servir. Vous pouvez accompagner de tranches de lard grillées.

RAGOÛT AUX FÈVES

Pour 4 personnes

600 g de fèves écossées	1 cuillerée à soupe
(avec cosses : 2,5 kg)	d'huile
1/4 de baguette de pain	500 g de tomates
rassis	40 g de farine
2 oignons	Paprika
1 œuf	2 cuillerées à soupe
250 g de chair à saucisse	de concentré de tomates
fumée	2 cuillerées à soupe
250 g de viande hachée :	de persil haché
moitié bœuf, moitié porc	Sel
50 g de lard maigre	Poivre du moulin

PLONGEZ les fèves dans de l'eau bouillante pendant 4 minutes, égouttez-les, puis retirez leur peau. Mettez-les dans 1/2 litre d'eau salée. Portez à ébullition et laissez cuire 10 à 12 minutes. Égouttez-les en réservant l'eau de cuisson. Ramollissez le pain en le trempant dans de l'eau froide, puis pressez-le bien. Pelez un oignon et coupez-le en petits dés.

Mélangez intimement la chair à saucisse, la viande hachée, l'oignon émincé et le pain avec l'œuf battu. Assaisonnez de sel, poivre et paprika. Formez alors des boulettes avec cette pâte et faites-les bouillir 5 à 7 minutes dans l'eau de cuisson des fèves

HARICOTS À LA PARMESANE

À L'AUTOCUISEUR
Pour 4 personnes

500 g de haricots verts	1 demi-cuillerée
150 g de champignons	à café de sarriette
de Paris	1 demi-cuillerée
200 g de tomates	à café d'origan
50 g de lard	15 cl de bouillon de viande
1 oignon	40 g de parmesan râpé

LAVEZ les haricots équeutés et coupez-les en morceaux. Nettoyez et lavez les champignons, coupez-les en quatre. Pelez les tomates et coupez-les. Coupez le lard en dés. Faites-le dorer dans l'autocuiseur, à découvert, tout comme l'oignon détaillé en dés et les lardons jusqu'à ce qu'ils deviennent translucides. Ajoutez les légumes. Saupoudrez d'origan et de sarriette, salez et poivrez. Arrosez avec le bouillon et fermez l'autocuiseur. Laissez cuire 4 minutes. Pour servir, rectifiez l'assaisonnement et saupoudrez de parmesan.

Ci-dessus : *Haricots à la parmesane*
Page de droite : *Ragoût aux fèves*

(juste frémissante). Puis retirez-les et allongez le liquide de cuisson avec 1/2 litre d'eau et réservez-le. Coupez le lard en petits dés. Faites-le rissoler dans une cuillerée à soupe d'huile. Émincez le deuxième oignon et faites-le revenir avec le lard.

Coupez en morceaux 300 g de tomates et ajoutez-les. À mi-cuisson, saupoudrez de farine, mélangez bien. Quand les tomates sont cuites, arrosez-les avec le liquide de cuisson des boulettes. Mélangez bien, portez à ébullition et laissez cuire 5 minutes. Filtrez.

Assaisonnez de sel, poivre et paprika. Ajoutez le concentré de tomates. Faites chauffer. Mettez les fèves et les boulettes de viande dans cette sauce. Coupez les autres tomates, épépinez-les, ajoutez au ragoût et poursuivez la cuisson à feu moyen. Saupoudrez de persil et servez aussitôt.

TOMATES PERSILLÉES

Pour 3 à 4 personnes

750 g de tomates moyennes bien fermes	Poivre du moulin
50 g de beurre	1 cuillerée à soupe de persil haché (ou
Sel	de ciboulette)

É BOUILLANTEZ rapidement les tomates puis passez-les sous l'eau froide : il vous sera plus facile de les peler. Faites fondre le beurre et rangez-y les tomates les unes à côté des autres. Salez et poivrez.

Laissez-les cuire à l'étouffée environ 10 minutes, saupoudrez-les de persil et servez aussitôt.

CHOU ROUGE AUX POMMES

Pour 4 personnes

1 kg de chou rouge
1 gros oignon
3 pommes acides
60 g de saindoux
ou de graisse d'oie

1 feuille de laurier
Quelques clous de girofle
Sel et poivre
2 cuillerées à soupe
de vinaigre

RETIREZ les feuilles extérieures du chou. Partagez-le en quatre et enlevez le trognon. Lavez le chou et détaillez-le en fines lanières ou râpez-le. Coupez en dés l'oignon épluché. Coupez en quatre les pommes pelées, retirez le cœur et les pépins puis coupez-les en petits morceaux.

Faites fondre la graisse. Mettez-y l'oignon et faites-le cuire à couvert jusqu'à ce qu'il soit translucide. Ajoutez le chou et faites-le revenir à l'étouffée, puis ajoutez les pommes, la feuille de laurier, les clous de girofle, du sel, le vinaigre et poivrez à votre goût. Arrosez de 15 cl d'eau. Laissez cuire environ 30 minutes à feu moyen.

Variante : remplacez l'eau par du vin blanc ou rouge.

CHOU DE MILAN À L'ÉTOUFFÉE

Pour 4 personnes

1 chou de Milan
(ou chou frisé)
1 oignon
60 g de beurre ou
de saindoux

1 à 2 cuillerées à soupe
de maïzena
1 cuillerée à soupe
de persil haché
Sel

RETIREZ les feuilles abîmées du chou, coupez-le en huit en enlevant le trognon, puis lavez-le. Détaillez-le en fines lanières. Pelez l'oignon et coupez-le en dés. Faites fondre le beurre ou le saindoux, faites-y fondre l'oignon à l'étouffée jusqu'à sa translucidité. Ajoutez le chou et faites-le également cuire à l'étouffée avec 15 cl d'eau pendant 30 minutes, jusqu'à ce qu'il soit bien tendre.

Délayez alors la maïzena dans une cuillerée à soupe d'eau froide et ajoutez-la à la préparation pour la lier. Donnez un bouillon. Rectifiez l'assaisonnement. Saupoudrez de persil haché.

Variante : pour un chou blanc, quand vous le faites cuire à l'étouffée avec l'oignon, ajoutez une cuillerée à café de cumin et continuez normalement la recette.

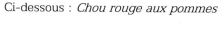

Ci-dessous : *Chou rouge aux pommes*

CHOU-FLEUR
À LA SAUCE BLANCHE

Pour 4 personnes

1 chou-fleur de 750 g	1 jaune d'œuf
20 g de beurre ou	1 cuillerée à soupe
margarine	de jus de citron
20 g de farine	Sel

Ci-dessus : *Chou-fleur à la sauce blanche*

RETIREZ les feuilles du chou-fleur, nettoyez les parties abîmées et ôtez le trognon. Lavez le chou-fleur à l'eau courante puis détachez les bouquets. Faites-les cuire 25 à 30 minutes dans 1 litre d'eau bouillante salée. Réservez le chou au chaud et conservez l'eau de cuisson.

Préparation de la sauce : faites fondre le beurre ou la margarine. Ajoutez la farine et laissez cuire sans cesser de remuer jusqu'à l'obtention d'une pâte jaune clair. Incorporez petit à petit 1/4 de litre d'eau de cuisson du chou et battez au fouet pour éviter les grumeaux. Quand le mélange épaissit, laissez cuire environ 5 minutes à feu doux. Ajoutez au jaune d'œuf 2 cuillerées à soupe d'eau froide, fouettez pour mélanger. Puis incorporez le mélange à la sauce. Salez et assaisonnez de jus de citron. Nappez le chou-fleur de cette sauce.

Variante : pour remplacer la sauce blanche, faites fondre 60 g de beurre et laissez-le dorer, puis faites-y revenir 1 cuillerée à soupe de chapelure. Versez cette sauce sur le chou-fleur.

HARICOTS VERTS AU LARD

Pour 3 personnes

500 g de haricots verts	2 à 3 cuillerées à soupe
150 g de lard maigre	de persil haché
1 noix de beurre	Sel
2 échalotes	Poivre

ÉQUEUTEZ et lavez les haricots. Coupez le lard en petits dés. Faites fondre le beurre et faites-y revenir le lard. Émincez finement les échalotes épluchées. Faites-les cuire à l'étouffée avec le lard. Ajoutez les haricots, salez et poivrez à votre convenance. Arrosez avec 1/4 de litre d'eau. Laissez cuire 5 à 7 minutes en remuant de temps en temps. Ajoutez le persil haché. Servez avec des steaks ou toute autre viande vite cuite.

RUTABAGAS

Pour 4 personnes

1 kg de rutabagas	de persil haché
60 g de margarine	1 cuillerée à soupe de
1 cuillerée à café de sucre	de maïzena
1 cuillerée à café	Sel et poivre

PAREZ et détaillez les rutabagas en bâtonnets de 4 cm de long. Faites fondre la margarine, ajoutez-y le sucre pour caraméliser. Faites-y revenir les bâtonnets. Ajoutez 15 cl d'eau. Laissez cuire 30 minutes à l'étouffée. Liez les légumes en incorporant la maïzena délayée dans 1 cuillerée à soupe d'eau froide. Salez, poivrez et parsemez de persil.

BETTES À LA CRÈME

Pour 3 à 4 personnes

1 kg de bettes	1 cuillerée à soupe
1 petit oignon	de maïzena
50 à 60 g de beurre	2 cuillerées à soupe
Sel	de crème fraîche

TRIEZ les bettes, enlevez les côtes et réservez-les. Lavez soigneusement les feuilles, faites-les cuire à l'étouffée dans très peu d'eau, puis hachez-les ou passez-les à la moulinette. Pelez l'oignon et coupez-le en dés. Faites fondre 40 g de beurre et faites-y revenir l'oignon à l'étouffée jusqu'à ce qu'il soit translucide. Ajoutez alors les feuilles de bettes, salez et laissez cuire environ 10 minutes à l'étouffée. Délayez la maïzena dans 2 cuillerées à soupe d'eau froide et ajoutez à la préparation pour la lier. Incorporez la crème fraîche. Faites cuire à la vapeur, ou dans de l'eau bouillante salée, les côtes coupées en tronçons.

Laissez-les égoutter, puis faites-les revenir dans 1 à 2 cuillerées de beurre. Servez avec la fondue de feuilles.

Variante : servez les côtes de bettes avec une sauce blanche additionnée de 1 cuillerée à soupe de fromage râpé.

CHOUX DE BRUXELLES AU BEURRE

Pour 4 personnes

1 kg de choux de Bruxelles	Noix de muscade râpée
40 g de beurre ou	Sel
de margarine	

DÉBARRASSEZ les choux de leurs feuilles flétries ou abîmées en retirant la base du trognon, entaillez-les en croix et lavez-les. Faites fondre le beurre, ajoutez les choux, assaisonnez de noix de muscade et salez. Laissez cuire 15 à 20 minutes à l'étouffée dans un peu d'eau.

Variante : faites cuire les choux de Bruxelles à la vapeur ou dans de l'eau bouillante salée. Puis faites-les sauter délicatement dans du beurre juste avant de servir.

HARICOTS AUX CHANTERELLES

Pour 3 personnes

500 g de haricots verts	1 oignon
2 à 3 brins de sarriette	250 g de chanterelles
100 g de lard maigre	400 g de tomates
1 noix de beurre	Sel et poivre

ÉQUEUTEZ, lavez et plongez les haricots, avec la sarriette, dans une petite quantité d'eau bouillante salée. Amenez à ébullition et laissez cuire à l'étouffée 5 minutes. Faites fondre le beurre et faites-y revenir l'oignon coupé en dés avec le lard, jusqu'à ce qu'il soit translucide. Nettoyez, rincez soigneusement et égouttez les chanterelles. Incorporez-les au mélange lard-oignon. Salez, poivrez et laissez cuire environ 5 minutes à l'étouffée.

Ébouillantez rapidement les tomates, passez-les à l'eau froide et pelez-les. Coupez-les en quartiers et ajoutez-les, avec les haricots, à la préparation. Mélangez délicatement. Laissez cuire environ 15 minutes à feu doux.

Ci-contre : *Choux de Bruxelles au beurre*
Page de droite : *Brocolis à la hollandaise*

BROCOLIS À LA HOLLANDAISE

Pour 4 personnes

750 g de brocolis
1 gousse d'ail
200 g de beurre
4 jaunes d'œufs
1 à 2 cuillerées à café
de jus de citron
3 cuillerées à soupe
de vin blanc
2 cuillerées à soupe
de persil

2 à 3 cuillerées à soupe
de ciboulette hachée fin
2 à 3 cuillerées à soupe
de fenouil hachée
1 cuillerée à soupe
de thym
2 à 3 cuillerées à soupe
de feuilles de basilic
hachées
Sel et poivre

DEBARRASSEZ les brocolis de leurs feuilles, écourtez leur tige et entaillez-les en croix jusqu'à la base des bouquets. Lavez-les. Pelez la gousse d'ail, écrasez-la. Mettez-la avec les brocolis et 1 noix de beurre dans 2 litres d'eau salée portée à ébullition. Faites cuire 8 à 10 minutes et égouttez. Disposez sur un plat préalablement chauffé et gardez au chaud.

Préparation de la sauce hollandaise : faites fondre le beurre dans une petite casserole, écumez-le jusqu'à ce qu'il soit limpide. Dans une autre casserole, fouettez les jaunes d'œufs avec le jus de citron et le vin blanc. Salez, poivrez. Faites cuire cette sauce au bain-marie en la fouettant environ 5 minutes au batteur électrique

pour la rendre mousseuse. Puis incorporez peu à peu le beurre chaud liquide sans cesser de remuer jusqu'à l'obtention d'une sauce crémeuse.

Ajoutez alors le persil, la ciboulette, le fenouil, le thym et le basilic. Mélangez bien. Salez et poivrez à votre goût et servez avec les brocolis.

BROCOLIS MIMOSA

Pour 4 personnes

1 kg de brocolis
Noix de muscade râpée
75 g de beurre

2 œufs durs
Sel

RETIREZ les feuilles des brocolis, écourtez leur tige et entaillez-les en croix jusqu'à la base des bouquets. Lavez-les. Portez à ébullition 1 litre d'eau additionnée de sel et de noix de muscade râpée. Plongez-y les brocolis. Ramenez à ébullition et faites-les cuire environ 10 minutes.

Retirez-les ensuite délicatement à l'aide d'une écumoire, disposez-les sur un plat préalablement chauffé et gardez au chaud. Faites fondre le beurre et versez-le sur les brocolis. Saupoudrez-les avec les œufs durs finement hachés.

ARTICHAUTS
À LA VINAIGRETTE

Pour 4 personnes

4 artichauts
7 cuillerées à soupe
de vinaigre
8 cuillerées à soupe d'huile
1 pointe de basilic
1 cuillerée à café
de moutarde

1 cuillerée à soupe de
persil haché
1 cuillerée à soupe
de ciboulette hachée fin
1 pointe de cerfeuil
Sel
Poivre

PAREZ les artichauts en enlevant les feuilles abîmées et en coupant la pointe des autres. Ébouillantez-les dans de l'eau salée et laissez-les égoutter. Puis faites-les cuire 30 à 40 minutes dans 3 à 4 litres d'eau bouillante salée additionnée

de 4 cuillerées à soupe de vinaigre (ils sont cuits à point lorsque leurs feuilles se détachent facilement du cœur). Retirez-les de l'eau et laissez-les égoutter à l'envers.

Préparation de la vinaigrette : battez ensemble huile, vinaigre restant et moutarde. Puis incorporez le persil, la ciboulette, le cerfeuil et le basilic. Salez et poivrez à votre convenance. Servez à part.

Variante : placez chaque artichaut sur une assiette. Ecartez délicatement les feuilles en veillant bien à ne pas les détacher. Ôtez avec une cuillère le foin recouvrant le cœur de l'artichaut et remplissez-le de vinaigrette.

Ci-dessous : *Artichauts à la vinaigrette*
Ci-contre : *Brocolis à la vinaigrette*

ÉBOUILLANTEZ 4 minutes les fèves, égouttez-les et retirez leur peau. Faites-les cuire 15 minutes à couvert dans de l'eau bouillante salée. Égouttez-les. Coupez en petits dés les oignons pelés. Faites-les revenir dans un beurre fondu jusqu'à ce qu'ils soient translucides. Ajoutez les fèves et laissez cuire à l'étouffée environ 10 minutes.

Incorporez alors la crème fraîche et laissez cuire encore un instant pour que les fèves s'y imprègnent. Salez et poivrez. Ajoutez les herbes et le yaourt entier.

Conseil : servez avec des côtelettes de porc ou d'agneau.

BROCOLIS À LA VINAIGRETTE

Pour 4 personnes

800 g de brocolis	1 cuillerée à soupe
4 cuillerées à soupe	de ciboulette hachée
d'huile	1 cuillerée à soupe
3 cuillerées à soupe	de persil haché
de vinaigre	1 cuillerée à soupe
1 cuillerée à café	de feuilles de mélisse
de moutarde	hachées
Sel	1 cuillerée à soupe
Poivre	d'estragon haché

DEBARRASSEZ les brocolis de leurs feuilles, écourtez leurs tiges et entaillez-les en croix jusqu'à la base des bouquets. Lavez-les. Plongez-les dans de l'eau bouillante salée. Ramenez à ébullition et faites cuire 8 à 10 minutes à couvert. Laissez égoutter.

Préparation de la vinaigrette : fouettez l'huile, le vinaigre et la moutarde avec les herbes aromatiques hachées, salez et poivrez. Dressez les brocolis sur un plat et arrosez-les de cette sauce vinaigrette de manière à ce qu'ils en soient abondamment imprégnés.

FÈVES À LA CRÈME AIGRE

Pour 3 personnes

500 g de fèves écossées	de feuilles de marjolaine
ou 2 kg avec les cosses	finement hachées
2 à 3 oignons	1 cuillerée à soupe
2 noix de beurre	de feuilles de sarriette
150 g de crème fraîche	finement hachées
150 g de yaourt entier	Sel
1 cuillerée à soupe	Poivre

Ci-dessous : *Brocolis aux amandes*

BROCOLIS AUX AMANDES

Pour 4 personnes

800 g de brocolis	50 g d'amandes effilées
50 à 75 g de beurre	

ÔTEZ aux brocolis leurs feuilles. Écourtez leurs tiges et entaillez-les en croix jusqu'à la base des bouquets. Lavez-les et faites-les cuire 10 minutes dans de l'eau bouillante salée. Égouttez-les. Faites blondir les amandes dans un beurre fondu. Versez sur les brocolis et servez aussitôt. Ils seront délicieux avec des steaks accompagnés de pommes de terre sautées.

PETITS POIS À L'ÉTOUFFÉE

Pour 4 personnes

1 kg de petits pois écossés ou 2,5 kg avec les cosses	Sucre
40 g de beurre ou de margarine	1 cuillerée à soupe de persil haché
	Sel

LAVEZ les petits pois. Faites fondre le beurre ou la margarine et faites-y revenir les petits pois à l'étouffée. Ajoutez 15 cl d'eau, salez et sucrez à votre goût et laissez cuire à couvert 10 à 15 minutes. Saupoudrez de persil au moment de servir.
Servez avec des steaks ou toute autre viande vite cuite.

POIS GOURMANDS AUX AMANDES

Pour 3 personnes

600 g de pois gourmands	40 g d'amandes effilées
50 g de beurre	Sel et poivre

PREPAREZ les pois gourmands (coupez les pointes et enlevez les fils), lavez-les et plongez-les dans de l'eau bouillante salée. Portez à ébullition et faites cuire à couvert environ 5 minutes. Égouttez les pois.

Faites dorer les amandes effilées dans le beurre fondu. Ajoutez les pois gourmands et laissez revenir dans le beurre aux amandes en mélangeant bien. Salez, poivrez et servez aussitôt.

Servez avec des steaks ou toute autre viande vite cuite.

PURÉE DE POIS CASSÉS

Pour 2 personnes

400 g de pois cassés	50 g de dés de lard maigre
1 bouquet garni	
1 oignon	Sel
20 g de beurre	Poivre

RINCEZ les pois cassés et faites-les tremper 24 heures. Faites cuire les pois dans leur eau de trempage durant 2 heures 30. Lavez et détaillez finement le bouquet garni.

Ajoutez-le aux pois cassés après 1 heure 30 de cuisson. Filtrez les herbes. Faites réchauffez la purée de pois et fouettez-la jusqu'à obtenir une crème onctueuse. Salez et poivrez. Pelez l'oignon et coupez-le en tranches. Faites-le dorer dans le beurre avec les dés de lard. Ajoutez à la purée au moment de servir.

Servez avec des côtes de porc ou du petit salé.

Ci-dessous : *Petits pois à l'étouffée*

Ci-dessus : *Pois gourmands à la sauce citron*

CHAMPIGNONS PERSILLÉS

Pour 4 personnes

1 kg de champignons	30 g de beurre
(champignons de	Sel
Paris ou bolets)	Poivre
2 oignons	1 cuillerée à soupe
40 g de lard maigre	de persil haché

COUPEZ le pied sableux des champignons et lavez-les rapidement. Pelez les oignons et coupez-les en dés ainsi que le lard. Faites fondre le lard, ajoutez 30 g de beurre et faites-y cuire les oignons à l'étouffée jusqu'à ce qu'ils soient translucides.

Ajoutez les champignons, salez, poivrez et laissez cuire 10 à 15 minutes à couvert. Rectifiez éventuellement l'assaisonnement et parsemez de persil haché.

MACÉDOINE DE LÉGUMES

Pour 4 à 6 personnes

250 g de petits pois	1/2 chou-fleur
écossés ou 750 g	40 g de beurre ou
non écossés	de margarine
250 g de carottes	1 cuillerée à soupe
250 g d'asperges	de persil haché
1/2 chou-rave	Sel

ÉCOSSEZ les petits pois. Épluchez les carottes et coupez-les en morceaux. Une fois pelées coupez en morceaux les asperges. Pelez le chou-rave et coupez-le en tranches. Nettoyez le chou-fleur et divisez-le en bouquets. Lavez tous les légumes et laissez-les égoutter. Faites fondre 40 g de beurre ou de margarine et faites-y revenir les légumes. Ajoutez 15 cl d'eau, salez et laissez cuire 1 heure à 1 heure 30 à l'étouffée. Saupoudrez de persil haché avant de servir.

Conseil : les légumes conservent un plus bel aspect quand ils sont cuits séparément à la vapeur puis sautés au beurre.

POIS GOURMANDS À LA SAUCE CITRON

Pour 3 personnes

600 g de pois gourmands	Zeste râpé de 1 citron
2 cuillerées à soupe	non traité
d'huile	1 à 2 cuillerées à soupe
150 g de crème fraîche	de feuilles de mélisse
2 cuillerées à soupe	hachées
de yaourt	Sel et poivre

PREPAREZ les pois gourmands (coupez les extrémités et retirez les fils), lavez-les et plongez-les dans de l'eau bouillante salée. Ajoutez l'huile et portez à ébullition, puis faites cuire à feu moyen pendant 5 à 7 minutes. Égouttez. Disposez sur un plat préalablement chauffé et réservez au chaud.

Préparation de la sauce au citron : mélangez la crème fraîche et le yaourt. Salez et poivrez à votre goût et ajoutez le zeste de citron râpé. Incorporez la mélisse hachée. Servez avec les pois gourmands.

À déguster avec des côtelettes ou des steaks.

CAROTTES GLACÉES

Pour 2 à 3 personnes

500 g de carottes nouvelles	Feuilles de menthe
50 g de beurre	hachées
3 cuillerées à soupe	Sel
de sucre	Poivre

COUPEZ les fanes des carottes en conservant 1 cm de tige. Grattez, lavez et plongez les carottes dans de l'eau bouillante salée. Faites cuire 7 minutes. Égouttez.

Faites fondre le beurre et faites-y revenir les carottes quelques minutes à l'étouffée. Ajoutez le sucre, mélangez et poursuivez la cuisson à couvert pendant 10 minutes. Poivrez et parsemez de menthe fraîche.

ÉPINARDS À LA CRÈME

Pour 3 personnes

1 kg d'épinards	2 cuillerées à soupe
1 petit oignon	de crème fraîche liquide
40 g de beurre	Noix de muscade râpée
1 cuillerée à café	Sel
de maïzena	Poivre

TRIEZ les épinards, lavez-les soigneusement en changeant l'eau 5 ou 6 fois. Puis faites-les cuire sans ajouter d'eau et hachez-les ou passez-les à la moulinette. Pelez l'oignon et coupez-le en petits dés.

Faites fondre le beurre, ajoutez l'oignon et faites-le cuire à l'étouffée jusqu'à ce qu'il devienne translucide. Ajoutez les épinards, salez, poivrez et saupoudrez de noix de muscade. Laissez cuire à couvert environ 10 minutes. Délayez alors la maïzena avec une cuillerée à soupe d'eau froide et ajoutez-la aux légumes pour les lier. Rectifiez l'assaisonnement et incorporez la crème fraîche en mélangeant bien.

Servez avec des œufs au plat et des pommes vapeur.

Conseil : si les épinards vous paraissent amers, jetez le jus qu'ils ont rendu à la cuisson et remplacez-le par autant de lait qu'ils peuvent absorber.

CAROTTES NOUVELLES

Pour 4 à 5 personnes

1 kg de carottes nouvelles	2 cuillerées à soupe
1 oignon	de crème fraîche
2 à 3 noix de beurre	2 cuillerées à soupe de
1/4 de litre de bouillon	fines herbes hachées
de viande	1 œuf dur
30 g de beurre	Jus de citron
30 g de farine	Sel et poivre

NETTOYEZ, lavez et grattez les carottes. Coupez-les en rondelles ou en dés. Pelez l'oignon et coupez-le en dés. Faites fondre le beurre et faites-y revenir les carottes et l'oignon à l'étouffée. Ajoutez le bouillon, laissez cuire à couvert 20 minutes, jusqu'à ce que les légumes soient tendres. Récupérez le liquide de cuisson pour la sauce.

Ci-dessous : *Épinards à la crème*
Page de droite : *Carottes glacées*

Préparation de la sauce : faites blondir la farine dans le beurre. Mouillez avec 40 cl de liquide de cuisson des légumes allongé d'eau. Fouettez sans faire de grumeaux, portez à ébullition et laissez cuire environ 5 minutes. Incorporez la crème fraîche et mélangez. Salez et poivrez. Ajoutez le jus de citron, les fines herbes et mélangez. Puis ajoutez les carottes et faites réchauffer à feu moyen. Haché l'œuf dur, saupoudrez les légumes.

HARICOTS VERTS AU FROMAGE

Pour 4 personnes

800 g de haricots verts	2 portions de fromage
Sarriette fraîche ou	fondu
en poudre	4 tranches de jambon
1 noix de beurre	cuit

ÉQUEUTEZ les haricots, lavez-les et plongez-les avec la sarriette dans une marmite d'eau bouillante salée. Faites cuire environ 30 minutes à feu moyen, puis égouttez les haricots et répartissez-les en quatre portions sur un plat préalablement chauffé. Gardez au chaud.

Faites fondre le fromage dans une casserole au bain-marie en remuant sans cesse. Faites chauffer le beurre pour y faire rissoler les tranches de jambon. Puis disposez-les sur chaque portion de haricots. Recouvrez de fromage fondu.

Servez avec des tomates cuites au gril et des pommes sautées.

HARICOTS VERTS AU BEURRE

Pour 4 personnes

1 kg de haricots verts :	1 oignon moyen
haricots filets, à cosse fine	40 g de beurre
et bombée ou haricots	Sel et poivre
mange-tout, à cosse plus	1 cuillerée à soupe
large et plus plate	de persil haché

ÉQUEUTEZ les haricots et lavez-les. Pelez et coupez l'oignon en dés. Faites fondre le beurre et ajoutez l'oignon. Laissez-le cuire à l'étouffée jusqu'à ce qu'il soit translucide. Ajoutez les haricots, faites-les revenir puis arrosez de 15 cl d'eau. Salez, poivrez.

Laissez cuire 25 à 30 minutes à couvert. Rectifiez l'assaisonnement, parsemez de persil et servez.

Variante : ajoutez 250 g de tomates coupées en morceaux 10 minutes avant la fin du temps de cuisson.

LENTILLES AU VINAIGRE

Pour 4 personnes

400 g de lentilles	50 g de lard en dés
1 bouquet garni	2 à 3 cuillerées à soupe
Sel	de vinaigre
1 oignon	Sucre

RINCEZ les lentilles et faites-les tremper 12 à 24 heures dans 3/4 de litre d'eau. Nettoyez le bouquet garni, lavez-le, hachez-le et faites-le cuire, avec les lentilles, dans l'eau de trempage salée et portée à ébullition pendant environ 25 minutes.

Pelez l'oignon et coupez-le en dés. Faites fondre le lard, puis ajoutez l'oignon et faites-le roussir. Ajoutez-les aux lentilles et poursuivez la cuisson le temps nécessaire. Salez, ajoutez le vinaigre et rectifiez l'assaisonnement avec un peu de sucre.

Servez avec du boudin ou des saucisses.

PETITS OIGNONS CARAMÉLISÉS

Pour 3 à 4 personnes

500 g de petits oignons
2 cuillerées à soupe d'huile
60 g de sucre roux
20 cl de vin rouge
6 cuillerées à soupe
de vinaigre de vin rouge

2 cuillerées à soupe
de concentré de tomates
2 cuillerées à café
de cannelle en poudre
Poivre de Cayenne
Sel

PELEZ les oignons. Faites chauffer l'huile dans une grande poêle. Ajoutez les oignons et faites-les cuire à l'étouffée jusqu'à ce qu'ils deviennent translucides. Salez, saupoudrez de sucre roux et laissez caraméliser.

Mélanger le vin rouge, le vinaigre de vin rouge et le concentré de tomates. Versez cette préparation sur les oignons. Mélangez bien, assaisonnez de cannelle et de poivre de Cayenne et faites cuire à l'étouffée 15 minutes en remuant de temps en temps. Retirez les oignons de la poêle et laissez épaissir le liquide de cuisson durant 10 minutes. Remettez-y les oignons, laissez-les réchauffer et rectifiez l'assaisonnement en vinaigre et en cannelle.

Ce plat accompagne parfaitement de l'agneau, du gibier ou une fondue bourguignonne.

OIGNONS AU PORTO

Pour 6 à 7 personnes

1 kg d'oignons
de taille moyenne
1/4 de litre de vinaigre
de vin rouge
250 g de sucre
2 cuillerées à café de sel
8 petites feuilles de sauge
4 feuilles de laurier

20 g de gingembre frais
pelé en tranches
5 clous de girofle
10 grains de poivre noir
1 bâtonnet de cannelle
Zeste de 1 citron
non traité
1/4 de litre de porto

PELEZ les oignons et faites-les cuire 10 minutes dans de l'eau bouillante. Retirez-les et faites-les tremper 10 minutes dans de l'eau froide, puis égouttez-les. Amenez à ébullition le vinaigre de vin rouge avec 100 g de sucre et le sel. Mettez le reste du sucre dans une casserole et remuez jusqu'à ce qu'il caramélise.

Ajoutez alors le vinaigre chaud, remuez jusqu'à dissolution du caramel. Rincez soigneusement les feuilles de sauge, essuyez-les en les tamponnant avec du papier absorbant et mettez-les avec les oignons dans le mélange vinaigre-caramel.

Ci-dessus: *Oignons au porto*
Ci-contre : *Petits oignons caramélisés*

Portez à ébullition et laissez cuire environ 5 minutes. Ajoutez le porto. Mettez les oignons et les aromates dans des bocaux de verre, recouvrez de liquide de cuisson au porto, fermez les bocaux et gardez-les au frais. Servez ces oignons au porto avec une fondue bourguignonne ou avec tout autre plat de viande à cuisson rapide.

OIGNONS AU VIN BLANC

Pour 4 à 5 personnes

800 g d'oignons	2 cuillerées à soupe
50 g de beurre	de crème fraîche
1/8 de bouillon	1 cuillerée à soupe
de viande instantané	de persil haché
15 cl de vin blanc	Sel

Pelez les oignons, coupez-les en deux puis émincez-les. Faites fondre le beurre et faites-y dorer les oignons. Versez le bouillon et le vin blanc et laissez cuire les oignons à couvert 10 à 15 minutes. Salez, ajoutez la crème fraîche et saupoudrez de persil haché.

LÉGUMES À L'ITALIENNE

Pour 2 personnes

1 gros poivron vert	1 cuillerée à soupe de
2 petites tomates	concentré de tomates
60 g de chanterelles	1 gousse
1 gros oignon	d'ail hachée
1 noix de beurre	1 cuillerée à soupe
Un peu de bouillon	de crème fraîche
de viande	Persil haché
1 cuillerée à soupe	Sel
de maïzena	Poivre

Coupez la queue du poivron, partagez-le en deux, retirez les graines et lavez-le. Coupez-le en gros dés. Ébouillantez les tomates puis passez-les aussitôt sous l'eau froide. Pelez-les et coupez-les en quartiers.

Coupez les plus grosses chanterelles en deux. Pelez l'oignon, coupez-le en dés et faites-le dorer dans le beurre. Ajoutez le poivron, les chanterelles, faites revenir rapidement puis arrosez de bouillon et laissez cuire à couvert environ 10 minutes. Ajoutez alors les morceaux de tomates et laissez cuire à couvert encore 2 à 3 minutes. Délayez la maïzena avec 2 à 3 cuillerées à soupe d'eau froide et versez sur les légumes pour les lier. Donnez un bouillon.

Assaisonnez avec le concentré de tomates et l'ail, salez et poivrez. Ajoutez la crème fraîche et servez après avoir parsemé de persil haché.

FENOUIL AU BEURRE

Pour 4 personnes

1 kg de bulbes de fenouil	Sel
75 g de beurre	

Coupez les tiges des fenouils et creusez un peu pour en retirer les parties centrales dures, enlevez les feuilles douteuses, rafraîchissez les extrémités et lavez les fenouils. Plongez-les dans 1 litre d'eau salée portée à ébullition et laissez-les cuire environ 20 minutes. Puis coupez-les en quartiers et disposez-les sur un plat préalablement chauffé. Gardez au chaud. Faites blondir le beurre et arrosez-en les quartiers de fenouil.

Ci-dessous : *Légumes à l'italienne*

au fond du plat. Faites cuire 40 minutes à 200-225°C (thermostat 6-7). Délayez la maïzena dans 15 cl d'eau froide et versez dans le jus de cuisson pour le lier. Rectifiez l'assaisonnement. Ajoutez les herbes hachées. Versez sur les aubergines et saupoudrez de gruyère râpé. Faites gratiner 8 à 10 minutes.

OIGNONS FARCIS

Pour 4 personnes

4 gros oignons	400 g de chair
(environ 800 g)	à saucisse fumée
15 g de beurre	2 cuillerées à soupe
3 cuillerées à soupe	de persil haché
de crème fraîche	Sel

PELEZ et plongez les oignons dans de l'eau bouillante salée. Quand ils sont à moitié cuits, découpez une calotte et évidez-les partiellement. Coupez cette chair en petits dés. Faites fondre le beurre dans un plat à four et faites-y revenir les dés d'oignon. Incorporez la crème fraîche, salez et disposez les oignons évidés sur cette préparation.

Mélangez la chair à saucisse fumée avec 1 cuillerée à soupe de persil haché et garnissez-en les oignons. Mettez au four à 200-225°C (thermostat 6-7). Laissez cuire environ 30 minutes. Saupoudrez de persil haché au moment de servir.

AUBERGINES FARCIES

Pour 4 personnes

2 grosses aubergines ou	25 cl de crème fraîche
4 petites (environ 800 g)	2 à 3 cuillerées à soupe
1 oignon	de maïzena
250 g de viande hachée :	1 cuillerée à soupe
moitié bœuf, moitié porc	de persil haché
1 œuf	1 cuillerée à soupe de
1 morceau de pain rassis	ciboulette hachée fin
50 g de beurre	100 g de gruyère râpé
3 à 4 tomates	Sel et poivre

LAVEZ et séchez les aubergines. Partagez-les en deux dans le sens de la longueur. Saupoudrez-les de sel et posez-les à l'envers. Laissez-les rendre leur eau pendant 30 minutes. Évidez-les en conservant une épaisseur de chair de 1 cm. Hachez fin la chair évidée. Mélangez-la à la viande hachée avec un oignon coupé en dés. Liez avec l'œuf battu et le pain trempé dans de l'eau et bien essoré. Salez, poivrez et garnissez les aubergines de cette farce.

Faites fondre le beurre dans un plat à four et placez-y les aubergines. Ébouillantez et passez les tomates sous l'eau froide pour les peler. Puis coupez-les en petits morceaux. Mélangez-les à la crème fraîche. Ajoutez-les

TOMATES FARCIES AU THON

Pour 4 personnes

8 grosses tomates fermes	3 cuillerées à soupe
1 boîte de 400 g	de mayonnaise
de thon au naturel	Zeste râpé de 1 citron
40 g de riz	non traité
1 à 2 cuillerées à soupe	Basilic
de persil haché	Sel et poivre

FAITES cuire le riz. Lavez les tomates, coupez leur partie supérieure puis évidez-les à la petite cuillère. Salez l'intérieur et posez-les à l'envers sur un papier absorbant.

Égouttez, émiettez et mélangez le thon au riz cuit avec 1 à 2 cuillerées à soupe de persil haché, 3 cuillerées à soupe de mayonnaise, le zeste de citron râpé, le poivre et le basilic. Garnissez les tomates de cette farce et remettez les calottes.

Ci-dessus : *Aubergines farcies*
Page de gauche : *Oignons farcis*

PAUPIETTES DE CHOU

Pour 4 à 5 personnes

1 chou blanc ou frisé	moitié bœuf, moitié porc
1 morceau de pain rassis	75 g de beurre
1 oignon moyen	1 à 2 cuillerées à soupe
1 œuf	de maïzena
400 g de viande hachée :	Sel et poivre

PLONGEZ le chou un court instant dans de l'eau salée bouillante, jusqu'à ce que les feuilles extérieures se détachent. Répétez l'opération jusqu'à ce que les feuilles soient toutes détachées. Laissez-les égoutter et ôtez les grosses côtes.

Ramollissez le pain dans de l'eau froide et pressez-le bien. Pelez l'oignon et coupez-le en dés. Mélangez ces ingrédients à la viande hachée en les liant avec l'œuf battu. Salez et poivrez. Superposez 2 à 3 grandes feuilles, déposez-y une partie de la farce, enroulez les feuilles et maintenez-les avec du fil alimentaire ou des pique-olives. Faites chauffer le beurre et faites-y dorer les paupiettes sur toutes les faces. Ajoutez 1/4 à 1/2 litre d'eau bouillante et laissez cuire les paupiettes à l'étouffée 35 à 45 minutes en les retournant de temps en temps et en rallongeant si nécessaire le jus de cuisson.

Quand les paupiettes sont cuites, retirez le fil ou les pique-olives et disposez-les sur un plat préalablement chauffé. Délayez la maïzena avec 3 cuillerées à soupe d'eau froide et ajoutez au jus de cuisson pour lier la préparation. Rectifiez l'assaisonnement de la sauce selon votre goût.

CHOU FARCI

Pour 4 à 6 personnes

1 chou blanc ou frisé	1 œuf
3 noix de beurre	250 g de viande
1 morceau de pain rassis	de porc hachée
1 petit oignon	Sel et poivre du moulin

Détachez les feuilles du chou (s'il est très serré, trempez-le à plusieurs reprises dans de l'eau bouillante, comme dans la recette précédente. Ôtez les plus grosses côtes et plongez les feuilles dans de l'eau portée à ébullition pour les attendrir. Beurrez un moule pouvant être placé au bain-marie et tapissez-le avec les plus grandes feuilles du chou. Faites tremper le pain dans de l'eau froide, puis pressez-le bien. Pelez l'oignon et coupez-le en dés. Mélangez pain et oignon à la viande hachée en liant avec l'œuf battu et en assaisonnant de sel et de poivre blanc.

Remplissez le moule en alternant farce et feuilles de chou et en terminant par une feuille de chou. Posez un couvercle sur le moule et placez-le dans une marmite remplie d'eau bouillante. Laissez cuire environ 1 heure au bain-marie.

Vous pouvez aussi faire cuire le chou farci dans un torchon : beurrez le centre du torchon, tapissez de feuilles de chou et déposez-y des couches de farce séparées par des feuilles de chou, puis repliez le torchon en nouant deux à deux les coins opposés. Suspendez-le à une cuillère en bois posée à cheval sur les rebords d'une marmite contenant de l'eau bouillante et laissez cuire à la vapeur.

Le chou farci peut être servi entouré de tomates coupées en morceaux et cuites à l'étouffée ou bien avec une sauce tomate ou une sauce aux câpres.

TOMATES AU BLEU

Pour 4 personnes

8 grosses tomates	2 œufs
100 g de bleu d'Auvergne	Sel et poivre
2 cuillerées à café de	1 cuillerée à café de
de maïzena	feuilles d'estragon
15 cl de lait	finement hachées

Lavez et séchez les tomates. Coupez-en la calotte supérieure, évidez-les, puis laissez-les égoutter à l'envers sur du papier absorbant. Faites chauffer le lait. Écrasez le fromage, ajoutez-le au lait et mélangez jusqu'à l'obtention d'une crème homogène.

Délayez la maïzena dans 2 cuillerées à soupe d'eau et ajoutez-la à la crème pour la lier. Laissez refroidir un peu. Battez les 2 jaunes d'œufs et incorporez-les au mélange. Battez les blancs en neige très ferme. Incorporez-les aussi et assaisonnez de sel et de poivre. Ajoutez l'estragon et mélangez bien. Remplissez les tomates de cette mousse au bleu. Remettez-leur leur « chapeau » et disposez-les sur un plat beurré. Mettez au four à 225°C (thermostat 7) et laissez cuire environ 15 minutes.

Page de gauche : *Paupiettes de chou*
Ci-dessous : *Tomates au bleu*

POIREAUX AU JAMBON

Pour 4 personnes

4 poireaux	1 cuillerée à café
4 tranches de jambon	de maïzena
cuit, chacune de 90 g	Noix de muscade râpée
15 cl de crème fraîche	Sel

NETTOYEZ soigneusement les poireaux. Coupez-les en tronçons d'une longueur à peu près égale à la largeur des tranches de jambon. Faites-les cuire environ 10 minutes dans 1/2 litre d'eau bouillante salée, puis faites-les égoutter.

Entourez chaque poireau d'une tranche de jambon. Disposez-les dans un plat bien beurré. Si le plat n'a pas de couvercle, recouvrez de papier d'aluminium et mettez au four à 225-250°C (thermostat 6-7) pendant environ 20 minutes.

Dressez les poireaux cuits sur un plat chaud. Délayez la maïzena avec 1 cuillerée à soupe d'eau froide et versez dans le jus de cuisson pour le lier. Donnez un bouillon. Versez cette sauce sur les poireaux.

SALSIFIS GRATINÉS

Pour 4 personnes

1 kg de salsifis	40 g de beurre
4 fines tranches de viande	40 g de farine
de bœuf (environ 400 g)	Noix de muscade râpée
2 grosses cuillerées	Pluches de fenouil
à soupe de farine	ou d' aneth
4 cuillerées à soupe	50 g de gouda demi-sec
de vinaigre	Sel et poivre

BROSSEZ, grattez et lavez les salsifis sous l'eau courante jusqu'à ce qu'ils soient bien blancs. Délayez la farine dans 1 litre d'eau froide et faites-y tremper un moment les salsifis. Retirez-les et laissez-les égoutter. Coupez les plus gros dans le sens de la longueur. Portez à ébullition 40 cl d'eau additionnée de vinaigre. Plongez-y les salsifis et laissez-les cuire environ 10 minutes. Retirez-les avec une écumoire.

Entourez-les de 4 à 8 tranches de viande et rangez-les dans un plat beurré allant au four. Prélevez 40 cl sur le liquide de cuisson des salsifis.

Préparation de la sauce : dans une petite casserole, faites fondre le beurre et ajoutez la farine. Mélangez soigneusement. Ajoutez le liquide de cuisson des salsifis et battez au fouet en prenant bien soin de ne pas faire de grumeaux. Portez doucement la sauce à ébullition et maintenez-la à cuire environ 5 minutes à feu doux en remuant toujours, puis salez et poivrez, assaisonnez de noix de muscade, de pluches de fenouil ou d'aneth.

Versez cette sauce sur les salsifis. Saupoudrez de gouda râpé. Mettez au four réglé à 200-225°C (thermostat 6-7) et laissez cuire 20 à 25 minutes.

Ci-dessous : *Salsifis gratinés*

Page de gauche : *Poireaux au jambon*

AUBERGINES GRATINÉES

Pour 6 personnes

6 à 8 aubergines	Petites feuilles de basilic
3 gousses d'ail	100 g de mozzarella
1/2 litre d'huile d'olive	150 g de jambon cuit
250 g de concentré	60 g de parmesan râpé
de tomates	Sel et poivre

LAVEZ et coupez les aubergines en tranches dans le sens de la longueur. Salez-les et laissez-les 30 minutes environ pour exprimer leur eau. Puis rincez-les et essuyez-les. Écrasez les gousses d'ail. Faites chauffer 4 cuillerées à soupe d'huile et mettez-y à revenir l'ail. Ajoutez-y le concentré de tomates. Salez et poivrez. Hachez fin les feuilles de basilic rincées et bien essuyées et ajoutez-les. Laissez mijoter cette sauce à feu doux.

Chauffez le reste d'huile d'olive dans une friteuse et faites-y dorer les tranches d'aubergine. Puis égouttez-les sur du papier absorbant. Coupez la mozzarella et le jambon en tranches. Dans un plat à four beurré, alternez tranches d'aubergines, sauce tomate, tranches de mozzarella et jambon. Terminez par une couche de sauce tomate saupoudrée de parmesan. Mettez le plat au four réglé à 175-200 °C (thermostat 5-6) et laissez cuire environ 30 minutes. Ce plat peut aussi être consommé froid.

CHANTERELLES AU PARMESAN

Pour 2 à 3 personnes

400 g de chanterelles	1 cuillerée à soupe
1 oignon rouge	de parmesan râpé
3 à 4 noix de beurre	Persil
4 tranches de pain bis	Sel et poivre

NETTOYEZ soigneusement les chanterelles, rincez-les et laissez-les égoutter. Émincez l'oignon et faites-le revenir dans le beurre fondu jusqu'à ce qu'il soit translucide. Ajoutez alors les champignons et laissez cuire environ 15 minutes à couvert. Salez et poivrez. Tartinez de beurre les tranches de pain et répartissez, sur chacune, les chanterelles. Saupoudrez de parmesan et passez environ 5 minutes au gril préchauffé, jusqu'à ce que le fromage soit fondu. Saupoudrez de persil au moment de servir.

CHAMPIGNONS SAUTÉS

Pour 4 à 6 personnes

500 g de bolets	2 noix de beurre
250 g de champignons de Paris	1 à 2 cuillerées à soupe de persil haché
125 g de chanterelles	2 oignons
125 g de cèpes	Sel
100 g de lard maigre	Poivre

NETTOYEZ, rincez et laissez égoutter les champignons. Conservez entiers les plus petits et coupez les plus gros en deux ou en morceaux.

Page de gauche :
Chanterelles au parmesan

Pelez les oignons et coupez-les en petits dés. Coupez le lard en dés et faites-lui perdre son gras dans une poêle à sec. Ajoutez le beurre et mettez-y les dés d'oignons. Laissez-les cuire à l'étouffée jusqu'à ce qu'ils devien nent translucides. Ajoutez alors les champignons. Salez, poivrez et laissez cuire à couvert environ 20 minutes . Parsemez de persil avant de servir.

Servez avec des œufs brouillés et du pain de campagne.

Ci-dessous :
Champignons sautés

CHOU DE CHINE GRATINÉ

Pour 4 personnes

1 chou de Chine	125 g de crème
1 litre de bouillon	1 cuillerée à soupe
de viande	de persil haché
1 à 3 noix de beurre	1 petit oignon
50 g de gruyère râpé	Sel et poivre

NETTOYEZ le chou, coupez-le en deux, puis en quatre (il ne doit pas se défaire). Portez le bouillon à ébullition et faites-y cuire le chou environ 10 minutes. Égouttez-le, puis placez-le dans un plat beurré allant au four en répartissant entre chaque couche le beurre et la moitié du fromage râpé.

Préparation de la sauce : coupez l'oignon en dés, mélangez-le à la crème. Incorporez le persil haché, salez et poivrez. Versez sur le chou et parsemez avec le reste du fromage râpé. Mettez au four à 200-225°C (thermostat 6-7) et laissez cuire environ 15 minutes. Gratinez quelques minutes sous le gril si nécessaire.

Ci-contre :
Paupiettes de chou de Chine

PAUPIETTES DE CHOU DE CHINE

Pour 4 à 6 personnes

2 choux de Chine bien	ou d'escalopes de dinde
serrés (environ 500 g)	30 cl d'huile
2 oignons nouveaux	Sauce de soja
1 grosse carotte	4 cuillerées à soupe
50 g de champignons	de xérès sec
de Paris	1 cuillerée à soupe
4 cuillerées à soupe	de jus de citron
de germes de soja	1 cuillerée à café de miel
200 g de blancs de poulet	Sel et poivre

DEBARRASSEZ les choux de leurs feuilles flétries et détachez 16 feuilles de taille moyenne. Ôtez les grosses côtes. Ébouillantez rapidement (30 secondes) les feuilles pour les attendrir, puis passez-les aussitôt à l'eau froide et laissez-les égoutter sur du papier absorbant.

Préparation de la farce : nettoyez les oignons, en conservant 15 cm de tiges vertes, lavez-les, coupez-les en rondelles. Coupez la carotte en dés. Rincez les germes de soja et faites-les égoutter. Nettoyez les champignons, lavez-les et hachez-les finement. Faites

chauffer 1 cuillerée à soupe d'huile et faites-y revenir 2 à 3 minutes à couvert les oignons, la carotte, les germes de soja et les champignons. Coupez en petits dés le blanc de poulet ou l'escalope de dinde et ajoutez aux légumes. Assaisonnez de sel, de poivre et de sauce de soja et laissez cuire 1 à 2 minutes à l'étouffée.

Superposez deux feuilles de chou en croix. Déposez au centre une partie de la farce (gardez le jus de cuisson). Enroulez les feuilles et liez avec du fil alimentaire. Faites chauffer 30 cl d'huile et faites-y dorer de tous côtés les paupiettes de chou, puis posez sur du papier absorbant et gardez au chaud.

Mélangez le xérès, le jus de citron, le miel et un peu de sauce de soja. Ajoutez au jus de cuisson de la farce, mélangez bien et versez sur les paupiettes de chou. Servez aussitôt.

Servez avec un riz au beurre ou une salade composée.

Ci-contre : *Chou de Chine gratiné*

morceaux. Hachez l'œuf dur. Pelez la saucisse et coupez-la en tranches fines. Mélangez ces ingrédients à la chair du chou-rave. Assaisonnez de sel, de poivre et de noix muscade.

Remplissez les choux-raves de cette farce et remettez la calotte. Faites fondre le beurre dand la cocotte et mettez-y les choux-raves les uns à côté des autres pour les saisir légèrement. Ajoutez le bouillon de viande, laissez cuire à l'étouffée environ 45 minutes. Mettez alors les choux-raves dans un plat préalablement chauffé et gardez au chaud. Mélangez la maïzena à la crème et ajoutez au jus de cuisson pour le lier. Rectifiez l'assaisonnement de la sauce et nappez-en les choux-raves. Parsemez de ciboulette finement hachée.

OIGNONS À LA CRÈME

Pour 3 à 4 personnes

500 g d'oignons	150 g de gruyère râpé
Thym	4 tranches de pain de mie
1/4 de litre de crème	3 à 4 noix de beurre
fraîche	Sel et poivre

PELEZ les oignons, coupez-les en fines rondelles. Faites fondre 1 à 2 noix de beurre et ajoutez les oignons. Faites-les cuire à l'étouffée jusqu'à ce qu'ils deviennent translucides. Salez, poivrez et saupoudrez de thym. Répartissez les oignons dans 4 petits plats individuels. Salez la crème liquide et versez sur les oignons jusqu'à ce qu'ils soient juste recouverts. Saupoudrez de gruyère râpé.

Enlevez la croûte du pain de mie et coupez-le en petits dés. Répartissez-les sur chaque portion. Parsemez les dés de pain de 2 noix de beurre. Mettez 20 à 30 minutes au four à 200°C (thermostat 6).

CHOUX-RAVES FARCIS

Pour 6 à 8 personnes

8 choux-raves de taille	Noix de muscade râpée
moyenne (environ 1,2 kg)	1/4 de litre de bouillon
1 morceau de pain rassis	de viande
1 oignon	50 g de beurre
1 tomate	2 cuillerées à café
125 g de chanterelles	de maïzena
1 œuf dur	150 g de crème
1 grosse saucisse	Ciboulette finement
125 g de viande hachée :	hachée
moitié bœuf et moitié porc	Sel et poivre

PELEZ les choux-raves. Enlevez la calotte supérieure et évidez-les (conservez 2 cuillerées à soupe de chair pour la farce et éventuellement le reste pour ajouter à une soupe).

Préparation de la farce : trempez le pain dans de l'eau froide pour le ramollir, puis pressez-le bien. Pelez l'oignon et coupez-le en dés. Ébouillantez rapidement la tomate, puis passez-la à l'eau froide. Pelez-la et coupez-la en dés. Coupez les chanterelles en petits

BEIGNETS DE CHOU-FLEUR

Pour 4 à 5 personnes

1 chou-fleur	75 g de farine
1 œuf	Muscade râpée
5 cuillerées à soupe d'huile	Sel

En haut, à gauche : *Oignons à la crème*
Page de droite : *Beignets de chou-fleur*

Lavez abondamment le chou-fleur et divisez-le en bouquets de taille moyenne. Faites cuire les bouquets environ 10 minutes dans de l'eau bouillante salée. Laissez bien égoutter. Fouettez l'œuf avec la farine et environ 10 cl d'eau froide afin d'obtenir une pâte épaisse mais bien lisse.

Assaisonnez selon votre goût en ajoutant sel et noix de muscade. Dans un poêlon mettez à chauffer 4 à 5 cuillerées à soupe d'huile. Enrobez les bouquets de chou-fleur de la pâte et faites-les cuire environ 15 à 20 minutes, dans l'huile bien chaude, jusqu'à ce qu'ils deviennent dorés.

SALADE DE MÂCHE AUX ŒUFS

Pour 4 personnes

250 g de mâche	1 à 2 cuillerées à soupe
2 œufs durs	de vinaigre
1 gousse d'ail	Ciboulette
1 échalote ou 1 petit oignon	Sel
3 cuillerées à soupe d'huile	Poivre

ÉPLUCHEZ la mâche. Lavez-la soigneusement et égouttez-la. Écalez les œufs et coupez-les en quartiers. Rapartissez le tout sur quatre assiettes.

Pour la sauce, coupez la gousse d'ail et écrasez-la. Épluchez l'échalote et émincez-la. Faites une vinaigrette. Ajoutez la ciboulette. Mélangez bien et servez.

SALADE DE MÂCHE AUX TOMATES ET AUX CHAMPIGNONS

Pour 4 personnes

150 g de mâche	2 oignons
3 tomates moyennes	4 cuillerées à soupe
150 g de champignons	d'huile
de Paris	3 cuillerées à soupe
Jus de 1/2 citron	de vinaigre aux herbes
1 avocat	Sel et poivre blanc

LAVEZ soigneusement la mâche épluchée. Égouttez-la. Coupez en tranches les tomates lavées et éventuellement pelées. Lavez les champignons et coupez-les. Versez du jus de citron sur le tout. Coupez en petits morceaux la chair de l'avocat. Arrosez-la de jus de citron. Présentez la salade sur des assiettes. Épluchez les oignons et coupez-les fin. Versez la vinaigrette et remuez.

SALADE ROMAINE
AU PAPRIKA ET AU POIVRON

Pour 4 personnes

1 belle salade pain	3 à 4 cuillerées à soupe
de sucre ou romaine	d'huile
1 petit poivron vert	3 à 4 cuillerées à soupe
1 petit poivron rouge	de vinaigre
1/2 concombre	1 cuillerée à café
Ciboulette	de moutarde
Persil	Sel et poivre

LAVEZ et égouttez les feuilles de salade. Coupez en lanières fines les poivrons, pépins et menbranes blanches ôtés. Lavez le concombre et coupez-le en tranches fines. Nettoyez la ciboulette et le persil. Mélangez les ingrédients dans un saladier et ajoutez-y la vinaigrette. Remuez la salade.

Page de gauche : *Salade de mâche aux œufs* et *Salade de mâche aux tomates et aux champignons*

Ci-contre : *Salades de mâche aux oignons et au bacon*
Ci-dessous : *Salade romaine au paprika et au poivron*

SALADE DE MÂCHE
AUX OIGNONS ET AU BACON

Pour 4 personnes

300 g de mâche	3 cuillerées à soupe
2 oignons	de vinaigre aux herbes
Margarine	1 cuillerée à soupe
75 g de bacon	de moutarde
4 cuillerées à soupe	Sel
d'huile d'olive	Poivre

NETTOYEZ la mâche et égouttez-la. Épluchez les oignons et coupez-le en rondelles. Faites fondre la margarine et faites-y revenir les tranches de bacon. Présentez la salade sur des assiettes. Faites une vinaigrette et versez-la sur la salade.

SALADE AUX POMMES

Ci-dessus : Salade romaine à la crème
Ci-contre : Salade aux lardons

Pour 4 personnes

1/2 salade pain de sucre ou romaine	2 cuillerées à soupe de crème fraîche
2 à 3 tiges de céleri en branches	4 cuillerées à soupe de jus d'orange
2 pommes moyennes acidulées	Gingembre en poudre
5 cuillerées à soupe de jus de citron	1 cuillerée à soupe de noisettes en poudre
	Sel et poivre blanc

PREPAREZ la salade et lavez-la. Nettoyez les tiges
de céleri et coupez-les finement. Épluchez les pommes
et coupez-les en petits morceaux. Ajoutez une
cuillerée de jus de citron.

Préparation de la sauce : mélangez
la crème fraîche, le jus d'orange, le gingembre
et 4 cuillerées à soupe de jus de citron. Salez,
poivrez et saupoudrez de 1 cuillerée à soupe
de noisettes en poudre.

SALADE AUX LARDONS

Pour 4 personnes

1 salade batavia ou romaine	Sel
2 cuillerées à soupe d'huile	Poivre
6 cuillerées à soupe de crème	Paprika
2 cuillerées à soupe de jus de citron	2 cuillerées à soupe de persil haché
	1 oignon
	100 g de lard maigre
	Margarine

Lavez la salade et égouttez-la.

Préparation de la sauce : mélangez les ingrédients énumérés ci-dessus. Ajoutez-le persil haché. Versez la sauce sur la salade.

Épluchez l'oignon. Coupez-le en dés ainsi que le lard maigre. Faites fondre la margarine et faites dorer l'oignon et les lardons. Versez sur la salade.

SALADE ROMAINE À LA CRÈME

Pour 4 personnes

1 petite salade romaine	125 g de raisins noirs
1 pomme	150 g de crème fraîche
1 cuillerée à soupe de jus de citron	150 g de yaourt
200 g de langue cuite	2 cuillerées à soupe de jus de citron
1 orange	Sel et poivre

Nettoyez la salade. Coupez le cœur en quatre et les feuilles en lanières. Épluchez la pomme, ôtez les pépins et le cœur et coupez-la en tranches. Arrosez ces tranches avec le jus de citron. Coupez la langue en petits morceaux. Épluchez l'orange, détachez-en les quartiers. Lavez le raisin, égouttez-le et coupez chaque grain en deux en prenant soin d'enlever les pépins. Disposez les ingrédients dans un saladier.

Préparation de la sauce : mélangez la crème, le yaourt, le jus de citron et assaisonnez. Versez la sauce sur les ingrédients. Remuez avec précaution.

SALADE ESTIVALE

Pour 4 personnes

1 laitue
1 botte de radis
1/2 concombre
20 olives d'Espagne
farcies au piment
50 g de roquefort
2 cuillerées à soupe
de crème fraîche
3 cuillerées à soupe

d'huile d'olive
2 cuillerées à soupe
de vinaigre
1 cuillerée à soupe
de fines herbes hachées :
persil, estragon,
ciboulette, oseille
Poivre noir frais
du moulin

PREPAREZ, lavez et égouttez la salade.
Lavez les radis et coupez-les en quatre dans le sens de
la longueur. Nettoyez le concombre et coupez-le en
deux. Enlevez les pépins et coupez la chair du
concombre en morceaux de 5 cm de long. Hachez la
moitié des olives et coupez-les en deux.

Préparation de la sauce : écrasez le roquefort,
mélangez-le avec la crème, l'huile d'olive et le
vinaigre. Assaisonnez. Ajoutez les fines herbes. Versez
la sauce sur la salade.

Conseil : comme les feuilles les plus tendres sont
fragiles, disposez les feuilles lavées et préparées dans
une jatte et recouvrez-les d'un peu de sauce, puis
continuez à garnir avec les autres ingrédients et versez
de nouveau de la sauce.

SALADE AUX FRUITS

Pour 4 personnes

1/2 salade batavia	de jus de citron
ou romaine	2 cuillerées à soupe
1 pamplemousse	de vinaigre
1 orange	50 g de cerneaux
2 kiwis	de noix hachés
4 cuillerées à soupe d'huile	Sel
2 cuillerées à soupe	Poivre

DETACHEZ les feuilles de la salade, lavez-les et égouttez-les. Épluchez le pamplemousse et l'orange. Enlevez la peau blanche et détachez-en les quartiers. Coupez-les. Épluchez les kiwis et coupez-les en tranches.

Préparation de la sauce : faites une vinaigrette avec les ingrédients énumérés. Disposez la salade dans une jatte et versez la sauce. Garnissez à volonté de cerneaux de noix. Servez de suite.

Ci-contre : *Salade estivale*
Ci-dessous : *Salade aux fruits*

SALADE D'ENDIVES

Pour 4 personnes

4 endives moyennes	2 cuillerées à soupe
1 pomme acidulée	de vinaigre
4 cuillerées à soupe d'huile	Sel et poivre

NETTOYEZ les endives, puis coupez-les en tranches. Lavez-les et égouttez-les. Épluchez la pomme, coupez-la en quartiers, enlevez les pépins et émincez-la en tranches fines.

Préparation de la sauce : faites une vinaigrette et mélangez-la aux ingrédients. Servez de suite.

SALADE À LA BANANE

Pour 4 personnes

4 bananes mûres	1 cuillerée à café de
4 cuillerées à soupe	sucre
de jus de pamplemousse	1 cuillerée à café
100 g de langue	de romarin
de veau cuite	Un peu de sauce de soja
50 g de céleri en branche	Vinaigre
1 cuillerée à soupe de lait	Sel
150 g de crème fraîche	Poivre du moulin

PELEZ les bananes et coupez-les en rondelles. Versez le jus de pamplemousse. Coupez la langue en tranches pour accompagner la salade. Lavez le céleri et coupez-le finement.

Préparation de la sauce : mélangez le lait, la crème, le romarin, la sauce de soja et le vinaigre. Salez et poivrez puis versez la sauce sur la salade.

Ci-dessous : *Laitue nordique*

LAITUE NORDIQUE

Pour 4 personnes

1 laitue	de crème fraîche
1 cuillerée à soupe d'huile	1 petit oignon
2 à 3 cuillerées à soupe	1 à 2 cuillerées à soupe
de vinaigre	de fines herbes hachées
4 cuillerées à soupe	Sel et poivre du moulin

DETACHEZ les feuilles de laitue. Lavez-les soigneusement. Égouttez-les.

Préparation de la sauce : mélangez l'huile, le vinaigre et la crème fraîche, ajoutez les herbes et l'oignon coupé en dés. Salez et poivrez. Assaisonnez la salade juste avant de passer à table.

SALADE DE CRESSON

Pour 4 personnes

200 g de cresson	de vinaigre
2 à 3 cuillerées à soupe	1 cuillerée à soupe
d'huile	de fines herbes hachées
2 cuillerées à soupe	Sel

TRIEZ soigneusement le cresson et lavez-le abondamment sans le presser. Égouttez-le. Faites une vinaigrette et saupoudrez-la de fines herbes. Mélangez-la au cresson.

Page de droite :
Salade à la banane

SALADE GOURMET
À LA SAUCE AU KIWI

Pour 4 personnes

1 bulbe de fenouil
1 poivron rouge
1 à 2 courgettes
3 petits oignons blancs
6 kiwis
1 cuillerée à soupe
d'huile de noix
1 cuillerée à soupe
de jus de citron

2 cuillerées à soupe
de cognac
1 cuillerée à café
de miel
1 pincée de cannelle
1 jaune d'œuf
4 cuillerées à soupe
de crème fraîche
Sel

LAVEZ la tige du fenouil, égouttez et coupez finement. Puis lavez le bulbe et coupez-le en petits morceaux. Coupez le poivron, supprimez les pépins et les membranes blanches. Lavez le poivron et coupez-le en fines lanières. Lavez les courgettes et coupez-les en tranches fines. Nettoyez les oignons et coupez-les en rondelles en gardant une partie de la tige. Épluchez 4 kiwis et coupez-les en tranches. Disposez les ingrédients dans un saladier ou bien préparez des portions dans des raviers.

Préparation de la sauce : épluchez les 2 kiwis restants et coupez-les en morceaux. Écrasez la pulpe. Mélangez huile, jus de citron, cognac, miel et cannelle. Ajoutez le jaune d'œuf et la crème. Assaisonnez et incorporez à la salade en remuant.

SALADE
DE POIVRONS AUX TOMATES
ET AUX CONCOMBRES

Pour 4 personnes

3 poivrons verts
1 petit concombre
375 g de tomates fermes
4 cuillerées à soupe d'huile

4 cuillerées à soupe
de vinaigre
Aneth
Sel et poivre

COUPEZ les poivrons en deux et enlevez les pépins et les membranes blanches. Lavez-les et coupez-les en tranches fines. Épluchez le concombre et coupez-le en tranches fines. Lavez les tomates et coupez-les en tranches.

Préparation de la sauce : faites une vinaigrette et ajoutez l'aneth finement haché. Mélangez la sauce aux ingrédients. Assaisonnez. Remuez soigneusement la salade.

Variante : coupez un oignon moyen en rondelles, hachez 125 g de chou blanc et incorporez-les à la salade.

Ci-dessous : *Salade de poivrons*
aux tomates et aux concombres
Page de gauche : *Salade gourmet*
à la sauce au kiwi

SALADE AU CHOU-FLEUR

Pour 4 personnes

1 chou-fleur	1 cuillerée à café
2 œufs durs	de moutarde
1 blanc d'œuf	2 cuillerées à soupe
1/8 de litre d'huile	de fines herbes hachées
2 cuillerées à soupe de	Sel
vinaigre ou de jus de citron	Poivre

NETTOYEZ le chou-fleur et lavez-le soigneusement. Séparez le chou-fleur en petits bouquets. Plongez-les dans de l'eau bouillante salée. Amenez à ébullition et faites-le bien cuire.

Préparation de la sauce rémoulade : écalez les œufs durs, écrasez les jaunes et mélangez à 1 blanc d'œuf cru. Salez et mélangez. Puis incorporez goutte à goutte la moitié de l'huile. Dès que la sauce est assez consistante, ajoutez le vinaigre ou le jus de citron et la moutarde, puis le reste de l'huile. Coupez les blancs d'œufs en petits dés. Mélangez les herbes et la sauce. Salez, poivrez. Enrobez bien les bouquets de chou-fleur de sauce.

SALADE D'ASPERGES AUX CREVETTES

Pour 4 personnes

500 g de petites	2 cuillerées à soupe
asperges cuites	de crème battue
250 g de crevettes	1 cuillerée à soupe
surgelées	de xérès
5 cuillerées à soupe	Le jus d'un demi-citron
de mayonnaise	Feuilles de salade

ÉGOUTTEZ les asperges. Ajoutez les crevettes décongelées aux asperges. Mélangez mayonnaise, crème, xérès et jus de citron aux asperges et aux crevettes. Disposez la salade d'asperges sur des feuilles de salade bien lavées.

Ci-dessous : Salade au chou-fleur

Variante : séparez en quartiers une orange épluchée. Enlevez la peau et coupez la chair en petits morceaux. Incorporez à la salade. Ou bien disposez la salade d'asperges dans 4 écorces d'oranges évidées et servez comme hors-d'œuvre. Accompagnez avec des toasts.

SALADE DE CONCOMBRES

Pour 4 personnes

1 concombre de 750 g	1 oignon moyen
3 cuillerées à soupe d'huile	2 cuillerées à soupe de fines herbes hachées
2 cuillerées à soupe de vinaigre	Sel
	Poivre du moulin

Lavez et émincez le concombre en fines rondelles.

Préparation de la sauce : faites une vinaigrette, ajoutez l'oignon coupé en dés et les fines herbes. Incorporez la sauce à la salade juste avant le repas.

Ci-dessus : *Salade d'oignons aux oranges*

SALADE
D'OIGNONS AUX ORANGES

Pour 4 personnes

300 g d'oignons rouges	2 cuillerées à soupe de xérès
3 oranges moyennes	Sel et poivre
3 cuillerées à soupe d'huile	1 cuillerée à soupe d'aneth haché
1 cuillerée à soupe de vinaigre de vin blanc	

Épluchez les oignons et coupez-les en rondelles. Épluchez les oranges, enlevez la peau blanche et coupez-les en tranches.

Préparation de la sauce : faites une vinaigrette avec les ingrédients énumérés. Incorporez la sauce à la salade. Ajoutez l'aneth haché. Servez de suite.

SALADE DE POIVRONS

Pour 4 personnes

4 poivrons (600 g environ)	de vinaigre aux herbes
1 ou 2 oignons	1 cuillerée à soupe
3 cuillerées à soupe d'huile	d'estragon haché
2 à 3 cuillerées à soupe	Sel et poivre

COUPEZ en lanières les poivrons débarassés de leurs pépins et de leurs membranes blanches. Épluchez les oignons et coupez-les en rondelles.

Préparation de la sauce : faites la vinaigrette habituelle. Assaisonnez à votre gré. Incorporez-la à la salade.

SALADE DE CHOUX-RAVES

Pour 4 personnes

4 petits choux-raves	de vinaigre
2 ou 3 bottes de radis	1 cuillerée à soupe
3 cuillerées à soupe d'huile	de fines herbes hachées
4 cuillerées à soupe	Sel et poivre du moulin

ÉPLUCHEZ les choux-raves, lavez-les et râpez-les. Lavez les radis et coupez-les en tranches fines.

Préparation de la sauce : faites la vinaigrette habituelle. Assaisonnez à votre gré. Incorporez-la à la salade.

SALADE D'ÉPINARDS
AUX ORANGES

Pour 4 personnes

250 g d'épinards	2 cuillerées à soupe d'huile
1/2 orange non traitée	Sel et poivre
2 cuillerées à soupe	Sucre
de jus de citron	Thym en poudre

TRIEZ les épinards, lavez-les et égouttez-les.

Préparation de la sauce : épluchez l'orange et coupez le zeste en petits copeaux. Trempez-les dans l'eau et faites la boullir 3 minutes environ. Sortez le zeste de l'eau et égouttez. Faites une vinaigrette, ajoutez le thym.

Coupez l'orange et incorporez-la avec le zeste à la sauce. Mélangez avec les épinards et servez.

SALADE DE HARICOTS VERTS
AUX PIGNONS DE PIN

Pour 4 personnes

1 kg de haricots	3 cuillerées à soupe
mange-tout	de vinaigre aux herbes
2 cuillerées à soupe d'huile	Origan en poudre
100 g de pignons de pin	1 gousse d'ail
6 cuillerées à soupe d'huile	Sel et poivre

LAVEZ et équeutez les haricots. Plongez-les dans de l'eau bouillante salée, amenez à ébullition et faites cuire durant 20 minutes. Égouttez-les et laissez-les refroidir. Chauffez l'huile et faites-y dorer les pignons de pin, puis laissez-les refroidir.

Préparation de la sauce : faites une vinaigrette, assaisonnez à votre gré et incorporez-la à la salade. Ajoutez les pignons de pin.

Ci-contre : *Salade de choux-raves*
Page de droite : *Salade d'épinards aux oranges*

Préparation de la sauce : faites une vinaigrette et mélangez-la aux ingrédients de la salade. Coupez les œufs écalés en huit. Incorporez les œufs et le fromage de brebis émietté au reste de la salade.

SALADE AUX TOMATES ET AUX OIGNONS

Pour 4 personnes

500 g de tomates	de vinaigre
250 g d'oignons	1 petite cuillerée à café
1 cuillerée à soupe	de moutarde
de vinaigre	1/8 de litre d'huile
3 œufs durs	2 petites cuillerées à soupe
1 cuillerée à soupe	de yaourt
de persil haché	1 cuillerée à soupe
1 jaune d'œuf	de fines herbes hachées
1 cuillerée à soupe	Sel et poivre

COUPEZ en rondelles l'oignon épluché. Faites bouillir 1/2 litre d'eau salée avec 1 cuillerée à soupe de vinaigre. Faites-y cuire les oignons, égouttez-les. Lavez les tomates. Écalez les œufs. Coupez tomates et œufs en rondelles. Disposez-les en couches alternées avec les rondelles d'oignon. Parsemez de persil et salez.

Préparation de la mayonnaise : mélangez le jaune d'œuf à la moutarde. Quand le mélange est consistant et épais, ajoutez-y l'huile par quantité de 1 à 2 cuillerées pour éviter la coagulation du jaune d'œuf. Ajoutez 2 cuillerées de yaourt et les fines herbes. Versez la mayonnaise sur la salade. Mettez au frais.

SALADE AU FENOUIL

Pour 4 personnes

2 bulbes de fenouil (400 g)	de crème fraîche
3 oranges ou 4 mandarines	1 à 2 cuillerées à soupe
150 g de jambon cuit	de vinaigre de vin blanc
1 verre de yaourt (150 g)	Sel
2 cuillerées à soupe	Poivre

LAVEZ les fenouils et coupez-les en tranches. Retirez l'écorce et la peau blanche des oranges et coupez-les en morceaux. Coupez le jambon en lamelles.

À droite : *Salade aux germes de soja*
En haut à gauche : *Salade de courgettes et de tomates*

SALADE DE COURGETTES ET DE TOMATES

Pour 4 personnes

3 courgettes (500 g)	1 cuillerée à café
4 tomates moyennes	de moutarde
2 poivrons verts	Sel
1 oignon	Poivre
8 à 10 olives dénoyautées	2 œufs durs
4 cuillerées à soupe	150 g de fromage de
d'huile	brebis
2 cuillerées à soupe	2 cuillerées à soupe
de vinaigre	de fines herbes hachées

COUPEZ en tranches fines les courgettes épluchées. Cuisez-les à la vapeur pour les rendre tendres. Ébouillantez les tomates, passez-les sous l'eau froide. Pelez-les et coupez-les en tranches fines. Coupez en lanières les poivrons, pépins et membranes blanches ôtés. Émincez l'oignon épluché. Découpez les olives en petits morceaux.

Préparation de la sauce : faites une vinaigrette et mélangez-la au yaourt et à la crème fraîche. Assaisonnez à votre gré et mélangez à la salade.

SALADE AUX GERMES DE SOJA

Pour 4 personnes

125 g de mayonnaise	1 cuillerée à soupe
1 à 2 cuillerées à soupe	de moutarde douce
de sauce de soja, piquante	300 g de petits pois étuvés
1 cuillerée à café	250 g de germes de soja
de gingembre en poudre	200 g de saumon fumé

MELANGEZ la mayonnaise (voir page 130) et la sauce de soja, puis le gingembre et la moutarde. Mettez les petits pois et les germes de soja dans une passoire et passez-les à l'eau courante. Égouttez-les et mélangez-les à la mayonnaise. Roulez le saumon fumé et coupez-le en rondelles fines. Garnissez-en la salade.

SALADE AUX TOMATES ET AUX POIREAUX

Pour 4 personnes

2 poireaux (300 g environ)	Sel et poivre
3 tomates	1 cuillerée à soupe de
1 oignon	vinaigre
3 cuillerées à soupe d'huile	1 cuillerée à café
1 œuf dur	de moutarde

LAVEZ les poireaux et coupez la partie vert foncé de 10 cm. Coupez les poireaux en rondelles. Plongez-les dans de l'eau bouillante salée et faites-les cuire 1 minute. Égouttez et réservez-les. Ébouillantez les tomates puis passez-les sous l'eau froide. Pelez-les et coupez-les en huit.

Préparation de la sauce : faites une vinaigrette et écalez l'œuf. Hachez séparément le jaune et le blanc. Ajoutez le jaune à la sauce, versez la sauce sur la salade et garnissez avec de fins morceaux de blanc d'œuf.

SALADE
AUX ORANGES ET AU FENOUIL

Pour 4 personnes

2 cuillerées à soupe d'huile
4 cuillerées à soupe
de vinaigre
3 cuillerées à soupe de gin
1 cuillerée à soupe
de sucre

Ail en poudre
500 g de bulbes de
fenouil
3 oranges
Sel
Poivre blanc

FAITES la sauce en mélangeant les ingrédients et assaisonnez-la. Lavez les bulbes de fenouil et coupez-les en tranches fines. Recouvrez-les de sauce.

Épluchez les oranges et détachez-les en tranches. Coupez-les en petits morceaux. Disposez alternativement le fenouil et les oranges dans un saladier. Versez la sauce.

SALADE POT-POURRI

Pour 4 personnes

3 petits oignons	4 cuillerées à soupe
50 g de champignons	d'huile d'olive
de Paris	3 cuillerées à soupe
1 botte de radis	de jus de citron
1 pomme rouge	3 cuillerées à soupe
2 œufs durs	de fines herbes hachées
200 g de quartiers	Sel
de mandarine	Poivre

ÉPLUCHEZ les oignons et coupez-les en rondelles. Lavez les champignons, les radis et la pomme et coupez-les en tranches. Écalez les œufs et coupez-les en dés. Ajoutez les quartiers de mandarines.

Préparation de la sauce : faites une vinaigrette et parsemez-la de fines herbes. Mélangez la sauce à la salade. Laissez reposer un peu.

SALADE SERBE

Pour 4 personnes

1 gros oignon	d'huile
1 poivron vert	1 cuillerée à soupe
2 à 3 tomates	de vinaigre
2 cuillerées à soupe	Sel et poivre

ÉPLUCHEZ l'oignon et coupez-le en rondelles. Coupez le poivron et enlevez les pépins ainsi que les membranes blanches. Lavez-le et coupez-le en fines lanières. Lavez les tomates et coupez-les en tranches. Disposez alternativement oignon, poivron et tomates dans une coupe en verre.

Faites une vinaigrette et versez-la sur la salade.

Page de gauche : *Salade aux oranges et au fenouil*

SALADE DE TOMATES À LA SAUCE MOUTARDE

500 g de tomates fermes	2 cuillerées à soupe
1 oignon	de moutarde forte
3 cuillerées à soupe	Sel
de crème fraîche	Poivre

LAVEZ les tomates, égouttez-les et coupez-les en rondelles, étalez-les sur un grand plat. Salez et poivrez. Mélangez la crème fraîche et la moutarde. Répartissez la sauce sur les tomates.

Ci-dessous : *Salade serbe*

TAFELSPITZ MARINÉ À LA SAUCE AUX HERBES ET À LA MOUTARDE

Pour 6 personnes

1 kg de paleron	140 g de moutarde
1 poireau	1/3 de litre d'huile
1 carotte	1/8 de litre de bouillon
1 navet	de viande dégraissé
1 branche de céleri	1/2 bouquet de basilic
1 oignon	1 bouquet de cerfeuil
1 cube de bouillon de poule	1/2 botte de persil
1 bouquet garni	Sel
1 gousse d'ail	Poivre du moulin

PLONGEZ la viande dans 1,5 litre d'eau bouillante. Coupez grossièrement les légumes épluchés et lavés. Ajoutez-les à la viande avec le bouillon et le bouquet garni. Laissez le bouillon frémir, sans bouillir, pendant 2 heures à 2 heures 30. Une fois la viande cuite, retirez la marmite du feu et laissez reposer environ 24 heures.

Préparation de la sauce : pilez l'ail, mélangez-le à la moutarde et au poivre. Versez l'huile peu à peu et battez le mélange au fouet pour qu'il soit bien lisse. Incorporez le bouillon de viande dégraissé sans cesser de remuer.

BŒUF À LA SAUCE AU RAIFORT

À L'AUTOCUISEUR
Pour 4 personnes

500 g de poitrine de bœuf	*40 g de farine*
4 os à moelle	*1/2 litre du bouillon de*
1 oignon	*viande*
1 navet	*2 grosses cuillerées à*
1 branche de céleri	*soupe de raifort*
Persil	*Jus de citron*
55 g de beurre	*Sel*

PLACEZ les os à moelle dans une cocotte, couvrez-les de 1,5 litre d'eau froide, portez à ébullition. Pelez l'oignon, coupez-le en rondelles et faites-le blondir dans 1 noix de beurre. Épluchez les légumes, lavez-les et coupez-les grossièrement, plongez-les dans le bouillon avec la viande et l'oignon et laissez cuire quelques minutes en écumant. Puis fermez l'autocuiseur et laissez cuire 45 minutes. À la fin de la cuisson, découpez la viande en tranches et gardez-la au chaud. Passez le bouillon au tamis.

Préparation de la sauce au raifort : faites fondre le beurre restant dans l'autocuiseur, ajoutez la farine et remuez jusqu'à ce que le mélange blondisse. Versez le bouillon de viande en remuant avec un fouet pour éviter la formation de grumeaux. Portez la sauce à ébullition, laissez bouillir 5 minutes. Incorporez le raifort en remuant, assaisonnez avec du sel et du jus de citron. Versez la sauce sur la viande.

Accompagnez de pommes vapeur avec persil et ciboulette, de carottes glacées ou de salade mixte.

Ci-dessous : *Bœuf à la sauce au raifort*

Ci-dessus : *Tafelspitz mariné à la sauce aux herbes et à la moutarde*

Découpez la viande en tranches fines, badigeonnez-les de cette sauce et disposez-les par couches alternées. Laissez macérer durant 5 heures ou une nuit puis grattez légèrement la viande avec un couteau. Lavez le basilic, le cerfeuil et le persil, ôtez-en les tiges, hachez grossièrement les feuilles, mélangez-les à la sauce. Passez au mixer pour obtenir un mélange très homogène d'un vert tendre. Coupez en rondelles très fines l'oignon pelé. Dressez les tranches de viande sur un plat, garnissez-les de rondelles d'oignon et versez un peu de sauce par-dessus. Servez le reste de la sauce à part.

Accompagnez de pommes de terre sautées au lard et aux oignons assaisonnées de feuilles de marjolaine fraîche.

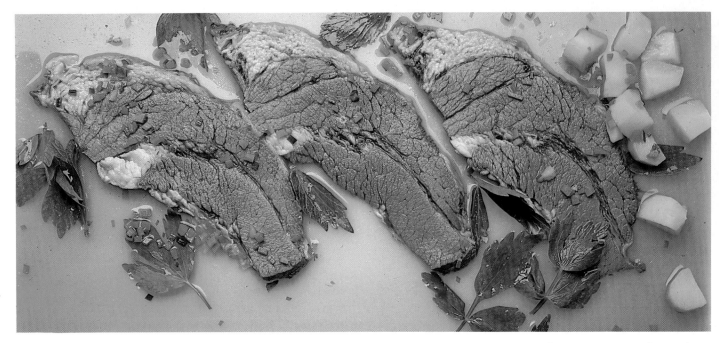

Ci-dessus : *Bœuf à la livèche*

BŒUF À LA LIVÈCHE

Pour 8 à 10 personnes

2,5 kg de poitrine de bœuf	1 oignon
3 os de veau	4 branches de livèche
2 carottes	2 feuilles de laurier
2 poireaux	2 clous de girofle
1 boule de céleri-rave	Sel et quelques grains
1 branche de céleri	de poivre

PLONGEZ la viande et les os dans 2,5 litres d'eau salée. Laissez bouillir et écumez. Grattez les carottes et le céleri, coupez les poireaux dans le sens de la longueur. Lavez les légumes et coupez-les en dés. Pelez l'oignon, rincez doucement la livèche et ajoutez-la à la viande avec les légumes et l'oignon. Portez de nouveau à ébullition et laissez cuire pendant 2 heures 30 à 3 heures. Ajoutez de temps en temps un peu d'eau bouillante si nécessaire.

Retirez la viande du bouillon, découpez-la en tranches et disposez-la sur un plat chaud. Passez le bouillon au tamis, versez-en un peu sur la viande et servez le reste en entrée.

Accompagnez de pommes vapeur et d'une salade mélangée.

RAGOÛT DE QUEUE DE BŒUF AUX OIGNONS GLACÉS

Pour 6 à 8 personnes

1,5 kg de queue de bœuf coupée en morceaux	1/8 de litre de vin rouge
2 oignons	5 cuillerées à soupe de madère
1 feuille de laurier	1 kg de petits oignons
2 clous de girofle	1 petite cuillerée à soupe
5 grains de piment (à défaut,	de sucre
1 cuillerée à café de pâte	1/8 de litre de bouillon
de piment)	de viande
60 g de beurre	Sel
60 g de farine	Poivre

PLONGEZ la viande dans 1 litre d'eau bouillante salée. Pelez les oignons, coupez-les en quatre, ajoutez-les à la viande avec le laurier, les clous de girofle et le piment. Portez à ébullition et faites cuire 2 heures environ, écumez. En fin de cuisson, retirez la viande de la marmite, enlevez les os et les cartilages.

Préparation de la sauce : passez le bouillon au tamis, mettez-en 1/2 litre de côté. Faites fondre le beurre, ajoutez la farine et remuez jusqu'à ce que le mélange blondisse. Mouillez avec le bouillon en remuant au fouet jusqu'à ébullition pour éviter la formation de grumeaux, laissez cuire 10 minutes. Ajoutez le madère, salez, poivrez, puis plongez la viande dans la sauce et faites réchauffer.

Préparation des oignons glacés : pelez les oignons. Faites fondre 2 noix de beurre le beurre, ajoutez le sucre et laissez blondir en remuant. Versez-y le bouillon et continuez à remuer jusqu'à dissolution complète du sucre. Ajoutez les oignons, salez, couvrez la marmite et laissez cuire en remuant régulièrement. Quand les oignons sont cuits, ôtez le couvercle et laissez réduire le liquide en remuant de temps en temps.

Dressez le ragoût dans un plat, entourez-le d'une couronne d'oignons. Accompagnez d' une purée de pommes de terre.

RAGOÛT DE LANGUE DE BŒUF

Pour 6 à 8 personnes

1,250 kg de langue de bœuf	100 g de beurre
1 poireau	100 g de farine
1 carotte	1 litre du bouillon
1 navet	de langue
1 branche de céleri	1/4 de litre de vin rouge
Persil	300 g de champignons
50 g de viande hachée	de Paris en conserve
1 jaune d'œuf	Petits croissants
2 cuillerées à soupe	en pâte feuilletée
de chapelure	Sel et poivre

RINCEZ la langue sous l'eau froide et plongez-la dans 2,5 litres d'eau bouillante salée. Portez à ébullition, écumez. Ajoutez les légumes. Faites cuire la langue 2 heures 30 environ (elle est cuite lorsque la pointe du couteau entre facilement dans la viande). Rincez-la sous l'eau froide. Retirez la peau tant que la langue est encore chaude.

Découpez-la en tranches ou en cubes. Passez le bouillon au tamis, gardez-en 1 litre de côté et remettez la viande dans le restant du bouillon chaud.

Préparation des boulettes de viande : travaillez ensemble 1 noix de beurre, la viande hachée, le jaune d'œuf et la chapelure, salez, poivrez. Mélangez bien le tout. Humidifiez vos mains et formez des petits boules. Plongez-les dans l'eau bouillante salée, laissez cuire à feu doux.

Préparation de la sauce : faites un roux avec le beurre et la farine. Incorporez le bouillon de langue et remuez au fouet pour éviter la formation de grumeaux jusqu'à ébullition. Laissez cuire pendant 5 minutes. Plongez les tranches de langue et les boulettes dans la sauce pour les réchauffer. Assaisonnez le ragoût avec du sel et du poivre. Incorporez le vin et les champignons égouttés et coupés en quatre. Décorez le plat avec les petits croissants.

Ci-dessous : *Ragoût de langue de bœuf*

139

BŒUF MARINÉ

Pour 6 personnes

1 kg de gîte
1 oignon moyen
1 poireau
1 carotte
1 navet
1 branche de céleri
Persil
15 grains de poivre blanc
5 grains de poivre de

Cayenne ou 1/2 cuillerée
en poudre
3 clous de girofle
1 feuille de laurier
1/4 de litre de vinaigre
50 g de margarine
Farine
Sel
Poivre

Ci-dessous :
Bœuf mariné

Posez la viande dans un plat creux. Préparez la marinade : pelez l'oignon et coupez-le en rondelles. Lavez les légumes et coupez-les en petits morceaux, ajoutez-les à la viande avec les grains de poivre, le laurier et les clous de girofle et versez dessus le vinaigre dilué dans 1/2 litre d'eau (la viande doit baigner entièrement dans le liquide). Couvrez et laissez mariner pendant 1 ou 2 jours dans un endroit frais. Retournez la viande de temps en temps.

Retirez la viande de la marinade et épongez-la. Faites-la revenir de tous côtés dans la margarine, salez, poivrez, ajoutez les légumes après les avoir bien égouttés. Diluez la moitié de la marinade dans 1/2 litre d'eau et versez-en un peu sur la viande. Laissez mijoter 2 heures 30 en retournant la viande de temps en temps et en rajoutant un peu de marinade au fur et à mesure de l'évaporation. À la fin de la cuisson, découpez la viande en tranches, gardez au chaud. Passez la sauce au tamis, ajoutez de la marinade à volonté. Délayez la farine dans un peu d'eau froide et incorporez-la à la sauce pour la lier. Donnez un bouillon. Salez, poivrez.

Variante : vous pouvez compléter la sauce avec des raisins secs macérés dans l'eau, des amandes effilées et grillées et de la crème fraîche.

Accompagnez de croquettes
de pommes de terre
et de chou rouge.

BŒUF BRAISÉ
AUX BRANCHES DE CÉLERI

Pour 4 à 5 personnes

750 g de bœuf	1/4 de litre de bouillon
4 cuillerées à soupe	de viande
d'huile	1/8 de litre
1 poireau	de bière
3 carottes	250 g de petits
1 navet	oignons
6 branches de céleri	20 cl de crème fraîche
Persil	liquide
1 cuillerée à café	Sel
de paprika	Poivre du moulin

SALEZ et poivrez la viande. Faites chauffer l'huile dans une cocotte, mettez-y la viande à dorer. Lavez le poireau et 1 branche de céleri, émincez-les, puis faites-les revenir dans la cocotte. Ajoutez le paprika. Mouillez la viande avec un peu de bouillon et un peu de bière et laissez-la mijoter 1 heure 15 en la retournant de temps en temps. Ajoutez de la bière et du bouillon en fonction de l'évaporation.

Grattez les carottes et le navet, coupez-les en dés. Lavez les branches de céleri et coupez les en morceaux après avoir ôté les côtes et les extrémités. Pelez les oignons. Ajoutez ces légumes à la viande et laissez mijoter encore 45 minutes.

Retirez la viande de la cocotte et découpez-la. Disposez les tranches sur un plat préchauffé et entourez-les de légumes. Déglacez la sauce avec la crème liquide, laissez réduire, salez, poivrez et ajoutez du paprika si nécessaire. Versez la sauce sur la viande et les légumes ou servez-la à part.

BŒUF BRAISÉ AUX HERBES

Pour 6 à 8 personnes

1,5 kg de bœuf	Marjolaine
100 g de de lard gras	1 gousse d'ail pilée
en tranches	4 cuillerées à soupe
1 litre de vin rouge	d'huile
2 carottes	2 cuillerées à soupe
200 g de céleri-rave	de concentré de tomates
3 oignons	2 cuillerées à soupe
4 tomates	de crème fraîche
Romarin	Sel et poivre du moulin

Ci-dessus : *Bœuf braisé aux branches de céleri*

POSEZ la viande dans un plat creux et recouvrez-la de vin rouge. Couvrez et laissez-la mariner pendant 24 heures en la retournant de temps en temps. Grattez les carottes et lavez-les, coupez-les en petits morceaux. Épluchez le céleri, lavez-le et coupez-le en petits morceaux. Pelez les oignons et coupez-les en dés. Plongez les tomates dans l'eau bouillante, puis trempez-les dans l'eau froide, pelez-les et coupez-les en quartiers.

Sortez la viande de la marinade et épongez-la. Salez, poivrez, ajoutez le romarin, la marjolaine et l'ail. Faites chauffer l'huile dans une cocotte et saisissez la viande de tous côtés, puis couvrez-la de tranches de lard. Ajoutez les légumes et le concentré de tomates. Mouillez avec 1/2 litre de marinade et laissez cuire en arrosant régulièrement de marinade pendant 2 heures 30.

Dressez la viande sur un plat préchauffé et gardez-la au chaud. Passez la sauce et les légumes au tamis, salez, poivrez, assaisonnez à volonté avec du romarin et de la marjolaine, puis incorporez la crème fraîche.

Accompagnez de pommes vapeur, de haricots verts ou de brocolis.

ROSBIF FROID
À LA SAUCE PIQUANTE

Pour 6 à 8 personnes

1,5 kg de bœuf à braiser	2 œufs durs
5 cuillerées à soupe d'huile	1/8 de litre de ketchup
2 oignons	2 cuillerées à soupe
1 gousse d'ail	de vinaigre
2 cuillerées à soupe	1 cuillerée à café
de concentré de tomates	de poivre vert
1 botte de céleri	2 tomates
en branches	Sel et poivre

SALEZ et poivrez la viande. Faites chauffer 3 cuillerées à soupe d'huile dans une cocotte et mettez la viande à dorer. Pelez les oignons et l'ail, coupez-les en dés et ajoutez-les à la viande. Mouillez avec 1/4 de litre d'eau, ajoutez le concentré de tomate et laissez cuire la viande 2 heures 30 à 3 heures en la retournant de temps en temps et en mouillant au fur et à mesure de l'évaporation, puis laissez-la refroidir.

Une fois qu'elle est cuite et refroidie, découpez la viande en tranches que vous dresserez sur un grand plat. Passez le glaçage au tamis, laissez refroidir.

Épluchez le céleri. Coupez l'extrémité des branches et les feuilles et lavez-les, mettez les feuilles de côté, enlevez les fils. Plongez les branches dans l'eau bouillante salée. Portez à ébullition et laissez cuire

Ci-dessous : *Rosbif froid à la sauce piquante*

5 minutes. Retirez-les et plongez-les immédiatement dans de l'eau glacée pour en conserver la couleur, égouttez et ajoutez le céleri à la viande. Décorez le plat avec les feuilles vertes du céleri.

Préparation de la sauce : écalez les œufs durs et hachez-les menu. Mélangez-les au jus de cuisson refroidi avec le *ketchup*, le vinaigre, deux cuillerées d'huile et le poivre vert. Lavez les tomates, coupez-les en deux. Épépinez-les puis coupez-les en dés. Ajoutez-les à la sauce, salez. Servez la sauce avec la viande.

Pour servir le rosbif froid à la sauce piquante s'accommode bien en accompagnement de pommes de terre sautées et d'une salade mixte.

BŒUF FAÇON RUSTIQUE

Pour 6 personnes

1 kg de bœuf bardé de lard	1/8 de litre de vin blanc
1 pied de veau	1 feuille de laurier
250 g d'os de veau	Thym
2 carottes	2 gousses d'ail
2 tomates	Sauce Worcester
3 oignons	1 cuillerée à soupe
50 g de beurre	de persil haché
1 cuillerée à soupe de farine	Sel et poivre

SALEZ et poivrez la viande. Rincez le pied de veau et les os à l'eau froide et épongez-les. Grattez les carottes, coupez-les en dés. Plongez les tomates dans l'eau bouillante, puis trempez-les dans l'eau froide, pelez-les et coupez-les en rondelles. Pelez les oignons et coupez-les en dés.

Faites revenir la viande, les os et le pied de veau dans le beurre, ajoutez les carottes, les tomates et les oignons. Saupoudrez de farine et mouillez avec le vin blanc et 1/8 de litre d'eau, ajoutez le laurier, le thym et l'ail. Salez et poivrez. Couvrez la cocotte et laissez cuire environ 2 heures en retournant la viande de temps en temps. Arrosez-la avec son propre jus. Rajoutez si nécessaire un peu de vin. Dès qu'elle est cuite, découpez la viande, disposez les tranches sur un plat chaud.

Préparation de la sauce : passez au tamis le jus de cuisson et les légumes, ajoutez un peu d'eau si nécessaire et portez à ébullition. Salez et poivrez. Versez un peu de sauce *Worcester* sur la viande et saupoudrez de persil haché.

Accompagnez de pommes vapeur, de tomates braisées ou de petits pois.

Ci-dessus : *Bœuf façon rustique*

GOULASCH AUX ABRICOTS

Pour 4 personnes

750 g de bœuf dans le gîte	de poivre vert mariné
à la noix ou dans le faux-filet	250 g d'abricots au sirop
1 gros oignon	150 g de crème fraîche
4 cuillerées à soupe d'huile	Cannelle
3/8 de litre de vin blanc	Sel
1 cuillerée à soupe	Poivre

COUPEZ la viande en cubes de 3 centimètres. Pelez l'oignon et coupez-le en dés. Faites revenir la viande dans l'huile très chaude avec l'oignon, salez et poivrez. Mouillez avec le vin blanc et 1/4 de litre d'eau, ajoutez le poivre vert. Laissez cuire 55 minutes.

Égouttez les abricots, écrasez-en la moitié en purée. 15 minutes avant la fin de la cuisson, ajoutez à la viande la purée d'abricots et les demi-abricots restants, puis ajoutez la crème fraîche. Salez, poivrez et ajoutez la cannelle.

Ci-dessous, à gauche : *Goulasch aux abricots*
À droite : *Émincé de bœuf à la chinoise*

ÉMINCÉ DE BŒUF À LA CHINOISE

Pour 4 à 5 personnes

600 g de gîte à la noix	1 poireau
4 cuillerées à soupe	250 g de pousses de
de sauce de soja	bambou en conserve
2 cuillerées à soupe	1 ou 2 cuillerées à soupe
d'alcool de riz	de champignons chinois
2 ou 3 cuillerées à soupe	macérés dans l'eau
de maïzena	Gingembre en poudre
1/4 de litre d'huile	Sel

COUPEZ la viande en tranches fines, puis en lamelles. Mélangez la sauce de soja avec l'alcool de riz. Plongez les lamelles de viande dans cette marinade. Laissez-les macérer 30 minutes. Retirez-les, égouttez-les bien, puis roulez-les dans la maïzena. Conservez la marinade. Faites chauffer l'huile, plongez-y les lamelles de viande par petites portions. Laissez-les dorer, retirez-les et égouttez-les. Gardez-les au chaud.

Ne gardez que 5 cuillerées à soupe de graisse de cuisson et jetez le surplus. Épluchez le poireau et lavez-le, coupez-le en rondelles. Égouttez les pousses de bambou, coupez-les en lamelles. Faites revenir le poireau et les pousses de bambou dans la graisse de cuisson, mouillez avec la marinade et 1/4 de litre d'eau bouillante. Ajoutez les champignons et faites chauffer.

Remettez la viande dans la poêle, laissez mijoter quelques instants, salez et saupoudrez de gingembre. Accompagnez de riz.

Page de droite : *Paupiettes de bœuf au paprika*

PAUPIETTES DE BŒUF AU PAPRIKA

Pour 4 personnes

4 tranches de bœuf	1 carotte
de 200 g chacune	1 navet
Moutarde	1 branche de céleri
Paprika	Persil
1 gros cornichon à la russe	1/8 de litre de vin rouge
60 g de tranches de lard	ou de bouillon de viande
2 oignons	1 à 2 cuillerées à soupe
2 cuillerées à soupe	de crème fraîche
de saindoux	Cognac
1 poireau	Sel et poivre

APLATISSEZ légèrement les tranches de viande, badigeonnez-les de moutarde et saupoudrez-les de sel, de poivre et de paprika. Coupez le cornichon en quatre dans le sens de la longueur. Pelez les oignons, coupez-les en rondelles. Disposez le lard, le cornichon et les oignons sur les tranches de viande, roulez-les en commençant par le côté le moins large, ficelez-les pour les maintenir. Faites chauffer le saindoux et mettez-y les paupiettes à dorer de tous côtés, mouillez avec un peu d'eau bouillante, laissez mijoter 30 minutes.

Nettoyez les légumes, lavez-les et coupez-les en petits morceaux, ajoutez-les à la viande. Faites mijoter pendant 30 minutes en remuant de temps en temps. Remplacez, si nécessaire, le liquide évaporé par le vin rouge ou le bouillon. Déficelez les paupiettes. Passez la sauce et les légumes au tamis et incorporez-y la crème fraîche, donnez un bouillon, salez, poivrez, ajoutez du paprika et un peu de cognac.

Accompagnez de pâtes et d'une salade mixte.

RÔTI DE BŒUF
À LA BOURGUIGNONNE

Ci-dessus : *Rôti de bœuf à la bourguignonne*
À droite : *Bœuf au vin rouge*

Pour 4 personnes

1 rôti de bœuf de 750 g	*1 cuillerée à soupe*
3 cuillerées à soupe d'huile	*de moutarde à l'ancienne*
1 kg d'oignons	*1 cuillerée à soupe*
6 feuilles de laurier	*de maïzena*
1/4 de litre de vin rouge	*Sel*
25 cl de crème fraîche	*Poivre du moulin*

FAITES dorer le rôti sur toutes ses faces dans l'huile chaude, salez, poivrez. Coupez les oignons pelés en dés. Posez-les sur le rôti, ainsi que le laurier. Faites griller de nouveau quelques instants en arrosant progressivement le rôti de vin rouge. Laissez cuire 30 minutes à couvert. Une fois cuit, retirez le rôti de la sauteuse. Enveloppez-le dans une feuille d'aluminium et gardez-le au chaud.

Versez la crème fraîche et la moutarde dans le jus et remuez, salez et poivrez. Ajoutez une cuillère de maïzena délayée dans un peu de jus de cuisson, donnez un bouillon. Coupez le rôti en tranches et recouvrez-le de la sauce bourguignonne.

Accompagnez de pommes de terre sautées.

POÊLÉE DE VIANDE À LA PROVENÇALE

Pour 3 à 4 personnes

500 g de rôti de bœuf	en conserve
3 cuillerées à soupe d'huile	300 g de crème fraîche
2 oignons	Paprika
4 tomates épluchées	Herbes de Provence
170 g de champignons	Sel et poivre du moulin

Coupez la viande en tranches de 1 cm d'épaisseur. Faites chauffer l'huile, mettez-y les tranches de viande à dorer, salez et poivrez. Retirez-les et gardez-les au chaud. Coupez en dés oignons pelés et tomates, mettez le tout dans le jus de cuisson de la viande, couvrez et laissez mijoter 5 minutes. Versez les champignons avec leur eau dans la crème fraîche, remuez, salez et poivrez. Ajoutez-y une bonne dose de paprika et d'herbes de Provence. Couvrez et laissez mijoter 8 minutes jusqu'à ce que la sauce épaississe. Rectifiez l'assaisonnement.

Nappez de sauce les tranches de viande.

BŒUF AU VIN ROUGE

Pour 5 à 6 personnes

1 kg de viande de bœuf	Thym
6 petits oignons	2 cuillerées à soupe
40 g de beurre	de farine
1 gousse d'ail	1/2 litre de vin rouge
1 feuille de laurier	Sel et poivre du moulin

Découpez la viande en cubes de 5 à 6 cm. Pelez les oignons. Faites fondre le beurre et faites-y revenir la viande jusqu'à ce qu'elle soit dorée sur tous les côtés. Ajoutez les oignons, l'ail, la feuille de laurier et le thym, salez et poivrez, laissez rissoler un moment. Saupoudrez de farine et versez le vin tout en remuant. Toute la préparation doit être recouverte de liquide, couvrez la cocotte et laissez cuire 1 heure 30.

Accompagnez de pommes de terre bouillies.

POTTHAST AU POIVRE

Pour 4 personnes

750 g de poitrine de bœuf
500 g d'oignons
2 cuillerées à soupe
de saindoux
1 pincée de piment moulu
1 feuille de laurier

1 cuillerée à soupe
de jus de citron
1/2 litre de bouillon de
viande
Sel
Poivre en grains

COUPEZ la viande en cubes de 3 cm environ. Pelez les oignons et coupez-les en dés. Faites revenir la viande dans le saindoux préalablement chauffé, puis retirez-la. Faites dorer les oignons dans la graisse.

Remettez la viande dans la graisse avec du sel, du poivre, le piment et la feuille de laurier. Versez le jus de citron et le bouillon sur la préparation, laissez cuire 1 heure environ.

Accompagnez de pommes de terre à l'anglaise.

BŒUF À L'ÉTOUFFÉE

Pour 4 personnes

800 g de bœuf
4 cuillerées à soupe
d'huile d'olive
2 gousses d'ail
1 cuillerée à café
d'origan concassé
4 à 6 tomates
1 feuille de laurier

1/8 de litre de vin blanc
1/8 de litre de bouillon
de viande
500 g d'oignons
2 noix de beurre
3 cuillerées à soupe
de persil haché
Sel et poivre

COUPEZ la viande en cubes. Faites-la revenir de tous les côtés dans l'huile préalablement chauffée. Pelez les gousses d'ail, hachez-les finement, ajoutez-les à la viande ainsi que l'origan, salez et laissez dorer 2 minutes environ, puis ajoutez du poivre.

Plongez les tomates un bref instant dans l'eau bouillante, puis trempez-les dans l'eau froide. Pelez-les, coupez-les en deux, puis en dés et ajoutez-les à la viande avec la feuille de laurier. Versez le vin blanc et le bouillon sur la préparation, couvrez la marmite et faites cuire 1 heure environ. Pelez les oignons et coupez-les en tranches, faites-les blondir dans le beurre chaud et versez-les sur la viande. Saupoudrez de persil haché.

À droite : *Bœuf à l'étouffée*
Ci-dessous : *Potthast au poivre*

Mouillez avec 1/8 de litre d'eau, fermez la cocotte. Laissez cuire pendant 15 à 20 minutes après le premier chuchotement. Retirez la cocotte du feu, passez-la sous l'eau froide et ouvrez le couvercle, goûtez, salez et poivrez si nécessaire.

Accompagnez de macaronis ou spaghettis et d'une salade mixte.

Variante : faites revenir doucement de l'ail coupé en petits dés et 70 g environ de concentré de tomates avec les oignons.

PAUPIETTES DE BŒUF AUX ENDIVES

Pour 4 personnes

4 petites endives	Poivre de Cayenne
4 tranches de bœuf,	2 cuillerées à café
chacune de 175 g environ	de farine
Paprika	3 tomates
4 tranches de lard maigre	2 cuillerées à soupe
4 cuillerées d'huile	de crème liquide
1/4 de litre de vin	Sel et poivre blanc
blanc demi-sec	fraîchement moulu

NETTOYEZ les endives, évidez la base pour ôter l'amertume. Saupoudrez les tranches de viande de sel, de poivre et de paprika. Posez une tranche de lard sur chaque tranche de viande puis une endive par-dessus. Roulez la viande en commençant par le côté le plus étroit et ficelez les paupiettes pour les maintenir. Faites revenir les paupiettes de tous côtés dans l'huile préalablement chauffée, mouillez avec le vin blanc, et laissez mijoter pendant 1 heure 15 environ en y ajoutant du vin en fonction de l'évaporation de la sauce. Retirez les paupiettes de la sauteuse et ôtez les fils.

Préparation de la sauce : plongez les tomates dans l'eau bouillante pendant quelques secondes, puis trempez-les dans l'eau froide, pelez-les, coupez-les en deux, épépinez-les, passez la chair à la moulinette, incorporez la purée obtenue dans la sauce de la viande, saupoudrez de farine et ajoutez la crème fraîche. Remuez bien, ajoutez du sel et du poivre.

Accompagnez de *spätzle* ou de pommes de terre.

GOULASCH À LA HONGROISE

À L'AUTOCUISEUR
Pour 4 à 6 personnes

750 g de bœuf à ragoût	1 poivron rouge
2 cuillerées à soupe d'huile	1 poivron vert
600 g de gros oignons	1 piment rouge
1 grosse cuillerée à café	Sel
de paprika doux	Poivre

FAITES chauffer l'huile dans un autocuiseur et mettez-y les morceaux de viande à dorer de tous côtés, salez et poivrez. Pelez les oignons, coupez-les en dés, ajoutez-les à la viande et laissez-les dorer également. Ajoutez-y le paprika en remuant.

Coupez les poivrons en deux, ôtez la membrane blanche et les pépins. Lavez les poivrons coupez-les en morceaux. Coupez également le piment en deux, videz l'intérieur, lavez-le et émincez-le finement. Ajoutez poivrons et piment à la préparation et faites-les revenir.

Ci-dessus : *Goulasch à la hongroise*
À droite : *Goulasch à la feta*

GOULASCH À LA FETA

Pour 6 personnes

1 kg de bœuf maigre
6 cuillerées à soupe
d'huile d'olive
4 cuillerées à soupe
de concentré de tomates
3 cuillerées à soupe
de vinaigre de vin

1/2 cuillerées à café de
cumin
1 bâton de cannelle
800 g de petits oignons
125 g de feta
Sel
Poivre

Coupez la viande en cubes de 2 centimètres environ.
Faites revenir les morceaux de viande de tous côtés
dans l'huile préalablement chauffée, mouillez
avec 3/4 de litre d'eau. Ajoutez-y
le concentré de tomate
et le vinaigre de vin,

puis ajoutez à la préparation le cumin et le bâton de
cannelle, salez et poivrez. Pelez les oignons, plongez-les
1 minute dans l'eau bouillante, retirez-les, ajoutez-les
à la viande, couvrez et laissez mijoter 1 heure 15 à
1 heure 30. Coupez la *feta* en cubes et répartissez-la
sur la viande cuite. Salez et poivrez.

Note : la *feta* est un fromage grec à pâte molle,
fortement salé, à base de lait de brebis ou d'un mélange
de lait de brebis, de chèvre et de vache. Il vient à
maturité après un séjour de 4 à 6 semaines dans la
saumure. C'est un fromage sans croûte, de couleur
blanche ou d'un jaune blanchâtre, piquant et aigre.

GOULASCH AUX OIGNONS ET AUX TOMATES

Pour 3 à 4 personnes

600 g de bœuf sans os
2 cuillerées à soupe d'huile
250 g d'oignons
400 g environ de tomates, en boîte

1 cuillerée à soupe de farine
Paprika doux
Un peu de sauce tabasco
Sel, poivre et aromates

COUPEZ la viande en cubes. Faites revenir les morceaux dans l'huile préalablement chauffée. Pelez les oignons, coupez-les en deux, émincez-les et ajoutez-les à la viande pour les faire dorer. Salez, poivrez et ajoutez les aromates. Mouillez avec le jus des tomates et 3/8 de litre d'eau bouillante. Plongez-y les tomates et laissez mijoter 1 heure à 1 heure 30 en ajoutant de l'eau en fonction de l'évaporation. Mélangez un peu de farine dans un peu d'eau froide et incorporez-la à la sauce pour la lier. Goûtez et ajoutez du sel, du paprika et du *tabasco* à volonté.

Ci-dessous : *Goulasch aux oignons et aux tomates*

PAUPIETTES DE BŒUF GRAND-MÈRE

À L'AUTOCUISEUR
Pour 4 personnes

4 tranches de bœuf, chacune de 150 g environ
Moutarde
Paprika
4 tranches de jambon cuit
1 gros cornichon
60 g de lard

2 oignons
2 noix de saindoux
1/8 de litre de bière
1/8 de litre de bouillon de viande
1 cuillerée à soupe de farine
Sel et poivre

APLATISSEZ légèrement la viande, badigeonnez-la de moutarde et saupoudrez-la de sel, de poivre et de paprika. Posez 1 tranche de jambon cuit sur chaque tranche de viande. Coupez le cornichon en 4 dans le sens de la longueur. Tranchez finement le lard. Pelez les oignons et émincez-les. Répartissez le cornichon, le lard et les oignons sur les tranches de viande. Roulez la viande en commençant par le côté le plus étroit, et ficelez les paupiettes pour les maintenir. Faites chauffer le saindoux dans un autocuiseur et mettez-y les paupiettes à dorer de tous côtés. Mouillez avec la bière et le bouillon, couvrez et laissez cuire 15 minutes environ.

Quand la viande est cuite, retirez-la de la cocotte et ôtez les fils. Dressez les paupiettes sur un plat préalablement chauffé et gardez au chaud. Mélangez la farine avec 2 cuillerées à soupe d'eau froide, versez dans la sauce, et mélangez bien pour la lier. Salez, poivrez et versez la sauce sur les paupiettes. Accompagnez de croquettes de pommes de terre et de chou rouge.

À droite : *Paupiettes de bœuf grand-mère*

QUEUE DE BŒUF AU CÉLERI

Pour 4 personnes

200 g de poitrine fumée
1 kg de queue de bœuf
4 branches de céleri
1 oignon
1 gousse d'ail

1/4 de litre de vin blanc
1 boîte de tomates de 1 kg
Bouillon de viande
Sel
Poivre

COUPEZ le lard en dés et faites-le revenir dans la poêle. Découpez la queue de bœuf en morceaux de 3 cm d'épaisseur environ, lavez les morceaux à l'eau courante, épongez-les avec un papier absorbant. Faites-les revenir avec le lard, salez et poivrez, puis retirez la viande de la poêle. Épluchez les branches de céleri et lavez-les, coupez-les en morceaux de 2 cm d'épaisseur environ. Pelez l'oignon et l'ail et coupez-les en petits dés. Faites revenir le céleri, l'oignon et l'ail dans le jus de cuisson de la viande, mouillez avec le vin blanc, ajoutez-y les morceaux de viande et laissez mijoter pendant 1 heure.

Égouttez les tomates et coupez-les en 4, ajoutez-les avec leur jus dans la préparation, couvrez et laissez cuire encore 1 heure en remuant de temps en temps et en y versant du bouillon de viande au fur et à mesure de l'évaporation.

Accompagnez de pommes de terre à l'anglaise.

ENTRECÔTES AUX OLIVES

Pour 4 personnes

2 entrecôtes,
chacune de 600 g
1 oignon
4 cuillerées à soupe
d'huile
2 cuillerées à soupe
de poivre vert
mariné
3/4 de litre de
bouillon de viande
2 tomates
1 cuillerée à soupe
de farine
15 olives vertes
farcies
100 g de crème
fraîche
Sel et poivre

SAUPOUDREZ la viande
de poivre. Pelez l'oignon,
coupez-le en dés. Faites
revenir les tranches de
viande de chaque côté
dans l'huile préalablement
chauffée. Ajoutez-y l'oignon,
les olives et laissez braiser.
Mouillez avec le bouillon, ajoutez le
poivre vert et laissez mijoter.

Plongez les tomates un bref instant dans l'eau
bouillante, puis trempez-les dans l'eau froide.
Pelez-les et coupez-les en huite. Ajoutez-les à la viande
10 minutes environ avant la fin de la cuisson. Retirez la
viande de la sauteuse, saupoudrez-la de sel, et gardez-la
au chaud. Passez la sauce au tamis, ajoutez-y la farine et
la crème en remuant pour lier la sauce.
Servez avec les tomates, les olives, l'oignon et les
grains de poivre.

POTÉE DU NORD

Pour 3 à 4 personnes

600 g de paleron
4 cuillerées à soupe d'huile
2 oignons
3/4 litre de bouillon
de viande
250 g de carottes

2 choux-raves, chacun
de 200 g environ
Marjolaine concassée
Raifort
Persil haché
Sel et poivre

Ci-dessus : *Entrecôtes aux olives*
À gauche : *Queue de bœuf au céleri*

COUPEZ la viande en lamelles, faites-la revenir dans
l'huile préalablement chauffée, salez et poivrez. Pelez
les oignons, coupez-les en dés et ajoutez-les à la
viande pour les faire dorer. Mouillez avec le bouillon et
laissez mijoter 30 minutes environ.

Grattez les carottes et lavez-les, coupez-les en deux
dans le sens de la longueur, puis en petits morceaux.
Épluchez les choux, coupez-les en deux, puis en petits
morceaux également.

Plongez les carottes et les choux dans le bouillon en y
ajoutant la marjolaine et laissez mijoter 30 minutes
environ. Salez, poivrez et ajoutez le raifort.
Saupoudrez le bouillon de persil haché.

FILET FARCI AUX HERBES ET AU GORGONZOLA

Pour 6 personnes

1 kg de filet de bœuf	125 g de gorgonzola
50 g de pignons de pin	2 cuillerées à soupe
1 oignon	d'herbes de Provence
4 gousses d'ail	2 cuillerées à soupe
4 cuillerées à soupe	d'aromates hachés
d'huile	Sel
150 g de crème fraîche	Poivre

FAITES griller les pignons de pin dans une poêle sans matière grasse jusqu'à ce qu'ils soient dorés, puis laissez-les refroidir et passez-les au mixer. Pelez l'oignon et 1 gousse d'ail et hachez-les finement au couteau. Faites blondir cet oignon et cet ail dans 1 cuillerée à soupe d'huile préalablement chauffée, incorporez-y les pignons de pin moulus et la crème fraîche et remuez doucement. Salez et poivrez. Ajoutez à la préparation 1 cuillerée d'herbes de Provence et 1 cuillerée à soupe d'aromates et mélangez bien. Coupez le filet dans le sens de la longueur, remplissez-le de cette farce et

Préparation de la crème de gorgonzola : battez la crème fraîche au fouet. Passez le gorgonzola au presse-purée et mélangez-le à la crème fouettée en remuant doucement. Si vous désirez obtenir une crème très lisse, vous pouvez la passer au mixer.

Accompagnez de crudités variées.

STEACKS À LA MOUTARDE

Pour 4 personnes

500 g de filet de bœuf	de persil haché
2 oignons	2 cuillerées à soupe
2 à 4 cuillerées à soupe	de crème fraîche
de poudre de moutarde	2 grosses cuillerées à
anglaise	soupe de farine
2 œufs	2 noix de beurre
2 cuillerées à café	Sel et poivre

Coupez la viande en 4 tranches, aplatissez-les légèrement, saupoudrez-les de sel et de poivre. Pelez les oignons et coupez-les en dés. Mélangez la moutarde, les œufs, les oignons, le persil haché, la crème fraîche et la farine jusqu'à former une pâte homogène. Trempez les tranches de viande dans cette pâte en les retournant pour qu'elles en soient bien couvertes.

Faites chauffer le beurre, mettez-y les tranches de filet et laissez-les cuire de chaque côté 3 minutes environ.

Ci-dessus : *Filet farci aux herbes et au gorgonzola*
À droite : *Steacks à la moutarde*

ficelez-le soigneusement. Placez-le dans un plat allant au four. Pelez les 3 gousses d'ail restantes et pilez-les, mélangez-les à 3 cuillerées d'huile, salez et poivrez. Mélangez-y les aromates et les herbes de Provence restants et badigeonnez-en la viande sur toute sa surface, couvrez et laissez reposer.

Au bout de 2 heures, ôtez le couvercle et mettez la viande au four à 225-250 °C (thermostat 7-8). Retournez-la 2 ou 3 fois en cours de cuisson. Laissez refroidir le rôti, ôtez le fil alimentaire, découpez le rôti en tranches. Garnissez-le de petits bouquets d'aromates.

FILET EN CROÛTE WELLINGTON

Pour 4 à 5 personnes

750 g de filet de bœuf	fraîche liquide
100 g de beurre	1 paquet de pâte feuilletée
100 g d'oignons	surgelée de 300 g
500 g de champignons	1 œuf
de Paris en boîte	1 cuillerée à soupe de lait
1/8 de litre de crème	Sel et poivre

FAITES revenir la viande de tous côtés dans la moitié du beurre préalablement chauffé, salez et poivrez. Retirez la viande de la poêle et laissez refroidir. Coupez les oignons en dés et faites-les blondir dans le reste du beurre. Coupez les champignons en quatre et ajoutez-les aux oignons. Ajoutez la crème fraîche. Au premier frémissement, retirez la casserole du feu, salez, poivrez et laissez refroidir. Laissez décongeler la pâte à température ambiante.

Étalez-la jusqu'à ce qu'elle ait une surface double de celle de la viande. Vous pouvez aussi en garder un peu pour la garniture.

Badigeonnez de crème aux champignons et aux oignons la partie centrale de la pâte, posez la viande sur cette sauce, puis répartissez le reste de la sauce sur les côtés de la pâte. Battez le blanc d'œuf en neige et badigeonnez-en les bords de la pâte, dont vous entourerez ensuite la viande.

Déposez le tout sur une plaque allant au four. Décorez avec le reste de la pâte et creusez trois petits trous de la taille d'une pièce de 50 centimes sur la partie supérieure, répartis régulièrement sur la surface. Mélangez le jaune d'œuf et le lait et badigeonnez la partie supérieure de ce mélange. Faites cuire 40 à 50 minutes au four, à 200-225 °C (thermostat 6-7).

À droite : *Filet de bœuf rôti*
Ci-dessous : *Filet en croûte Wellington*

FILET DE BŒUF RÔTI

Pour 6 personnes

1 kg de filet	Sel
Huile	Poivre

*B*ADIGEONNEZ le rôti d'huile. Salez, poivrez. Déposez-le dans un plat et mettez au four à 225-250°C (thermostat 7-8), pendant 30 minutes environ. Retournez la viande de temps en temps en cours de cuisson. Quand le rôti est cuit, laissez-le reposer 10 minutes avant de le découper pour que le jus se fixe dans la viande, et servez sur un plat préchauffé. Accompagnez de brocolis et de pommes duchesse.

Ci-dessus : *Émincé de bœuf*
À droite : *Entrecôtes aux oignons*

ÉMINCÉ DE BŒUF

Pour 2 personnes

300 g de bœuf	*150 g de crème fraîche*
dans le rumsteak, le filet	*1 cuillerée à café*
ou le faux-filet	*de concentré de tomates*
1 oignon	*1/2 cuillerée à café*
2 concombres	*de moutarde*
2 ou 3 tomates	*1/2 cube de bouillon*
1 gousse d'ail	*de viande*
1 noix de beurre	*Sel et poivre*

COUPEZ la viande en fines tranches, puis en minces lanières. Pelez l'oignon et les concombres. Plongez les tomates dans l'eau bouillante, puis dans l'eau froide, pelez-les. Coupez, en petits dés, l'oignon, les concombres et les tomates.

Frottez le fond d'une poêle avec de l'ail pelé. Faites-y fondre le beurre et revenir la viande durant 8 minutes, salez, poivrez. Retirez la viande et maintenez au chaud. Dans le jus de cuisson, faites revenir oignon, concombres et tomates. Laissez cuire quelques minutes. Mélangez la crème fraîche, le concentré de tomates, la moutarde et le bouillon, ajoutez ce mélange aux légumes, faites chauffer, salez et poivrez. Remettez la viande dans la poêle, faites réchauffer la préparation et accompagnez de pommes de terre sautées.

BOULETTES DE VIANDE

Pour 3 à 4 personnes

600 g de viande hachée :	*1 œuf*
moitié bœuf, moitié porc	*Paprika doux*
2 oignons	*50 g de margarine*
3 tranches de pain rassis	*Sel et poivre*

METTEZ à ramollir le pain dans l'eau puis pressez-le pour bien l'égoutter. Pelez et coupez les oignons en petits dés. Formez des boulettes ovales en mélangeant la viande hachée avec les oignons, l'œuf et le pain ramolli. Salez et poivrez. Faites-les revenir 5 minutes de chaque côté dans la margarine préalablement chauffée.

ENTRECÔTES AUX OIGNONS

Pour 4 personnes

4 entrecôtes, chacune
de 150 g environ
500 g d'oignons
2 cuillerées à soupe d'huile
Thym concassé

1/2 cube de bouillon
de viande
1 verre de bière
Sel
Poivre

PELEZ les oignons, coupez-les en rondelles et faites-les revenir dans l'huile préalablement chauffée. Retirez-les et égouttez-les. Faites cuire les entrecôtes à la poêle pendant 3 à 4 minutes de chaque côté, salez, poivrez et saupoudrez-les de thym. Retirez les entrecôtes, étalez les oignons sur la viande et gardez au chaud.

Mettez le bouillon et la bière dans la poêle, faites bouillir la sauce quelques instants et versez-la sur les entrecôtes.

STEAKS
AU POIVRE VERT

Pour 2 personnes

300 g de filet de bœuf
1 noix de beurre
2 cuillerées à soupe
de cognac

150 g de crème fraîche
1 cuillerée à soupe
de poivre vert
Sel et poivre

COUPEZ la viande en 2 tranches, aplatissez-les légèrement, saupoudrez-les de sel et de poivre. Faites chauffer l'huile et mettez-y les steaks à cuire à feu vif, 3 minutes environ, de chaque côté. Déposez-les sur un plat préchauffé et gardez-les au chaud. Déglacez la

BOULETTES DE VIANDE
À LA TURQUE

Pour 4 personnes

500 g de viande hachée :	*gingembre et cumin*
moitié bœuf, moitié porc	*1 kg d'épinards*
Poivre de Cayenne	*2 oignons*
1 gousse d'ail	*Noix de muscade râpée*
2 œufs	*2 pots de yaourt*
2 à 4 noix de beurre	*Sel*
Épices moulues : cannelle,	*Poivre*

PELEZ les oignons, coupez-les très finement, ébouil-lantez-les 1 ou 2 minutes. Égouttez-les. Épluchez l'ail et pilez-le. Mélangez soigneusement l'ail et les oignons avec la viande hachée, les épices et les œufs, salez, poivrez et ajoutez le poivre de Cayenne. La préparation doit être très épicée.

Humidifiez vos mains et formez une vingtaine de petites boulettes. Faites chauffer 1 ou 2 noix de beurre, mettez-y les boulettes et laissez-les dorer 10 à 15 minutes.

Triez soigneusement les épinards, lavez-les et égouttez-les. Faites chauffer 1 ou 2 noix de beurre, mettez-y les épinards, couvrez la casserole et laissez-les fondre 10 minutes, égouttez, salez, poivrez et ajoutez la noix de muscade. Disposez-les sur un plat chaud.

Mélangez les 2 pots de yaourt avec du sel et du poivre. Déposez les boulettes sur les épinards, arrosez de sauce au yaourt et saupoudrez de poivre de Cayenne.

Ci-dessus : *Steaks au poivre vert*
À droite : *Boulettes de viande à la turque*

poêle avec le cognac, incorporez la crème fraîche, salez et poivrez. Ajoutez-y le poivre vert, donnez un bouillon à la sauce et versez-la sur les steaks. Accompagnez de pommes de terre en papillottes avec une sauce à la crème et aux herbes de Provence.

FILETS DE BŒUF LUCULLUS

Pour 2 personnes

2 steaks dans le filet chacun de 180 g environ Marjolaine	1 cuillerée à café de concentré de tomates Sel et poivre

Salez et poivrez les steaks. Saupoudrez-les de marjolaine, badigeonnez-les de concentré de tomates, enveloppez-les dans une feuille de papier d'aluminium et glissez-les dans le four, chauffé à 250 °C (thermostat 8).
Laissez cuire 10 minutes et ouvrez les papillottes.
Puis laissez dorer les steaks pendant encore 6 minutes.

Accompagnez de pommes de terre sautées et de salade verte.

Conseil : vous pouvez ajouter des lamelles de champignons et des tomates épluchées et coupées en quatre dans les papillottes.

ROSBIF

Pour 6 personnes

1 rosbif de 1 kg environ 2 noix de beurre	Sel Poivre

Incisez légèrement la peau du rôti, salez, poivrez. Mouillez un plat à gratin, beurrez-le et placez-y le rosbif. Parsemez quelques noisettes de beurre par-dessus. Glissez le plat dans le four à 225-250 °C (thermostat 7-8) pendant 35 à 45 minutes, retournez la viande de temps en temps en cours de cuisson.

Quand le rosbif est cuit, laissez-le reposer 10 minutes avant de le découper pour fixer le jus. Dressez les tranches sur un plat chaud.

Ci-dessous : *Filets de bœuf Lucullus*

Ci-contre :
Croquettes stroganoff

CROQUETTES STROGANOFF

Pour 6 personnes

750 g de viande hachée :	*de Paris*
moitié bœuf, moitié porc	*200 g d'oignons*
1 morceau de pain rassis	*1/4 de crème liquide*
2 oignons	*2 cuillerées à café de*
3 œufs	*moutarde*
Noix de muscade	*2 gros cornichons*
50 g de beurre	*en saumure*
375 g de champignons	*Sel et poivre*

RAMOLLISSEZ le pain dans de l'eau froide puis égouttez-le. Pelez et coupez les oignons en petits dés. Mélangez la viande avec les oignons, les œufs et le pain ramolli,

salez, poivrez et ajoutez la noix de muscade râpée. Humidifiez vos mains et formez 12 croquettes. Faites chauffer le beurre et faites-y dorer les croquettes 10 à 12 minutes. Maintenez-les au chaud.

Préparation de la sauce : épluchez les champignons et lavez-les, coupez-les en lamelles. Épluchez les oignons et coupez-les en rondelles. Faites revenir les oignons et les champignons dans le beurre de cuisson des croquettes, laissez-les cuire lentement, puis ajoutez la crème fraîche. Laissez chauffer lentement jusqu'au premier bouillon tout en remuant, salez, poivrez. Égouttez les cornichons et coupez-les en fines rondelles, ajoutez-les à la sauce. Laissez encore chauffer un bref instant et versez la sauce sur les croquettes.

Accompagnez de pommes de terre vapeur saupoudrées de persil haché et d'une salade de concombre.

Ci-dessus : *Émincé de bœuf aux champignons*

ÉMINCÉ DE BŒUF
AUX CHAMPIGNONS

Pour 4 personnes

500 g de filet de bœuf	200 g de champignons
2 cuillerées à soupe	1/8 de litre de vin blanc
de farine	1/4 de litre de crème fraîche
2 oignons	Sel
60 g de beurre	Poivre

COUPEZ la viande en fines lamelles et saupoudrez-la de farine. Coupez en dés l'oignon pelé. Faites revenir la moitié de la viande et de l'oignon dans 25 g de beurre fondu. Remuez souvent pour bien dorer (2 minutes environ). Puis retirez de la poêle et réservez au chaud. Répétez l'opération avec le reste de viande et d'oignon. Coupez en dés le deuxième oignon pelé. Parez et coupez les champignons, les gros en deux. Mettez à mijoter, 10 minutes, l'oignon et les champignons dans 1 noix de beurre fondue. Ajoutez le vin, la crème fraîche et la viande, salez, poivrez. Laissez chauffer 6 minutes et servez aussitôt en accompagnant de pommes de terre en papillottes avec une sauce à la crème et d'une jardinière de petits légumes.

RUMSTECK

4 personnes

4 tranches de rumstecks chacune de 150 g	50 g de margarine Sel et poivre

*I*NCISEZ la couche de gras entourant les steaks. Faites fondre la margarine, dorez-y les steaks 3 à 4 minutes de chaque côté, salez, poivrez. Arrosez la viande régulièrement en cours de cuisson pour qu'elle reste moelleuse. Disposez les steaks sur un plat chauffé et arrosez-les avec le jus de cuisson de la viande.

Variante : décorez les steaks avec des rondelles d'oignons grillés et servez accompagné de raifort râpé.

FOIE AUX CHAMPIGNONS ET AUX OIGNONS

Pour 4 personnes

4 tranches de foie de veau, de bœuf ou de porc, chacune de 150 g 1 cuillerée à soupe de farine 50 g de beurre	250 g d'oignons 200 g de champignons de Paris Sel et poivre

*P*ASSEZ les tranches de foie dans la farine. Faites-les dorer dans 40 g de beurre, salez et poivrez, gardez au chaud. Pelez les oignons et coupez-les en rondelles. Faites-les dorer dans 2 noix de beurre en remuant. Ajoutez les champignons, faites-les cuire 5 minutes, salez, poivrez, et versez la préparation sur les tranches de foie.

Accompagnez d'une purée de pommes de terre ou de pommes cuites.

STEAKS AU POIVRE

Pour 4 personnes

4 tranches de filet de bœuf de 2 cm d'épaisseur	4 cuillerée à café rases de poivre gris en grains 1 noix de beurre

*C*ONCASSEZ le poivre. Retournez les steaks dans le poivre pour bien le faire adhérer. Faites chauffer 1 noix de beurre dans une poêle et faites dorer les steacks 3 à 4 minutes de chaque côté.

Conseil : vous pouvez servir les steaks au poivre avec du maïs et des tomates.

Ci-dessous : *Steaks au poivre*

Ci-dessus : *Tournedos aux épis de maïs*

TOURNEDOS AUX ÉPIS DE MAÏS

Pour 4 à 6 personnes

4 tournedos de 150 g chacun
4 cuillerées à soupe d'huile
4 cuillerées à café
de poivre vert

4 épis de maïs
de 200 g chacun
160 g de beurre persillé

DANS une poêle, faites chauffer 1 cuillerée à soupe d'huile et faites revenir les tournedos 3 minutes de chaque côté. Ajoutez le poivre vert, laissez mijoter, puis gardez au chaud. Débarrassez les épis de maïs de leurs feuilles, lavez-les et faites-les revenir environ 10 minutes en les tournant dans 3 cuillerées d'huile. Découpez le beurre persillé en 8 rondelles et déposez-les sur le maïs et les steaks.

RUMSTECK AUX ÉCHALOTES

Pour 4 personnes

4 tranches de rumsteck	1 cuillerée à café
750 g d'échalotes	de poivre vert
40 g de beurre	2 cuillerées à soupe d'huile
6 cuillerées à soupe	Sel
de vin blanc	Poivre du moulin

É PLUCHEZ les échalotes, coupez-les en deux si elles sont trop grosses et faites-les fondre dans 40 g de beurre. Ajoutez 4 cuillerées de vin blanc et le poivre vert. Salez, poivrez et laissez mijoter environ 10 minutes en remuant de temps en temps. Faites chauffer l'huile dans une poêle, faites rissoler la viande 3 minutes de chaque côté, salez, poivrez et réservez sur un plat chaud. Déglacez le jus de cuisson avec le reste de vin, nappez la viande et servez avec les échalotes. Accompagnez de pommes sautées et de salade verte.

FILET DE BŒUF
AUX BANANES ET AUX OIGNONS

Pour 2 personnes

2 tranches de filet	50 g de beurre
de 150 g chacune	2 bananes
200 g d'oignons	Sel et poivre du moulin

É PLUCHEZ et émincez les oignons. Faites revenir la viande des deux côtés dans 30 g de beurre, salez, poivrez et gardez au chaud. Faites dorer les oignons dans 20 g de beurre. Épluchez les bananes, coupez-les en rondelles d'épaisseur moyenne. Faites-les revenir avec les oignons en veillant bien à ne pas les écraser. Salez et poivrez légèrement. Servez avec les steaks. Accompagnez de gratin dauphinois et de salade de cresson.

Ci-dessous : *Filet de bœuf aux bananes et aux oignons*

FOIE DE GÉNISSE

Pour 4 personnes

4 tranches de foie de génisse	en tranches
Huile	Compote d'airelles
1 orange coupée	Sel et poivre du moulin

POIVREZ les tranches de foie, badigeonnez-les d'huile et faites-les griller environ 3 minutes de chaque côté. Salez et servez avec les tranches d'orange et la compote d'airelles. Accompagnez de pommes vapeur ou de pommes dauphine et de salade d'endives.

RUMSTECK AU RAIFORT

Pour 4 personnes

4 tranches de rumsteck	de raifort râpé
de 150 g chacune	Huile
10 cl de crème fleurette	Paprika doux
1 cuillerée à soupe	Sel et poivre du moulin

MONTEZ la crème en chantilly, incorporez le raifort et salez. Sur la grille du four, au plus près de la résistance, faites griller la viande 3 minutes du premier côté et 2 minutes du second. Badigeonnez-la avec de l'huile au bout de 1 minute de cuisson. Assaisonnez avec sel, poivre et paprika. Servez avec la sauce au raifort. Accompagnez de pommes sautées et de mâche.

SCHASCHLIK SAUCE PIQUANTE

Pour 2 à 3 personnes

100 g de filet de porc	2 cuillerées à soupe
100 g d'escalope de veau	de moutarde douce
100 g de foie de porc	1 cuillerée à soupe
ou de génisse	de beurre d'anchois
75 g de lard maigre fumé	1 petit oignon
6 cuillerées à soupe	Persil haché
de ketchup	Paprika doux
2 cuillerées à soupe d'huile	Sel et poivre du moulin

MELANGEZ le *ketchup*, l'huile, la moutarde et le beurre d'anchois. Ajoutez l'oignon épluché et émincé, le persil et le sel. Coupez les morceaux de viande en gros dés d'environ 2,5 cm et intercalez-les sur les brochettes. Badigeonnez la viande avec un peu d'huile et faites griller pendant environ 10 minutes en tournant de temps en temps. Assaisonnez ensuite avec du sel, du poivre et du paprika et servez avec la sauce.

FOIE DE BŒUF GRILLÉ

Pour 4 personnes

4 tranches de foie de bœuf	de jus de citron
6 cuillerées à soupe	Moutarde
d'huile d'olive	Cresson
2 cuillerées à soupe	Sel et poivre du moulin

POUR LA marinade, mélangez l'huile d'olive, le jus de citron, le sel, le poivre et la moutarde. Mettez-y la viande et laissez-la mariner 1 heure à couvert. Égouttez les tranches de foie et faites-les griller au barbecue pendant 5 à 7 minutes en les retournant régulièrement. Décorez les assiettes avec des feuilles de cresson. Accompagnez de tranches d'oranges et de rondelles d'oignons.

Variante : vous pouvez également faire cuire le foie au gril électrique, mais il n'aura pas le goût de fumé.

À gauche : *Foie de génisse*
À droite : *Foie de bœuf grillé*

ROGNONS DE VEAU FLAMBÉS AUX OLIVES

Pour 4 à 6 personnes

750 g de rognons de veau	farcies aux piments
50 cl de lait	1 cuillerée à soupe
1 cuillerée à café de farine	de persil haché
2 échalotes (ou 1 oignon)	2 cuillerées à soupe
4 tranches fines de bacon	de cognac
2 noix de beurre	Sel
60 g d'olives vertes	Poivre du moulin

PREPAREZ les rognons en retirant les nerfs et en les rinçant. Laissez-les tremper 1 heure dans le lait. Épongez-les, découpez-les en dés de 3 cm. Roulez-les dans la farine. Coupez finement les échalotes épluchées. Coupez le bacon en petits morceaux, faites-le revenir et réservez-le. Dans une poêle, faites chauffer le beurre, faites revenir les rognons pendant environ 4 minutes et ajoutez les échalotes. Dans un bol, mélangez les olives, le persil et le bacon, salez et poivrez. Faites chauffer le cognac, versez-le sur les rognons, faites flamber et servez immédiatement. Accompagnez de riz, de salade verte ou de chicorée aux pommes.

CERVELLE DE VEAU

Pour 3 à 4 personnes

600 g de cervelle de veau	1 bouquet de persil
1 cuillerée à soupe	Beurre
de vinaigre	Sel et poivre

RINCEZ la cervelle de veau jusqu'à ce qu'elle soit vidée de son sang. Retirez la peau et les veines. Plongez-la dans 1/2 litre d'eau bouillante salée et vinaigrée et portez à ébullition pendant 5 ou 6 minutes. Écumez, ajoutez le persil, laissez infuser, égouttez, puis dressez sur un plat chaud et arrosez de beurre que vous aurez préalablement fait blondir. Accompagnez de salade de tomates et de pain grillé.

Variante : faites bouillir la cervelle, laissez-la refroidir dans son bouillon, puis égouttez-la. Salez, poivrez, roulez-la dans de la farine, un œuf battu et de la chapelure et faites-la revenir dans de la margarine.

Page de droite : *Saltimbocca*
Ci-dessous : *Rognons de veau flambés aux olives*

SALTIMBOCCA

À L'AUTOCUISEUR
Pour 4 personnes

8 escalopes de veau fines
de 75 à 100 g chacune
1 cuillerée à soupe
de jus de citron
8 feuilles de sauge
8 petites tranches
de jambon cru
50 g de beurre

10 cl de marsala ou
de vin blanc
2 cuillerées à soupe
de crème fraîche
Un peu de farine
Sauce de soja ou Viandox
Sel
Poivre du moulin

ÉTIREZ légèrement les escalopes, badigeonnez-les de jus de citron, salez et poivrez. Rincez délicatement les feuilles de sauge, séchez-les et déposez-en une sur chaque escalope. Recouvrez d'une tranche de jambon cru, roulez et piquez avec un pique-olives.

Dans l'autocuiseur, faites fondre le beurre, faites revenir les saltimbocca de tous les côtés pendant 6 minutes environ, puis ajoutez 10 cl d'eau et le marsala ou le vin blanc, fermez l'autocuiseur et laissez mijoter encore 6 minutes. Retirez les cure-dents et réservez sur un plat chaud. Au fond de l'autocuiseur, ajoutez la crème fraîche, liez avec un peu de farine mélangée à un peu d'eau froide. Salez, poivrez et assaisonnez avec de la sauce de soja ou du *Viandox*, nappez les rouleaux et garnissez de feuilles de sauge. Accompagnez de riz ou de nouilles et de salade.

OSSO-BUCO

Pour 6 à 8 personnes

1 jarret de veau de 2 kg
Farine
2 cuillerées à soupe
d'huile d'olive
10 cl de vin blanc
10 cl de bouillon de volaille
3 carottes
1 morceau de céleri-rave
4 oignons

2 noix de beurre
500 g de tomates
en conserve
1 feuille de laurier
Basilic
Thym
Persil haché
Sel
Poivre du moulin

DEMANDEZ à votre boucher de découper le jarret de veau en tranches de 4 à 6 cm d'épaisseur. Salez et poivrez la viande et roulez-la dans la farine. Faites chauffer l'huile d'olive, faites bien revenir la viande et gardez-la au chaud. Déglacez le jus de cuisson avec le vin blanc et le bouillon.

Épluchez et lavez les carottes, le morceau de céleri-rave et les oignons. Coupez-les en petits dés et faites-les revenir dans le beurre en les remuant souvent jusqu'à ce qu'ils soient légèrement dorés. Ajoutez les tomates coupées en morceaux et leur jus, le laurier, le basilic, le thym et le persil, salez, poivrez. Déposez les morceaux de jarret sur les légumes, arrosez avec le jus de cuisson, couvrez et laissez mijoter pendant environ 1 heure 15.

BLANQUETTE DE VEAU

Pour 4 personnes

600 g de veau désossé	1 jaune d'œuf
1 oignon	2 cuillerées à soupe
1 feuille de laurier	de lait froid
3 clous de girofle	Jus de citron
30 g de beurre	Sel
35 g de farine	Poivre du moulin

COUPEZ la viande en dés et plongez-la dans 3/4 de litre d'eau bouillante salée, portez à ébullition et écumez. Ajoutez l'oignon épluché et piqué des clous de girofle et le laurier et laissez cuire la viande 45 à 60 minutes. Égouttez-la, passez le bouillon de cuisson au tamis et réservez-en 1/2 litre. Pour la sauce, faites fondre le beurre, ajoutez la farine en remuant et laissez cuire jusqu'à ce que le mélange brunisse. Versez les 50 cl de bouillon, battez au fouet en éliminant les grumeaux. Portez à ébullition et laissez cuire 5 minutes. Plongez ensuite la viande dans la sauce et laissez mijoter quelques instants. Battez le jaune d'œuf et le lait et ajoutez-les après avoir éteint le feu.

Assaisonnez de jus de citron, de sel et de poivre. Accompagnez de riz (disposé en couronne).

POT-AU-FEU DE VEAU

Pour 4 personnes

600 g de poitrine	3 navets
de veau désossée	3 poireaux
6 carottes	Quelques branches de céleri
6 pommes de terre	Sel

PLONGEZ la viande dans un litre et demi d'eau bouillante salée. Faites bouillir, ajoutez les légumes et laissez cuire environ 1 heure 30. Découpez la viande en tranches, dressez-la sur un plat chaud et garnissez avec les légumes.

Accompagnez de crème au raifort et de pommes vapeur ou de petites pommes de terre persillées et de condiments.

Variante : vous pouvez remplacer la poitrine par de l'épaule désossée.

Ci-dessus :
Émincé de veau aux champignons

ÉMINCÉ DE VEAU AUX CHAMPIGNONS

Pour 4 personnes

500 g de veau désossé	200 g de champignons
2 cuillerées à soupe	de Paris
de farine	1/8 de dlitre de vin blanc
2 oignons	1/4 de litre de crème
3 noix de beurre ou	fleurette
de margarine	Sel et poivre blanc

DECOUPEZ la viande en tranches très fines et saupoudrez-la de farine. Épluchez un oignon et coupez-le en dés. Dans une poêle, faites fondre une cuillerée de beurre et faites revenir la moitié de l'oignon et de la viande pendant 2 minutes en tournant régulièrement. Retirez de la poêle et répétez de nouveau

l'opération avec le reste de l'oignon et de la viande. Gardez au chaud. Épluchez et coupez un deuxième oignon en dés et faites-le revenir dans une noix de beurre avec les champignons émincés. Ajoutez la viande, le vin blanc et la crème. Assaisonnez avec du sel et du poivre et faites cuire à feu fort pendant 5 minutes environ. Servez immédiatement.

Accompagnez de galettes de pommes de terre et de salade.

Conseil : vous pouvez remplacer les champignons de Paris par des girolles ou des cèpes.

Ci-dessus : *Blanquette de veau*

BOULETTES DE BŒUF AU PAPRIKA

Pour 4 à 6 personnes

750 g de bœuf haché	Paprika
1 gros oignon	Sel
1 noix de beurre	Poivre du moulin

ÉPLUCHEZ et hachez finement l'oignon. Malaxez-le bien avec le bœuf haché, le beurre fondu et un peu d'eau. Ajoutez le sel, le poivre et le paprika.

Avec les mains mouillées, formez des boulettes et aplatissez-les légèrement avant de les passer au gril électrique (ou au barbecue) 5 minutes de chaque côté. Servez bien doré.

Ci-dessus : *Jarret de veau aux lentilles et aux tomates*
Page de droite : *Longe de veau*

JARRET DE VEAU
AUX LENTILLES ET AUX TOMATES

Pour 6 à 8 personnes

1 jarret de veau de 1,5 kg	2 cuillerées à café
en tranches de 5 cm	de paprika fort
d'épaisseur	1 cuillerée à soupe de
200 g de lentilles	romarin
6 cuillerées à soupe d'huile	1/8 de litre de bouillon
4 gousses d'ail	de volaille
150 g d'oignons	500 g de tomates
3 carottes	en conserve
3 pommes de terre	20 cl de vin rouge
1 poireau	1 bouquet de persil
1 navet	Sel

LAVEZ les lentilles et mettez-les à cuire 30 minutes à couvert dans 3/4 de litre d'eau froide salée. Incisez légèrement la viande. Salez-la, faites-la bien dorer dans l'huile dans une grande sauteuse, puis réservez-la. Épluchez et hachez finement l'ail. Épluchez et coupez en dés les oignons, les carottes, les pommes de terre, le poireau et le navet.

Dans la sauteuse, faites revenir la moitié de l'ail, les oignons et les légumes. Ajoutez les lentilles, le paprika et le romarin. Mélangez et ajoutez le bouillon. Plongez la viande et ajoutez les tomates égouttées et hachées grossièrement et le vin rouge. Couvrez et laissez mijoter 1 heure 30 à 2 heures. Au moment de servir, ajoutez le persil finement haché et le reste d'ail.

VEAU EN DAUBE

Pour 5 à 6 personnes

750 g d'épaule de veau	1 branche de céleri
désossée	1 feuille de laurier
50 g de margarine	5 grains de poivre
Romarin	Un peu de farine
4 carottes	3 petites cuillerées à
4 pommes de terre	soupe de crème fraîche
2 navets	Sel
2 poireaux	Poivre du moulin

FAITES rissoler la viande de tous les côtés dans la margarine. Salez, poivrez et ajoutez le romarin, les légumes coupés en morceaux, le laurier et les grains de poivre. Faites revenir un court instant, puis versez 1/4 de litre d'eau chaude et laissez mijoter 2 heures environ, en remuant de temps en temps et en rajoutant

de l'eau au fur et à mesure que le liquide s'évapore. Découpez la viande en tranches et réservez sur un plat chaud avec les légumes. Passez le bouillon de cuisson au tamis, dégraissez et portez à ébullition la quantité souhaitée, puis liez avec un mélange de farine et d'eau froide. Incorporez la crème fraîche, salez et poivrez. Servez à part dans une saucière.

LONGE DE VEAU

Pour 6 à 8 personnes

1 kg de longe de veau	5 champignons secs
1 oignon	Zeste de 1/2 citron
1 carotte	non traité
2 tomates	Un peu de farine
3 cuillerées à soupe d'huile	Sel
1 feuille de laurier	Poivre blanc

SALEZ et poivrez la viande. Faites chauffer l'huile dans une cocotte, faites dorer la viande de tous les côtés. Ajoutez oignon, carotte, deux tomates pelées et coupés en dés. Laissez dorer 5 minutes. Versez 1/4 de litre d'eau chaude et ajoutez le laurier, les champignons et le zeste de citron. Faites mijoter entre 1 heure 30 et 1 heure 45 en arrosant de temps en temps la viande avec le jus de cuisson.

Découpez la viande en tranches et réservez sur un plat chaud. Déglacez le jus de cuisson avec un peu d'eau, passez-le au tamis et liez avec un mélange d'eau et de farine. Servez à part dans une saucière.

Ci-dessus : *Rôti de veau aux raisins et aux amandes*

JARRET DE VEAU RÔTI

Pour 6 à 8 personnes

1,5 kg de jarret de veau	1 cuillerée à café de sel
2 cuillerées à soupe d'huile	10 cl de bière
2 cuillerées à café de thym	250 g de petits oignons

MELANGEZ l'huile, le thym et le sel et badigeonnez-en le jarret. Mettez-le dans un plat à four avec un peu d'eau et faites-le cuire entre 2 heures et 2 heures 30, four à 200-225 °C (thermostat 6-7).

Mélangez 10 cl d'eau et la bière et arrosez la viande dès que le jus de viande commence à dorer. Au bout de 30 minutes de cuisson, ajoutez les oignons épluchés. Réservez ensuite la viande et les oignons sur un plat chaud, laissez réduire le jus de cuisson et rectifiez l'assaisonnement.

Accompagnez de pommes de terre et de chou.

RÔTI DE VEAU AUX RAISINS ET AUX AMANDES

Pour 4 personnes

1 rôti de veau de 600 g	250 g de raisin blanc
2 cuillerées à soupe d'huile	100 g d'amandes
1 noix de beurre	mondées
1/4 de litre de bouillon	Feuilles de mélisse
de volaille	finement hachées
Jus de citron	Sel et poivre du moulin

SALEZ et poivrez le rôti de veau et faites-le dorer de tous les côtés dans l'huile. Ajoutez le beurre et faites revenir 18 à 20 minutes à feu doux. Puis sortez la viande, enveloppez-la dans du papier d'aluminium et gardez-la au chaud.

Déglacez le jus de cuisson avec le bouillon, portez à ébullition, salez, poivrez et arrosez de jus de citron. Incorporez les amandes, les grains de raisin lavés, bien égouttés, coupés en deux et épépinés et faites cuire 10 minutes. Sortez la viande de d'aluminium, coupez-la en tranches et servez avec la sauce après avoir incorporé les feuilles de mélisse. Accompagnez de riz.

Variante : vous pouvez remplacer le rôti de veau par du rôti de porc.

JARRET DE VEAU

DANS UNE COCOTTE EN TERRE
Pour 6 à 8 personnes

1 jarret de veau de 2 kg	Persil haché
Romarin	3 cuillerées à café
Beurre ou margarine	de farine
4 tomates	Sel
2 oignons	Poivre du moulin

SALEZ et poivrez la viande et badigeonnez-la de beurre. Coupez les oignons épluchés et les tomates en 8 et déposez-les avec le romarin dans une cocotte en terre humide.

Ajoutez le jarret, couvrez et faites mijoter au four pendant 2 heures à 2 heures 30. Four à 200-225 °C (thermostat 6-7). Retirez le couvercle 30 minutes avant la fin du temps de cuisson pour que la viande soit bien dorée. Désossez la viande, coupez-la en tranches et réservez sur un plat chaud. Liez la sauce avec un mélange de farine et d'eau froide. Salez et poivrez.

Accompagnez de riz ou de pommes de terre.

À droite : *Jarret de veau dans une cocotte en terre*

Ci-contre : *Ragoût de veau en coquilles*
Page de droite : *Brochettes*

RAGOÛT DE VEAU EN COQUILLES

Pour 5 à 6 personnes

300 g de langue de veau bouillie	2 cuillerées à soupe de lait froid
175 g de cervelle de veau bouillie	2 cuillerées à soupe de jus de citron
250 g de veau bouilli désossé	1 cuillerée à soupe de vin blanc
40 g de beurre	Sauce Worcester
50 g de farine	2 cuillerées à soupe de chapelure
1/2 litre de bouillon de volaille	3 cuillerées à soupe de gruyère râpé
100 g de champignons de Paris	Sel
2 jaunes d'œufs	Poivre du moulin

COUPEZ la viande en petits dés. Pour la sauce, faites fondre le beurre, ajoutez la farine et laissez cuire en tournant jusqu'à ce que le mélange brunisse. Versez-y le bouillon, battez au fouet en éliminant les grumeaux, portez à ébullition et laissez frémir pendant 5 minutes.

Faites blanchir les champignons et égouttez-les, coupez-les en petits morceaux, plongez-les avec la viande dans la sauce et laissez cuire quelques instants.

Battez les jaunes d'œufs et le lait et incorporez-les à votre ragoût après avoir éteint le feu. Assaisonnez de jus de citron, de vin blanc, de sel, de poivre et de sauce *Worcester*. Répartissez votre mélange dans 12 coquilles Saint-Jacques ou ramequins, saupoudrez de chapelure, de gruyère et de noisettes de beurre et faites gratiner au four pendant 10 à 15 minutes à 225-250 °C (thermostat 7-8).

ESCALOPES DE VEAU FARCIES

Pour 4 personnes

4 escalopes de veau	de farine
200 g d'abricots secs	6 cuillerées à soupe d'huile
25 cl de xérès	25 cl de crème fleurette
4 cuillerées à soupe	Sel et poivre du moulin

LAISSEZ tremper les abricots secs 2 à 3 heures dans le xérès, égouttez et conservez le jus. Découpez une poche dans les escalopes (dans le sens de l'épaisseur), poivrez l'intérieur et farcissez-le d'abricots (gardez-en quelques-uns pour la décoration). Roulez et fermez avec un pique-olives. Salez, poivrez, roulez dans la farine et faites rissoler 6 à 8 minutes de chaque côté

dans l'huile, puis gardez au chaud. Déglacez le jus de cuisson avec le liquide de macération des abricots et la crème fleurette, laissez cuire quelques instants, salez, poivrez et arrosez de xérès. Plongez-y les escalopes, laissez mijoter 10 minutes, servez sur un plat chaud et décorez avec les abricots que vous avez mis de côté. Accompagnez de riz et de mâche.

BROCHETTES

Pour 4 personnes

4 tranches de filet de porc de 50 à 60 g chacune	10 cl d'huile d'olive
4 tranches de filet de veau	Beurre
4 tranches de filet de bœuf	Sel
	Poivre noir

LAISSEZ mariner la viande à couvert pendant 1 heure dans le poivre et l'huile d'olive. Enfilez en alternant les morceaux de viande sur 4 brochettes. Posez-les sur une grille légèrement beurrée et faites griller 8 minutes en les retournant en cours de cuisson. Salez et servez immédiatement.

Accompagnez d'asperges, de pissenlits blanchis, d'oignons nouveaux étuvés et de sauce hollandaise (voir page 93).

FOIE DE VEAU AUX PÊCHES

Pour 4 personnes

4 tranches de foie de veau	de volaille
400 g de pêches	1 à 2 cuillerées à café
au sirop en conserve	de gelée de groseilles
3 cuillerées à soupe	4 noix de beurre
de sucre	1 à 2 cuillerées à soupe
1 cuillerée à soupe	de Grand Marnier
de vinaigre de vin	Sel
1/4 de litre de bouillon	Poivre du moulin

ÉGOUTTEZ soigneusement les pêches et réservez le jus. Dans une casserole, faites caraméliser le sucre, versez le jus des pêches, le vinaigre et le bouillon, laissez cuire jusqu'à épaississement et ajoutez la gelée de groseilles. Dans une poêle, faites dorer les tranches de foie des deux côtés pendant environ 6 minutes. Salez, poivrez et gardez au chaud. Incorporez la sauce au jus de cuisson, ajoutez les moitiés de pêches, faites chauffer et arrosez de Grand Marnier. Sur un plat chaud, déposez le foie et les pêches et nappez de sauce.

Accompagnez de tagliatelles et de salade.

Salez et poivrez la viande, badigeonnez-la de jus de citron et faites-la cuire au four pendant 1 heure 30 après l'avoir enduite d'huile. Four à 200-225 °C (thermostat 6-7). Dès que la viande commence à brunir, versez 1/8 de litre d'eau chaude et le bouillon.

Arrosez la viande de temps en temps et rajoutez de l'eau au fur et à mesure que le jus s'évapore. Épluchez un oignon et une carotte, coupez-les en dés et ajoutez-les avec le laurier environ 20 minutes avant la fin de la cuisson.

Réservez ensuite la viande sur un plat chaud, déglacez le jus de cuisson avec le vin blanc, passez la sauce au tamis et liez-la avec la farine et la crème fraîche. Rectifiez l'assaisonnement.

Accompagnez de purée de pommes de terre.

Ci-contre : *Foie de veau aux pêches*

ESCALOPES DE VEAU

Pour 4 personnes

4 escalopes de veau	Sel
50 g de margarine	Poivre du moulin

Faites revenir les escalopes 4 à 6 minutes des deux côtés dans la margarine, salez et poivrez. Dressez sur un plat chaud et arrosez avec le jus de cuisson.

Accompagnez de champignons de Paris et de riz.

Ci-dessous : *Escalopes de veau*

LONGE DE VEAU CROQUANTE

Pour 6 à 8 personnes

1,5 kg de longe de veau	3 feuilles de laurier
Jus de 1/2 citron	1/8 de litre de vin
3 cuillerées à soupe	de blanc
d'huile	1 cuillerée à soupe
1/4 de litre de bouillon	de farine
de volaille	150 g de crème fraîche
1 oignon	Sel
1 carotte	Poivre du moulin

ESCALOPES CORDON BLEU

Pour 4 personnes

8 escalopes de veau de	de la taille des escalopes
75 g chacune	2 œufs
4 tranches fines de gruyère	60 g de chapelure
de la taille des escalopes	60 g de margarine
4 tranches de jambon blanc	Sel et poivre du moulin

SALEZ et poivrez les escalopes. Sur chacune, déposez une tranche de jambon et une tranche de fromage, puis une autre escalope.

Battez les œufs, roulez les escalopes garnies dans l'œuf, puis dans la chapelure et faites-les revenir 5 minutes de chaque côté dans la margarine. Accompagnez de pommes de terre en papillote à la crème fraîche et de petits pois.

RÔTI DE VEAU AUX RAISINS ET AUX PÊCHES

Pour 6 à 8 personnes

1 kg de rôti de veau	de crème fraîche
1 noix de beurre	2 pêches
Légumes pour pot-au-feu	100 g de raisin noir
25 cl de vin blanc	100 g de raisin blanc
2 cuillerées à soupe	Sel et poivre du moulin

SALEZ et poivrez la viande, badigeonnez-la de beurre et laissez cuire au four avec les légumes et un peu d'eau pendant 1 heure à 1 heure 30, four à 200°C (thermostat 6). Dès que la viande commence à brunir, versez le vin blanc. Arrosez la viande de temps en temps pendant la cuisson et ajoutez de l'eau au fur et à mesure que le jus s'évapore. Réservez la viande sur un plat chaud.

Préparation de la sauce : déglacez le jus de cuisson avec un peu d'eau, passez au tamis, incorporez la crème fraîche, les pêches dénoyautées et coupées en deux et et les raisins coupés en deux et épépinés. Faites chauffer, salez et poivrez la sauce et servez à part.

Accompagnez de salade verte.

ÉMINCÉ DE FOIE À LA SAUGE

Pour 4 personnes

800 g de foie de veau	15 cl de vin blanc
500 g d'oignons	2 branches de sauge
100 g de beurre	1 ou 2 bouquets de persil
3 ou 4 cuillerées à soupe	Sel
de jus de citron	Poivre du moulin

ÉPLUCHEZ les oignons, coupez-les en dés, faites-les dorer environ 10 minutes dans la moitié du beurre, puis réservez. Coupez le foie en fines lamelles. Salez, poivrez et faites dorer environ 5 minutes des deux côtés dans l'autre moitié du beurre. Arrosez de jus de citron et réservez.

Déglacez le jus de cuisson avec 10 cl de vin blanc et ajoutez les oignons et les feuilles de sauge finement hachées. Faites chauffer un court instant, ajoutez le foie, faites cuire, puis incorporez le persil finement haché et le reste de vin blanc et servez immédiatement.

Suggestion : vous pouvez remplacer la sauge fraîche par de la sauge déshydratée, mais attention au dosage car cette dernière est très aromatisée.

Ci-contre : *Escalopes cordon bleu*
Page de droite : *Émincé de foie à la sauge*

RÔTI DE PORC

Pour 6 à 8 personnes

1 kg de rôti de porc	3 cuillerées à soupe
5 cuillerées à soupe	de concentré de tomates
d'huile d'olive	Sel
2 gousses d'ail	Poivre du moulin

SALEZ et poivrez la viande. Faites-la revenir de tous les côtés dans l'huile d'olive puis réservez-la. Faites dorer les gousses d'ail épluchées, ajoutez le concentré de tomates et 1/2 verre d'eau. Déposez la viande, couvrez et laissez mijoter 1 heure 15 à 1 heure 30 en tournant de temps en temps. Découpez la viande en tranches, dressez sur un plat chaud, rectifiez l'assaisonnement de la sauce et servez avec la viande.

Accompagnez de petits pois, de haricots beurre et de pommes dauphine.

CASSOULET EXPRESS

Pour 6 à 8 personnes

500 g de jarret de porc	1 carotte
375 g d'échine de porc	2 feuilles de laurier
150 g de lard de poitrine	Thym
100 g de saucisson à l'ail	5 gousses d'ail
1 morceau de couenne	3 cuillerées à soupe
500 g de haricots	de concentré de tomates
blancs secs	2 cuillerées à soupe
3 oignons	de chapelure
2 clous de girofle	Sel et poivre du moulin

METTEZ les haricots à tremper pendant 12 à 24 heures dans 1 litre d'eau. Portez à ébullition dans une cocotte. Épluchez un oignon et piquez-le de clous de girofle. Épluchez la carotte et coupez-la en rondelles. Rincez le jarret de porc à l'eau claire, plongez-le dans les

Ci-contre : *Rôti de porc*

Ci-dessus : *Cassoulet express*

CHOUCROUTE

Pour 6 à 8 personnes

300 g de lard de poitrine
375 g d'épaule fumée
500 à 750 g de petit salé
1 pied de cochon
6 à 8 saucisses
de Francfort
2 saucisses
de Montbéliard
2 oignons

2 pommes acides
2 cuillerées à soupe
de saindoux
1,5 kg de choucroute crue
Genièvre
Poivre en grains
25 cl de vin blanc
6 à 8 pommes de terre
Sel et poivre du moulin

FAITES dessaler le petit salé à l'eau froide pendant quelques heures. Plongez-le dans 1 litre d'eau bouillante salée, portez à ébullition et laissez cuire environ 2 heures.

Épluchez les oignons et coupez-les en dés. Épluchez les pommes et coupez-les en quartiers puis en tranches. Rincez le pied de cochon à l'eau claire, égouttez, coupez en tranches, salez et poivrez.

Dans une cocotte, faites fondre le saindoux et faites alterner les couches de choucroute crue et les oignons, les tranches de pommes, les tranches de pied de cochon, le genièvre, le poivre en grains, le lard de poitrine et l'épaule fumée en salant au fur et à mesure. Versez l'eau et le vin blanc et laissez mijoter 1 heure 30. Ajoutez les deux sortes de saucisses, laissez cuire encore 15 minutes.

Épluchez les pommes de terre. Faites-les cuire 15 minutes dans de l'eau salée. Sortez la viande, désossez-la et coupez-la en tranches. Coupez les saucisses en portions et dressez la choucroute sur un plat chaud. Déposez-y la viande et les saucisses et les pommes de terre égouttées.

haricots avec l'oignon et les rondelles de carottes. Ajoutez 100 g de lard de poitrine, la couenne et le laurier. Salez et poivrez et ajoutez du thym. Portez à ébullition et laissez frémir 45 minutes.

Rincez l'échine de porc à l'eau claire, égouttez-la et coupez-la en morceaux. Coupez 50 g de lard de poitrine en tranches. Faites revenir le lard, puis la viande, l'ail et 2 oignons épluchés et coupés en quatre. Ajoutez le concentré de tomates et 25 cl d'eau et laissez mijoter 15 minutes.

Ajoutez cette préparation aux haricots et au jarret et laissez mijoter environ 1 heure 30, puis sortez le lard, le jarret et la couenne. Coupez le saucisson à l'ail, le lard et le jarret en tranches épaisses. Disposez la viande et les haricots dans un plat allant au four, salez et poivrez.

Saupoudrez de chapelure et passez au four pendant 10 minutes à 225-250°C (thermostat 7-8).

BÄCKEROFEN

Pour 5 à 6 personnes

750 g de porc, de bœuf
ou de mouton désossé
4 carottes
1 poireau
75 cl de vin blanc
1 gousse d'ail
10 grains de poivre noir
1 feuille de laurier
2 graines de piment

250 g d'oignons
750 g de pommes de terre
Beurre
1/2 cuillerée à café de thym
1 cuillerée à café de basilic
150 à 300 g de crème fraîche
2 ou 3 cuillerées à soupe
de chapelure
Sel et poivre du moulin

COUPEZ la viande en dés. Coupez les carottes et le poireau en petits morceaux et mettez le tout dans un saladier. Couvrez avec du vin blanc. Épluchez et écrasez la gousse d'ail, ajoutez-la dans le saladier avec les grains de poivre noir, le laurier et les graines de piment, couvrez et laissez mariner quelques heures (toute une nuit de préférence) dans un endroit frais.

Épluchez et émincez les oignons, épluchez et coupez les pommes de terre en rondelles. Beurrez généreusement un plat allant au four et alternez les couches d'oignons, de viande, de légumes et de pommes de terre et couvrez avec la marinade. Rajoutez éventuellement un peu de vin. Ajoutez le sel, le poivre, le thym et le basilic.

Couvrez et laissez mijoter au four pendant 2 heures 30 à 3 heures à 175-200°C (thermostat 5-6). Au bout de 2 heures 30, goûtez. Si la viande est cuite, incorporez la crème fraîche, saupoudrez de chapelure et de noix de beurre et passez rapidement le plat découvert à four très chaud ou au gril. Servez dans le plat de cuisson.

CÔTES AUX HARICOTS VERTS EN PAPILLOTE

Pour 4 personnes

250 g de haricots verts
600 g de côtes ou
de travers de porc

300 g de pommes de terre
10 cl d'eau
Sel et poivre du moulin

ÉQUEUTEZ et lavez les haricots verts. Salez-les et mettez-les sur une grande feuille d'aluminium. Salez la viande et déposez-la sur les haricots. Épluchez et coupez les pommes de terre en dés, salez-les et ajoutez-les au reste.

Fermez la papillote après avoir ajouté un peu d'eau, piquez-la en plusieurs endroits et faites cuire au four pendant 1 heure 10 à 200°C (thermostat 6). Dressez les côtes, les haricots verts et les pommes de terre sur un plat chaud et servez.

Conseil : vous pouvez préparer une sauce avec le jus de cuisson en le liant avec de la farine et en l'assaisonnant de sel, de poivre et de cognac.

À gauche : *Bäckerofen*
À droite : *Côtes aux haricots verts en papillote*

ÉMINCÉ DE PORC À LA BIÈRE

Pour 4 personnes

600 g de filet de porc	1 poivron
2 oignons	1 tomate
2 noix de saindoux	2 cornichons
Paprika	3 à 4 cuillerées à soupe
25 cl de bière	de crème fraîche
1 feuille de laurier	Sel
1 pincée de piment	Poivre

COUPEZ la viande en fines tranches. Épluchez et coupez les oignons en dés, faites-les revenir dans la moitié du saindoux, puis réservez. Faites dorer la viande dans l'autre moitié du saindoux, ajoutez les oignons, 1/2 cuillerée de paprika, la bière, le laurier et le piment. Salez, poivrez et laissez mijoter 20 à 25 minutes.

Nettoyez le poivron en retirant le pédoncule, la membrane blanche et les graines et coupez-le en lanières. Ébouillantez la tomate, puis plongez-la dans l'eau froide, pelez-la, coupez-la en deux, épépinez-la et coupez-la en tranches.

Ajoutez à la viande la tomate, le poivron et les deux cornichons coupés en rondelles. Laissez cuire quelques instants, puis assaisonnez avec la crème fraîche et du paprika.

Accompagnez de pommes vapeur ou de riz.

Ci-dessous : *Émin, de porc à la bière*

Ci-dessus : *Échine de porc à la chinoise*

ÉCHINE DE PORC À LA CHINOISE

Pour 2 personnes

350 g d'échine de porc
2 cuillerées à soupe
de sauce de soja
3 cuillerées à soupe
de xérès
2 gousses d'ail
1 cuillerée à café de
gingembre frais haché
ou 1 pincée de gingembre
en poudre
1 cuillerée à soupe
de maïzena

1/2 bouteille de ketchup
4 cuillerées à soupe
de jus d'ananas
1 à 2 cuillerées à soupe
de chili
1 tranche d'ananas
au sirop
3 bottes d'oignons
nouveaux
30 g d'amandes effilées
2 cuillerées à soupe d'huile
Sel

Coupez la viande en dés. Mélangez la sauce de soja, le xérès, l'ail haché fin, le gingembre et la maïzena. Ajoutez-y la viande. Mélangez *ketchup,* jus d'ananas, *chili* et ananas égoutté et coupé en très petits morceaux. Émincez menu les oignons et une partie de la tige. Grillez les amandes dans une poêle sans graisse et réservez.

Égouttez la viande. Dans une poêle, faites chauffer une cuillerée d'huile et faites revenir la viande pendant 2 minutes en la retournant régulièrement. Dans une deuxième poêle, faites revenir 1 minute les oignons et salez. Versez la sauce au *ketchup* sur la viande, faites chauffer puis retirez du feu. Incorporez les oignons et mélangez. Ajoutez les amandes grillées et servez immédiatement.

Accompagnez de riz.

JAMBON FUMÉ AU CHOU

Pour 3 personnes

500 g de jambon fumé	6 cuillerées à soupe d'huile
2 oignons	2 cuillerées à café
2 clous de girofle	de sucre
Graines de piment	750 g de petites
20 g de saindoux	pommes de terre
600 g de chou frisé	Sel et poivre du moulin

ÉPLUCHEZ les oignons, piquez-les de clous de girofle et de graines de piment et mettez-les à cuire dans 1 litre d'eau bouillante avec la viande pendant 1 heure 30 à 1 heure 45. Sortez la viande, passez le bouillon au tamis et conservez 50 cl de ce bouillon.

Mettez dans la cocotte la viande, le bouillon, le chou frisé émincé et le saindoux, salez, poivrez et laissez mijoter 30 à 45 minutes. Épluchez les pommes de terre, faites-les revenir de tous les côtés dans l'huile et laissez rissoler. Sortez la viande, coupez-la en tranches. Dressez-la sur un plat chaud avec les pommes de terre et le chou.

CARBONNADE

DANS UN PLAT EN TERRE
pour 5 personnes

750 g d'échine ou	50 g de beurre
de palette de porc	30 cl de bière
Moutarde	1 feuille de laurier
200 g d'oignons	Sel et poivre du moulin

COUPEZ la viande en 4 tranches. Salez, poivrez et badigeonnez de moutarde. Faites fondre le beurre, faites-y dorer les oignons émincés et faites revenir la viande des deux côtés.

Ajoutez la bière et le laurier, couvrez et laissez mijoter pendant 1 heure 45 environ.

Ci-dessous :
Jambon fumé au chou,
Page de droite :
Petit salé

192

PORC AU RIZ

Pour 3 à 4 personnes

500 g d'échine ou
de palette de porc
500 g de tomates
250 g d'oignons
60 g de lard de poitrine

1 noix de beurre
Piment de Cayenne
1 cube de bouillon
250 g de riz
Sel et poivre du moulin

COUPEZ la viande en petits dés. Ébouillantez les tomates puis plongez-les dans l'eau froide, pelez-les et coupez-les en quatre. Épluchez et émincez les oignons. Coupez le lard en petits dés et faites-les dorer. Ajoutez le beurre et faites revenir la viande en la retournant de temps en temps. Salez, poivrez, assaisonnez avec le piment de Cayenne et le cube de bouillon émietté. Incorporez les oignons et laissez légèrement brunir.

Ajoutez les tomates et 3/4 de litre d'eau. Au bout de 25 minutes, ajoutez le riz. Laissez mijoter jusqu'à ce que le riz soit cuit, salez, poivrez et ajoutez un peu de piment selon votre goût.

PETIT SALÉ

Pour 6 à 8 personnes

1 kg de petit salé
1 feuille de laurier
6 grains de poivre
5 graines de piment
6 baies de genièvre

1 oignon
800 g de choucroute crue
2 grosses pommes
Piment de Cayenne

PLONGEZ la viande dans 1 litre d'eau bouillante avec le laurier, les grains de poivre, les graines de piment, le genièvre et l'oignon émincé. Portez à ébullition et laissez cuire 2 heures 15 à 2 heures 30.

Sortez la viande, passez le bouillon au tamis en en conservant 1/2 livre que vous remettrez dans la marmite avec la viande en ajoutant la choucroute et les pommes épluchées, épépinées et coupées en petits dés. Couvrez, laissez mijoter et ajoutez du piment de Cayenne.

Accompagnez de purée de pois.

TRAVERS DE PORC AUX ABRICOTS

Pour 6 à 8 personnes

1 kg de travers de porc
1 à 2 noix de beurre ou
2 à 3 cuillerées à soupe
d'huile
2 gros oignons
4 cuillerées à soupe
de sucre brun
1 cuillerée à café
de paprika
1 cuillerée à soupe
de ketchup

1 cuillerée à soupe
de sauce Worcester
2 cuillerées à soupe
de vinaigre de vin
4 cuillerées à soupe
de jus de citron
500 g d'abricots au sirop
égouttés ou 200 g
d'abricots secs
Quelques olives vertes
Sel

FAITES revenir les travers des deux côtés dans l'huile ou le beurre et mettez-les dans un plat allant au four. Épluchez et émincez les oignons et faites-les revenir légèrement dans le jus de viande.

Mélangez le sucre, le sel, le paprika, le *ketchup*, la sauce *Worcester*, le vinaigre, le jus de citron et 1/4 de litre d'eau. Versez le tout sur les oignons, portez à ébullition et laissez cuire 3 minutes. Nappez la viande, couvrez avec un couvercle ou une feuille d'aluminium

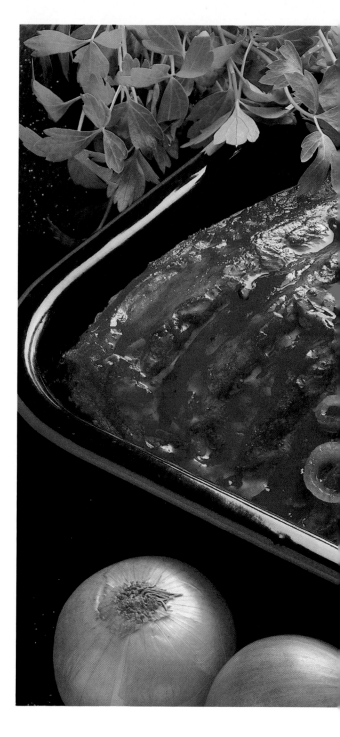

et laissez mijoter pendant 55 à 60 minutes à 200-225° (thermostat 6-7).

Dix minutes avant la fin du temps de cuisson, ajoutez les abricots et les olives vertes. Dégraissez la sauce si vous le désirez. Laissez terminer la cuisson sans le couvercle. Accompagnez de riz ou de purée.

Ci-contre : *Ragoût de porc aux olives*
Ci-dessus : *Travers de porc aux abricots*

RAGOÛT DE PORC AUX OLIVES

Pour 5 à 6 personnes

750 g de rôti de porc
1 petit oignon
4 cuillerées à soupe d'huile
400 g de champignons
de Paris émincés
15 olives vertes farcies
aux piments

75 g de crème fraîche
1 cuillerée à soupe
de maïzena
2 cuillerées à soupe
de xérès
Sel
Poivre du moulin

Épluchez l'oignon, coupez-le en dés et faites-le revenir dans l'huile. Faites rissoler les champignons pendant 10 minutes avec les oignons. Coupez la viande en petits dés.

Ajoutez la viande et les olives au mélange oignon-champignons. Ajoutez 1/2 litre d'eau, salez, poivrez, couvrez et laissez mijoter 30 minutes. Liez la sauce avec un mélange de crème fraîche et de maïzena. Assaisonnez avec du xérès, du sel et du poivre.

Accompagnez de riz.

ÉCHINE DE PORC AU CÉLERI

Pour 4 personnes

600 g d'échine de porc
600 g de céleri en branches
environ 5 à 6 branches
4 cuillerées à soupe
d'huile
5 cuillerées à soupe

de sauce de soja
3 cuillerées à soupe
de xérès
1 cuillerée à soupe
de maïzena
Sel

COUPEZ la viande en fines tranches puis en lamelles de 1 cm de large. Lavez le céleri, retirez les parties dures, coupez-le au besoin en deux dans le sens de la longueur et coupez-le en tronçons de 1 cm de large.

Faites chauffer 2 cuillerées d'huile, faites revenir le céleri 5 minutes et gardez au chaud. Mélangez soigneusement 2 cuillerées de sauce de soja, 1 cuillerée de xérès et la maïzena et roulez la viande dans ce mélange. Faites chauffer 2 cuillerées d'huile, faites revenir la viande, ajoutez le céleri, 3 cuillerées de sauce de soja, 2 cuillerées de xérès et 1/8 de litre d'eau. Mélangez soigneusement, couvrez et laissez mijoter 20 minutes. Salez si besoin est.

Accompagnez de riz.

FILET DE PORC AUX OIGNONS ET AUX CHAMPIGNONS DE PARIS

Pour 4 personnes

600 g de filet de porc
500 g de petits oignons
2 noix de beurre
50 cl de jus ou
coulis de tomates
500 g de petits

champignons de Paris
Chili en poudre
2 cuillerées à soupe
d'huile
1 bouquet de persil
Sel et poivre du moulin

ÉPLUCHEZ les oignons, faites-les fondre dans le beurre, ajoutez le jus de tomates et laissez mijoter 20 minutes. Lavez les champignons et ajoutez-les aux oignons. Salez, poivrez, assaisonnez avec le *chili* en poudre, couvrez et laissez mijoter.

Salez et poivrez la viande. Faites chauffer l'huile, faites revenir la viande de tous les côtés, puis ajoutez les légumes et laissez mijoter 10 à 15 minutes. Sortez la viande, coupez-la en tranches et servez avec les légumes. Saupoudrez de persil finement haché.

À gauche : *Échine de porc au céleri*
Ci-dessous : *Filet de porc aux oignons
et aux champignons de Paris*

ROUELLE DE PORC

Pour 10 à 12 personnes

3 kg environ de rouelle de porc avec sa couenne	3 gros oignons
	3 grosses tomates
15 clous de girofle	Sucre
2 ou 3 gousses d'ail	Un peu de farine
1 ou 2 feuilles de laurier	Sel et poivre du moulin

DEMANDEZ à votre charcutier d'entailler la couenne sous la forme d'un quadrillage. Incisez la peau en divers endroits et enfoncez-y les clous de girofle. Épluchez l'ail et insérez les gousses dans les entailles de la couenne avec les feuilles de laurier coupées en petits morceaux. Coupez les oignons et les tomates en quatre ou en huit et faites-les cuire au four avec le jambon pendant 2 heures à 2 heures 30 à 225-250°C (thermostat 7-8).

Versez de l'eau chaude et rajoutez-en au fur et à mesure que le jus s'évapore. Si le jambon dore trop vite, couvrez-le avec une feuille d'aluminium. Environ 30 minutes avant la fin du temps de cuisson, saupoudrez la couenne de sucre. Vous pouvez soit couper le jambon en tranches avant de le servir, soit le présenter

Ci-contre : *Rouelle de porc*

entier à table. Déglacez le jus de cuisson avec de l'eau, passez au tamis, liez avec un mélange de farine et d'eau froide, salez, poivrez. Servez à part.

Note : La rouelle de porc est un jambon salé légèrement fumé que l'on doit commander au charcutier une semaine à l'avance.

TRESSES DE PORC À LA SAUCE MALGACHE

Pour 4 personnes

4 filets de porc allongés de 200 g chacun	3 cuillerées à soupe de ketchup
Paprika	1 cuillerée à café
2 noix de beurre	de poivre vert écrasé
Tomates	Chili *en poudre*
Persil	Sel
150 g de crème fraîche	Poivre du moulin

COUPEZ les filets en trois dans le sens de la longueur en partant de l'extrémité la plus épaisse sans les détacher tout à fait. Faites une tresse et fixez-la avec un pique-olives. Salez, poivrez, assaisonnez de paprika et faites rissoler dans le beurre, de tous les côtés, pendant 30 minutes environ. Laissez refroidir et servez sur un plat garni de quartiers de tomates et de persil. Pour la sauce, mélangez la crème fraîche, le *ketchup*, le poivre, le *chili* et salez.

Ci-dessus : *Tresses de porc
à la sauce malgache*

RÔTI DE PORC
GRATINÉ AU FROMAGE

DANS UN PLAT EN TERRE
Pour 6 à 8 personnes

1 kg de rôti de porc	*1 cuillerée à café*
Paprika doux	*de maïzena*
1 œuf	*Sel*
75 g de gruyère râpé	*Poivre du moulin*

ASSAISONNEZ la viande de paprika, mettez-la dans un plat en terre humide, couvrez et faites cuire au four pendant 2 heure 30 à 200-225°C (thermostat 6-7). Mélangez l'œuf et le gruyère râpé, étalez le mélange sur le rôti au bout de 2 heures 15 de cuisson et laissez cuire sans couvercle. Coupez la viande en tranches et réservez-la sur un plat chaud.

Préparation de la sauce : complétez le jus de cuisson avec de l'eau pour obtenir 1/4 de litre, portez à ébullition, liez avec un mélange de maïzena et d'eau froide et assaisonnez de sel, de poivre et de paprika.

Accompagnez de pommes sautées.

BROCHETTES DE FOIE

Pour 2 à 3 personnes

400 g de foie de porc
8 champignons de
Paris de taille moyenne
2 oignons
1 pomme
1 poivron vert
1 noix de beurre

12 olives vertes
farcies aux piments
4 cuillerées à soupe
d'huile
Paprika
Sel
Poivre du moulin

COUPEZ la viande en morceaux. Épluchez les oignons et
la pomme et coupez-les en huit. Nettoyez le poivron en
retirant le pédoncule, les graines et les membranes
blanches et coupez-le en morceaux.

Faites chauffer le beurre, faites revenir quelques
instants le foie, puis réservez-le. Faites ensuite revenir
rapidement les champignons, les oignons, la pomme et
le poivron dans le jus de viande. Sur les brochettes,
alternez tous ces ingrédients, ainsi que les olives, et
faites rissoler pendant 5 minutes de tous les côtés
dans l'huile, salez, poivrez et ajoutez du paprika.

Accompagnez de riz.

RÔTI DE PORC AU LARD

Pour 8 à 10 personnes

1,5 kg de rôti de porc
1 cuillerée à café
de poivre concassé
1 cuillerée à café
de paprika
Cumin
Marjolaine
Un petit chou vert
4 grosses tranches de

lard fumé
2 cuillerées à soupe
d'huile
1 oignon
Bouquet garni
1 cuillerée à soupe
de maïzena
150 g de crème fraîche
Sel

ASSAISONNEZ la viande avec le sel, le poivre, le paprika,
le cumin et la marjolaine.

Détachez les plus belles feuilles du chou, ébouillantez-
les, égouttez-les et entourez-en la viande. Bardez de
lard et fixez avec des pique-olives. Badigeonnez d'une
cuillerée d'huile et faites cuire au four pendant
environ 2 heures à 225°C (thermostat 7). Émincez
l'oignon et ajoutez-le. Dès que le jus commence à
brunir, versez un peu d'eau et rajoutez-en au fur et à
mesure que le jus s'évapore. Sortez la viande et
réservez-la sur un plat chaud. Passez le jus de cuisson
au tamis, liez avec un mélange de maïzena et de crème
fraîche, salez et poivrez. Accompagnez de pommes
dauphine et de girolles.

BROCHETTES DE SAUCISSES AUX LÉGUMES

DANS UN PLAT EN TERRE
Pour 2 personnes

250 g d'oignons
250 g de poivrons
250 g de tomates
Paprika
3 cuillerées à soupe d'huile
4 saucisses de Francfort
ou chipolatas

4 tranches de 1/2 cm
d'épaisseur de lard
de poitrine
2 ou 3 cornichons
Tomates
Sel
Poivre du moulin

É PLUCHEZ et émincez les oignons. Nettoyez les poivrons en retirant le pédoncule, les graines et les membranes blanches et coupez-les en lanières. Réservez une tomate, ébouillantez les autres, plongez-les dans l'eau froide, pelez-les et coupez-les en morceaux.

Assaisonnez avec du sel, du poivre, du paprika et 2 cuillerées d'huile et placez le tout dans un plat en terre humide. Coupez les saucisses et le lard en morceaux de 3 cm, les cornichons en rondelles de 1/2 cm d'épaisseur et la tomate en quartiers.

Alternez tous ces ingrédients sur 6 brochettes. Posez-les sur les légumes et badigeonnez d'un mélange d'une cuillerée d'huile et de paprika, couvrez et faites cuire au four pendant 1 heure à 200-225°C (thermostat 6-7).

Page de gauche : *Brochettes de foie*
Ci-dessous : *Brochettes de saucisses aux légumes*

RÔTI DE PORC
AUX CAROTTES EN PAPILLOTE

Pour 6 personnes

1 kg de rôti de porc	2 cuillerées à soupe d'huile
250 g de carottes fines	Farine
Paprika	Sel et poivre du moulin

ÉPLUCHEZ les carottes et faites-les cuire 10 minutes dans de l'eau salée. Assaisonnez la viande de sel, de poivre et de paprika, entaillez-la de manière à pouvoir y enfoncer les carottes. Badigeonnez-la d'huile, enveloppez-la avec le reste des carottes dans une feuille de papier d'aluminium et faites-la cuire au four pendant 2 heures à 200°C (thermostat 6).

Coupez le rôti en tranches, portez le jus à ébullition, liez avec un mélange de farine et d'eau froide et rajoutez du sel, du poivre et du paprika.

Ci-dessous : *Rôti de porc aux carottes en papillote*

ÉPAULE DE PORC EN CROÛTE

Pour 6 à 8 personnes

1,5 kg d'épaule de porc	1 cuillerée à soupe
3 cuillerées à soupe d'huile	de persil finement haché
25 cl de vin rouge	1 cuillerée à soupe
25 cl de bouillon de volaille	d'aneth finement haché
4 oignons	Un peu de romarin
2 carottes	1 cuillerée à soupe
1 gousse d'ail	de chapelure
3 noix de beurre	150 g de crème fraîche
2 cuillerées à soupe	Sel
de menthe hachée	Poivre du moulin

SALEZ et poivrez la viande. Mettez-la dans un plat allant au four, arrosez d'huile et faites cuire au four pendant 2 heures à 200-225°C (thermostat 6-7). Dès que le plat commence à brunir, ajoutez petit à petit le vin rouge et le bouillon au fur et à mesure que le jus s'évapore.

Coupez les oignons en quatre et les carottes en rondelles, écrasez l'ail et ajoutez ces trois ingrédients 30 minutes avant la fin du temps de cuisson. Pour la croûte, mélangez le beurre, la menthe, le persil, l'aneth, le romarin et la chapelure et étalez soigneusement cette pâte sur la viande 15 minutes avant la fin de la cuisson.

Réservez la viande sur un plat chaud, déglacez le jus de cuisson avec le reste de vin et de bouillon. Passez ce nouveau jus au tamis, portez à ébullition et ajoutez la crème fraîche, du sel et du poivre. Accompagnez de pommes dauphine.

ÉPAULE DE PORC
AU CUMIN EN PAPILLOTE

Pour 6 personnes

1 kg de palette de porc	1 morceau de céleri-rave
2 cuillerées à café de cumin	Farine
1 gros oignon	Sel et poivre du moulin

ASSAISONNEZ la viande de sel, de poivre et de cumin. Épluchez l'oignon et coupez-le en gros dés. Épluchez le morceau de céleri-rave et coupez-le en quatre. Enveloppez la viande, l'oignon et le céleri-rave dans une feuille de papier d'aluminium ou de papier sulfurisé transparent. Fermez la papillote à l'aide d'épingles et laissez cuire au four pendant 1 heure 30 à 1 heure 45 à 200°C (thermostat 6).

Ci-dessus : *Épaule de porc au cumin en papillote*

Coupez la viande en tranches, liez la sauce avec un mélange de farine et d'eau froide et ajoutez du sel, du poivre et un peu de cumin.

Accompagnez de pommes dauphine ou de pommes vapeur.

FILET DE PORC
À LA SAUCE PIQUANTE

Pour 3 à 4 personnes

600 g de filet de porc	de Paris
1 noix de beurre	25 cl de crème fleurette
2 ou 3 oignons	Moutarde
1 ou 2 cornichons	Sel
200 g de champignons	Poivre du moulin

COUPEZ la viande en tranches de 1 cm d'épaisseur. Faites-la revenir des deux côtés dans le beurre, salez et réservez. Épluchez et coupez l'oignon en petits dés et faites-le revenir dans le jus de viande. Coupez les cornichons en rondelles, faites revenir les champignons émincés, ajoutez-les aux oignons et faites-les revenir.

Incorporez la crème fleurette, portez à ébullition, laissez mijoter quelques instants, assaisonnez avec du sel, du poivre et de la moutarde. Rajoutez la viande et laissez mijoter.

Accompagnez de riz.

Ci-dessous : *Filet de porc à la sauce piquante*
À gauche : *Jarrets de porc grillés*

JARRETS DE PORC GRILLÉS

Pour 4 personnes

4 petits jarrets de porc	Sel
3 oignons	Poivre du moulin

SALEZ et poivrez la viande et faites-la cuire au four environ 1 heure 30 avec un peu d'eau à 200-225°C (thermostat 6-7). Dès que le plat commence à brunir, ajoutez un peu d'eau chaude et continuez au fur et à mesure que le jus s'évapore.

Épluchez et coupez les oignons en quatre et ajoutez-les 30 minutes avant la fin du temps de cuisson. Réservez la viande sur un plat chaud. Déglacez le jus de cuisson avec un peu d'eau, passez-le éventuellement au tamis, laissez mijoter et servez avec la viande.

Accompagnez de purée de pommes de terre.

CÔTES DE PORC
FARCIES AUX ANANAS

Pour 4 personnes

4 côtes de porc de 250 g	4 tranches de jambon cru
4 tranches d'ananas	1 ou 2 noix de beurre
au sirop	Persil

DECOUPEZ une poche dans les côtes de porc. Égouttez les tranches d'ananas, entourez-les chacune d'une tranche de jambon, glissez-les dans les poches des côtes et fermez avec un cure-dents. Faites fondre le beurre et faites rissoler la viande 8 à 10 minutes de chaque côté. Décorez de persil.

CÔTES DE PORC AUX GIROLLES

Pour 4 personnes

4 côtes de porc	1 ou 2 cuillerées à soupe
Sel, paprika	de persil haché
Poivre concassé	Un peu de cognac
2 ou 3 noix de beurre	3 cuillerées à soupe
125 g de girolles	de crème fraîche

ASSAISONNEZ les côtes de porc de sel, de paprika et de poivre concassé, faites fondre le beurre et faites-y rissoler la viande 8 à 10 minutes de chaque côté. Ajoutez les girolles que vous aurez préalablement fait revenir, le persil, le cognac et la crème fraîche.

Pour la sauce, coupez un oignon en dés et faites-le dorer dans le jus de viande. Ajoutez le vin blanc, la moutarde, le poivre vert, le cube de bouillon dilué dans un peu d'eau chaude et la crème fraîche et laissez mijoter. Puis assaisonnez de sel et de poivre et servez avec la viande.

Accompagnez de pommes de terre persillées ou d'une poêlée de légumes.

CÔTES DE PORC AU CURRY EN PAPILLOTE

Pour 4 personnes

4 côtes de porc	*Tomates*
Curry	*Persil*
Huile	*Sel et poivre du moulin*

ASSAISONNEZ la viande de sel, de poivre et de curry, badigeonnez-la d'huile et enveloppez-la dans une feuille de papier d'aluminium. Faites cuire au four pendant 30 minutes à 200°C (thermostat 6). Dressez les côtes de porc sur un plat chaud, garnissez de tomates coupées en quartiers et de persil et servez avec le jus de cuisson.

Accompagnez de salade de tomates et de pommes sautées.

Ci-contre :
*Côtes de porc
farcies aux ananas*
Ci-dessous, à droite :
*Côtes de porc au
curry en papillote*

CÔTES DE PORC À LA SAUCE AU POIVRE

Pour 4 personnes

4 côtes de porc	*1 cuillerée à café*
Paprika	*de moutarde*
2 cuillerées à soupe	*1 cuillerée à café*
d'huile	*de poivre vert*
1 noix de beurre	*150 g de crème fraîche*
1 oignon	*1 cube de bouillon*
10 cl de vin blanc	*Sel et poivre du moulin*

ASSAISONNEZ les côtes de porc de sel, de poivre et de paprika, faites-les revenir dans l'huile et le beurre 5 minutes de chaque côté et gardez-les au chaud.

CÔTES DE PORC AU POIVRE VERT

Pour 4 personnes

4 côtes de porc
1 ou 2 cuillerées à soupe
de poivre vert
50 g de beurre
500 g de girolles

100 g de lard de poitrine
150 g d'oignons
1 ou 2 cuillerées à soupe
de persil haché
Sel et poivre du moulin

ÉGOUTTEZ le poivre vert et écrasez-le légèrement sur les côtes de porc. Faites-les revenir 5 à 7 minutes de chaque côté dans le beurre. Gardez au chaud. Lavez les girolles et coupez les plus grosses en deux ou en quatre. Coupez le lard en petits dés et faites-le revenir.

Épluchez et coupez les oignons en petits dés et faites-les dorer avec le lard. Ajoutez les girolles et laissez mijoter 10 à 15 minutes. Salez, poivrez et saupoudrez de persil haché.

FEUILLETÉS AU FOIE

Pour 4 personnes

300 g de foie de porc
300 g de pâte feuilletée
surgelée
3 œufs
2 grosses cuillerées
à soupe de chapelure
2 oignons
1 noix de beurre

1 cuillerée à soupe
de persil haché
Marjolaine
Sauge
1 cuillerée à soupe
de cognac
Sel
Poivre du moulin

LAISSEZ décongeler la pâte à température ambiante. Pour la farce, passez la viande au hachoir avec la grille la moins fine. Ajoutez 2 œufs et la chapelure. Épluchez les oignons et coupez-les en dés. Faites fondre le beurre et faites-y revenir 3 minutes les oignons. Incorporez-les à la viande avec le persil, la marjolaine, la sauge et le cognac, salez et poivrez.

Ci-dessous : *Côtes de porc au poivre vert*

Ci-dessus : *Côtes de porc à la moutarde*

Étalez la pâte (30 x 40 cm) et découpez 6 ronds de 12 cm de diamètre et 6 autres de 10 cm. Disposez les plus grands dans des moules à tartelettes beurrés, pressez légèrement et piquez avec une fourchette.

Déposez environ 2 cuillerées à soupe de préparation dans chaque moule. Battez un œuf, badigeonnez les bords de la pâte, recouvrez avec les petits ronds de pâte, enduisez-les d'œuf battu et piquez-les avec une fourchette. Faites cuire au four pendant environ 25 minutes à 200-225°C (thermostat 6-7).

CÔTES DE PORC À LA MOUTARDE

Pour 4 personnes

4 côtes de porc	Persil
Moutarde	150 g de crème fraîche
3 ou 4 oignons	Curry
2 gousses d'ail	Sel
4 cuillerées à soupe d'huile	Poivre blanc

SALEZ et poivrez la viande et enduisez-la de moutarde. Coupez les oignons et l'ail en petits dés, étalez-les sur la viande et faites cuire au four pendant 30 à 35 minutes à 225-250°C (thermostat 7-8). Servez garni de persil. Pour la sauce à la moutarde, mélangez la crème fraîche et 2 cuillerées à café de moutarde. Salez, assaisonnez avec du curry et servez avec la viande.

Note : la cuisson au four est particulièrement conseillée en cas de grande quantité.

BOULETTES DE VIANDE
AU FROMAGE BLANC

Pour 4 personnes

400 g de viande hachée :	*2 œufs*
moitié bœuf, moitié porc	*40 g de chapelure*
2 oignons	*40 g de beurre*
200 g de fromage	*Sel*
blanc égoutté	*Poivre du moulin*

COUPEZ les oignons en petits dés. Mélangez la viande hachée, les oignons, le fromage blanc et les œufs, salez, poivrez et formez avec les mains 4 boulettes ovales que vous aplatissez. Roulez-les dans la chapelure, puis faites-les rissoler 5 minutes de chaque côté dans le beurre. Accompagnez de carottes et de purée de pommes de terre.

CÔTES DE PORC
À LA COMPOTE DE POMMES

Pour 4 personnes

4 côtes de porc	*de compote de pommes*
de 150 g chacune	*non sucrée*
4 cuillerées à soupe	*2 cuillerées à café*
d'huile	*de fond de veau*
6 cuillerées à soupe	*Sel et poivre du moulin*

POIVREZ les côtes de porc, faites-les revenir 4 à 5 minutes de chaque côté dans l'huile et gardez-les au chaud. Dans le jus de viande, versez la compote de pommes, 1/8 de litre d'eau et le fond de veau, mélangez. Laissez mijoter quelques instants, salez et poivrez.

MÉDAILLONS DE PORC AU LARD

Pour 6 personnes

750 g de filet de porc
8 fines tranches de lard
2 cuillerées à café
de moutarde
2 cuillerées à café
de ketchup

2 cuillerées à café
de chapelure
Paprika
Marjolaine
40 g de margarine
Sel et poivre du moulin

DECOUPEZ la viande en 16 morceaux. Pour la farce, mélangez la moutarde, le *ketchup* et la farine. Salez, poivrez et assaisonnez de paprika et de marjolaine. Enduisez-en une seule face de 8 morceaux de viande, posez dessus les autres morceaux, entourez chaque portion d'une tranche de lard en la maintenant avec un pique-olives.

Faites revenir la viande 6 minutes de chaque côté dans la margarine en l'arrosant régulièrement avec le jus de cuisson pour qu'elle garde son moelleux. On peut ajouter quelques branches de thym dans la poêle pendant la cuisson.

À gauche : *Médaillons de porc au lard*
Ci-dessous : *Côtes de porc à la compote de pommes*

PORC À LA CHINOISE

Pour 4 personnes

2 filets de porc
de 250 g chacun
80 g d'oignons nouveaux
1 gousse d'ail
6 cuillerées à soupe
de sauce de soja
4 ou 5 cuillerées à soupe

de xérès
Gingembre en poudre
2 cuillerées à soupe de miel
2 cuillerées à soupe
de sucre brun
2 cuillerées à soupe d'huile
Sel

COUPEZ les oignons et l'ail en petits dés et mélangez-les avec la sauce de soja, 2 cuillerées de xérès, le gingembre et le sel. Ajoutez la viande et laissez-la mariner une nuit à couvert.

Faites fondre à feu doux le miel et le sucre. Égouttez la viande et enduisez-la de miel fondu. Faites revenir rapidement les filets de tous les côtés dans l'huile, versez la marinade sur la viande et faites mijoter pendant 20 minutes.

Durant la cuisson, rajoutez si besoin est 3 ou 4 cuillerées d'eau. Sortez la viande du plat, déglacez le jus avec 2 ou 3 cuillerées de xérès et versez-le sur les filets.

CÔTES DE PORC PANÉES

Pour 4 personnes

4 côtes de porc	1 œuf battu
de 200 g chacune	40 g de chapelure
2 cuillerées à soupe	50 g de margarine
de farine	Sel et poivre blanc

SALEZ et poivrez les côtes de porc, roulez-les dans la farine, dans l'œuf, enfin dans la chapelure. Faites-les rissoler 8 minutes de chaque côté dans la margarine. Accompagnez de pommes de terre persillées.

Variante : vous pouvez remplacer les côtes de porc par des côtelettes de veau (6 minutes de cuisson par côté).

ÉCHINE DE PORC

Pour 6 à 8 personnes

1 kg d'échine de porc	1 tomate
Paprika	Sel
1 oignon	Poivre du moulin

SALEZ et poivrez la viande, saupoudrez de paprika et mettez au four avec un peu d'eau pendant 1 heure 45 à 220-225°C (thermostat 6-7). Dès que le plat commence à brunir, ajoutez un peu d'eau chaude, puis rajoutez-en au fur et à mesure que le jus s'évapore.

Épluchez l'oignon, lavez la tomate, coupez-les en quatre et ajoutez-les à la viande 25 minutes avant la fin du temps de cuisson. Coupez ensuite la viande en tranches, dressez-la sur un plat chaud, déglacez le jus de cuisson avec de l'eau, passez-le au tamis et versez-le sur la viande.

CÔTES DE PORC AUX OIGNONS GRELOTS

Pour 4 personnes

4 côtes de porc	4 cuillerées à soupe
de 200 g chacune	de vin blanc ou d'eau
4 gousses d'ail	2 cuillerées à soupe
Paprika	de crème fraîche
250 g d'oignons grelots	Sel
2 noix de beurre	Poivre du moulin

ÉPLUCHEZ l'ail, écrasez-le, répartissez-le sur la viande des deux côtés, couvrez et laissez macérer à peu près 30 minutes. Salez, poivrez et ajoutez du paprika. Épluchez les oignons. Faites fondre le beurre, faites dorer la viande et les oignons pendant 10 minutes en retournant la viande à mi-cuisson. Sortez les côtes de porc et gardez-les au chaud.

Déglacez le jus de cuisson avec du vin blanc ou de l'eau, incorporez la crème fraîche.

Laissez mijoter, rajoutez du sel, du poivre et du paprika et versez sur la viande ou servez à part. Accompagnez de pommes vapeur et de haricots beurre.

Ci-contre : *Côtes de porc panées*
À droite : *Côtes de porc aux oignons grelots*

FILETS DE PORC À L'ARMAGNAC

Pour 4 ou 5 personnes

2 filets de porc de 300 à	d'armagnac
400 g chacun	20 cl de crème fleurette
6 échalotes	Thym
4 noix de beurre	Sel
6 cuillerées à soupe	Poivre du moulin

ÉPLUCHEZ et coupez les échalotes en très petits dés et faites-les revenir dans 2 noix de beurre. Arrosez d'une cuillerée d'armagnac, incorporez la crème fleurette peu à peu et laissez mijoter jusqu'à ce que la sauce devienne crémeuse. Couvrez et réservez. Salez et poivrez la viande et faites-la revenir de tous les côtés dans le reste du beurre. Ajoutez un peu de thym, couvrez et laissez mijoter 12 minutes en retournant la viande à mi-cuisson.

Une fois cuite, enroulez la viande dans une feuille de papier d'aluminium. Jetez la graisse. Déglacez le suc de cuisson avec 3 cuillerées d'armagnac, incorporez la sauce aux échalotes, faites chauffer, rectifiez l'assaisonnement et ajoutez un peu de thym.

Coupez la viande en tranches et servez sur un plat chaud avec la sauce.

Ci-dessous : *Filets de porc à l'armagnac*

Ci-dessus : *Filet de porc farci*

FILET DE PORC FARCI

Pour 4 personnes

600 g de filet de porc
Moutarde
2 ou 3 cornichons
5 ou 6 brins de persil
100 g de gruyère en
en lamelles
3 cuillerées à soupe

d'huile
1 noix de beurre
10 cl de vin blanc
1 feuille de laurier
3 cuillerées à soupe
de crème fraîche
Sel

DECOUPEZ une poche dans la viande dans le sens de la longueur. Enduisez-la de moutarde. Coupez en rondelles les cornichons et mettez-les dans la poche avec le persil et le gruyère. Roulez et ficelez avec du fil alimentaire. Faites revenir la viande de chaque côté dans l'huile. Jetez la graisse, ajoutez le beurre, faites cuire la viande 25 à 30 minutes, salez-la et gardez-la au chaud.

Déglacez le jus de cuisson avec le vin blanc, ajoutez le laurier, incorporez la crème fraîche, laissez mijoter quelques instants, retirez le laurier et servez avec la viande.

PORC AUX GERMES DE SOJA

Pour 4 personnes

500 g de porc :
échine, palette ou filet
2 cuillerées à soupe
d'huile
250 g de germes
de soja frais
50 g de beurre

2 cuillerées à soupe
de vin blanc
2 cuillerées à soupe
de crème fleurette
4 ou 5 cuillerées à soupe
de sauce de soja
4 tranches de pain bis

COUPEZ la viande en tranches fines puis en lamelles et faites-la revenir dans l'huile. Ajoutez les germes de soja lavés et égouttés et laissez-les revenir 1 minute. Ajoutez ensuite le vin blanc, puis la crème fleurette et la sauce de soja, et laissez mijoter. Faites dorer dans le beurre les tranches de pain bis des deux côtés et servez avec la viande.

Accompagnez de salade verte et de salade de tomates.

À gauche : *Porc aux germes de soja*
Ci-dessous : *Côtes de porc au parmesan*

CÔTES DE PORC AU PARMESAN

Pour 4 personnes

4 côtes de porc
1 ou 2 noix de beurre
100 g de parmesan râpé

200 g de crème fraîche
Sel
Poivre du moulin

SALEZ et poivrez les côtes de porc et faites-les revenir 3 à 5 minutes de chaque côté dans le beurre. Mélangez le parmesan et la crème fraîche, nappez-en les côtes et faites gratiner au four pendant 10 minutes à 200°C (thermostat 6).

Accompagnez de tagliatelles.

CROUSTADES DE PORC

Pour 4 personnes

4 filets de porc
de 150 g chacun
4 cuillerées à soupe

d'huile
1 pincée de poivre blanc
50 g de beurre

4 cuillerées à café
de basilic haché
2 cuillerées à soupe

de chapelure
1 cuillerée à café
de crème fleurette

MELANGEZ l'huile, le poivre blanc et 2 cuillerées de basilic. Laissez mariner la viande 10 minutes dans ce mélange. Faites fondre le beurre, faites-y revenir la viande 3 à 4 minutes de chaque côté et salez. Mélangez la chapelure, la crème fleurette et 2 cuillerées de basilic. Badigeonnez-en la viande et mettez au four ou au gril à 225°C (thermostat 7) pendant 5 à 10 minutes.

SCHASCHLIK

Pour 4 personnes

1 filet de porc de 300 g
4 tranches de foie pas
trop épaisses de 250 g
250 g de tomates
1 grosse banane

1 ou 2 oignons
125 g de lard de poitrine
Quelques cornichons
au vinaigre
Huile

COUPEZ les viandes, les tomates, la banane, les oignons, le lard et les cornichons en morceaux ou en tranches de 3 cm et faites-les alterner à votre goût sur les brochettes.

Badigeonnez d'huile et passez au gril sur une feuille d'aluminium en arrosant d'huile au moment de les tourner (au four électrique, 8 minutes de chaque côté ; au four à gaz, 4 à 5 minutes).

Ci-dessous : *Schaschlik*
Page de gauche : *Croustades de porc*

FILET DE PORC À LA CHYPRIOTE

Pour 4 à 6 personnes

800 g de filet de porc
5 cuillerées à soupe
d'huile d'olive
5 cuillerées à soupe
de jus de citron

1 cuillerée à soupe
de genièvre écrasé
1 cuillerée à soupe d'origan
Sel
Poivre du moulin

COUPEZ la viande en tranches de 2 cm d'épaisseur. Pour la marinade, mélangez l'huile d'olive, le jus de citron, le genièvre, l'origan, le sel et le poivre et laissez-y mariner la viande pendant

Ci-dessous :
Filet de porc
à la chypriote

3 heures. Égouttez les morceaux de viande, enfilez-les sur les brochettes et faites-les griller 8 à 10 minutes de chaque côté au barbecue.

FILET DE PORC GRILLÉ

Pour 6 à 8 personnes

2 filets de porc de 500 g
Moutarde
1 cuillerée à soupe d'huile

1/2 cuillerée à café
de paprika
Sel

BADIGEONNEZ légèrement la viande de moutarde, posez-la sur une grille préalablement chauffée et faites-la griller (au four électrique : 10 minutes de chaque côté, au four à gaz : 10 minutes la première face et 7 à 10 minutes la seconde). Au bout de 1 minute de cuisson, badigeonnez régulièrement les filets avec un mélange d'huile et de paprika. Salez une fois cuit.

CÔTES DE PORC GRILLÉES

Pour 6 personnes

1 kg de côtes de porc	Sauce Worcester
5 cuillerées à soupe	Quelques gouttes
d'huile	de tabasco
Jus de 1 citron	Sel
2 gousses d'ail	Poivre noir concassé

POUR la marinade, mélangez huile, jus de citron, ail épluché et haché, poivre, sauce *Worcester* et *tabasco*. Laissez-y mariner la viande 30 minutes en remuant de temps en temps. Égouttez la viande et faites-la griller au four 10 minutes de chaque côté. Salez et poivrez avant de servir accompagné de moutarde.

Ci-dessus : *Côtelettes de porc à l'orange*

CÔTELETTES DE PORC À L'ORANGE

Pour 4 personnes

4 côtelettes de porc	3 cuillerées à soupe
désossées	de jus d'orange
1 oignon	Sel et poivre du moulin

MELANGEZ l'oignon émincé et le jus d'orange. Enduisez la viande de ce mélange. Salez et poivrez. Posez la viande sur une grille dans le four préchauffé et faites-la griller 6 minutes de chaque côté.

CÔTES DE PORC AU CHOU-RAVE

Pour 4 personnes

4 côtes de porc (échine)	1 noix de beurre
75 g de lard en	10 cl de crème fleurette
tranches fines	125 g de crème fraîche
4 choux-raves	Sel
3 oignons	Poivre du moulin

ÉPLUCHEZ et lavez les choux-raves. Coupez-les en deux puis en tranches. Épluchez les oignons et coupez-les en petits dés. Faites fondre le beurre et faites-y revenir le lard coupé en morceaux, puis les oignons et enfin les choux-raves. Incorporez la crème fleurette et la crème fraîche, salez et poivrez.

Poivrez la viande et faites-la griller au four 6 à 8 minutes de chaque côté. Servez avec les choux-raves et des pommes vapeur.

ÉCHINE DE PORC GRILLÉE

Pour 4 personnes

4 côtes de porc dans	3 cuillerées à soupe
l'échine	de vin blanc
2 cuillerées à soupe de miel	Thym
3 cuillerées à soupe	Romarin
de sauce de soja	Sel
4 cuillerées à soupe d'huile	Poivre du moulin

POSEZ la viande sur une grille dans le four préchauffé et faites-la griller 4 minutes de chaque côté. Mélangez le miel, la sauce de soja, l'huile, le vin blanc, le thym, le romarin et le sel. Badigeonnez-en la viande et faites-la cuire encore 3 ou 4 minutes de chaque côté.

SAUCISSES GRILLÉES

Pour 4 personnes

4 saucisses	Huile

PIQUEZ les saucisses à la fourchette pour qu'elles n'éclatent pas. Faites-les griller au four pendant environ 5 minutes de chaque côté en les arrosant d'huile au fur et à mesure de la cuisson.

À gauche : *Côtes de porc au chou-rave*

POITRINE GRILLÉE

Pour 4 personnes

8 tranches fines	Jus de 1/2 citron
de poitrine de porc	2 cuillerées à soupe d'huile
3 cuillerées à soupe	10 cl de bière
de moutarde	Sel
1 cuillerée à café de raifort	Poivre du moulin

MÉLANGEZ la moutarde, le raifort, le jus de citron, l'huile, le sel et le poivre. Enduisez-en la viande, posez-la sur une grille dans le four préchauffé et faites-la griller 5 minutes de chaque côté. Puis arrosez-la de bière et faites-la griller 3 ou 4 minutes supplémentaires pour qu'elle devienne croustillante.

Ci-dessous : *Saucisses grillées*

ÉPAULE D'AGNEAU POCHÉE AU BEURRE

Pour 4 personnes

4 tranches d'épaule d'agneau	50 g de câpres
1 litre de bouillon de volaille	2 cuillerées à café de zeste de citron non traité
25 cl de vin blanc	1 bouquet de persil
1 gros oignon	1 bouquet de ciboulette
500 g de carottes nouvelles	2 brins d'estragon frais
100 g de beurre	Sel
	Poivre du moulin

PORTEZ à ébullition le bouillon et le vin blanc et ajoutez-y un oignon épluché et grossièrement haché. Plongez la viande dans le bouillon. Portez à ébullition et faites cuire 15 minutes. Ajoutez les carottes épluchées et laissez cuire encore 15 minutes.

Prélevez 1/4 de litre de bouillon, passez-le au tamis, faites-le mijoter quelques instants dans une poêle. Retirez du feu et incorporez immédiatement le beurre froid par petites quantités, puis les câpres, le zeste de citron, le persil, la ciboulette et l'estragon finement hachés. Salez et poivrez. Dressez la viande et les carottes sur un plat chaud et servez avec la sauce.

Accompagnez de pommes de terre.

Variante : vous pouvez remplacer l'épaule par du gigot.

Ci-dessous : *Épaule d'agneau pochée au beurre*

RÔTI DE MOUTON À L'ANGLAISE

À L'AUTOCUISEUR
Pour 4 personnes

800 g de mouton, épaule ou gigot	10 cl de vin rouge
2 gousses d'ail	1 feuille de laurier
2 noix de beurre	Un peu de basilic haché
1 oignon	1 cuillerée à soupe de farine
1 carotte	1 cuillerée à soupe de persil haché
1/2 poireau	Sel
10 cl de bouillon de volaille	Poivre du moulin

ÉCRASEZ l'ail épluché avec le sel. Frottez la viande avec l'ail. Dans l'autocuiseur, faites fondre le beurre et faites bien revenir la viande de tous les côtés. Coupez l'oignon grossièrement, découpez en rondelles la carotte et le 1/2 poireau.

Ajoutez-les à la viande. Versez le bouillon et le vin rouge et ajoutez le laurier et le basilic. Fermez l'autocuiseur et laissez mijoter 45 minutes. Coupez la viande en tranches et réservez-la sur un plat chaud.

Mélangez la farine et un peu d'eau froide, incorporez au nouveau bouillon, portez à ébullition, laissez frémir 5 minutes, passez au tamis, salez, poivrez et ajoutez le persil haché.

Accompagnez de pommes de terre et de haricots verts.

SELLE DE MOUTON

Pour 6 à 8 personnes

1 kg de selle de mouton	1 tomate
Herbes de Provence	1 kg de courgettes
1 oignon	Sel et poivre du moulin

FROTTEZ la viande avec des herbes de Provence et du sel et faites-la cuire 1 heure 15 au four avec un peu d'eau à 225°C (thermostat 7). Dès que le plat commence à brunir, ajoutez un peu d'eau chaude et rajoutez-en au fur et à mesure que le jus s'évapore.

Épluchez l'oignon et la tomate et coupez-les en quatre. Pelez les courgettes, coupez-les en rondelles et ajoutez le tout à la viande 40 minutes avant la fin du temps de cuisson. Salez et poivrez.

Coupez la viande en tranches, servez avec les légumes.

GIGOT D'AGNEAU
AUX HARICOTS ET AUX TOMATES

Pour 4 à 6 personnes

1,5 kg de gigot d'agneau	4 cuillerées à soupe
375 g de haricots blancs	d'huile d'olive
250 g d'oignons	850 g de tomates pelées
375 g de haricots verts	en conserve
1 cuillerée à café	2 ou 3 gousses d'ail
de romarin	Sel
1 cuillerée à café de thym	Poivre du moulin

LAVEZ les haricots blancs, plongez-les dans de l'eau bouillante et laissez cuire 5 minutes. Retirez-les et égouttez-les. Coupez les oignons en quatre. Équeutez et lavez les haricots verts.

Salez et poivrez la viande et frottez-la avec du thym et du romarin. Faites chauffer l'huile, faites-y revenir la viande de tous les côtés, ajoutez les légumes et les tomates avec leur jus, portez à ébullition et ajoutez l'ail épluché et finement haché ou écrasé. Laissez mijoter à couvert pendant 1 heure à 2 heures 30.

Ci-dessous : *Gigot d'agneau
aux haricots et aux tomates*

ÉPAULE D'AGNEAU EN DAUBE

Pour 4 personnes

750 g d'épaule
d'agneau avec os
1 gousse d'ail
1 cuillerée à café de sel
1/2 cuillerée à café
de poivre
grossièrement moulu
3 cuillerées à soupe d'huile

1 oignon
1/2 botte d'oignons
nouveaux
1/2 botte de carottes
1 céleri
2 tomates
10 cl de vin rouge
Persil frais haché

Nettoyez le céleri et coupez-le en lamelles. Laissez mijoter quelques instants les oignons, les carottes et le céleri dans le jus de viande. Ébouillantez les tomates, plongez-les dans l'eau froide, pelez-les, coupez-les en quatre, épépinez-les et ajoutez-les à la viande. Faites cuire au four à 200-225°C (thermostat 6-7) pendant 40 à 45 minutes. Au bout de 20 minutes de cuisson, versez le vin rouge. Saupoudrez la viande de persil et servez. Accompagnez de pommes vapeur.

Ci-dessous : *Épaule d'agneau en daube*

HACHEZ finement l'ail et écrasez-le avec le sel. Frottez la viande avec l'ail, poivrez-la, faites-la revenir des deux côtés dans l'huile dans un plat à four et gardez-la au chaud. Coupez un oignon en quatre. Nettoyez les oignons nouveaux en conservant une partie de la tige et émincez-les. Épluchez les carottes et coupez-les en rondelles.

GIGOT DE MOUTON
AUX CHAMPIGNONS

Pour 6 à 8 personnes

1 kg de gigot de mouton	25 cl de bouillon de bœuf
3 ou 4 gousses d'ail	25 cl de vin rouge
3 ou 4 noix de beurre	1 feuille de laurier
1 petit oignon	5 grains de poivre
1 carotte	1 cuillerée à café
1 navet	de concentré de tomates
1 branche de céleri	500 g de champignons
1 cuillerée à soupe	Sel
de farine	Poivre noir

ÉPLUCHEZ l'ail, piquez la viande en plusieurs endroits et enfoncez-y les gousses d'ail. Salez et poivrez la viande, faites-la revenir de tous les côtés dans le beurre et réservez.

Coupez l'oignon en petits dés. Coupez les légumes en julienne et faites-les revenir avec l'oignon dans le jus de viande. Saupoudrez de farine et faites dorer en remuant. Versez le vin rouge et le bouillon, mélangez bien et portez à ébullition. Ajoutez le laurier, les grains de poivre et le concentré de tomates. Plongez-y la viande et laissez mijoter à couvert durant 2 heures. Lavez les champignons, faites-les blanchir dans de l'eau bouillante salée, passez-les à l'eau froide, égouttez-les et ajoutez-les à la viande 30 minutes avant la fin du temps de cuisson. Accompagnez de pommes dauphine.

Ci-dessus : *Carré de mouton aux haricots verts*

CARRÉ DE MOUTON
AUX HARICOTS VERTS

DANS UN PLAT EN TERRE
Pour 6 personnes

1 kg de carré de mouton	2 cuillerées à soupe
1 litre de lait	de crème fleurette ou
Thym	de lait concentré
600 g de haricots verts	Sel
frais ou surgelés	Poivre du moulin
Un peu de farine	

LAISSEZ la viande mariner 24 heures dans le lait. Puis égouttez-la et retirez la peau et le gras (laissez juste une fine pellicule de graisse). Salez, poivrez et assaisonnez avec du thym.

Déposez la viande et les haricots dans un plat en terre humide, couvrez et faites cuire au four durant 1 heure 45 à 200-225°C (thermostat 6-7). Puis coupez la viande, dressez-la avec les haricots sur un plat chaud et gardez-la au chaud. Liez le jus de cuisson avec un mélange de farine et d'eau, incorporez la crème fleurette et salez.

Ci-contre : *Épaule
d'agneau aux légumes*

ÉPAULE D'AGNEAU
AUX LÉGUMES

Pour 6 personnes

800 g de d'épaule	1 feuille de laurier
d'agneau désossée	3 clous de girofle
2 carottes	10 grains de poivre
1 bouquet de persil	750 g de pommes de
1 petite branche de céleri	terre
1 oignon	1 kg de légumes divers

GRATTEZ les carottes, lavez le persil et nettoyez soigneusement le poireau. Enroulez la viande autour des carottes, du persil et du poireau en fixant le tout avec des cure-dents et plongez le tout dans 1,5 litre d'eau bouillante salée. Épluchez l'oignon, piquez-le de clous de girofle et de laurier et ajoutez-le à la viande avec les grains de poivre. Laissez mijoter 1 heure 30, puis égouttez la viande, coupez-la en tranches et gardez-la au chaud.

Mesurez 50 cl de bouillon, plongez-y les pommes de terre et les légumes coupés en petits morceaux et faites cuire 20 à 25 minutes. Saupoudrez de persil haché et servez.

DAUBE D'AGNEAU
AUX COURGETTES

Pour 6 personnes

800 g de gigot d'agneau	2 gousses d'ail
7 cuillerées à soupe	1/4 de litre de bouillon de
d'huile d'olive	bœuf
2 oignons	4 à 6 petites courgettes
4 à 6 tomates	Gruyère râpé
Persil	Sel et poivre du moulin

COUPEZ la viande en dés. Faites chauffer 4 cuillerées d'huile d'olive dans un plat allant au four et faites-y revenir la viande. Ajoutez les oignons épluchés et grossièrement hachés.

Ébouillantez les tomates, puis plongez-les dans l'eau froide, pelez-les, coupez-les en petits morceaux et ajoutez-les à la viande. Ajoutez également le persil grossièrement haché, le poivre, l'ail épluché et écrasé, le sel et le bouillon et laissez mijoter 1 heure. Coupez les courgettes en rondelles et faites-les revenir rapidement dans 3 cuillerées d'huile d'olive. Salez-les légèrement, étalez-les sur la viande, recouvrez de gruyère râpé et faites gratiner au four 5 à 10 minutes à 225-250°C (thermostat 7-8).

À droite : *Daube d'agneau aux courgettes*

SELLE D'AGNEAU AU ROMARIN

Pour 6 à 8 personnes

1 selle d'agneau
3 gousses d'ail
3 tomates
2 ou 3 oignons
3 cuillerées à soupe d'huile
3 cuillerées à soupe
de romarin

2 ou 3 cuillerées à soupe
de persil haché
1 œuf
2 ou 3 tranches
de pain grillé
Sel
Poivre du moulin

SALEZ et poivrez la viande et frottez-la avec l'ail pelé
écrasé. Lavez les tomates et coupez-les en morceaux
Coupez les oignons en huit. Huilez un plat allant au
four, étalez une cuillerée de romarin, déposez la viand
les tomates et les oignons, ajoutez une autre cuilleré
de romarin et faites cuire au four pendant 1 heure 3(
200-225°C (thermostat 6-7).

Dès que le plat commence à brunir, ajoutez un peu
d'eau chaude. Arrosez la viande de temps en temps e
rajoutez de l'eau au fur et à mesure que le jus
s'évapore. Au bout de 1 heure 15 de cuisson, mélang

SELLE D'AGNEAU PRINTANIÈRE

Pour 6 à 8 personnes

1 selle d'agneau	marjolaine, romarin
1 ou 2 gousses d'ail	2 cuillerées à soupe
3 ou 4 cuillerées à soupe	de maïzena
d'huile d'olive	1 ou 2 cuillerées à soupe
10 cl de vin blanc	de crème fraîche
Herbes : origan, thym,	Sel et poivre du moulin

POUR la marinade, épluchez et écrasez finement l'ail et mélangez-le avec l'huile d'olive, le vin blanc, le sel, le poivre et les herbes. Faites-y mariner la viande pendant 1 heure ou 2. Faites ensuite cuire la viande au four à 200-225°C (thermostat 6-7) pendant 40 à 45 minutes en l'arrosant régulièrement avec la marinade. Puis sortez la viande, laissez-la reposer 5 minutes, coupez-la en tranches et gardez-la au chaud.

Déglacez le jus de cuisson avec un peu d'eau, liez avec un mélange de maïzena et d'eau, salez, poivrez et ajoutez la crème fraîche.

À gauche : *Selle d'agneau au romarin*
Ci-dessous : *Selle d'agneau printanière*

le persil haché, une cuillerée de romarin et l'œuf, salez, poivrez et enduisez la viande. Coupez le pain en petits dés, émiettez-le sur la viande et laissez cuire encore 15 minutes. Passez le jus de cuisson au tamis, salez, poivrez et servez.

Accompagnez de pommes sautées, de tomates grillées, de brocolis ou de pommes de terre en papillotes.

AGNEAU GRILLÉ

Pour 6 personnes

12 côtelettes d'agneau	de livèche ou de sel
6 tranches de rôti	de céleri
d'agneau	1/2 cuillerée à café
2 cuillerées à soupe	de poivre
de persil finement haché	grossièrement moulu
25 cl d'huile d'olive	1/4 de cuillerée à café
1 cuillerée à café	de piment moulu
de romarin	Huile
1 cuillerée à soupe	Sel

MÉLANGEZ le persil, le sel, l'huile d'olive, le romarin, la livèche, le poivre et le piment.

Laissez les viandes mariner quelques minutes dans l'huile aromatisée. Huilez la grille du four et faites griller 3 à 6 minutes sur chaque face.

BROCHETTES D'AGNEAU

Pour 6 personnes

800 g d'épaule d'agneau	1 cuillerée à café
désossée	de gingembre en poudre
5 oignons	2 cuillerées à soupe
1 gousse d'ail	de jus de citron
1 cuillerée à café de sel	2 poivrons rouges
3 cuillerées à soupe	100 g de bacon
d'huile d'olive	4 feuilles de laurier
1 cuillerée à soupe	Thym (facultatif)
de curry	25 cl d'huile

COUPEZ la viande en morceaux de 4 cm. Coupez un oignon en petits dés. Écrasez l'ail avec le sel. Dans un saladier, mélangez l'huile d'olive, l'oignon, l'ail, le curry, le gingembre, le jus de citron et la viande et laissez mariner à couvert pendant 4 heures.

Nettoyez les poivrons en les coupant en deux. Retirez-en le pédoncule, les graines, les membranes blanches et coupez-les en morceaux de 4 cm. Coupez le bacon en morceaux. Épluchez 4 oignons et coupez-les en quatre. Faites alterner tous ces ingrédients et le laurier sur les brochettes et faites cuire dans l'huile ou au gril.

Accompagnez de riz au curry et aux raisins.

Ci-dessous : *Agneau grillé*
À droite : *Brochettes d'agneau*

GIGOT DE MOUTON À LA COMPOTE D'OIGNONS

Pour 10 à 12 personnes

1,5 à 2 kg de gigot de mouton	2 ou 3 carottes
50 g de lard de poitrine	1,2 kg d'oignons
2 ou 3 gousses d'ail	1 noix de beurre
6 cuillerées à soupe de crème fleurette	Thym
	Piment de Cayenne
	Sel
2 cuillerées à soupe d'huile	Poivre du moulin

Épluchez l'ail, piquez la viande en plusieurs endroits et enfoncez-y les gousses. Salez, poivrez et saupoudrez de thym. Faites revenir la viande de tous les côtés dans l'huile. Coupez 2 oignons en quatre, coupez les carottes en morceaux et ajoutez-les à la viande. Faites cuire la viande au four pendant 2 heures à 225-250°C (thermostat 7-8).

Dès que le plat commence à brunir, versez un peu d'eau, puis rajoutez-en au fur et à mesure que le jus s'évapore et retournez la viande de temps à autre. Puis sortez la viande du plat, laissez-la reposer quelques instants à couvert, coupez-la en tranches et gardez-la au chaud.

Pour la sauce, passez le jus de cuisson au tamis, ajoutez de l'eau, donnez un bouillon salez et poivrez.

Préparation de la compote d'oignon : épluchez et émincez le reste des oignons. Coupez le lard en tranches et faites-le revenir dans le beurre, ajoutez les oignons, salez et mouillez avec un peu d'eau. Couvrez et laissez mijoter 20 minutes, sortez le lard, passez la compote d'oignons au mixer, puis faites-la chauffer. Incorporez la crème fleurette, salez, ajoutez du piment de Cayenne et servez avec la viande.

CÔTELETTES D'AGNEAU À L'ANANAS

Pour 6 personnes

12 côtelettes d'agneau de 60 g chacune	1 ou 2 cuillerées à café de basilic haché
4 cuillerées à soupe d'huile d'olive	20 g de beurre
2 cuillerées à café de vinaigre	4 tranches d'ananas au sirop
1/2 cuillerée à café de romarin	3 cuillerées à soupe de xérès
	Feuilles de basilic
	Sel

Mélangez 2 cuillerées d'huile d'olive, le vinaigre, le romarin et le basilic. Laissez mariner la viande 2 heures dans ce mélange, puis salez. Faites ensuite revenir la viande pendant 10 minutes des deux côtés dans 2 cuillerées d'huile d'olive, puis gardez-la au chaud.

Faites fondre le beurre et faites légèrement revenir les rondelles d'ananas coupées en deux. Versez le xérès et laissez cuire un instant. Dressez la viande et l'ananas sur un plat chaud et nappez de sauce. Décorez de feuilles de basilic. Accompagnez de pommes dauphine, de riz ou de pain aillé et de salade.

Ci-dessus, à gauche : *Côtelettes d'agneau à l'ananas*
À droite : *Côtelettes d'agneau à la sauce coriandre*

CÔTELETTES D'AGNEAU
À LA SAUCE CORIANDRE

Pour 4 personnes

4 côtelettes d'agneau
1 gros oignon
2 cuillerées à soupe d'huile
3 cuillerées à café
de coriandre en poudre
1 cuillerée à café de

de gingembre en poudre
1 cuillerée à café de
cumin
1 pot de yaourt
Coriandre fraîche
Sel

POUR la sauce, hachez l'oignon très finement et faites-le revenir dans une casserole avec une cuillerée à soupe d'huile. Ajoutez la coriandre en poudre, le gingembre et le cumin, puis retirez du feu, incorporez le yaourt, salez et réservez au chaud.

Enduisez la viande de 2 cuillerées d'huile, saupoudrez de coriandre fraîche. Mettez-la à griller au four 5 à 7 minutes de chaque côté. Servez avec la sauce. Accompagnez de salade.

Variante : cette sauce se marie également avec du foie d'agneau ou de génisse légèrement arrosé de citron, roulé dans la farine, puis poêlé.

AGNEAU À L'ANANAS GRILLÉ

Pour 6 personnes

1 rôti d'agneau	*1 cuillerée à café*
3 cuillerées à soupe	*de maïzena*
de xérès	*1 ananas*
2 cuillerées à soupe	*4 cuillerées à soupe*
de sauce de soja	*de vin blanc*
1 cube de bouillon	*4 cuillerées à soupe*
de poule	*de miel*
2 cuillerées à café	*25 cl de crème*
de moutarde forte	*fleurette*

MÉLANGEZ le xérès, la sauce de soja, le bouillon de poule et la moutarde, portez à ébullition et liez avec un mélange de maïzena et d'eau, puis couvrez. Coupez la viande en tranches de 1 cm d'épaisseur, badigeonnez-la de sauce et faites-la griller au four 10 minutes de chaque côté. Épluchez un ananas et enfilez-le sur une brochette.

Faites chauffer le vin blanc et incorporez-y le miel. Faites griller l'ananas au four pendant 8 à 10 minutes. Badigeonnez-le au cours de la cuisson du mélange vin et miel. Puis coupez l'ananas grillé en tranches, montez la crème au fouet et servez. Accompagnez de riz.

CÔTELETTES D'AGNEAU AUX POMMES

Pour 4 personnes

4 côtelettes d'agneau	*500 g de pommes*
1 oignon	*2 cuillerées à soupe*
4 cuillerées à soupe d'huile	*de jus de citron*
Gingembre en poudre	*Noix de muscade râpée*
4 noix de beurre	*Sel*

DÉGRAISSEZ la viande et entaillez la peau à intervalles de 2 cm. Épluchez et hachez l'ail, mélangez-le à l'huile et au gingembre. Mettez-y la viande et laissez mariner 1 heure à couvert. Faites ensuite revenir la viande 5 minutes de chaque côté dans 2 noix de beurre, salez et gardez au chaud.

Pour la sauce, coupez les pommes en 4, épépinez-les et faites-les fondre 8 à 10 minutes dans de l'eau. Passez ensuite cette compote au tamis, incorporez le jus de citron, 2 noix de beurre et la noix de muscade. Servez avec la viande.

SELLE D'AGNEAU AUX HERBES ET À LA PURÉE D'ANANAS

Pour 8 à 10 personnes

1,5 kg de selle d'agneau	*de viande*
Herbes : origan, thym	*340 g d'ananas au sirop*
marjolaine, romarin	*1 cuillerée à soupe*
1/2 cuillerée à café	*de sauce de soja*
de gingembre en poudre	*2 grosses cuillerées à café*
1/2 cuillerée à café	*de moutarde*
de sauge	*Un peu de farine*
1/2 cuillerée à café	*mélangée à un peu*
de poivre noir	*d'eau froide*
1/4 de litre de bouillon	*Sel*

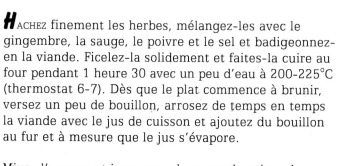

CÔTELETTES D'AGNEAU
À LA COMPOTE D'OLIVES

Pour 4 personnes

4 côtelettes d'agneau	*farcies aux piments*
2 cuillerées à soupe d'huile	*Sel*
150 g d'olives vertes	*Poivre du moulin*

SALEZ et poivrez la viande. Faites-la revenir 5 minutes des deux côtés dans l'huile et gardez-la au chaud. Égouttez les olives (mettez-en 4 de côté pour la décoration), incorporez-les dans le jus de cuisson, écrasez-les grossièrement et laissez-les mijoter.

Puis étalez les olives écrasées sur la viande et garnissez avec les olives que vous avez mises de côté.

À gauche : *Agneau à l'ananas grillé*
Ci-dessous : *Côtelettes d'agneau
à la compote d'olives*

HACHEZ finement les herbes, mélangez-les avec le gingembre, la sauge, le poivre et le sel et badigeonnez-en la viande. Ficelez-la solidement et faites-la cuire au four pendant 1 heure 30 avec un peu d'eau à 200-225°C (thermostat 6-7). Dès que le plat commence à brunir, versez un peu de bouillon, arrosez de temps en temps la viande avec le jus de cuisson et ajoutez du bouillon au fur et à mesure que le jus s'évapore.

Mixez l'ananas et incorporez la sauce de soja et la moutarde 30 minutes avant la fin du temps de cuisson. Badigeonnez la viande de 3 cuillerées à soupe de purée d'ananas. Puis sortez-la et gardez-la au chaud.

Déglacez le jus de cuisson avec un peu d'eau, salez, poivrez, liez avec le mélange de farine et d'eau et donnez un bouillon.

CARPE À LA BIÈRE

Pour 5 à 6 personnes

1 carpe préparée de 1,5 kg	5 tranches de citron
1 gros oignon	100 g de pain d'épice
1 carotte	1 cuillerée à soupe
2 noix de beurre	de raisins secs
1 cuillerée à soupe	1 cuillerée d'amandes,
de farine	effilées
1 demi-litre de bière	Jus de citron
1 feuille de laurier	Sel
2 clous de girofle	Poivre

RINCEZ bien le poisson à l'eau froide, épongez-le et découpez-le en darnes épaisses. Épluchez l'oignon et coupez-le en dés. Épluchez la carotte et coupez-la en bâtonnets. Faites revenir les légumes dans le beurre en les retournant fréquemment, réservez-les au chaud.

Préparation de la sauce : faites fondre le beurre et faites-y blondir la farine en remuant pour obtenir un roux, ajoutez la bière. Fouettez pour éviter les grumeaux, portez la sauce à ébullition, ajoutez l'oignon, la carotte, le laurier, les clous de girofle, le citron, poivrez, salez et laissez frémir pendant 30 minutes.

Passez la sauce au chinois et versez-la dans une grande sauteuse (les darnes de poisson devront pouvoir y prendre place sans se chevaucher), maintenez les légumes au chaud. Émiettez le pain d'épice et ajoutez-le à la préparation avec les raisins secs et les amandes effilées.

Portez à ébullition. Rectifiez l'assaisonnement, salez, arrosez de jus de citron. Disposez les darnes de poisson dans la sauce et laissez-les mijoter à petit feu pendant 20 à 35 minutes. Si la sauce réduisait trop, complétez avec de la bière. Présentez le poisson entouré des légumes sur un plat préalablement chauffé. Accompagnez de pommes vapeur.

MULET AU LARD ET AUX LÉGUMES

Pour 4 personnes

2 mulets d'environ 1 kg	2 oignons
Jus de citron	50 g de beurre
125 g de fines tranches	1 cuillerée à soupe
de lard	de farine
6 tomates pelées	1/4 de litre de crème
2 aubergines de 250 g	Paprika
1 poireau	Sel et poivre

ÉCAILLEZ les poissons, videz-les, coupez les nageoires et la queue. Rincez à l'eau froide sous le robinet, épongez, arrosez de jus de citron et laissez macérer pendant 15 minutes, salez, poivrez.

Bardez le poisson avec des tranches de lard, disposez le lard restant au fond d'un plat allant au four. Coupez les tomates et les aubergines en tranches. Lavez soigneusement le poireau, coupez-le en rondelles et égouttez-le. Émincez l'oignon puis répartissez les légumes sur le lard, déposez les poissons sur cette couche. Garnissez-les de quelques noisettes de beurre et mettez sur la grille du four à 200-225°C (thermostat 6-7) pendant 35 à 40 minutes.

Préparation de la sauce : mélangez la farine et la crème, ajoutez le jus de cuisson, rectifiez l'assaisonnement avec le paprika.

Servez avec des pommes vapeur et une salade.

Ci-contre : *Carpe à la bière*
À droite : *Mulet au lard et aux légumes*

FILETS DE COLIN À LA VAPEUR

À L'AUTOCUISEUR
Pour 4 personnes

4 tranches de colin
1 cuillerée à soupe
de jus de citron
1 noix de beurre
800 g de légumes : chou,

carottes, céleri, poireau
2 tomates
100 g de champignons
de Paris
Sel

VERSEZ 1/4 de litre d'eau dans l'autocuiseur. Arrosez le poisson avec le citron, salez. Nettoyer les légumes et coupez-les en julienne. Blanchissez les tomates dans l'eau bouillante. Passez-les sous l'eau froide, pelez-les et coupez-les en tranches.

Nettoyez les champignons et émincez-les. Mettez les légumes dans le panier de l'autocuiseur, placez le poisson au-dessus, arrosez-le d'une noix de beurre fondu. Placez le panier dans l'autocuiseur.

Fermez, et laissez cuire 8 à 10 minutes. Disposez le poisson dans un plat en le couvrant de légumes, garnissez avec du persil haché.

À droite : *Flétan à la jardinière*
Ci-dessous : *Filets de colin à la vapeur*

FLÉTAN À LA JARDINIÈRE

Pour 4 personnes

4 tranches de flétan (800 g)	de pointes d'asperges
Jus de citron	3 noix de beurre fondu
Paprika	1 petit oignon
Beurre	1 boîte de 200 g de
1 boîte de 250 g	champignons de Paris
de petits pois et	1 cuillerée de farine
de carottes	Sel
1 boîte de 250 g	Poivre

LAVEZ les tranches de flétan à l'eau froide, épongez-les, arrosez-les de jus de citron et laissez macérer pendant environ 15 minutes. Essuyez, salez, poivrez et saupoudrez de paprika. Disposez les darnes de poisson au milieu d'un plat préalablement beurré.

Égouttez les carottes, les petits pois et les asperges ; disposez les légumes autour du poisson, salez, arrosez de 2 noix de beurre fondu et recouvrez le plat d'une feuille d'aluminium. Mettez au four à 200-225°C (thermostat 6-7) pendant 25 minutes environ.

Préparation de la sauce aux champignons : émincez l'oignon. Égouttez les champignons et réservez 1/4 de litre de jus. Faites fondre 1 noix de beurre puis faites revenir les oignons. Ajoutez les champignons et liez avec la farine. Versez-y le jus des champignons et mélangez au fouet. Portez la sauce à ébullition et achevez la cuisson à feu doux pendant 10 minutes environ. Salez, poivrez. Servez avec des pommes à l'anglaise.

POISSON À LA PROVENÇALE

Pour 4 personnes

800 g de lieu ou de colin	1 pincée de sauge fraîche
2 ou 3 oignons nouveaux	1 feuille de laurier
1 poireau	1/8 de litre de vin blanc
400 g de poivrons rouges	150 g de crème fraîche
et verts	1/2 cube de bouillon
3 tomates olivettes	de légumes
2 gousses d'ail	Poivre de Cayenne
30 g de beurre ou	Sel
2 cuillerées d'huile	Poivre
1 pincée de thym	Jus de citron

ÉPLUCHEZ les oignons blancs et émincez-les. Lavez le poireau et coupez-le dans sa longueur puis en morceaux d'environ 1 cm, égouttez le tout.

Coupez les poivrons en deux, ôtez les pépins et les membranes blanches, lavez et coupez en lanières. Faites blanchir les tomates olivettes dans l'eau bouillante, passez-les sous l'eau froide, ôtez la peau et les pépins et coupez-les en dés. Écraser l'ail. Faites chauffer le beurre ou l'huile dans une sauteuse et faites-y revenir les légumes avec le thym et la sauge fraîche, ajoutez la feuille de laurier. Versez le vin blanc, laissez réduire à feu doux pendant 8 à 10 minutes. Lavez le poisson à l'eau froide, épongez-le et coupez-le en dés grossiers.

Mélangez la crème fraîche et le 1/2 cube de bouillon aux légumes, ajoutez les morceaux de poisson, le poivre de Cayenne, salez et rectifiez l'assaisonnement au jus de citron. Faites cuire 10 à 15 minutes. Servez avec du riz ou des pommes à l'anglaise.

BROCHET SUR UN LIT DE LÉGUMES

Pour 4 à 6 personnes

1 brochet paré	250 g de poireaux
d'environ 1,5 kg	250 g de champignons
150 g de lard	de Paris
Jus de 1 citron	250 g de chou rouge
250 g de carottes	Beurre fondu
250 g de céleri	Sel et poivre

À gauche : *Poisson à la provençale*
À droite : *Brochet sur un lit de légumes*

LAVEZ le brochet à l'eau froide, épongez-le. Arrosez-le du jus d'un citron et laissez macérer durant 15 minutes, essuyez et salez à l'intérieur et à l'extérieur, déposez le poisson dans un grand plat beurré.

Lavez les carottes et le céleri, épluchez-les ; nettoyez soigneusement les poireaux, les champignons et le chou rouge. Coupez les légumes en julienne que vous disposerez autour du poisson, salez, arrosez les légumes de beurre fondu.

Recouvrez le plat d'une feuille d'aluminium et mettez à four chaud. Laissez cuire environ 35 minutes à 200-225°C (thermostat 6-7).

DARNES DE POISSON À LA BIÈRE

Pour 4 personnes

4 darnes de poisson,	*1/4 de litre de bière brune*
chacune de 200 g :	*1/4 de litre de bière blonde*
lotte ou cabillaud	*1 cube de bouillon*
Jus de citron	*de viande*
250 g de poireaux	*4 grains de poivre de*
250 g de carottes	*Cayenne*
250 g de céleri	*1 zeste de citron*
1 branche de persil	*non traité*
3 noix de beurre	*Sel et poivre*

RINCEZ le poisson sous l'eau froide, épongez-le, arrosez-le de jus de citron et laissez macérer pendant 15 minutes, salez. Lavez soigneusement poireaux, carottes et céleri. Lavez une branche de persil, découpez les légumes en julienne. Faites chauffer 1 noix de beurre dans une sauteuse et faites-y revenir les légumes.

Mouillez avec la bière brune et la bière blonde tout en remuant et ajoutez le cube de bouillon, le piment, le poivre et le zeste de citron. Couvrez et laissez mijoter à feu doux pendant 20 minutes.

Déposez le poisson dans la sauce, laissez frémir jusqu'à cuisson complète (15 minutes environ). Disposez le poisson sur un plat préalablement chauffé. Mélangez la farine avec 2 noix de beurre fondu et incorporez le mélange à la sauce, faites cuire 2 à 3 minutes, rectifiez l'assaisonnement, selon votre goût, en ajoutant du sel et du poivre.

Nappez le poisson avec la sauce. Servez avec du riz ou des pommes à l'anglaise.

FLÉTAN AUX LÉGUMES

Pour 4 personnes

4 tranches de flétan
chacune de 200 g
Jus de 1 citron
1 carotte
3 oignons nouveaux
2 courgettes
10 cl de vin blanc sec

1 noix de beurre
10 cl de bisque de crabe
400 g de fromage blanc
Fines herbes
Raifort râpé
Sel
Poivre

À gauche : *Darnes de poisson à la bière*
Ci-dessous : *Flétan aux légumes*

RINCEZ les tranches de flétan sous l'eau froide, épongez-les et arrosez-les du jus de citron, laissez macérer pendant 15 minutes, essuyez. Épluchez la carotte, coupez-la en rondelles. Préparez les oignons nouveaux en gardant environ 15 cm de vert, coupez-les grossièrement.

Lavez les courgettes, découpez-les en tranches fines après avoir ôté leurs extrémités. Mettez les légumes dans une casserole avec le vin blanc, le beurre et la bisque de crabe ; portez à ébullition, couvrez et laissez frémir pendant 15 minutes.

Déposez les tranches de flétan sur les légumes, salez, poivrez ; couvrez de nouveau et laissez mijoter pendant 10 minutes à feu doux.

Faites chauffez le fromage blanc, les fines herbes et le raifort râpé au bain-marie, mélangez soigneusement.

Nappez le poisson de 2 ou 3 cuillerées à soupe de cette préparation. Servez le reste en saucière. Accompagnez de pommes persillées.

CABILLAUD À LA CRÉOLE

Pour 4 personnes

800 g de filets de cabillaud	75 g de lard maigre
1 à 2 cuillerées	1 noix de beurre
de jus de citron	Persil haché
1 boîte de 250 g	Sel
de maïs en grains	Poivre

RINCEZ les filets de cabillaud sous l'eau froide, épongez-les et coupez-les en dés d'environ 2 cm, arrosez de jus de citron, laissez macérer pendant 15 minutes, essuyez, salez.

Égouttez le maïs, découpez le lard maigre en dés. Faites revenir les grains de maïs dans le beurre fondu, salez. Beurrez un plat allant au four, mettez le poisson au milieu, disposez le maïs autour du poisson. Recouvrez le plat d'une feuille d'aluminium.

Mettez au four à 225-250°C (thermostat 7-8) durant 25 à 30 minutes. Garnissez avec du persil haché. Servez avec des pommes sautées ou des pommes à l'anglaise.

Ci-dessous : *Lieu aux oignons et au poivre vert*

LIEU AU VIN BLANC

Pour 2 à 3 personnes

400 g de filets de lieu	3 à 4 cuillerées à soupe
Jus de citron	de ketchup
1 oignon	1 cuillerée de persil
2 noix de beurre	haché
10 cl de vin blanc	Sel
150 g de crème fraîche	Poivre

RINCEZ les filets de poisson sous l'eau froide, épongez-les, arrosez-les de jus de citron, laissez macérer pendant 15 minutes, essuyez, salez. Émincez l'oignon. Faites fondre le beurre dans une sauteuse et faites-y revenir l'oignon à feu doux jusqu'à ce qu'il devienne transparent. Ajoutez les filets de lieu et arrosez de vin blanc. Laissez mijoter le poisson à feu doux pendant 10 minutes environ. Disposez-le sur un plat et maintenez au chaud.

Préparation de la sauce : mélangez le *ketchup* à la crème fraîche, ajoutez le jus de cuisson, portez à ébullition, salez, poivrez, puis nappez le poisson avec cette sauce, garnissez de persil haché. Servez avec des pommes à l'anglaise ou du riz.

LIEU AUX OIGNONS ET AU POIVRE VERT

Pour 4 personnes

4 filets de lieu	d'estragon
chacun de 200 g	25 cl de bière
Jus de 1 citron	100 g de crème fraîche
250 g d'oignons	Poivre vert
2 noix de beurre	Sel
1 cuillerée à café	Poivre

RINCEZ le poisson sous l'eau froide, épongez-le. Arrosez-le avec le jus de 1 citron, laissez macérer pendant 15 minutes, essuyez, salez. Émincez les oignons et faites-les fondre dans le beurre. Salez, poivrez et déposez le poisson sur les oignons après avoir ajouté l'estragon.

Couvrez et laissez mijoter à feu doux pendant 10 à 15 minutes. Disposez les filets sur un plat et maintenez au chaud. Mélangez la bière et la crème fraîche et portez à ébullition. Ajoutez les grains de poivre, nappez le poisson avec la sauce. Servez avec des pommes à l'anglaise.

GAMBAS AUX ÉPICES ET AU BEURRE D'AIL

Pour 2 personnes

400 g de gambas surgelées
2 à 3 gousses d'ail
2 noix de beurre
2 à 3 cuillerées à soupe

de xérès
Aneth haché
1 citron
Sel et poivre du moulin

Ci-dessous: *Gambas aux épices et au beurre d'ail*

DECONGELEZ les gambas à température ambiante. Épluchez l'ail et hachez-le finement. Dans une poêle en fonte, faites fondre le beurre avec l'ail, faites-y cuire les gambas pendant 5 minutes environ en les retournant régulièrement. Salez, poivrez, ajoutez le xérès et l'aneth haché.

Présentez les gambas sur un plat préalablement chauffé: garnissez de tranches de citron et d'aneth.

CABILLAUD À LA VAPEUR

Pour 4 personnes

1,2 kg de cabillaud préparé	*3 clous de girofle*
2 cuillerées à soupe	*5 piments secs*
de jus de citron	*1 oignon*
1 bouquet garni	*1 cuillerée à soupe*
1 feuille de laurier	*de vinaigre*
10 grains de poivre	*Sel et poivre*

RINCEZ le poisson sous l'eau froide, épongez-le. Arrosez-le avec le jus de citron, laissez macérer pendant 15 minutes, essuyez, salez. Versez 1/4 de litre d'eau dans la cocotte, salez, ajoutez le bouquet garni, le laurier, le poivre, le piment, les clous de girofle, l'oignon coupé en dés et le vinaigre.

Déposez le poisson dans le panier, couvrez et laissez cuire à la vapeur pendant 20 minutes environ. Présentez le poisson sur un plat préalablement chauffé. Servez avec du beurre fondu et des pommes à l'anglaise.

Variante : cette recette convient également à d'autres variétés de poissons. Le temps de cuisson est différent selon la variété : aiglefin, 20 minutes ; colin, 20 minutes ; lieu, 20 minutes ; julienne, 30 minutes ; sandre (écaillez, videz, coupez les nageoires, gardez la tête), 30 minutes environ ; brochet (écaillez, videz, coupez les nageoires, gardez la tête), 30 minutes environ ; anguille (videz, ôtez la peau et la tête, découpez en morceaux d'environ 5 cm), 20 minutes.

FLÉTAN À L'ÉTUVÉE

Pour 4 personnes

4 tranches de flétan	*10 grains de poivre*
chacune de 200 g	*1 clou de girofle*
2 cuillerées à soupe	*2 piments secs*
de jus de citron	*1 poireau*
1 petit oignon	*Persil*
1 à 2 noix de beurre	*Sel*
1 feuille de laurier	*Poivre*

RINCEZ le poisson sous l'eau froide, épongez-le, arrosez-le de jus de citron, laissez macérer pendant 15 minutes, essuyez, salez et poivrez. Épluchez

À gauche : *Cabillaud à la vapeur*
À droite : *Steak de thon Alhambra*

l'oignon et émincez-le. Faites chauffer le beurre dans une sauteuse et faites-y revenir l'oignon jusqu'à ce qu'il devienne transparent. Ajoutez le poisson et les aromates et laissez cuire à feu doux pendant 8 à 10 minutes.

Déposez le poisson sur un plat préalablement chauffé, décorez avec des rondelles de poireau et du persil haché. Servez avec des pommes à l'anglaise persillées et une sauce hollandaise (voir page 93).

STEAK DE THON ALHAMBRA

Pour 4 personnes

4 tranches de thon,	*1 gros oignon*
chacune de 150 g	*1/8 de litre de vin blanc*
1 gousse d'ail	*4 tomates pelées*
2 noix de beurre	*Origan*
Jus de 1 citron	*Sel*
60 g de farine	*Poivre*

RINCEZ le poisson sous l'eau froide, épongez-le. Arrosez-le avec le jus de citron, laissez macérer pendant 15 minutes, essuyez, salez. Roulez le thon dans la farine.

Frottez une cocotte avec l'ail épluché. Faites-y fondre le beurre, puis faites revenir le thon de chaque côté. Émincez l'oignon, mettez-le dans la cocotte avec les steaks de thon. Coupez les tomates en petits dés et ajoutez-les dans la cocotte, salez, ajoutez l'origan. Versez le vin sur le poisson. Fermez la cocotte et laissez cuire 20 minutes. Servez très chaud.

PAUPIETTES DE COLIN
À LA SAUCE TOMATE

Pour 4 personnes

750 g de filets de colin	30 g de beurre
4 cuillerées à soupe	30 g de farine
de jus de citron	1/4 de litre de vin blanc
Paprika	2 cuillerées à soupe
1 cuillerée à soupe	de concentré de tomates
de moutarde	Tabasco
1 petit oignon	Sel
350 g de tomates	Sel de céleri

RINCEZ le poisson sous l'eau froide, épongez-le, arrosez-le avec 2 cuillerées à soupe de jus de citron. Laissez macérer pendant 15 minutes, essuyez, salez et saupoudrez de sel de céleri. Étalez une fine couche de moutarde sur les filets, roulez les filets et fixez les paupiettes avec un bâtonnet de bois.

Préparation de la sauce tomate : émincez l'oignon, lavez les tomates et faites-les réduire dans le beurre avec les oignons. Ajoutez la farine à feu vif, mélangez bien, mouillez avec le vin blanc et fouettez la sauce pour éviter les grumeaux. Portez la sauce à ébullition et passez au chinois. Rectifiez l'assaisonnement avec le sel de céleri et le paprika, salez, ajoutez le concentré de

tomates, le reste de jus de citron et du *tabasco*. Laissez mijoter le poisson dans la sauce pendant 20 minutes environ.

Conseil : on peut aussi garnir les paupiettes de fines lamelles de cornichons aigres-doux.

ROULEAUX DE LIMANDE
AU VIN BLANC

Pour 4 personnes

750 g de filets de	30 g de farine
limande ou de sole	1/4 de litre de vin blanc
Jus de citron	5 cuillerées à soupe
Beurre	de crème
30 g de beurre	Sel et poivre

RINCEZ les filets sous l'eau froide, épongez-les, arrosez-les avec le jus de citron, laissez macérer pendant 30 minutes, essuyez, salez. Roulez les filets et disposez-les dans un plat allant au four.

Préparation de la sauce : faites fondre le beurre, ajoutez la farine en remuant constamment sans laisser brunir, versez le vin et portez la sauce à ébullition tout en fouettant. Ajoutez la crème, le sel et le jus de citron. Nappez les rouleaux de poisson de sauce. Mettez le plat sur la grille du four à 175-200°C (thermostat 5-6) pendant 25 à 35 minutes.

Ci-dessous : *Paupiettes de colin à la sauce tomate*

MAQUEREAUX AU GRUYÈRE

Pour 4 personnes

4 maquereaux préparés chacun de 250 g environ	4 cuillerées à soupe de vinaigre
1 feuille de laurier	30 g de beurre
6 baies de genièvre	30 g de farine
Quelques grains de moutarde	50 g de gruyère râpé
1 oignon	4 cuillerées à soupe de crème fraîche
2 brins de persil	Sel et poivre

RINCEZ les maquereaux à l'eau froide. Préparez un court-bouillon avec 3/4 de litre d'eau, sel, poivre, vinaigre, laurier, oignon coupé en tranches, genièvre et grains de moutarde. Portez à ébullition et laissez frémir pendant 5 minutes. Plongez le poisson dans le court-bouillon, portez à ébullition et achevez la cuisson à feu doux, 10 minutes. Sortez les poissons et maintenez-les au chaud.

Préparation de la sauce : passez le fumet de poisson au chinois et gardez-en 40 cl. Faites fondre le beurre dans une casserole et mélangez-y la farine en remuant constamment. Ajoutez le fumet de poisson et portez la sauce à ébullition. Fouettez sans cesse pour éviter la formation de grumeaux, réduisez le feu et laissez cuire pendant 3 minutes en continuant de fouetter. Ajoutez le gruyère râpé et la crème. Rectifiez l'assaisonnement et nappez les poissons avec la sauce.

ANGUILLES AU VERT

Pour 4 personnes

1 kg d'anguilles préparées	1 jaune d'œuf
1 tasse de persil haché	4 cuillerées à soupe de crème
1 feuille de sauge hachée	
8 feuilles d'estragon haché	1 cuillerée à soupe de jus de citron
1/4 de litre de vin blanc	
1 noix de beurre	1 cuillerée à soupe d'aneth haché
1 cuillerée à soupe de farine	Sel et poivre

RINCEZ les anguilles à l'eau froide, séchez-les, ôtez les arêtes et coupez les poissons en morceaux de 5 cm. Dans une casserole, chauffez le vin blanc avec la moitié du persil, la sauge et l'estragon. Portez à ébullition et plongez-y les morceaux d'anguilles, salez, couvrez et laissez mijoter 15 minutes. Retirez le poisson et réservez-le au chaud.

Préparation de la sauce : faites fondre le beurre et mélangez la farine tout en remuant. Versez-y peu à peu le fumet de poisson, tout en fouettant pour éviter les grumeaux. Portez à ébullition et achevez la cuisson à feu doux sans arrêter de remuer.

Incorporez, dans cette préparation, le jaune d'œuf, la crème, le jus de citron, le reste de persil et l'aneth ; salez, poivrez. Rectifiez l'assaisonnement selon votre goût et nappez de cette sauce les morceaux d'anguilles que vous aviez réserviez au chaud.

Accompagnez avec des pommes vapeur.

Ci-dessous : *Anguilles au vert*

BROCHET EN BLANQUETTE

Pour 4 personnes

1 brochet de 1,5 kg	1 cuillerée à soupe
Vinaigre	de câpres
50 g de beurre	2 filets d'anchois
35 g de farine	1 jaune d'œuf
1/2 litre de bouillon	2 cuillerées à soupe
de viande	de crème
150 g de champignons	Vin blanc
de Paris	Sel et poivre

ÉCAILLEZ et videz le poisson, rincez-le à l'eau froide, séchez-le. Découpez-le en portions et arrosez de vinaigre, laissez macérer pendant 30 minutes, salez. Faites saisir les morceaux de poisson dans 2 noix de beurre et achevez la cuisson à feu doux (20 minutes environ).

Préparation de la sauce : faites revenir les champignons à la poêle dans un peu de beurre. Faites fondre 30 g de beurre dans une casserole, mélangez-y la farine, mouillez avec le bouillon de viande et portez à ébullition en fouettant pour éviter les grumeaux. Laissez cuire pendant 5 minutes en remuant sans cesse. Ajoutez champignons, câpres et filets d'anchois hachés. Laissez mijoter quelques minutes. Incorporez le jaune d'œuf et la crème, salez, rectifiez l'assaisonnement avec du poivre et du vin blanc. Nappez le poisson avec la sauce.

Ci-dessous : *Brochet en blanquette*
À droite : *Poisson Stroganov*

MOULES À LA MARINIÈRE

Pour 2 personnes

1 kg de moules de bouchot	de persil haché
2 petits oignons	40 cl de vin blanc
50 g de beurre	1 gousse d'ail
1 bouquet garni	Sel
1 cuillerée à soupe	Poivre

NETTOYEZ bien les moules à l'eau froide, brossez-les et ébarbez-les. Rincez-les jusqu'à obtenir une eau claire, jetez les moules ouvertes. Émincez les oignons. Faites fondre le beurre dans une casserole et faites-y revenir les oignons. Ajoutez le vin blanc, le persil, le bouquet garni, salez, poivrez. Laissez frémir quelques minutes.

Plongez les moules dans ce court-bouillon et faites chauffer, en remuant sans cesse, pendant 10 minutes jusqu'à ce qu'elles s'ouvrent ; jetez celles qui restent fermées. Disposez-les dans un plat creux. Rectifiez l'assaisonnement du jus de cuisson et versez-le sur les moules.

POISSON STROGANOV

Pour 2 personnes

400 g de filets de poisson :	1 cuillerée à soupe
cabillaud ou aiglefin	de maïzena
Jus de citron	2 cuillerées à soupe
1 gros oignon	de crème fraîche
1 cuillerée à soupe	Concentré de tomates
de câpres	Paprika
25 cl de bouillon	2 cornichons aigres-doux
de viande	Persil haché
Moutarde	Sel et poivre

RINCEZ les filets de poisson à l'eau froide, essuyez-les, arrosez-les de jus de citron et laissez macérer pendant 15 minutes. Émincez l'oignon. Portez à ébullition le bouillon de viande avec l'oignon et les câpres, laissez bouillir pendant 5 minutes. Liez avec la maïzena et ajoutez le concentré de tomate allongé d'eau, la moutarde, le paprika et les cornichons découpés en fines lamelles. Salez, poivrez, rectifiez l'assaisonnement au jus de citron. Portez la sauce à ébullition. Ajoutez la crème.

Découpez les filets de poisson en gros dés et faites-les cuire pendant 10 à 15 minutes à feu doux dans la sauce. Servez dans un plat creux préalablement chauffé et garnissez de persil haché.

BLANQUETTE DE POISSON

Pour 4 personnes

750 g de filets de poisson : cabillaud ou aiglefin	Vin blanc
	Sel de céleri
	Paprika
Jus de citron	2 jaunes d'œuf
30 g de beurre	2 cuillerées à soupe
35 g de farine	de crème fraîche
1/2 litre de bouillon de viande	Tranches de citron
	Persil haché
1 cuillerée à soupe de câpres	Tomates
	Sel

RINCEZ les filets de poisson à l'eau froide, essuyez-les, arrosez-les de jus de citron. Laissez macérer 15 minutes, salez. Découpez le poisson en dés grossiers.

Préparation de la sauce : faites fondre le beurre et ajoutez la farine en remuant. Mouillez avec le bouillon et portez à ébullition en fouettant pour éviter les grumeaux. Déposez les filets dans la sauce. Salez, ajoutez les câpres, le vin blanc, le jus de citron, le sel de céleri et le paprika. Laissez mijoter 10 à 15 minutes, à feu doux. Retirez le poisson. Liez la sauce avec les jaunes d'œuf battus avec la crème, rectifiez l'assaisonnement. Servez la blanquette dans une couronne de riz aux fines herbes, décorez de tranches de citron, de quartiers de tomates et de persil haché.

FILETS DE SOLE À LA MOUTARDE

Pour 2 à 4 personnes

12 filets de sole, soit 600 g environ	15 cl de lait
	15 cl de bouillon de viande
1/8 de litre de vin blanc	
6 grains de poivre	2 cuillerées à soupe de moutarde
Quelques grains de moutarde	
	100 g de crème
1 rondelle de citron	Jus de 1 citron
25 g de beurre	Sel
25 g de farine	Poivre

ROULEZ les filets de sole, rincés à l'eau froide et essuyés, et maintenez-les avec des pique-olives. Ajoutez au vin blanc l'eau, les grains de poivre, les grains de moutarde, le citron et le sel. Portez à ébullition. Déposez-y les filets de sole et laissez cuire 10 minutes à feu doux. Sortez les filets de sole du fumet, déposez-les sur un plat chaud.

Ci-contre : Blanquette de poisson

Préparation de la sauce : faites fondre le beurre, mélangez avec la farine en remuant, versez le lait et le bouillon. Portez la sauce à ébullition en fouettant sans cesse pour éviter les grumeaux. Faites cuire 5 minutes, à feu doux, tout en remuant. Incorporez moutarde, crème et jus de citron, salez, poivrez. Nappez le poisson avec une partie de la sauce et servez le reste en saucière. Servez avec du riz au curry ou avec des petits pois.

Ci-dessous : *Paupiettes de poisson*

PAUPIETTES DE POISSON

À L'AUTOCUISEUR
Pour 4 personnes

4 filets de lieu, soit 750 g environ	2 noix de beurre
	1 à 2 cuillerées à soupe de farine
Jus de 1/2 citron	
8 tranches de lard maigre	100 g de crème
Moutarde	Sel
750 g de poireaux	Poivre

RINCEZ les filets de poisson à l'eau froide, essuyez-les. Arrosez-les de jus de citron, laissez macérer 15 minutes, salez. Roulez chaque filet de poisson entre deux tranches de lard, après avoir enduite celle du dessus d'une fine couche de moutarde. Lavez les poireaux et coupez-les en morceaux de 2 cm. Faites fondre le beurre dans l'autocuiseur, mettez-y les poireaux. Salez, poivrez, ajoutez 1/8 de litre de d'eau et laissez réduire à feu doux. Disposez les paupiettes de poisson sur les poireaux, fermez la cocotte et laissez cuire environ 8 minutes. Avant de servir, liez les poireaux avec la farine et la crème, rectifiez l'assaisonnement. Servez avec des pommes persillées et une salade de tomates.

LIEU À LA SAUCE TOMATE

À L'AUTOCUISEUR
Pour 4 personnes

4 filets de lieu	70 g de concentré de
chacun de 200 g	tomates
1 cuillerée à soupe	1 cuillerée à café
de jus de citron	de poivre vert concassé
750 g de tomates olivettes	2 cuillerées à soupe
1 oignon moyen	de crème
2 gousses d'ail	1 à 2 cuillerées à soupe
2 cuillerées à soupe	de basilic haché
d'huile d'olive	Sel
50 g de lard maigre	Poivre

RINCEZ les filets de poisson à l'eau froide, essuyez-les. Arrosez-les de jus de citron et laissez macérer pendant 15 minutes, salez. Plongez les tomates dans l'eau bouillante et passez-les à l'eau froide. Pelez-les, coupez-les en petits dés. Émincez l'oignon et l'ail. Faites chauffer l'huile dans l'autocuiseur, ajoutez les oignons, l'ail et les tomates, salez, poivrez.

Préparation de la sauce : découpez le lard en dés, ajoutez-le aux tomates ainsi que le concentré de tomates allongé d'eau, le poivre vert, la crème et le basilic. Essuyez bien le poisson, ajoutez-le à la sauce, salez, poivrez. Fermez l'autocuiseur et laissez cuire pendant 3 minutes. Laissez lentement s'échapper la vapeur, ouvrez la cocotte et disposez le poisson sur un plat préalablement chauffé. Passez la sauce au chinois, liez-la à un beurre manié si elle est trop liquide. Servez avec des pommes vapeur.

Ci-dessous : *Lieu à la sauce tomate*

FILETS DE LIEU PANÉS

Pour 4 personnes

750 g de filets de lieu	Farine
2 cuillerées à soupe	75 g de chapelure
de jus de citron	80 g de beurre
1 œuf	Sel et poivre

RINCEZ les filets de poisson à l'eau froide, essuyez-les, découpez-les en portions. Arrosez de jus de citron et laissez macérer pendant 15 minutes, salez, poivrez.

Battez un œuf, plongez les filets de poisson dans l'œuf battu. Enduisez chaque côté des filets de farine puis de chapelure. Faites chauffer le beurre et faites-y dorer les filets de poisson 5 à 6 minutes de chaque côté.

AIGLEFIN À L'ÉTUVÉE

Pour 4 personnes

1,5 kg d'aiglefin préparé	Tranches de citron
Jus de citron	Persil
Beurre	Sel

Ci-dessus : *Filets de lieu panés*

Rincez le poisson à l'eau froide, essuyez-le. Arrosez de jus de citron, salez, poivrez et garnissez de noisettes de beurre. Posez le poisson sur un plat allant au four, couvrez avec un plat retourné et mettez au four à 175-200°C (thermostat 5-6) pendant 40 minutes.

Garnissez de persil et de tranches de citron. Servez avec des pommes vapeur et une salade composée. Cette recette convient également à d'autres variétés de poissons : colin, cabillaud, julienne, 10 à 12 minutes, filets de sole, 15 minutes.

COLIN AUX AMANDES

Pour 2 personnes

2 filets de colin
de 200 g environ
Jus de citron
2 cuillerées à soupe
de farine
1 œuf battu
4 cuillerées à soupe
de chapelure
1 cuillerée à soupe d'huile

200 g de fromage blanc
Fines herbes
1 noix de beurre
4 cuillerées à soupe
d'amandes effilées
Persil
Tranches de citron
non traité
Sel et poivre

RINCEZ les filets de poisson à l'eau froide, essuyez-les. Arrosez-les de jus de citron, laissez-les macérer pendant 15 minutes, salez, poivrez. Roulez le poisson dans la farine, puis dans l'œuf battu et enfin dans la chapelure.

Faites chauffez l'huile dans une poêle et laissez-y dorer le poisson des deux côtés une dizaine de minutes. Disposez le poisson sur un plat préalablement chauffé. Battez le fromage blanc, ajoutez-y les fines herbes et étalez-les sur le poisson. Faites griller les amandes et répartissez-les sur les filets de poisson. Décorez avec du persil et des tranches de citron. Servez avec des pommes à l'anglaise.

FILETS DE SOLE PANÉS

Pour 4 personnes

8 filets de sole	2 noix de beurre
Jus de citron	Amandes effilées
Beurre fondu	et grillées
Chapelure	Sel et poivre

Rincez les filets de sole à l'eau froide, essuyez-les. Arrosez-les de jus de citron, laissez-les macérer pendant 30 minutes, salez, poivrez. Nappez les filets de beurre fondu et passez-les dans la chapelure. Chauffez le beurre dans une poêle et faites dorer les filets de sole des deux côtés pendant 5 à 10 minutes. Décorez avec les amandes, servez aussitôt.

SANDRE FARCI

Pour 3 à 4 personnes

1 sandre préparé de 1 kg	3 tranches fines
Jus de citron	de lard maigre
1 morceau de pain rassis	1 boîte de 250 g de
1 oignon	champignons de Paris
250 g de bœuf haché	Sel et poivre
1 œuf	
1 cuillerée à café	
de moutarde	
Fines herbes	
100 g de crème fraîche	
2 cuillerées à café	
de maïzena	

Rincez le poisson à l'eau froide, essuyez-le. Arrosez-le de jus de citron, laissez-le macérer pendant 15 minutes.

Préparation de la farce : ramollissez le pain dans l'eau et essorez-le bien. Épluchez et émincez l'oignon, mélangez la viande hachée avec le pain et l'oignon. Ajoutez œuf, moutarde, sel, poivre et la moitié des fines herbes.

Salez et poivrez le sandre à l'intérieur et à l'extérieur, farcissez-le et déposez-le sur un plat à four. Coupez les tranches de lard en deux et disposez-les sur le sandre. Mettez au four chaud, sans couvrir, pendant 1 heure à 200°C (thermostat 6).

Égouttez les champignons, réservez leur jus et coupez-les en deux. Ajoutez-les au poisson 20 minutes avant la fin de la cuisson. Versez 1/4 de litre du jus des champignons dans une casserole, mélangez à la crème, à la maïzena et aux fines herbes restantes. Portez à ébullition salez, poivrez et servez avec le poisson.

À gauche : *Colin aux amandes*
Ci-dessous : *Sandre farci*

TRUITE MEUNIÈRE

Pour 4 personnes

4 truites préparées en	*50 g de beurre*
portions de 150 à 300 g	*Sauce Worcester*
Jus de citron	*Persil haché*
Farine	*1 citron en rondelles*
4 cuillerées à soupe d'huile	*Sel*

Arrosez de jus de citron les truites rincées à l'eau froide et bien essuyées. Salez et roulez-les dans la farine. Faites chauffer l'huile et faites-y cuire les poissons des deux côtés une dizaine de minutes. Videz l'huile de la poêle. Faites fondre le beurre autour des poissons que vous retournerez dans le beurre mousseux. Disposez les poissons sur un plat chaud. Déglacez le beurre de cuisson avec le jus de citron et la sauce *Worcester*, nappez-en les truites. Décorez de persil haché. Servez avec des pommes de terre au beurre et une salade verte.

ARROSEZ de jus de citron les harengs rincés à l'eau froide et bien essuyés. Laissez macérer pendant 15 minutes. Salez et poivrez à l'intérieur. Faites dorer les lardons et réservez-les. Faites dorer les poissons dans du lard fondu. Émincez les oignons épluchés et répartissez-les autour des poissons, cuisez à feu doux 10 minutes. Disposez les poissons sur un plat chaud. Achevez la cuisson des lardons et des oignons dans la poêle et garnissez-en les poissons. Décorez avec de l'aneth, du persil et des tranches de citron. Servez avec des pommes de terre en robe des champs et une salade verte.

FRICANDEAUX DE COLIN

Pour 4 personnes

500 g de filets de colin	1 cuillerée à soupe
1 morceau de pain rassis	de moutarde
Jus de 2 citrons	1 œuf
1 oignon moyen	1 cuillerée à soupe
1 cuillerée à soupe d'huile	de persil haché
Chapelure	Sel
60 g de beurre	Poivre

FAITES ramollir le pain dans de l'eau froide. Arrosez, de jus de citron, les filets de colin rincés et essuyés. Laissez macérer pendant 30 minutes. Hachez le pain et les filets de poisson. Épluchez l'oignon, hachez-le fin et faites-le fondre dans l'huile. Ajoutez l'œuf, le persil, l'oignon, le jus de 1 citron et la moutarde au hachis de poisson, mélangez, salez, poivrez. Reconstituez les filets et roulez-les dans la chapelure. Faites chauffer le beurre dans une poêle et faites-y dorer les fricandeaux des deux côtés pendant une dizaine de minutes. Servez avec une salade de pommes de terre et une sauce rémoulade.

Ci-contre : *Truite meunière*
Ci-dessous : *Harengs poêlés au lard*

HARENGS POÊLÉS AU LARD

Pour 4 personnes

8 petits harengs frais	1 tranche de lard
préparés	2 petits oignons
Jus de 1 citron	Aneth, persil
150 g de lardons fumés	Sel et poivre

LIMANDE POÊLÉE

Pour 4 personnes

4 limandes préparées de 300 g	Farine
2 cuillerées à soupe de jus de citron	80 g de beurre
	Sel
	Poivre

RINCEZ les limandes sous l'eau froide, essuyez et arrosez-les de jus de citron et laissez-les

macérer 30 minutes. Salez intérieur et extérieur. Roulez les limandes dans la farine. Faites chauffer le beurre dans une poêle et faites dorer les poissons des deux côtés 6 à 8 minutes. Servez avec une salade de pommes de terre ou un riz aux fines herbes. Cette recette peut convenir à d'autres variétés de poissons, avec un temps de cuisson différent : truite de 300 g, 8 à 10 minutes ; sole de 250 g, 5 à 7 minutes.

LIMANDE AU LARD

Pour 4 personnes

4 limandes préparées de 300 g	2 cuillerées d'huile
Jus de citron	200 g de lard maigre en tranches
Farine	Sel et poivre

ARROSEZ de jus de citron les limandes rincées sous l'eau froide et essuyées. Laissez-les macérer 30 minutes. Salez, poivrez. Roulez les limandes dans la farine. Chauffez l'huile et faites-y revenir le lard. Ajoutez les poissons et faites dorer chaque côté. Laissez cuire 15 à 20 minutes. Disposez les limandes sur un plat chaud. Garnissez avec le lard. Décorez avec des tranches de citron.

Ci-dessous : *Limande poêlée*

Ci-dessus : *Poisson au curry*

POISSON AU CURRY

Pour 2 à 3 personnes

400 g de filets de poisson	*de vin blanc*
Jus de citron	*1 cuillerée à café de sucre*
2 noix de beurre	*1 cuillerée à café de curry*
1 pomme	*1 cuillerée à soupe*
150 g de crème fraîche	*de chutney à la mangue*
1 cuillerée à soupe	*Sel et poivre*

RINCEZ les filets de poisson sous l'eau froide, essuyez-les, arrosez-les de jus de citron et laissez-les macérer pendant 15 minutes. Salez et poivrez.

Faites fondre le beurre dans un plat allant au four, disposez-y les filets de poisson. Épluchez la pomme, ôtez les pépins et coupez-la en petits dés. Mélangez la crème fraîche avec le vin blanc, le curry et le *chutney* à la mangue, salez, poivrez, ajoutez les pommes. Couvrez les filets de poisson de cette préparation. Mettez le plat sur la grille du four à 175-200°C (thermostat 5-6) pendant 30 minutes. Servez avec du riz.

COLIN AUX ÉPINARDS

Pour 4 personnes

750 g de filets de colin,	*2 noix de beurre*
de lieu ou de cabillaud	*150 g de crème fraîche*
2 cuillerées à soupe	*1 cuillerée à soupe*
de jus de citron	*de parmesan râpé*
450 g d'épinards surgelés	*Sel*
à la crème	*Poivre*

RINCEZ les filets de poisson sous l'eau froide, essuyez-les, arrosez-les de jus de citron et laissez-les macérer pendant 30 minutes. Salez et poivrez.

Faites dégeler les épinards en suivant les indications du paquet. Disposez la moitié des filets dans un plat allant au four préalablement beurré. Répartissez les épinards sur le poisson et recouvrez avec les filets restants. Mélangez la crème fraîche avec le parmesan et couvrez-en le poisson. Glissez le plat sur la grille du four à 200-225°C (thermostat 6-7) pendant 35 à 40 minutes.

TRUITE À LA FLORENTINE

Pour 4 personnes

4 truites préparées de 200 g	60 g de beurre
600 g d'épinards	Jus de citron
en branches surgelés	3 cuillerées à soupe
80 g de lard maigre	de vin blanc
1 oignon	150 g de crème fraîche
3 à 4 cuillerées à soupe	Sel
de farine	Poivre

FAITES décongeler les épinards à température ambiante. Coupez le lard en petits dés et laissez-le fondre à feu doux dans une poêle, ajoutez les épinards et poursuivez la cuisson à petit feu pendant quelques minutes, salez, poivrez. Répartissez les épinards dans un plat allant au four préalablement beurré.

Rincez les truites sous l'eau froide, essuyez-les, arrosez-les de jus de citron à l'intérieur et à l'extérieur et laissez-les macérer pendant 15 minutes. Salez, poivrez et roulez les poissons dans la farine. Faites chauffer le beurre dans une poêle et faites-y dorer les truites des deux côtés.

Disposez les truites sur les épinards. Mélangez la crème fraîche et le parmesan et couvrez-en le poisson. Glissez le plat sur la grille du four et laissez cuire à 200°C (thermostat 6) pendant 20 à 25 minutes. Déglacer les sucs de cuisson avec le vin blanc, passez au chinois, mélangez à la crème fraîche et nappez les truites de cette préparation en fin de cuisson.

Ci-dessous : *Truite à la florentine*

CABILLAUD FARCI
À LA PERSILLADE

Pour 4 personnes

1 cabillaud préparé de 1,5 kg	2 à 3 cuillerées à soupe
Jus de citron	de persil frisé haché
1 botte d'oignons nouveaux	2 tomates
50 g de beurre	Sauce Worcester
2 à 3 cuillerées à soupe	Sel
de persil plat haché	Poivre

RINCEZ le poisson sous l'eau froide, essuyez-le, arrosez-le de jus de citron et laissez-le macérer pendant 30 minutes. Salez, poivrez à l'intérieur et à l'extérieur.

Ci-dessus : *Cabillaud farci à la persillade*

Préparation de la farce : épluchez les oignons en laissant 15 cm de vert, coupez-les en rondelles. Faites chauffer le beurre et faites-y fondre les oignons à feu doux, ajoutez le persil haché. Salez, poivrez et laissez cuire à petit feu, rectifiez l'assaisonnement avec la sauce *Worcester*.

Étalez une feuille d'aluminium sur la tôle du four et placez le poisson sur le dos, remplissez-le de persillade. Lavez les tomates, coupez-les en tranches et disposez-les sur le poisson, salez, poivrez. Repliez l'aluminium pour former une papillote et faite cuire au four à 200°C (thermostat 6) pendant 45 minutes.

Servez avec des pommes sautées et une salade verte.

BROCHET FARCI GRATINÉ

Pour 4 personnes

1 brochet préparé de 1,5 kg	1 cuillerée à soupe
Jus de 1 citron	de moutarde
1 morceau de pain rassis	100 g de lard gras
1 petit oignon	4 tranches de gruyère
60 g de champignons de	1 cuillerée rase de maïzena
Paris émincés en conserve	2 cuillerées à soupe
250 g de bœuf haché	de ketchup
1 œuf	Tomates
1 cuillerée à soupe	Sel
de persil haché	Poivre

RINCEZ le poisson sous l'eau froide, essuyez-le, arrosez-le de jus de citron à l'intérieur et à l'extérieur. Laissez-le macérer pendant 15 minutes, salez, poivrez.

Préparation de la farce : faites ramollir le pain dans l'eau froide. Épluchez l'oignon et émincez-le. Égouttez les champignons en réservant le jus. Ajoutez ces ingrédients à la viande hachée et mélangez intimement avec l'œuf, le persil et la moutarde. Farcissez le poisson de cette préparation.

Garnissez le milieu d'une feuille d'aluminium de bardes de lard gras et déposez-y le poisson. Formez une papillote bien hermétique. Déposez sur la lèchefrite du four à 225-250°C (thermostat 7-8). Au bout de 50 minutes de cuisson, ouvrez la papillote et recueillez le fumet de cuisson. Faites huit entailles sur les flancs du brochet et introduisez-y le gruyère. Achevez par une cuisson au four de 5 à 10 minutes.

Préparation de la sauce : mélangez le fumet de poisson au jus des champignons pour obtenir 1/4 de litre. Liez la sauce à la maïzena, donnez un bouillon, ajoutez le *ketchup*, salez, poivrez. Décorez le poisson de tranches de tomates et de persil. Servez la sauce à part.

Servez avec des pommes vapeur ou des pommes rissolées et une salade verte.

TRUITES EN CHEMISE

Pour 4 personnes

4 truites préparées de 200 g	12 fines tranches
1 piment de Cayenne	de lard maigre
Paprika doux	200 g de crème
2 noix de beurre	Sel et poivre

RINCEZ les truites sous l'eau froide, essuyez-les, salez et poivrez à l'intérieur et à l'extérieur. Beurrez un plat à four. Emmaillotez les truites dans le lard et déposez-les sur le plat. Faites cuire au four à 200-225°C (thermostat 6-7) pendant 20 minutes. Salez, poivrez la crème, ajoutez le piment de Cayenne et le paprika et versez sur les truites au bout de 15 minutes de cuisson. Achevez la cuisson au four (5 minutes).

Servez avec les pommes persillées, une salade d'endives, de laitue ou de tomates.

Ci-contre : *Truites en chemise*
Ci-dessous : *Paupiettes de colin à la sauce piquante*

PAUPIETTES DE COLIN À LA SAUCE PIQUANTE

Pour 4 personnes

750 g de filets de colin	de moutarde
2 cuillerées à soupe	150 g de crème fraîche
de jus de citron	2 cuillerées à soupe
1 oignon	de madère
50 g de lard maigre	30 g de gruyère râpé
2 cornichons au vinaigre	5 noix de beurre
2 cuillerées à café	Sel et poivre

ARROSEZ de jus de citron les filets de colin rincés sous l'eau froide et essuyés. Laissez macérer 30 minutes. Salez, poivrez. Découpez les filets en morceaux moyens, roulez et maintenez-les à l'aide d'un bâtonnet. Beurrez un plat à four et disposez-y les paupiettes de poisson.

Préparation de la sauce : épluchez l'oignon et émincez-le, coupez le lard en petits lardons. Faites-les fondre dans une poêle et faites dorer les oignons. Réservez. Coupez les cornichons en dés, mélangez aux lardons, ajoutez la moutarde et la crème fraîche, salez, poivrez et mouillez avec le madère.

Versez la sauce sur le colin, garnissez de gruyère râpé et de noisettes de beurre et faites cuire au four à 200-225°C (thermostat 6-7) pendant 25 à 35 minutes.

FILETS DE CABILLAUD GRATINÉS

Pour 4 personnes

400 g de filets de cabillaud
4 tranches de jambon blanc
Jus de 1 citron
2 oignons
5 tomates
150 g de champignons de
Paris émincés en conserve
2 yaourts nature
1 bouquet de ciboulette

1 bouquet d'aneth
1 bouquet de persil
Paprika doux
2 noix de beurre
2 cuillerées à soupe
de chapelure
150 g de gruyère râpé
Sel
Poivre

RINCEZ les filets de poisson sous l'eau froide, essuyez-les, arrosez-les de jus de citron. Laissez-les macérer pendant 15 minutes, salez, poivrez.

Émincez les oignons. Coupez le jambon en petits dés et faites-les revenir dans une poêle avec les oignons. Lavez les tomates et coupez-les en tranches. Égouttez les champignons. Mélangez le yaourt avec la ciboulette, l'aneth, le persil et le paprika, salez, poivrez. Beurrez un plat long allant au four, déposez-y les filets de poisson et les oignons, le jambon, les champignons et les tomates. Nappez le tout de sauce au yaourt. Saupoudrez de chapelure et de gruyère râpé, ajoutez quelques noisettes de beurre. Faites cuire au four à 200-225°C (thermostat 6-7) pendant 20 minutes. Servez avec du riz au curry.

THON À LA SAUCE TOMATE

Pour 4 personnes

4 tranches de thon de 200 g
2 poivrons rouges
3 à 4 tomates
1 piment vert
2 bouquets de persil plat
3 gousses d'ail
300 g d'oignons
4 cuillerées à soupe
d'huile

1 cuillerée à soupe
de paprika
1 cube de bouillon
de viande
250 g de champignons
de Paris
4 cuillerées à soupe d'huile
Sel
Poivre

COUPEZ les poivrons en deux, ôtez les pépins et les membranes blanches, émincez-les.

Préparation de la sauce : plongez les tomates dans l'eau bouillante, passez-les sous l'eau froide, pelez-les, ôtez les pépins et coupez les tomates en petits morceaux. Épépiner le piment et hachez-le. Lavez et égouttez le persil, hachez-le finement.

Émincez l'ail et les oignons. Faites chauffer l'huile dans une sauteuse et faites-y réduire l'ail et les

HUÎTRES GRATINÉES

Pour 4 personnes

2 douzaines d'huîtres	Moutarde
50 à 75 g de beurre	Ail
1 cuillerée à soupe	Chapelure
de persil haché	50 g de gruyère râpé
Aneth	Sel et poivre

LAVEZ soigneusement les huîtres puis ouvrez-les, videz leur jus, coupez les barbes. Extrayez-les de leur coquille, lavez-les de nouveau.

Faites fondre le beurre et ajoutez le persil, l'aneth, la moutarde et l'ail, mélangez. Rectifiez l'assaisonnement, laissez refroidir. Emplissez les coquilles de ce mélange et déposez-y les huîtres. Saupoudrez de chapelure et de gruyère râpé.

Ajoutez une noisette de beurre sur chaque huître. Faites cuire au four à 200°C (thermostat 6) pendant 5 minutes. Décorez avec des tranches de citron.

oignons. Ajoutez les poivrons, les tomates, le piment et le persil, laissez cuire à feu doux durant 10 minutes sans cesser de remuer. Salez, poivrez, rectifiez l'assaisonnement avec le paprika et le bouillon dilué dans un verre d'eau. Rincez le thon sous l'eau froide, essuyez-le et ajoutez-le à la sauce tomate. Couvrez la sauteuse, laissez cuire pendant 30 minutes à feux doux.

Émincez les champignons, répartissez-les sur le poisson et achevez la cuisson quelques minutes. Servez avec des pommes à l'anglaise ou du riz.

Ci-contre : *Huîtres gratinées*

FILETS DE BROCHET POÊLÉS

Pour 4 personnes

4 filets de brochet	1 cuillerée à soupe d'huile
Jus de citron	Persil
50 g de lard gras	Sel

RINCEZ les filets de poisson à l'eau froide, essuyez-les. Arrosez-les de jus de citron et laissez-les macérer pendant 30 minutes, salez.

Coupez le lard en petits dés et faites-le fondre dans l'huile. Ajoutez les filets de poisson et faites-les dorer des deux côtés. Laissez cuire pendant 10 minutes. Servez sur un plat préalablement chauffé et garnissez de persil haché.

Ci-dessous : *Limande au gril*

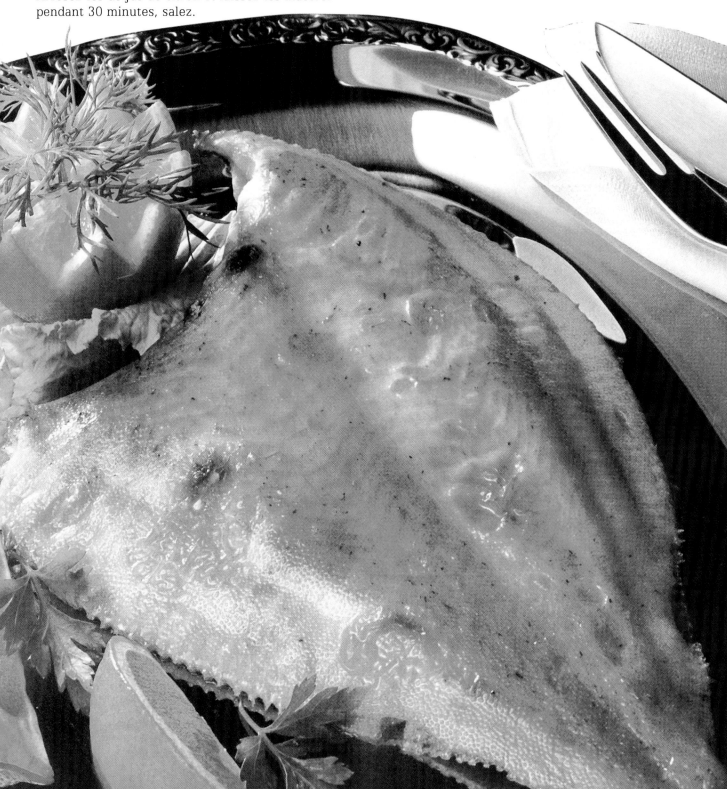

LIMANDE AU GRIL

Pour 4 personnes

4 limandes préparées de 300 g	Jus de 1 citron Sel

RINCEZ les limandes à l'eau froide, essuyez-les. Arrosez-les de jus de citron et laissez-les macérer pendant 15 minutes.

Posez-les sous le gril du four et faites-les griller 4 à 6 minutes de chaque côté. Salez.

MAQUEREAUX AU CHOU

Pour 4 à 6 personnes

2 maquereaux préparés de 1,2 kg environ	5 baies de genièvre
1 petit chou blanc de 750 g environ	1 feuille de laurier
8 à 10 oignons	2 pommes acides
50 g de saindoux	Vinaigre
	Jus de 1 citron
	Sel et poivre du moulin

COUPEZ le chou en huit et émincez-le. Coupez en quatre les oignons pelés. Chauffez le saindoux dans une sauteuse, faites-y revenir les oignons puis continuez la cuisson à feu doux. Ajoutez le chou, le genièvre, le laurier, 1 verre d'eau, salez, poivrez.

Laissez cuire à l'étuvée pendant 5 minutes. Épluchez les pommes, épépinez-les et coupez-les en tranches. Ajoutez-les au chou, salez, poivrez et laissez mijoter 10 minutes. Rectifiez l'assaisonnement avec du vinaigre et maintenez au chaud. Arrosez de jus de citron les maquereaux rincés à l'eau froide et essuyés. Laissez-les macérer 15 minutes, salez, poivrez. Entaillez en diagonale le dos des maquereaux. Faites-les cuire sous le gril 7 minutes de chaque côté. Servez-les grillés sur un lit de chou.

PERCHE PANÉE

Pour 4 personnes

2 ou 3 perches préparées de 1,5 kg environ	2 jaunes d'œufs
Jus de 2 citrons	Chapelure
2 ou 3 cuillerées à soupe de fines herbes hachées	50 g de beurre
	Sel
	Poivre du moulin

RINCEZ les poissons à l'eau froide, essuyez-les. Mettez-les à macérer 2 à 3 heures dans une marinade faite en mélangeant jus de citron, sel, poivre et fines herbes. Sortez-les de la marinade, essuyez-les. Passez la marinade au chinois. Mélangez-la à une noix de beurre fondu et à deux jaunes d'œufs.

Trempez-y les poissons et roulez-les dans la chapelure. Faites fondre du beurre et faites-y cuire les perches 20 à 25 minutes. Servez sur un plat chaud avec des pommes de terre persillées et des endives en salade.

Ci-dessous : *Maquereaux au chou*

TRUITES AUX AMANDES

Pour 4 personnes

4 petites truites préparées
2 cuillerées à soupe
de jus de citron
Farine
1 œuf battu

50 g d'amandes effilées
Huile de friture
1 citron en tranches
Brins d'aneth
Sel et poivre

RINCEZ les truites à l'eau froide, essuyez-les, arrosez-les de jus de citron et laissez-les macérer pendant 15 minutes, salez, poivrez à l'intérieur et à l'extérieur. Roulez les poissons dans la farine, dans l'œuf battu puis dans les amandes, appuyez pour bien les faire adhérer.

Faites chauffer l'huile à 170 °C et faites-y frire les truites deux par deux jusqu'à ce quelles soient bien dorées (5 à 7 minutes). Déposez-les sur un papier absorbant, garnissez de tranches de citron et de brins d'aneth, servez sur un plat préalablement chauffé. Servez avec des petits pois, de la purée de pommes de terre aux herbes et une salade verte.

BEIGNETS DE POISSON

Pour 4 à 5 personnes

750 g de filets de poisson :	*1/8 de litre de lait*
aiglefin, cabillaud ou colin	*1 cuillerée à soupe*
Jus de citron ou vinaigre	*d'huile ou de beurre fondu*
100 g de farine	*Huile de friture*
1 œuf	*Sel*

RINCEZ les filets de poisson à l'eau froide, essuyez-les, arrosez-les de jus de citron et laissez-les macérer pendant 30 minutes, salez et découpez en portions.

Préparation de la pâte : mettez la farine dans un saladier et faites un puits au milieu, battez l'œuf avec le lait, salez, versez peu à peu l'œuf et le lait dans le puits, mélangez. Ajoutez l'huile ou le beurre fondu et mélangez encore jusqu'à disparition des grumeaux.

Plonger les morceaux de poisson dans la pâte et faites-les frire dans l'huile bouillante jusqu'à ce qu'ils soient croustillants et bien dorés (environ 10 minutes). Déposez-les sur du papier absorbant. Servez avec une salade de pommes de terre.

ANGUILLES VERTES AU THYM

Pour 6 personnes

1 kg d'anguilles vertes	*Brins de thym*
préparées	*Sel*
Huile	*Poivre du moulin*

RINCEZ les anguilles à l'eau froide, essuyez-les. Coupez-les en portions, salez, poivrez.

Disposez sur une lèchefrite huilée les brins de thym, puis placez les parts de poisson. Laissez griller pendant 15 minutes de chaque côté. On peut faire la cuisson au barbecue ou sous le gril du four. Servez avec des salades composées et du pain de campagne.

À gauche : *Truites aux amandes*
À droite : *Beignets aux fruits de mer*

BEIGNETS AUX FRUITS DE MER

Pour 2 personnes

4 gambas crues	*2 citrons*
200 g de calamars ou	*250 g de farine*
de seiches prêts à cuire	*1/4 de litre de bière*
6 à 8 carottes nouvelles	*1 œuf*
500 g de fenouil	*Huile de friture*
8 brins de persil	*Sel et poivre du moulin*

NETTOYEZ les carottes, coupez le fenouil en quatre, rincez les brins de persil. Décortiquez les gambas et lavez-les sous l'eau froide. Lavez les calamars à l'eau froide et coupez-les en rondelles. Arrosez avec le jus de 1 citron et laissez-les macérer pendant 15 minutes.

Préparation de la pâte : tamisez la farine dans un saladier, creusez un puits au milieu et versez un peu de bière. Ajoutez l'œuf, mélangez en partant du milieu, puis ajoutez progressivement le reste de bière. Mélangez jusqu'à disparition des grumeaux, salez et poivrez.

Faites chauffer l'huile de friture à 180°C. Plongez les légumes, le persil et les fruits de mer dans la pâte puis dans la friteuse. Laissez dorer les légumes 10 à 12 minutes et les fruits de mer 3 à 5 minutes. Déposez les beignets sur du papier absorbant, salez, garnissez de tranches de citron et servez immédiatement.

LES GIBIERS

MÉDAILLONS DE CERF
AUX GIROLLES

Pour 4 personnes

4 tranches de filet
de cerf, chacune de 150 g
et d'environ 2 cm
d'épaisseur
400 g de girolles
3 noix de beurre
1 cuillerée à soupe
de saindoux

1/8 de litre de bouillon
de viande
1/8 de litre de vin rouge
150 g de crème fraîche
2 cuillerées à soupe
de gelée de groseilles
Sel
Poivre

NETTOYEZ les girolles, égouttez-les, coupez les plus
grosses en deux. Réduisez-les dans le beurre fondu
pendant une quinzaine de minutes, salez, poivrez,
gardez au chaud. Faites chauffer le saindoux et faites-y
revenir la viande pendant 3 minutes de chaque côté,
salez, poivrez et réservez au chaud.

Déglacez la poêle avec le bouillon de viande et le vin
rouge, faites réduire le fond de sauce de moitié. Liez la
sauce avec la crème fraîche et la gelée de groseille.
Faites chauffer, salez, poivrez. Dressez les médaillons
de cerf et les girolles sur un plat préchauffé et nappez
de sauce. Servez avec des haricots verts aux lardons.

Ci-contre : *Médaillons
de cerf aux girolles*

MÉDAILLONS DE CERF
AUX ARTICHAUTS

Pour 4 personnes

4 médaillons de cerf
1/4 de litre de vin rouge
8 baies de genièvre
250 g d'oignons
100 g de beurre persillé
1 boîte de cœurs

d'artichauts
4 croûtes pour vol-au-vent
4 cuillerées à soupe
de crème fraîche
Sel
Poivre

LAISSEZ mariner les médaillons pendant 1 heure dans le
vin rouge et les baies de genièvre. Passez la marinade.
Épluchez les oignons et les émincez-les. Faites chauffer
40 g de beurre persillé et faites-y fondre les oignons,
ajoutez la moitié de la marinade, faites cuire à feu
doux pendant une dizaine de minutes.

Égouttez les cœurs d'artichauts et ajoutez-les aux
oignons. Laissez mijoter pendant 3 minutes et réservez
au chaud. Réchauffez les croûtes au four et maintenez-
les au chaud. Faites chauffer le reste de beurre persillé
dans une poêle et faites-y revenir les médaillons de
cerf 3 à 4 minutes de chaque côté. Disposez la viande
sur un plat préchauffé, maintenez au chaud. Déglacez
la poêle avec le reste de marinade, liez avec la crème

Ci-dessus : *Médaillons de cerf aux artichauts*

fraîche, salez, poivrez. Emplissez les croûtes de la
préparation d'artichauts, disposez sur le plat. Servez
la sauce en saucière. Servez avec des pommes à
l'anglaise ou des *spätzle* (pâtes fraîches à l'alsacienne).

MÉDAILLONS DE CHEVREUIL AUX CERISES AIGRES

Pour 4 personnes

4 tranches de cuissot
de chevreuil, chacune
de 150 g et de 2 cm
d'épaisseur
50 g de lard
2 oignons
1 cuillerée de farine
l/4 de litre de crème aigre
ou de crème fraîche
2 cuillerées à soupe

de saindoux
4 toasts
Beurre
6 baies de genièvre
200 g de cerises aigres
dénoyautées en conserve
1 cuillerée de gelée
de groseilles
8 quartiers d'orange
Sel

DECOUPEZ LE lard en lardons. Épluchez les oignons et émincez-les. Laissez fondre les lardons dans une petite casserole et faites-y revenir les oignons. Ajoutez la farine puis la crème en remuant bien. Portez la sauce à ébullition et laissez cuire durant une dizaine de minutes, salez. Formez les médaillons de chevreuil et faites-les revenir dans le saindoux 4 minutes de chaque côté en les arrosant régulièrement avec le suc de cuisson. Salez et réservez au chaud.

Dorez les toasts dans le beurre fondu, disposez-les sur un plat chaud. Dressez les médaillons sur le pain. Répartissez sur la viande les baies de genièvre écrasées. Déglacez les sucs de cuisson à l'eau, ajoutez la sauce et nappez la viande. Faites chauffer les cerises avec la gelée de groseilles et garnissez les médaillons. Dressez le reste des cerises sur des tranches d'orange.

Ci-dessous :
*Médaillons de chevreuil
aux cerises aigres*

ÉMINCÉ DE CHEVREUIL
À LA HONGROISE

Pour 4 personnes

400 g de chevreuil dans la selle ou le filet	rouges et cuites
1 poivron rouge	1 cornichon aigre-doux
1 poivron vert	1 bonne cuillerée à café
2 oignons	de maïzena
50 g de beurre ou	4 cuillerées à soupe
de margarine	de crème aigre ou
Paprika doux	de crème fraîche
1/4 de litre de bouillon	1 cuillerée à soupe
de viande	de persil haché
250 g de betteraves,	Sel
	Poivre

COUPEZ les poivrons en deux, ôtez les pépins et les membranes blanches puis découpez-les en lamelles. Épluchez les oignons et émincez-les. Émincez la viande. Faites chauffer le beurre dans une sauteuse et faites-y revenir l'émincé de chevreuil pendant 6 minutes. Remuez pour saisir tous les morceaux. Réservez au chaud. Dorez les oignons dans le beurre de cuisson puis ajoutez les poivrons. Laissez réduire. Salez, poivrez et saupoudrez de paprika. Mouillez avec le bouillon de viande et laissez mijoter les légumes 30 minutes.

Coupez les betteraves et le cornichon en lamelles. Ajoutez-les aux légumes avec l'émincé de chevreuil. Portez à ébullition, laissez mijoter pendant 5 à 10 minutes. Mélangez la maïzena avec la crème et liez l'émincé. Garnissez de persil haché. Servez avec des pommes persillées ou des gnocchis de pommes de terre.

MÉDAILLONS DE CERF
AUX ANANAS ET
À LA SAUCE BÉARNAISE

Pour 4 personnes

600 g de filet de cerf préalablement désossé	Poivre gris concassé
100 g de beurre	2 jaunes d'œufs
1 échalote	Sucre
1 cuillerée à café	4 tranches d'ananas
de vinaigre de vin	en conserve
2 cuillerées à soupe	Moutarde
de vin blanc	3 cuillerées à soupe
Estragon haché	d'huile
Basilic haché	Sel
	Poivre

ÉPLUCHEZ l'échalote et émincez-la. Versez le vinaigre et le vin blanc dans une casserole, ajoutez l'échalote, l'estragon et le basilic. Poivrez et portez à ébullition, faites cuire pendant cinq minutes et laissez refroidir. Faites chauffer ce fond de sauce béarnaise au bain-marie et mélangez-y les jaunes d'œufs en fouettant constamment pour obtenir un mélange crémeux, ajoutez 80 g de beurre tout en continuant de fouetter. Salez, poivrez et rectifiez l'assaisonnement avec un peu de sucre. Maintenez au chaud dans le bain-marie.

Égouttez l'ananas. Détaillez le filet de cerf en tranches de 3 cm d'épaisseur pour former des médaillons. Étalez un peu de moutarde des deux côtés. Faites chauffer l'huile dans une poêle et faites-y revenir la viande 6 minutes de chaque côté, salez, poivrez, réservez au chaud. Faites fondre le beurre restant et faites dorer les tranches d'ananas.

Disposez-les sur un plat préchauffé et dressez les médaillons sur l'ananas, nappez de sauce béarnaise et décorez de feuilles de basilic.

Ci-dessous : *Émincé de chevreuil à la hongroise*

MÉDAILLONS DE CHEVREUIL AUX MÛRES

Pour 4 personnes

8 médaillons de chevreuil, chacun de 70 g	1/4 de zeste râpé d'une orange non traitée
250 g de mûres	Piment concassé
10 cl de vin rouge, de Bourgogne *si possible*	Cognac
	Angostura
1 cuillerée à soupe de sucre	8 tranches de lard
	Saindoux
1/2 cuillerée à café de moutarde	Sel
	Poivre

SÉLECTIONNEZ les mûres, lavez-les et faites-les chauffer quelques minutes dans un peu d'eau, passez au chinois en pressant pour obtenir une crème. Allongez la crème de mûres avec le vin, ajoutez un peu de sucre, la moutarde puis le zeste d'orange et le piment. Mélangez bien et faites chauffer sans laisser bouillir. Rectifiez l'assaisonnement avec le cognac et l'*angostura*.

Déposez une tranche de lard sur chaque médaillon de chevreuil, bridez avec une ficelle, salez, poivrez. Faites chauffer le saindoux dans une poêle et faites-y revenir les médaillons pendant 2 minutes de chaque côté. Enlevez la ficelle. Nappez les médaillons de sauce, servez le reste en saucière.

RAGOÛT DE CHEVREUIL AUX PLEUROTES

Pour 4 personnes

500 g de chevreuil	1/2 litre de bouillon de viande
3 à 4 cuillerées à soupe de saindoux	300 g de pleurotes
1 oignon	1 cuillerée à soupe de farine ou de maïzena
1 cuillerée à café de thym	
1 cuillerée à café de marjolaine	2 à 3 cuillerées à soupe de vin rouge
1 cuillerée à soupe de farine	Sel et poivre

DÉCOUPEZ la viande en gros dés. Faites chauffer le saindoux dans une cocotte et faites dorer la viande de tous les côtés, salez, poivrez. Épluchez l'oignon, émincez-le et faites-le revenir avec la viande. Ajoutez le thym et la marjolaine. Saupoudrez la viande de farine, laissez blondir la farine en remuant constamment. Mouillez avec le bouillon de viande et mélangez bien. Fermez la cocotte et laissez mijoter pendant une heure. Nettoyez les pleurotes et faites-les blanchir dans l'eau bouillante salée. Passez, égouttez bien et ajoutez-les à la viande. Laissez mijoter pendant 25 minutes. Mélangez la farine et le vin rouge, liez la sauce, rectifiez l'assaisonnement.

Servez avec des gnocchis de pommes de terre ou des *spätzle* (pâtes fraîches à l'alsacienne).

À droite : *Cuissot de chevreuil aux amandes*
Ci-dessous : *Cuissot de chevreuil aux champignons de Paris*

CUISSOT DE CHEVREUIL AUX CHAMPIGNONS DE PARIS

Pour 4 personnes

4 tranches de cuissot de chevreuil de 150 g chacune	40 g de beurre ou de margarine
	Persil haché
250 g de champignons de Paris	Huile d'olive
	Sel et poivre

NETTOYEZ les champignons et coupez-les en tranches. Faites chauffer le beurre et faites-y réduire les champignons. Salez, poivrez, ajoutez le persil et maintenez au chaud.

Enduisez la viande d'huile d'olive. Déposez-la sur la grille du four préchauffé 3 à 6 minutes de chaque côté. Salez, poivrez. Garnissez de champignons. Servez avec des pommes sautées.

CUISSOT DE CHEVREUIL
AUX AMANDES

Pour 4 personnes

4 tranches de cuissot	de farine
de chevreuil,	1 œuf battu
chacune de 150 g	80 g d'amandes effilées
Muscade râpée	50 g de beurre
2 cuillerées à soupe	Sel

SAUPOUDREZ les tranches de chevreuil de sel et de muscade. Roulez-les successivement dans l'œuf battu, la farine et les amandes effilées. Tapotez pour maintenir les amandes. Faites chauffer la margarine et faites-y revenir la viande 3 à 6 minutes de chaque côté (veillez à ce que les amandes ne brunissent pas). Dressez sur un plat préchauffé. Déglacez les sucs de cuisson avec un peu d'eau et arrosez les tranches de viande.

Servez avec des croquettes de pommes de terre, des tranches d'ananas et des airelles.

Ci-dessus : *Cuissot de chevreuil à la crème*

CUISSOT DE CHEVREUIL À LA CRÈME

Pour 4 personnes

4 tranches de cuissot de chevreuil , de 125 g chacune	Muscade râpée 40 g de saindoux 75 g d'amandes,	mondées et grillées 150 g de crème fraîche Sel et poivre

épaississe. Salez, poivrez et nappez les tranches de chevreuil. Servez avec des croquettes de pommes de terre, des tranches d'ananas et de la confiture d'airelles.

MÉDAILLONS DE SANGLIER AUX AIRELLES

Pour 4 personnes

8 médaillons de sanglier	3 oignons
Airelles	1/4 litre de vin rouge
Thym	300 g de crème fraîche
Marjolaine	4 cuillerées de confiture
Romarin	d'airelles
Sauge	Sel
Saindoux	Poivre

ROULEZ les médaillons de sanglier dans un mélange d'airelles, de thym, de marjolaine, de romarin et de sauge. Faites chauffer le saindoux et faites-y revenir les médaillons 4 minutes de chaque côté, disposez-les sur un plat préchauffé et maintenez au chaud.

Préparation de la sauce : épluchez les oignons et faites-les revenir dans le saindoux de cuisson. Ajoutez le vin, portez à ébullition, salez, poivrez, mélangez avec la crème et la confiture d'airelles. Nappez les médaillons de sauce, servez le reste en saucière.

Servez avec des quartiers d'oranges et des croquettes de pommes de terre.

Ci-dessous : *Médaillons de sanglier aux airelles*

SAUPOUDREZ les tranches de chevreuil de sel et de muscade. Faites chauffer le saindoux dans une poêle et faites-y revenir les tranches de chevreuil 2 à 4 minutes de chaque côté. Disposez sur un plat chaud, décorez avec les amandes. Maintenez au chaud.

Déglacez les sucs de cuisson avec la crème fraîche. Portez à ébullition et maintenez jusqu'à ce que la sauce

CÔTES DE SANGLIER OU DE MARCASSIN À L'ITALIENNE

Pour 4 personnes

4 côtes de sanglier ou de marcassin, environ 600 g
Romarin haché
8 baies de genièvre écrasées
2 cuillerées à soupe d'huile d'olive
2 oignons

250 g de courgettes
2 tomates olivettes
1 cuillerée à soupe de basilic haché
1 pincée d'origan
1 cuillerée à soupe de vinaigre de vin
Sel et poivre

SALEZ la viande et saupoudrez-la de poivre, de romarin et de genièvre. Dans une sauteuse, faites chauffer l'huile d'olive. Faites-y revenir la viande de chaque côté durant 5 minutes (elle doit rester rose à l'intérieur) puis laissez refroidir. Faites réduire, dans les sucs de cuisson, les oignons coupés en tranches. Coupez en tranches les courgettes lavées. Mettez-les à mijoter avec les oignons. Ébouillantez les tomates, passez-les à l'eau froide. Pelez-les, ôtez leurs pépins et coupez-les en dés. Mélangez tomates et courgettes, tenez quelques instants à feu vif, le tout doit rester croquant.

Ajoutez basilic et origan, arrosez de vinaigre, salez, poivrez. Laissez mijoter 7 minutes. Sur un plat, dressez les côtes sur les légumes, garnissez de tomates et de fines herbes. Servez avec du pain aillé.

Lavez l'orange, pelez-la au couteau économe en évitant de prendre la chair blanche. Coupez le zeste en fines lamelles. Faites-le cuire avec le vin rouge pendant 10 minutes, laissez refroidir. Mélangez la gelée de groseilles et la moutarde avec le zeste d'orange, allongez avec un peu de vin et fouettez. Salez, rectifiez l'assaisonnement avec le jus de citron. La sauce Cumberland est prête.

Découpez la viande, le lard et le cornichon en dés d'environ 2 cm, enfilez-les dans les brochettes en alternant. Mettez à chauffer l'huile dans une poêle et faites-y revenir les brochettes de tous les côtés pendant 10 minutes, salez, poivrez.

Disposez les brochettes dans un plat et servez la sauce en saucière. Accompagnez avec de la purée de pommes de terre ou des croquettes et une salade composée.

À gauche : *Côtes de sanglier ou de marcassin à l'italienne*
Ci-dessous : *Brochettes forestières à la sauce Cumberland*

BROCHETTES FORESTIÈRES À LA SAUCE CUMBERLAND

Pour 4 personnes

500 g de selle de cerf	*de moutarde*
préalablement désossée	*Jus de citron*
1 orange non traitée	*100 g de lard maigre*
3 cuillerées à soupe	*1 cornichon aigre-doux*
de vin rouge	*4 cuillerées à soupe*
250 g de gelée	*d'huile d'olive*
de groseilles	*Sel*
2 cuillerées à café	*Poivre du moulin*

CUISSES DE GARENNE BRAISÉES

Pour 4 personnes

4 cuisses de garenne, de 200 g chacune	1/2 litre de vin rouge
2 feuilles de laurier	1 échalote
2 gousses d'ail pilé	100 g de lard fumé
1/2 cuillerée à café de thym	1 gros oignon
1/2 cuillerée à café de marjolaine	1 cuillerée à café de concentré de tomates
1 clou de girofle	1 ou 2 cuillerées à soupe de liqueur d'orange
	Sel et poivre gris

VERSEZ le vin dans un saladier et ajoutez-y les aromates. Mettez l'oignon nettoyé et émincé dans la marinade. Retirez la peau et la graisse des cuisses de garenne. Laissez-les macérer 6 à 8 heures dans la marinade, en les retournant de temps en temps. Retirez la viande, égouttez-la, salez, poivrez

et saupoudrez de marjolaine. Faites fondre, dans une cocotte, le lard en petits lardons. Ajoutez les cuisses de garenne et saisissez-les de tous les côtés. Épluchez et coupez l'échalote en dés. Nettoyez et émincez les légumes. Ajoutez échalote et légumes à la viande. Saupoudrez de farine.

Mouillez la viande avec une partie de la marinade passée. Laissez mijoter à couvert 1 heure. Retournez la viande de temps en temps et ajoutez de la marinade régulièrement.

Dressez les cuisses de garenne sur un plat chaud. Passez la sauce au chinois, ajoutez-y le concentré de tomates, mélangez bien et portez à ébullition. Rectifiez l'assaisonnement avec la liqueur d'orange. Nappez la viande de sauce. Servez avec des croquettes de pommes de terre.

En haut à droite : *Cuisses de lièvre*
Ci-dessous : *Cuisses de garenne braisées*

FRIANDS DE GIBIER CHAUDS

Pour 4 personnes

200 g de gibier : lièvre	de crème
chevreuil ou cerf	1 cuillerée à soupe
60 g de lard	de porto
1 oignon	300 g de pâte feuilletée
2 cuillerées à soupe	surgelée
de persil haché	1 œuf
Thym	Un peu de beurre
2 cuillerées à soupe	Sel et poivre

HACHEZ la viande avec le lard. Émincez l'oignon pelé avec le persil puis mélangez aux viandes. Ajoutez thym, crème et porto pour obtenir une farce, salez, rectifiez l'assaisonnement. Laissez décongeler la pâte à température ambiante. Roulez-la pour obtenir 12 carrés de 10 x 10 cm. Répartissez la farce sur 6 carrés de pâte.

Battez un blanc d'œuf et étalez-le sur les 6 autres carrés de pâte. Posez-les sur les carrés déjà emplis de pâte et fixez avec des pique-olives. Battez le jaune d'œuf et badigeonnez-en les friands. Déposez-les sur la tôle du four chaud préalablement beurrée pendant 15 minutes à 200-225°C (thermostat 6-7).

Servez avec de la sauce *Cumberland* (voir page 287) ou de la confiture d'airelles.

CUISSES DE LIÈVRE

Pour 4 personnes

4 cuisses de lièvre (1,5 kg)	6 petits piments
10 baies de genièvre	1/2 litre de vin
pilées	rouge
50 g de saindoux	Un peu de farine ou
3 oignons moyens	de maïzena
1 feuille de laurier	Sel et poivre

RETIREZ la peau des cuisses de lièvre, saupoudrez-les de sel, de poivre et de genièvre. Faites chauffer le saindoux dans une cocotte et faites-y revenir la viande de tous les côtés. Ajoutez les oignons pelés et émincés avec le laurier et les piments. Mouillez avec le vin rouge, couvrez et laissez mijoter 1 heure 30. Retournez de temps en temps en complétant avec de l'eau pour que la viande n'attache pas.

Disposez le lièvre sur un plat chaud. Passez le fond de cuisson au chinois et liez avec un peu de maïzena, salez, poivrez et rectifiez l'assaisonnement.

Nappez les cuisses de lièvre de sauce. Vous pouvez servir en accompagnement du chou rouge et des gnocchis de pommes de terre.

RAGOÛT DE LIÈVRE AUX CHANTERELLES

Pour 4 personnes

2 pattes et 2 cuisses	1 feuille de laurier
d'un jeune lièvre	1 cuillerée à soupe
50 g de saindoux	de farine
1 oignon	1/4 de litre de vin rouge
2 gousses d'ail	1/4 de litre de bouillon
8 grains de poivre noir	de viande
1 cuillerée à café de	300 g de chanterelles
de thym	Sel

DECOUPEZ la viande en morceaux. Faites chauffer le saindoux dans une cocotte en fonte et faites-y dorer les morceaux de viande.

Épluchez l'oignon, coupez-le en petits dés et faites-le revenir avec la viande. Épluchez l'ail et broyez-le dans un mortier avec le poivre, le thym et le laurier. Répartissez les épices sur la viande, salez. Saupoudrez le lièvre de farine, retournez-le de tous les côtés et mouillez avec le vin et le bouillon. Couvrez et laissez mijoter entre 1 heure et 1 heure 30.

Nettoyez les chanterelles, rincez-les, coupez-les en tranches et ajoutez-les à la viande 15 minutes avant la fin de la cuisson. Salez et rectifiez l'assaisonnement.

Servez avec des *spätzle* (pâtes fraîches à l'alsacienne).

GOULASCH DE GIBIER AUX CHAMPIGNONS

Pour 4 personnes

500 g de gibier : chevreuil,
cerf, sanglier
1 sachet de 10 g
de cèpes lyophilisés
1 cuillerée à soupe
d'huile

60 g de lard maigre
2 oignons
1 gousse d'ail
1/2 cuillerée à café
de thym
1/4 de litre de bouillon

de viande
1/4 de litre de bière brune
1 bouquet de persil
1 feuille de laurier
250 g de champignons
de Paris

250 g de tomates
2 cuillerées à soupe
de crème fraîche
Sel
Poivre

FAITES gonfler les cèpes dans l'eau. Coupez le gibier en dés. Faites chauffer l'huile dans une cocotte, faites-y fondre le lard coupé en lardons et laissez dorer la viande de tous les côtés.

Épluchez les oignons et l'ail, émincez-les et faites-les revenir avec le gibier. Salez, poivrez, saupoudrez de thym et mouillez avec le bouillon et la bière brune. Rincez les cèpes, ajoutez-les à la préparation avec le persil et le laurier, laissez mijoter 1 heure 30.

Nettoyez les champignons de Paris, émincez-les et ajoutez-les au goulasch 15 minutes avant la fin de la cuisson. Plongez les tomates dans l'eau bouillante, passez-les sous l'eau froide et les pelez-les. Épépinez-les et coupez-les en quatre, ajoutez-les 5 minutes avant la fin de la cuisson. Retirez le persil et le laurier. Mélangez la crème fraîche à la sauce, portez à ébullition, salez, poivrez.

Servez avec des *knödel* ou des pommes de terre et une salade verte.

RAGOÛT DE CERF AUX GIROLLES

Pour 4 personnes

600 g de cerf dans	1 cuillerée à soupe de thym
le cuissot, désossé	1/2 litre d'eau chaude
150 g de lard maigre	300 g de girolles
2 noix de saindoux	3 cuillerées à soupe rases
4 oignons moyens	de farine ou de maïzena
10 baies de genièvre	4 cuillerées à soupe
5 piments	de vin rouge
1 clou de girofle	Gelée de groseilles
1 feuille de laurier	Sel et poivre du moulin

COUPEZ la viande en dés. Détaillez le lard. Faites chauffer le saindoux dans une cocotte et faites-y dorer les morceaux de viande et les lardons de tous les côtés.

Épluchez les oignons, émincez-les et faites-les revenir avec les viandes. Salez, poivrez, ajoutez les épices et mouillez la viande avec l'eau chaude. Fermez la cocotte et laissez mijoter pendant 2 heures. Complétez régulièrement avec de l'eau pour éviter que la viande n'attache. Nettoyez les girolles, égouttez-les et ajoutez-les au ragoût 15 minutes avant la fin de la cuisson. Mélangez la maïzena et le vin rouge, liez la sauce, salez, poivrez, rectifiez l'assaisonnement avec de la gelée de groseilles.

Servez avec des croquettes de pommes de terre et des choux de Bruxelles.

CHEVREUIL EN GOULASCH

Pour 4 à 6 personnes

500 à 700 g de chevreuil	de viande
50 g de lard	1/4 de litre de vin rouge
2 oignons	50 g de pain noir
2 cuillerées à soupe	1 cuillerée à café
d'huile d'olive	de maïzena
1 feuille de laurier	1 à 2 cuillerées à soupe
3 clous de girofle	de gelée de groseilles
5 baies de genièvre	Sel
concassées	Poivre
1/4 de litre de bouillon	Paprika

COUPEZ la viande en morceaux. Laissez-la dans l'eau froide pendant 3 heures jusqu'à ce que la viande blanchisse (changez l'eau de temps en temps), égouttez la viande et faites-la sécher.

Coupez le lard en dés. Épluchez les oignons, émincez-les. Faites chauffer l'huile dans une cocotte et faites-y revenir la viande, les lardons et l'oignon ; ajoutez le laurier, les clous de girofle, le genièvre, le bouillon et la moitié du vin en remuant. Laissez mijoter 1 heure à 1 heure 30. Émiettez le pain noir dans le reste de vin, faites-le gonfler et mêlez-le au goulasch. Mélangez l'eau et la maïzena, liez la sauce et faites-y fondre la gelée de groseilles en remuant. Salez, poivrez et saupoudrez de paprika pour rectifier l'assaisonnement.

Servez avec des *knödel* ou des pâtes au beurre ou des pommes de terre.

À gauche : *Goulasch de gibier aux champignons*
Ci-dessous : *Ragoût de cerf aux girolles*

SELLE DE CERF

Pour 6 personnes

1,5 kg de selle de cerf	ou de crème fraîche
40 g de beurre	Un peu de maïzena
100 g de lard en tranches	Sel
1/8 de litre de crème aigre	Poivre

FROTTEZ la viande avec du sel, enduisez-la de beurre fondu. Étalez la moitié des tranches de lard dans le fond d'un plat allant au four, déposez-y la selle puis recouvrez-la du lard restant. Faites rôtir 1 heure à 1 heure 30 à four chaud 225°C (thermostat 7).

Mouillez avec un peu d'eau chaude dès que le jus de cuisson brunit, arrosez régulièrement le rôti pour éviter qu'il ne se dessèche. Dix minutes avant la fin de la cuisson, nappez la viande de crème, détachez-la des os, coupez-la en tranches et dressez-la dans un plat préchauffé. Maintenez au chaud. Déglacez les sucs à l'eau, portez à ébullition et liez la sauce avec un peu de maïzena, rectifiez l'assaisonnement. Servez avec des poires à la gelée d'airelles et du chou rouge.

SELLE DE CHEVREUIL AUX MANDARINES

Pour 6 personnes

1,5 kg de selle de chevreuil	200 g de quartiers
40 g de beurre	de mandarines
100 g de lard	1 bonne cuillerée
2 baies de genièvre	de maïzena
concassées	1/4 de litre de jus
1 oignon	de mandarine ou d'orange
6 poires	2 à 3 cuillerées à soupe
1/4 litre de vin blanc	d'airelles en conserve
Cannelle	1 zeste râpé d'orange
2 cuillerées à soupe de sucre	non traitée
1 paquet de gélatine	Moutarde
en poudre ou 2 feuilles	Jus de citron
de gélatine	Persil haché
2 cuillerées à soupe	Sel
de vin blanc	Poivre

Ci-dessous : *Selle de cerf*

FROTTEZ la selle de chevreuil avec le sel et enduisez-la de beurre fondu. Étalez la moitié du lard coupé en tranches dans le fond d'un plat allant au four, déposez-y la selle et recouvrez-la du lard restant. Laissez mijoter 35 à 50 minutes.

Dès que le jus de cuisson brunit, ajoutez le genièvre et l'oignon émincé puis mouillez avec un peu d'eau chaude. Arrosez régulièrement pour éviter que la viande se dessèche. Détachez la viande des os, laissez refroidir, découpez puis remettez la viande au four. Épluchez les poires, ôtez les pépins. Faites chauffer le vin, le sucre et la cannelle et pochez-y les poires pendant 5 minutes (elles doivent rester fermes), laissez refroidir dans le jus.

Mélangez la gélatine à 3 cuillerées à soupe de vin blanc, laissez gonfler pendant 10 minutes, Faites chauffer en remuant jusqu'à dissolution complète. Égouttez les poires, mélangez le jus à la gélatine et mettez au frais. Posez la selle de chevreuil sur la

Ci-dessus : *Selle de chevreuil aux mandarines*

lèchefrite du four, garnissez-la de quartiers de mandarines. Dès que la solution de gélatine s'épaissit, étendez-en sur les poires et enduisez la selle de chevreuil avec le reste. Mettez le chevreuil au frais.

Préparation de la sauce aux mandarines : mélangez la maïzena avec le jus de mandarine ou d'orange, portez à ébullition et laissez refroidir. Passez les airelles et ajoutez-les à la sauce aux mandarines en même temps que le zeste d'orange râpé. Salez, poivrez, rectifiez l'assaisonnement avec la moutarde et du jus de citron.

Disposez la selle de chevreuil sur un grand plat, garnissez de brins de persil. Fourrez les poires avec les airelles et disposez-les autour du chevreuil. Garnissez de persil. Servez la sauce aux mandarines en saucière. Accompagnez d'une salade de mâche.

SELLE DE CHEVREUIL AUX PRUNEAUX À L'ARMAGNAC

Pour 6 personnes

1 kg de selle de chevreuil	*2 oignons nouveaux*
50 g d'amandes mondées	*250 g d'os de gibier*
500 g de pruneaux	*1/2 bouteille de vin rouge*
dénoyautés	*1/4 de litre d'eau*
1/8 de litre d'armagnac	*400 g d'échalotes*
2 brins de thym	*15 g de lardons*
100 g de lard	*2 tranches de bacon*
en tranches fines	*Sel et poivre*

FAITES griller les amandes quelques instants dans une poêle non graissée. Faites tremper les pruneaux dans l'eau, portez à ébullition, égouttez puis laissez macérer les pruneaux dans un saladier avec l'armagnac.

Levez les petits filets de la partie dorsale de la selle de chevreuil, les mettre à part. Frottez la selle avec le sel et le poivre. Lavez le thym, séchez, et répartissez-le sur la viande en pressant légèrement. Couvrez le chevreuil avec les tranches de lard.

Mettez le rôti dans un plat allant au four. Nettoyez les oignons, coupez-les grossièrement et disposez-les autour du gibier et des os. Mouillez avec le vin rouge et faites rôtir à four chaud 30 à 35 minutes, à 225° C (thermostat 7). Dès que le fond de sauce brunit, allongez avec de l'eau. Arrosez régulièrement la viande. Épluchez les échalotes, coupez-les en quatre. Faites fondre les lardons dans une poêle avec les échalotes. Sortez le rôti dès qu'il est cuit, maintenez-le au chaud dans une feuille d'aluminium. Portez le jus de cuisson à ébullition, passez-le au chinois et ajoutez les pruneaux à l'armagnac, salez, poivrez, rectifiez

l'assaisonnement. Faites revenir le bacon, salez et poivrez les deux morceaux de filet préalablement réservés et faites-les revenir 5 minutes avec le bacon.

Détachez la viande des os, coupez-la en tranches puis dressez-la dans un plat préchauffé. Garnissez le rôti avec les pruneaux, les amandes et les oignons.

Servez la sauce en saucière. Servez avec du riz aux noix.

CUISSOT DE CHEVREUIL SAINT-HUBERT

Pour 2 à 3 personnes

500 g de cuissot	*2 oignons*
de chevreuil	*1 noix de saindoux*
Baies de genièvre	*10 cl de vin rouge*
concassées	*2 cuillerées à soupe*
Thym	*de confiture d'airelles*
Marjolaine	*150 g de crème fraîche*
Romarin	*Sel*
Sauge	*Poivre*

FROTTEZ le cuissot de chevreuil avec le sel, le genièvre et les herbes. Épluchez les oignons et coupez-les en dés. Faites chauffer le saindoux dans une cocotte allant au four et faites-y dorer le chevreuil de tous les côtés, ajoutez les oignons.

Fermez la cocotte et laissez mijoter 30 minutes. Sortez la viande cuite de la cocotte et maintenez-la au chaud. Déglacez les sucs de cuisson avec le vin rouge, passez au chinois, mélangez à la confiture d'airelles, ajoutez la crème fraîche et portez à ébullition. Salez, poivrez, rectifiez l'assaisonnement.

Découpez la viande en tranches et servez la sauce à part. Servez avec des croquettes de pommes de terre et du fenouil braisé.

À droite : *Cuissot de chevreuil Saint-Hubert*
Ci-contre : *Selle de chevreuil aux pruneaux à l'armagnac*

SELLE DE SANGLIER

Pour 8 personnes

2 kg de selle de sanglier
avec le filet
1 pot de yaourt maigre
1 bouquet de persil
100 g de céleri
10 baies de genièvre
concassées

10 grains de poivre pilés
1/2 bouteille de vin rouge
1/2 litre d'eau
1/4 de litre de crème
Sel et poivre
Vinaigre de xérès
50 g de saindoux

SEPAREZ de la selle de sanglier les deux petits morceaux de filet se trouvant au-dessus des côtes et ceux qui longent la colonne vertébrale. Prélevez la graisse. Enduisez la viande de yaourt maigre et laissez macérer pendant 24 heures. Brisez les os et faites-les revenir dans une sauteuse avec la graisse de sanglier. Nettoyez le persil et le céleri, coupez-les grossièrement et ajoutez-les aux os, mettez à four chaud et laissez cuire pendant 30 minutes.

Mettez la préparation dans une cocotte, ajoutez le poivre, le genièvre, le vin et l'eau et laissez bouillir pendant 30 minutes. Passez au chinois et dégraissez la sauce. Ajoutez la crème et continuez la cuisson jusqu'à ce que la sauce épaississe, salez, poivrez, rectifiez l'assaisonnement avec le vinaigre de xérès. Faites chauffer le saindoux, essuyez le yaourt des filets, séchez, saupoudrez de sel et faites d'abord revenir les filets dans le saindoux durant 10 minutes, enveloppez-les d'aluminium. Saisissez ensuite les petits filets dans le saindoux pendant 3 à 4 minutes et maintenez-les au chaud dans l'aluminium. Laissez reposer 10 minutes pour que le jus de viande s'écoule. Découpez la viande en tranches de 1 cm d'épaisseur et dressez-les avec les filets sur un plat chaud.

Servez la sauce en saucière. Servez avec des échalotes caramélisées, du chou et des *knödel* de pommes de terre.

SANGLIER EN CHOUCROUTE

Pour 6 personnes

1,2 kg d'épaule
de sanglier désossée
1 cuillerée à soupe
de beurre
1/2 cuillerée à café de sel
1/2 cuillerée à café
de poivre
2 baies de genièvre
concassées

1 noix de saindoux
750 g de choucroute
1 pomme acide
1 feuille de laurier
1/4 de litre de vin blanc
4 tranches de lard
maigre, chacune de 150 g
4 saucisses de Toulouse

FAITES chauffer le beurre dans une sauteuse, faites-y revenir la viande de tous les côtés, ajoutez 1/2 cuillerée de sel, 1/2 cuillerée de poivre et les baies de genièvre. Faites fondre le saindoux dans la cocotte, couvrez avec la choucroute, laissez mijoter pendant quelques minutes.

Épluchez la pomme, râpez-la et mélangez-la à la choucroute, ajoutez le laurier. Mouillez avec le vin blanc, fermez la cocotte et laissez mijoter 1 heure 15 environ. Au bout d'une heure de cuisson, faites dorer le lard et les saucisses dans une poêle et déposez-les sur la choucroute, achevez la cuisson.

Sortez la viande, coupez-la en tranches et maintenez au chaud. Rectifiez l'assaisonnement de la choucroute, disposez-la sur un plat et dressez-y la viande.

Accompagnez de pommes de terre.

Ci-contre : *Selle de sanglier*
À droite : *Sanglier en choucroute*

RÂBLE DE LIÈVRE
AUX CERISES AIGRES

Pour 4 à 5 personnes

1 râble de lièvre de 700 g	Persil
500 g de cerises aigres	2 cuillerées à café
en conserve	de maïzena
1/8 litre de vin rouge	Sel et poivre

EGOUTTEZ les cerises et réservez le jus, versez-en 1/8 dans un plat en terre préalablement chauffé ou une cocotte en terre. Ajoutez une partie des cerises, allongez avec le vin, salez.

Salez, poivrez et déposez le râble sur les cerises. Fermez le plat ou la cocotte et mettez 1 heure à four chaud 200-225°C (thermostat 6-7). Décorez le lièvre avec les cerises restantes et du persil. Allongez la sauce avec de l'eau, portez à ébullition et liez avec la maïzena. Nappez le lièvre de sauce aux cerises.

PERDREAUX AUX LENTILLES

Pour 4 personnes

4 perdreaux de 250 g	de margarine
prêts à cuire	2 litres de bouillon
300 g de lentilles	de viande Porto
2 carottes	2 clous de girofle
2 poireaux	100 g de lard
2 oignons	1/4 litre de crème aigre
1/4 de céleri-rave	ou de crème fraîche
50 g de beurre ou	Sel et poivre

LAVEZ les lentilles, laissez-les gonfler 12 à 24 heures dans de l'eau froide, égouttez-les. Nettoyez les légumes et coupez-les en julienne. Faites chauffer le beurre dans une cocotte et faites-y réduire les légumes, ajoutez les lentilles et le bouillon de légumes ; portez à ébullition. Salez les perdreaux à l'intérieur et à l'extérieur.

Épluchez 1 oignon, piquez-le de clous de girofles, ajoutez-le au bouillon en même temps que les perdreaux, portez à ébullition. Fermez la cocotte et laissez mijoter 1 heure.

Désossez les perdreaux cuits et découpez-les en dés. Détaillez le lard et faites fondre les lardons dans une poêle avec les morceaux de viande. Mélangez viande et lardons avec les lentilles, ajoutez la crème, portez quelques instants à ébullition, rectifiez l'assaisonnement, complétez avec un peu de porto.

LAPIN À L'ESTRAGON

Pour 6 à 8 personnes

1 lapin prêt à cuire de 2,5 kg	1/8 de litre d'eau bouillante
1 bouquet d'estragon	8 à 10 tranches
100 g de moutarde	de lard maigre
50 g de beurre	1 cuillerée à café de sucre
20 cl de vin blanc	150 g de crème fraîche
20 cl de bouillon de viande	Sauce Worcester
500 g de haricots verts	Sel
Sarriette	Poivre

DÉCOUPEZ le lapin, coupez le râble en trois. Lavez l'estragon, hachez-le fin et mélangez-le à la moutarde. Faites chauffer le beurre dans une sauteuse et faites-y dorer la viande. Mouillez avec le vin blanc et le bouillon, laissez mijoter 1 heure 15 environ. Nettoyez les haricots verts, plongez-les dans l'eau bouillante

salée, ajoutez la sarriette et laissez bouillir pendant
3 minutes. Égouttez les légumes, salez, poivrez.

Faites des petits paquets de 8 à 10 haricots, enveloppez-
les dans une tranche de lard, puis disposez-les autour
du lapin environ 30 minutes avant la fin de la cuisson.
Dressez la viande et les haricots sur un plat
préchauffé, maintenez au chaud.

Passez la sauce au chinois et laissez réduire de moitié,
mélangez-la à la moutarde à l'estragon, ajoutez le
sucre et la crème fraîche. Rectifiez l'assaisonnement
avec la sauce *Worcester*. Nappez le lapin avec une
partie de la sauce, servez le reste en saucière.

Servez avec des croquettes de pommes de terre.

Ci-contre : *Râble de lièvre aux cerises aigres*
Ci-dessous : *Lapin à l'estragon*

RÂBLE DE LIÈVRE À LA CRÈME

Pour 4 personnes

1 râble de lièvre de 600 g	ou de crème aigre
Noix de muscade	1 cuillerée à soupe
1 ou 2 noix de beurre	de maïzena
75 g de lard gras	Sucre
2 baies de genièvre	Jus de citron
concassées	Vin blanc
2 oignons	Sel
1/4 litre de crème fraîche	Poivre

SEPAREZ les filets du lièvre, salez, poivrez, saupoudrez de muscade et enduisez de beurre fondu. Étalez des tranches de lard au fond d'un plat à four, posez le lièvre sur le lard et recouvrez-le avec les tranches restantes. Laissez mijoter 1/2 heure.

Dès que le jus de cuisson brunit, ajoutez genièvre et oignons coupés en quatre. Mouillez avec de l'eau chaude et arrosez régulièrement pour que le liquide ne réduise pas trop. Ajoutez les filets 5 minutes avant la fin de cuisson. Dressez la viande sur un plat chaud.

Préparation de la sauce : recueillez le fond de sauce dans une casserole, ajoutez la crème. Portez à ébullition, liez avec la maïzena, salez et rectifiez l'assaisonnement en ajoutant muscade, sucre, jus de citron et vin blanc.

Servez avec de la confiture d'airelles, des gnocchis de pomme de terre ou une purée.

LIÈVRE RÔTI

Pour 6 personnes

1 lièvre prêt à cuire de 2 kg	concassées
Romarin	5 piments
50 g de beurre fondu	150 g de crème aigre ou
125 g de lard en tranches	de crème fraîche
1 oignon moyen	5 cuillerées à soupe
1 carotte moyenne	de lait condensé
1 feuille de laurier	Un peu de maïzena
10 baies de genièvre	Sel et poivre

DECOUPEZ le lièvre, salez, poivrez, saupoudrez avec les aromates et enduisez de beurre fondu. Étalez la moitié des tranches de lard au fond d'un plat allant au four, posez les morceaux de lapin sur le lit de lard et couvrez avec les tranches restantes (en réserver pour le râble).

Épluchez l'oignon et la carotte, coupez-les en petits dés et ajoutez-les en même temps que le genièvre et les piments. Mettez le plat à four chaud, n'ajoutez le râble qu'au bout de 15 minutes. Dès que le jus de cuisson brunit, mouillez avec de l'eau chaude. Arrosez régulièrement la viande. Faites cuire 1 heure à 1 heure 30 à 200-225°C (thermostat 6-7). Mélangez la crème et le lait condensé, arrosez-en le lièvre 10 minutes avant la fin de la cuisson.

Dressez la viande sur un plat chaud, maintenez au chaud, déglacez le plat à l'eau, passez la sauce au chinois et liez avec la maïzena. Rectifiez l'assaisonnement.

Ci-contre : *Râble de lièvre à la crème*

Ci-dessus : *Lièvre rôti*

FAISAN

Pour 6 personnes

1 faisan de 1 kg prêt	ou de crème fraîche
à cuire avec ses abats	Un peu de maïzena
50 g de lard en	30 g de beurre
fines tranches	Jus de citron
1/4 de litre de crème aigre	Sel et poivre

SALEZ le faisan à l'intérieur et à l'extérieur. Nettoyez les abats, hachez-les fin, salez, fourrez le faisan de cette farce, puis fermez l'ouverture par une couture avec un fil alimentaire. Enroulez les tranches de lard autour du faisan. Faites chauffer 2 noix de beurre et faites-y revenir le gibier de tous les côtés. Posez le faisan dans un plat à four et mettez-le sur la grille du four chaud durant 45 à 60 minutes, à 225-250°C (thermostat 7-8).

Mouillez avec de l'eau chaude dès que le jus de cuisson brunit, arrosez régulièrement pour que le gibier ne se dessèche pas. Ajoutez la crème 10 minutes avant la fin de la cuisson. Sortez le faisan du four et mettez-le sur un plat préalablement chauffé, ôtez le fil et sortez la farce, maintenez au chaud.

Déglacez les sucs de cuisson avec de l'eau et portez à ébullition, liez la sauce avec du beurre manié, salez et rectifiez l'assaisonnement avec le jus de citron.

FAISAN EN GELÉE

Pour 4 personnes

1 faisan prêt à cuire de 1 kg
Tranches d'ananas
au sirop coupées
2 bananes
1 cuillerée à soupe
de jus de citron
1 cuillerée à soupe
de noix de coco râpée

Gingembre en poudre
40 g de lard en
fines tranches
30 g de saindoux
1 oignon
1 carotte
1 clou de girofle
3 piments

3 grains de poivre
1/4 de litre de bouillon
de viande
4 cuillerées à soupe
de jus d'ananas
2 cuillerées à soupe
de gélatine en poudre ou

2 feuilles de gélatine
3 cuillerées à soupe
de madère
Amandes grillées
Tranches d'orange
Cerises
Sel et poivre

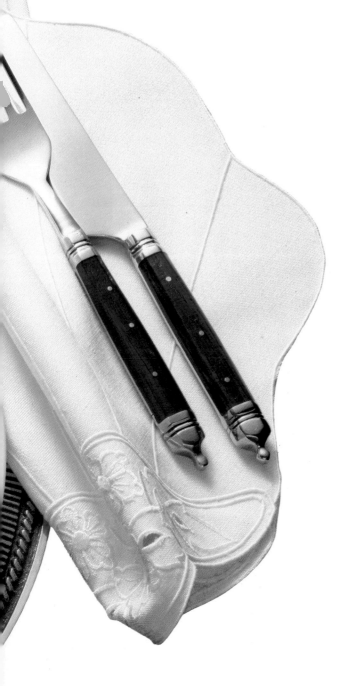

EGOUTTEZ l'ananas, épluchez une banane et coupez le tout en petits dés. Ajoutez le jus de citron, la noix de coco et le gingembre. Fourrez le faisan de cette farce. Fermez l'ouverture par une couture de fil alimentaire. Saupoudrez le faisan de gingembre, salez, poivrez. Enveloppez-le avec les tranches de lard, bridez serré avec un fil.

Faites dorer le faisan de tous les côtés dans le saindoux fondu dans une cocotte. Épluchez l'oignon et la carotte puis coupez-les en petits dés. Ajoutez les légumes au faisan en même temps que les épices, couvrez et laissez mijoter 45 à 60 minutes. Mouillez avec le bouillon dès que le jus de cuisson brunit, arrosez régulièrement pour que la viande ne se dessèche pas. Peu avant la fin de cuisson, arrosez le faisan avec le jus d'ananas. Laissez refroidir, ôtez le fil et le lard.

Mélangez la gélatine avec le madère et laissez gonfler pendant 10 minutes. Déglacez les sucs de cuisson avec le reste de bouillon, passez au chinois, laissez refroidir et dégraissez la sauce. Allongez le fond de sauce avec de l'eau pour obtenir 1/4 de litre de liquide, portez à ébullition, salez, poivrez et rectifiez l'assaisonnement avec le gingembre. Ôtez du feu et ajoutez la gelée, remuez jusqu'à dissolution complète.

Laissez refroidir et enduisez-en le faisan, recommencez l'opération jusqu'à l'entier recouvrage. Mettez le reste de gelée au frais jusqu'à sa solidification puis coupez-la en dés. Garnissez le faisan d'amandes grillées, habillez les pattes avec des manchettes de papier. Dressez le gibier sur un plat, entourez-le avec les dés de gelée, des cerises, des tranches d'ananas, de banane et d'orange.

Ci-dessus : *Faisan*
Ci-contre : *Faisan en gelée*

FAISAN SUR UN LIT DE CHOU

Pour 6 personnes

3 faisans de 750 g prêts à cuire	100 g de graisse d'oie
750 g de petites pommes de terre	250 g de lard maigre
1,5 kg de chou blanc	1/8 de litre de bouillon de viande
250 g d'oignons	1 bouquet de thym
1 feuille de laurier	100 g de lard gras, en tranches fines
2 clous de girofle	800 g de cervelas
250 g de petites carottes	Sel et poivre

Lavez les pommes de terre et faites-les cuire à l'eau, pelez-les. Enlevez les premières feuilles du chou, coupez-le en huit, ôtez les côtes dures, lavez-le et découpez-le en lamelles.

Épluchez les oignons, piquez-en un avec le laurier et les clous de girofle, hachez les oignons restants. Découpez un des faisans. Épluchez les carottes. Faites chauffer la graisse d'oie dans une cocotte et mettez-y à réduire les oignons hachés, ajoutez le morceau de lard, le faisan découpé, le chou, les carottes et faites revenir le tout en remuant.

Ajoutez l'oignon piqué, le bouillon et le thym et laissez mijoter 45 minutes, complétez éventuellement en ajoutant du bouillon. Salez, poivrez à l'intérieur et à l'extérieur les deux faisans restants. Bardez-les de tranches de lard et déposez-les sur un plat allant au four.

Glissez le plat sur la grille du four chaud et laissez rôtir 45 à 60 minutes à 225-250°C (thermostat 7-8). Ajoutez les pommes de terre 20 minutes avant la fin de la cuisson et laissez-les rôtir dans les sucs de cuisson.

Déposez le cervelas sur le chou 15 minutes avant la fin de la cuisson. Disposez le chou et les carottes sur un grand plat. Coupez le lard et le cervelas en tranches, présentez-les avec les morceaux de faisan à côté du chou. Dressez les deux faisans rôtis sur le lit de chou.

FAISAN FARCI AUX AMANDES

Pour 4 personnes

1 faisan de 1 kg, prêt à cuire	Estragon
2 noix de beurre	Quelques fines tranches de lard
1 œuf	2 cuillerées à soupe de saindoux
3 cuillerées à soupe de chapelure	50 g d'échalotes
2 cuillerées à soupe d'amandes pilées	1/2 litre de bouillon de viande
6 cuillerées à soupe de crème fraîche	1 cuillerée à soupe de farine ou de maïzena
1 pointe de muscade râpée	Sel
	Poivre

Battez le jaune d'œuf avec le beurre jusqu'à ce que le mélange devienne mousseux, ajoutez la chapelure, les amandes et la crème, salez, saupoudrez de muscade. Battez le blanc d'œuf en neige et mêlez-le délicatement à la farce. Fourrez le faisan de ce mélange et cousez l'ouverture. Salez, poivrez, parsemez d'estragon. Enveloppez le faisan dans les tranches de lard, bridez.

Faites chauffer le saindoux dans une cocotte et faites dorer le faisan de tous les côtés. Épluchez les échalotes et ajoutez-les à la viande en même temps que le bouillon. Laissez mijoter 1 heure, allongez éventuellement la sauce avec de l'eau. Découpez le gibier cuit en parts et la farce en tranches.

Dressez le faisan et la farce sur un plat préchauffé et maintenez au chaud sous une feuille d'aluminium. Allongez le jus de cuisson avec de l'eau, ajoutez la crème et portez à ébullition en remuant. Liez avec la farine, salez, poivrez, rectifiez l'assaisonnement.

Pour servir, accompagnez de croquettes de pommes de terre ou de *knödel*, des choux de Bruxelles ou de brocolis.

Ci-dessous : *Faisan sur un lit de chou*

Ci-dessous : *Faisan farci aux amandes*

LES VOLAILLES

CUISSES DE DINDE
À LA SAUCE PIQUANTE

Pour 4 à 6 personnes

2 cuisses de dinde	de Cayenne
4 cuillerées à soupe d'huile	2 cuillerées à soupe
2 oignons	de concentré de tomates
1 gousse d'ail	50 g de raisons secs
1/4 de litre de bouillon	1 pomme
de viande	1 orange
1/2 de litre de bière	1 à 2 cuillerées à café
2 clous de girofle	de maïzena
1/2 cuillerée à café	2 noix de beurre
de cannelle	Sucre
1 pincée de piment	Sel et poivre

FAITES chauffer l'huile dans une cocotte et faites dorer la viande de tous les côtés. Épluchez les oignons et

l'ail, hachez-les fin puis faites-les revenir avec la dinde. Mouillez avec le bouillon et la moitié de la bière, ajoutez les clous de girofle, la cannelle, le piment de Cayenne, le concentré de tomates. Mélangez et portez à ébullition. Couvrez et laissez mijoter à petit feu. Retournez la dinde de temps en temps ; si nécessaire, complétez la sauce avec de la bière. Épluchez la pomme, ôtez les pépins, râpez-la et ajoutez-la avec les raisins secs 10 minutes avant la fin de la cuisson.

Dressez les cuisses de dinde sur un plat préchauffé, maintenez au chaud. Liez la sauce avec le beurre et la maïzena, salez, poivrez, rectifiez l'assaisonnement en ajoutant un peu de sucre et du piment de Cayenne pour obtenir un aigre-doux. Laissez cuire environ 1 heure 30. Décorez avec des tranches d'oranges et d'oignons.

Servez avec du riz, une salade d'endives ou de mâche.

Ci-dessus : *Cuisses de dinde à la sauce piquante*

CUISSE DE DINDE À LA CIBOULETTE

Pour 4 personnes

1 cuisse de dinde avec
les os d'environ 1 kg
1 bouquet de persil
6 grains de poivre
300 g de carottes
2 à 3 branches de céleri
2 poireaux moyens
1 chou-fleur de 500 g

3 œufs durs
2 cuillerées à café
de moutarde forte
1/8 de litre d'huile
Vinaigre
1 bouquet de ciboulette
hachée
Sel et poivre

LAVEZ le persil. Portez l,5 litre d'eau salée à ébullition et plongez-y la dinde et le persil, poivrez. Laissez cuire à petits bouillons. Épluchez les carottes et coupez-les en bâtonnets de 3 cm. Nettoyez le céleri (laissez les feuilles) et coupez-le en morceaux d'environ 4 cm. Ajoutez les légumes au bouillon au bout de 50 minutes de cuisson. Lavez soigneusement le poireau, découpez-le en morceaux de 4 cm. Coupez le chou-fleur, lavez-le et ajoutez-le avec le poireau au bout de 1 heure, continuez la cuisson pendant 15 minutes et laissez refroidir les légumes et la viande dans le bouillon.

Préparation de la sauce : hachez les œufs durs, mélangez-les avec la moutarde et versez régulièrement de l'huile en fouettant (la sauce doit épaissir), rectifiez l'assaisonnement en ajoutant du vinaigre, salez, poivrez, mélangez la ciboulette hachée à la sauce.

Sortez la cuisse de dinde et les légumes du bouillon. Égouttez, disposez les légumes sur un plat, nappez de sauce. Découpez la cuisse de dinde en tranches et dressez ces tranches sur les légumes. Garnissez de ciboulette.

Ci-dessous :
Cuisse de dinde à la ciboulette

CUISSE DE DINDE À LA CRÈME

Pour 4 à 6 personnes

2 cuisses de dinde	1/8 de litre de bouillon
50 g de lard	de viande
3 cuillerées à soupe d'huile	125 g de girolles
1 oignon	en conserve
6 cuillerées à soupe	100 g de crème
de xérès	Sel et poivre

Coupez le lard en dés. Faites chauffer l'huile dans la cocotte-minute et faites-y revenir le lard puis les cuisses de dinde sur tous les côtés.

Émincez l'oignon, ajoutez-le à la dinde. Arrosez de xérès, mouillez avec le bouillon, fermez la cocotte et achevez la cuisson à petit feu pendant 20 à 30 minutes. Égouttez les girolles, coupez-les finement et ajoutez-les aux cuisses de dinde, liez la sauce avec la crème, salez, poivrez. Servez avec un risotto ou des pâtes et une salade.

CUISSE DE DINDE FARCIE

DANS UNE COCOTTE EN TERRE
Pour 4 à 6 personnes

1 ou 2 cuisses de dinde	2 cuillerées à café
désossées de 750 g	de maïzena
400 g de chair à saucisse	2 noix de beurre
1 cuillerée à soupe	Sel
de persil haché	Poivre

SALEZ la viande à l'intérieur et à l'extérieur. Mélangez la chair à saucisse avec le persil haché et farcissez les cuisses de dinde, bridez avec une ficelle, salez, poivrez.

Versez un peu d'eau au fond de la cocotte, posez la viande, fermez et mettez à four chaud à 200-225°C (thermostat 6-7) pendant 1 heure 30. Découpez la viande dès qu'elle est cuite et dressez sur un plat préchauffé, maintenez au chaud. Allongez les sucs de cuisson avec 1/4 litre d'eau, portez à ébullition et liez avec le beurre et la maïzena, rectifiez l'assaisonnement.

RÔTI D'OIE EN PETIT SALÉ

Pour 4 à 6 personnes

4 cuisses d'oie	1 oignon
d'environ 1,5 kg	1 poireau
4 cuillerées à soupe	1 pomme acide
de gros sel	2 à 3 cuillerées à soupe
8 baies de genièvre	de maïzena
2 feuilles de laurier	Sel et poivre

ROULEZ les cuisses d'oie dans le sel. Concassez les baies de genièvre et coupez les feuilles de laurier. Déposez les cuisses d'oie et les aromates dans un récipient et laissez macérer pendant 3 à 4 jours dans un endroit frais. Retournez les cuisses chaque jour.

BROCHETTES DE DINDE

Pour 4 personnes

750 g d'escalopes de dinde	Paprika
5 cuillerées à soupe de vin blanc	Sel et poivre
3 cuillerées à soupe de sauce soja	1 poivron vert
2 cuillerées à soupe d'huile	2 oignons
	250 g de petites tomates
	200 g de lard maigre
	2 cuillerées à soupe d'huile

MELANGER les ingrédients de la marinade. Coupez la viande en dés d'environ 4 cm. Laissez macérer dans la marinade pendant environ 1 heure. Sortez la viande de la marinade, épongez-la.

Nettoyez le poivron, ôtez les pépins et les membranes blanches, coupez-le en morceaux. Épluchez les oignons, lavez les tomates et coupez les légumes en quatre. Découpez le lard en cubes. Enfilez les morceaux de viande, le poivron, les tomates, les oignons et le lard sur les brochettes.

Couvrez la grille du four d'une feuille d'aluminium et préparez le four à une chaleur convenable pour la cuisson de la viande. Ensuite disposez-y les brochettes et faites griller 6 à 8 minutes de chaque côté, arrosez de temps en temps avec la marinade.

Ci-contre : *Cuisse de dinde à la crème*
Ci-dessous : *Brochettes de dinde*

Lavez les cuisses d'oie à l'eau froide, séchez-les et mettez-les dans un plat allant au four. Épluchez l'oignon, les carottes et le poireau, coupez-les en julienne. Épluchez la pomme, ôtez les pépins et coupez-la en quatre. Disposez les légumes autour des cuisses d'oie. Mettez à four chaud à 200-225°C (thermostat 6-7) pendant 1 heure. Dès que le jus de cuisson commence à brunir, mouillez avec 1/4 de litre d'eau chaude. Dégraissez régulièrement et arrosez la viande. Dressez les cuisses rôties sur un plat et maintenez au chaud.

Préparation de la sauce : passez le jus de viande au chinois, dégraissez. Liez la sauce avec la maïzena, portez à ébullition, laissez cuire à feu doux pendant 5 minutes, rectifiez l'assaisonnement. Servez avec des gnocchis de pommes de terre, du chou rouge et une compote de pommes acides non sucrées.

ESCALOPES DE DINDE

Pour 4 personnes

4 escalopes de dinde	75 g de beurre
50 g de farine	Tranches de citron
1 œuf battu	Sel
50 g de chapelure	Poivre

Roulez les escalopes saupoudrées de sel dans la farine, puis dans l'œuf battu et enfin dans la chapelure.

Faites chauffer le beurre dans une poêle et faites revenir les escalopes des deux côtés jusqu'à ce qu'elles soient bien dorées, pendant 12 minutes environ. Dressez sur un plat préchauffé. Garnissez de tranches de citron. Servez avec une purée mousseline et une salade composée.

Ci-dessous : *Escalopes de dinde*

Ci-dessus : *Dinde farcie*

DINDE FARCIE

Pour 6 personnes

1,5 kg de blanc de dinde	2 cuillerées à soupe
40 g de beurre	de chapelure
Poivre concassé	2 à 3 cuillerées à
200 g de lard	soupe d'huile
1 petit oignon	1/4 de litre de vin blanc
50 g de foie de dinde	+ 3 cuillerées à soupe
4 à 5 cuillerées à soupe	4 cuillerées à soupe
de cognac	de crème fraîche
1 œuf	Sel et poivre

Coupez la viande en deux dans le sens de l'épaisseur pour former une poche. Faites fondre le beurre avec le poivre et enduisez-en les blancs, à l'intérieur et à l'extérieur. Découpez le lard en 6 rubans et le reste en lardons. Coupez l'oignon, faites-le dorer avec les lardons. Lavez le foie de dinde à l'eau froide, essuyez et découpez-le en lamelles, faites-le revenir avec les oignons et les lardons, arrosez de cognac. Mélangez l'œuf avec la chapelure, les oignons, les foies et les lardons pour obtenir une farce ; emplissez de cette farce la poche de dinde, bridez avec du fil alimentaire ou des pique-olives.

Faites chauffer l'huile dans une poêle et faites dorer la viande de chaque côté. Garnissez le fond d'un plat allant au four avec les tranches de lard, déposez-y la viande, ajoutez 1/4 de litre de vin blanc et mettez à four chaud à 200-225°C (thermostat 6-7) pendant 1 heure. Arrosez de temps en temps avec le jus de cuisson et complétez avec de l'eau pour éviter que la viande se dessèche.

Dressez la viande sur un plat préchauffé et maintenez au chaud. Déglacez les sucs de cuisson avec le reste de vin blanc, portez à ébullition, passez au chinois et liez la sauce avec la crème fraîche, rectifiez l'assaisonnement.

CUISSES DE POULET AU CURRY

Pour 4 personnes

4 cuisses de poulet	2 tranches d'ananas au sirop
20 g de saindoux	1 cuillerée à soupe de curry
2 oignons	1/4 de litre de jus d'ananas
4 pommes	Sel et poivre

SALEZ et poivrez les cuisses de poulet. Faites chauffer le saindoux dans une cocotte. Faites-y dorer la viande sur chaque côté puis réservez. Épluchez les oignons et les pommes, coupez-les en quatre. Égouttez 2 tranches d'ananas et réservez 1/4 de litre du jus. Coupez l'ananas en petits dés et faites-les revenir avec les oignons et les pommes dans le suc de cuisson du poulet. Ajoutez le curry, 1/8 de litre d'eau chaude et le jus d'ananas, salez.

Remettez les cuisses de poulet dans la cocotte et laissez mijoter à petit feu 25 à 30 minutes. Sortez les cuisses de poulet, passez-les éventuellement sous le gril. Ajoutez du curry à la sauce. Servez chaud.

Ci-dessous : *Cuisses de poulet au curry*

Ci-dessus : *Poulet frit*

POULARDE EN GOULASCH

Pour 4 personnes

4 blancs de poularde	en conserve
d'environ 500 g	1 cube de bouillon de viande
300 g d'oignons	Cumin
50 g de beurre	2 feuilles de laurier
2 cuillerées à soupe	1 bouquet de persil
de paprika	2 cornichons aigres-doux
300 g de poivrons rouges	2 œufs durs
400 g de tomates	Sel

É PLUCHEZ les oignons, coupez-les en tranches et faites-les revenir dans le beurre fondu. Saupoudrez de paprika et laissez réduire. Découpez les blancs de poularde en dés de 3 cm. Coupez les poivrons en deux, ôtez leurs pépins et leurs membranes blanches, lavez et coupez-les en morceaux de 2 cm. Égouttez et coupez les tomates, réservez le jus. Mettez la viande, les poivrons, les tomates et leur jus dans la cocotte.

Mouillez avec le bouillon, ajoutez le cumin, le laurier, salez. Fermez la cocotte et laissez mijoter le goulasch pendant 20 minutes. Lavez, égouttez et hachez le persil. Coupez les cornichons en petits dés et mélangez-les au goulasch. Versez dans un plat creux chaud. Hachez l'œuf dur et garnissez-en la viande. Servez avec des pâtes ou de la purée de pommes de terre.

POULET FRIT

Pour 4 personnes

1 poulet prêt à cuire	Huile de friture
1 œuf	Tomates
Paprika	Tranches de citron.
Chapelure	Sel et poivre

D ECOUPEZ le poulet en morceaux. Battez l'œuf avec le paprika, salez, poivrez. Enduisez le poulet du mélange sur toutes les faces puis roulez-le dans la chapelure. Faites chauffer la friteuse à 180-190°C et faites frire les morceaux de poulet jusqu'à ce qu'ils aient une belle couleur brun doré, 10 minutes environ et égouttez-les.

Garnissez avec des tomates coupées en quatre, des tranches de citron et du persil.

CUISSES DE POULET AU XÉRÈS

Pour 4 personnes

4 cuisses de poulet
1 noix de beurre
1 oignon
2 cuillerées à soupe
de farine
2 cuillerées à café

de curry
1/4 de litre de bouillon
de viande
1/4 de litre de crème
15 cl de xérès
Sel et poivre

SALEZ et poivrez les cuisses de poulet. Faites chauffer le beurre dans une poêle et faites revenir les cuisses de poulet de tous les côtés, laissez cuire 25 à 30 minutes. Émincez l'oignon et faites-le revenir dans la graisse de cuisson du poulet. Saupoudrez de farine et remuez jusqu'à ce qu'elle blondisse, ajoutez le curry, mouillez avec le bouillon, battez au fouet pour éviter les grumeaux et portez la sauce à ébullition, laissez cuire à petit feu pendant 5 minutes.

Ajoutez la crème fraîche en remuant, terminer avec le xérès. Nappez le poulet avec une partie de la sauce et servez le reste en saucière.

Servez avec du riz beurré, des légumes printaniers et une salade.

Ci-dessous : *Cuisses de poulet au xérès*

Ci-dessus : *Cuisses de poulet du berger*

CUISSES DE POULET DU BERGER

Pour 2 personnes

1 cuisse de poulet	1/2 cuillerée à café
1/2 cuillerée à café	de romarin
de marjolaine	Jus de 1 citron
1/2 cuillerée à café	1 cuillerée à soupe d'huile
de thym	Sel et poivre

Melangez l'huile avec les aromates. Salez et poivrez le poulet. Enduisez-le d'huile aux herbes et placez-le sur la grille du four à 200-225°C (thermostat 6-7), laissez rôtir 20 minutes en badigeonnant régulièrement d'huile aux herbes.

Servez avec des haricots verts en salade.

BROCHETTES DE VOLAILLE

Pour 3 à 4 personnes

500 g de blancs de poulet	au sirop
100 g de lard maigre	3 noix de beurre
2 à 3 tranches d'ananas	Sel et poivre du moulin

Decoupez le poulet et le lard en cubes d'environ 3 cm. Salez, poivrez. Égouttez les ananas en morceaux. Enfilez les morceaux de viande et d'ananas sur une brochette en alternant.

Faites chauffer le beurre dans une poêle et faites revenir les brochettes de tous les côtés jusqu'à ce qu'elles soient bien dorées, 8 minutes environ. Dressez sur un plat préchauffé.

BLANC DE POULET AU MARSALA

Pour 2 à 3 personnes

2 à 3 blancs de poulet	de saindoux
Sauge	3 à 4 cuillerées à soupe
2 à 3 fines tranches	de marsala
de jambon cru	150 g de crème fraîche
2 cuillerées à soupe	Sel et poivre

POIVREZ les blancs de poulet et saupoudrez-les de sauge. Roulez chaque blanc dans une tranche de jambon. Maintenez avec un pique-olives. Faites chauffer le saindoux et faites-y revenir la viande pendant 10 minutes. Retirez la viande de la poêle et réservez-la au chaud. Déglacez les sucs avec le marsala. Ajoutez la crème fraîche et mélangez bien. Portez à ébullition, salez, rectifiez l'assaisonnement. Ôtez les pique-olives et plongez les blancs de poulet dans la sauce. Achevez la cuisson en 2 minutes à feu doux. Accompagnez d'un risotto et de mâche.

BLANC DE POULET AUX AVOCATS ET AUX FINES HERBES

Pour 4 à 6 personnes

6 blancs de poulet	1 bouquet de persil plat
1 citron vert non traité	1 bouquet d'estragon
1 citron jaune non traité	3 avocats bien mûrs
30 g de beurre	Feuilles de cresson
2 jaunes d'œufs	Sel
1/4 de litre d'huile	Poivre

METTEZ la viande dans un récipient avec le sel, le poivre, le zeste de citron vert râpé. Couvrez, retournez la viande au bout d'une demi-heure et laissez macérer pendant 1 heure. Faites chauffer le beurre et faites-y revenir les blancs 5 minutes de chaque côté, laissez refroidir.

Ci-dessus : *Blanc de poulet aux avocats et aux fines herbes*
Ci-contre : *Blanc de poulet au marsala*

Préparation de la mayonnaise : mélangez les deux jaunes d'œufs avec un peu de jus de citron vert, salez. Incorporez l'huile peu à peu en battant constamment au fouet jusqu'à ce que la mayonnaise prenne. Rectifiez l'assaisonnement. Lavez les herbes, ôtez les tiges, hachez fin et mélangez avec la mayonnaise.

Coupez les avocats en deux, ôtez le noyau, épluchez et découpez chaque fruit en tranches d'environ 1 cm

d'épaisseur, disposez-les en éventail sur un plat, arrosez-les de jus de citron et décorez de feuilles de cresson. Coupez les blancs de poulets en fines tranches, dressez-les sur le lit d'avocat. Nappez de mayonnaise aux herbes. Garnissez de tranches de citron, de feuilles d'estragon ou de cresson.

Variante : un bouquet de basilic peut remplacer l'estragon et le persil dans la mayonnaise.

ÉMINCÉ DE POULET

Pour 4 à 6 personnes

600 g de blancs de poulet
1 petit oignon
1 cuillerée à soupe
d'huile d'olive
1 petite boite de girolles
1 pincée de thym

1/4 de litre de bouillon
de viande
150 g de crème fraîche
Persil haché
Sel
Poivre du moulin

ÉMINCEZ les blancs de poulet. Épluchez l'oignon, coupez-le en dés. Faites chauffer l'huile dans une poêle et faites-y revenir l'oignon puis le poulet jusqu'à ce qu'il soit doré.

Égouttez les girolles, ajoutez-les à la viande, salez, poivrez, saupoudrez de thym, mouillez avec le bouillon et laissez cuire à petit feu 5 minutes environ. Ajoutez la crème, portez à ébullition, rectifiez l'assaisonnement et garnissez de persil haché.

CUISSES D'OIE AU CHOU BRAISÉ

Pour 4 personnes

2 cuisses d'oie	30 g de saindoux
1 chou blanc de 2 kg	Sel
2 gros oignons	Poivre

Coupez le chou en quatre après l'avoir débarrassé de ses premières feuilles. Ôtez les côtes et émincez-le. Épluchez les oignons, coupez-les en dés. Faites chauffer le saindoux dans une cocotte et faites-y revenir les cuisses d'oie de tous les côtés, puis les oignons, mouillez avec 1/4 de litre d'eau. Ajoutez le chou, salez, poivrez, fermez la cocotte et laissez mijoter 1 heure 30. Désossez la viande dès qu'elle est cuite, disposez-la dans un plat creux préalablement chauffé. Rectifiez l'assaisonnement du chou, servez-le avec la viande. Servez avec des pommes à l'anglaise.

Ci-dessus : *Poulet au curry à la Tonga*
À gauche : *Émincé de poulet*

POULET AU CURRY À LA TONGA

Pour 2 ou 3 personnes

2 à 3 blancs de poulet	confit
Curry	150 g de crème fraîche
2 noix de beurre	1 cuillerée à soupe
100 g de mandarines	de jus de mandarine
en quartiers	1 cuillerée à soupe
100 g d'ananas au sirop	de jus d'ananas
en morceaux	Jus de citron
1 morceau de gingembre	Sel et poivre

Émincez le poulet et faites-le dorer, sur chaque côté, dans 1 noix de beurre fondu. Salez, poivrez et saupoudrez de curry, maintenez au chaud. Ajoutez une noix de beurre et du curry dans la poêle. Faites chauffer les mandarines, les morceaux d'ananas et le gingembre finement haché à feu doux. Mélangez avec la crème fraîche, le jus de mandarine et le jus d'ananas, portez à ébullition, salez, poivrez, rectifiez l'assaisonnement avec le jus de citron. Réchauffez la viande dans la poêle avec les fruits.

POULET AU CURRY

Pour 4 personnes

1 poulet prêt à cuire	40 g de beurre
1 bouquet garni	2 cuillerées à soupe de curry
2 carottes	3 tranches d'ananas au sirop
1 morceau de céleri	1 banane
1 poireau	1 pomme
1 oignon	Sel

Nettoyez les herbes et les légumes, plonger le poulet dans 2 litres d'eau bouillante salée avec le bouquet garni et laissez cuire à petits bouillons pendant 1 heure. Désossez le poulet et émincez-le. Passez le bouillon au chinois et réservez-en un demi-litre. Coupez les carottes, le céleri, le poireau et l'oignon en julienne.

Faites chauffer le beurre et faites fondre les légumes pendant 10 minutes, ajoutez le curry et le poulet émincé, laissez mijoter quelques instants, mouillez avec le bouillon et portez à ébullition.

Égouttez l'ananas, épluchez la banane et la pomme, coupez les fruits en dés. Ajoutez-les à la viande au curry, laissez cuire 3 à 5 minutes, salez, rectifiez l'assaisonnement. Servez avec du riz et une salade verte.

Ci-dessous : *Poulet au curry*

FRICASSÉE DE POULET

Pour 4 personnes

1 poulet prêt à cuire	150 g de petits pois
1 paquet de légumes	surgelés
pour pot-au-feu	2 cuillerées à soupe
2 oignons	de crème fraîche
1 feuille de laurier	1 jaune d'œuf
6 grains de poivre	2 cuillerées à soupe
30 g de beurre	de lait froid
250 g de champignons	1 cuillerée à soupe
de Paris	de persil haché
40 g de farine	Sel
200 g de pointes	Poivre
d'asperges en conserve	

Plongez le poulet dans l'eau bouillante salée, portez à ébullition, écumez. Épluchez l'oignon et les légumes, ajoutez-les au bouillon en même temps que le laurier et le poivre. Laissez frémir pendant 1 heure 15 : le bouillon doit toujours recouvrir la viande. Si nécessaire, complétez en ajoutant de l'eau. Sortez le poulet dès qu'il est cuit, passez le bouillon et réservez-en 75 cl. Désossez la viande, ôtez la peau et coupez-la en gros dés.

Préparation de la sauce : Émincez l'autre oignon. Faites chauffer le beurre, faites-y fondre l'oignon. Nettoyez les champignons, coupez-les en tranches et faites-les réduire avec l'oignon et laissez cuire à petit feu. Ajoutez la farine en remuant puis mouillez avec le bouillon. Mélangez au fouet pour éviter les grumeaux, portez la sauce à ébullition et laissez cuire pendant 5 minutes en continuant de remuer.

Égouttez les asperges, ajoutez-les à la sauce en même temps que les petits pois, portez à ébullition. Laissez cuire à petit feu pendant 3 à 5 minutes, salez, poivrez, rectifiez l'assaisonnement. Battez le jaune d'œuf avec le lait et liez la sauce.

Réchauffez la viande dans la sauce. Garnissez la fricassée de morceaux de carottes et de persil haché. Servez avec du riz.

À droite : *Fricassée de poulet*

ÉMINCÉ DE VOLAILLE À LA CRÈME

Pour 4 personnes

500 g de blancs de poulet	150 g de champignons
Paprika	de Paris en conserve
30 g de beurre	150 g de crème fraîche
30 g de farine	Sel et poivre

Émincez les blancs de poulet, salez, poivrez, saupoudrez de paprika. Faites chauffer le beurre et faites-y dorer la viande pendant 7 minutes environ, saupoudrez de farine, mélangez bien et laissez cuire à feu doux.

Égouttez les champignons et réservez le jus, l'allonger avec de l'eau pour obtenir 1/4 de litre de liquide, mouillez la viande et portez à ébullition tout en remuant. Coupez les champignons en lamelles et ajoutez-les à la préparation en même temps que la crème, portez à ébullition, laissez cuire pendant 5 minutes. Salez, poivrez et ajoutez du paprika.

Ci-dessous : *Cuisses de volaille aux carottes braisées*

CUISSES DE VOLAILLE AUX CAROTTES BRAISÉES

Pour 4 personnes

4 cuisses de poulet	3 oignons
750 g de carottes	1 cuillerée à café
Paprika	de maïzena
Thym	Persil haché
50 g de beurre	Sel et poivre

Épluchez les carottes, lavez-les et coupez-les en bâtonnets de 0,5 cm d'épaisseur. Salez les cuisses de poulet, poivrez-les, saupoudrez-les de paprika. Faites chauffer 3 noix de beurre dans une sauteuse et faites revenir la viande de chaque côté. Épluchez les oignons, coupez-les en rondelles et faites-les dorer avec le poulet. Ajoutez les carottes et le thym, salez, poivrez et mouillez d'eau à hauteur. Couvrez et laissez mijoter 25 à 30 minutes en remuant de temps en temps.

Disposez les cuisses de poulet sur un plat préchauffé et maintenez au chaud. Rajoutez 1/2 verre d'eau sur les légumes, portez à ébullition. Faites un beurre manié avec la maïzena et liez les légumes, salez, poivrez, rectifiez l'assaisonnement. Servez avec les cuisses de poulet. Garnissez de persil haché.

CUISSES DE VOLAILLE FARCIES

Pour 4 personnes

4 cuisses de poulet	Huile
100 g de gruyère en tranche	Paprika
4 tranches de jambon cru	Persil
4 tranches d'ananas au sirop	Sel et poivre

Désossez la viande. Coupez le fromage en quatre dans le sens de la longueur, enveloppez-le avec le jambon et glissez les rouleaux de jambon dans les cuisses de volaille, bridez avec une ficelle. Posez la viande dans la lèchefrite sous le gril du four.

Disposez les tranches d'ananas à côté de la viande et laissez griller 15 minutes de chaque côté. Mélangez un peu de paprika à l'huile, enduisez les cuisses de volaille et les tranches d'ananas pendant la cuisson. Disposez sur un plat préchauffé et garnissez de persil.

À droite : *Émincé de volaille à la crème*

RAGOÛT DE FOIES DE VOLAILLE

Pour 4 personnes

500 g de foies de volaille
750 g de petites
pommes de terre
60 g de beurre
2 cuillerées à soupe d'huile
250 g de petits oignons

500 g de carottes
2 feuilles de laurier
250 g de poireaux
1 cuillerée à café de thym
1 bouquet de persil plat
Sel et poivre

ÉPLUCHEZ, lavez et essuyez les pommes de terre. Faites chauffer la moitié du beurre dans une sauteuse et faites-y dorer les pommes de terre pendant une vingtaine de minutes en les retournant régulièrement, salez, poivrez. Épluchez les oignons et les carottes, coupez-les en tranches et ajoutez-les aux pommes de terre avec le laurier, laissez braiser pendant 20 minutes.

Nettoyez le poireau, coupez-le en rondelles, rincez-les et ajoutez-les aux légumes. Salez, poivrez, saupoudrez de thym et laissez cuire pendant 10 minutes. Lavez les foies de volaille à l'eau froide, enlevez les nerfs ainsi que les parties blanches. Faites chauffer le reste du beurre dans une poêle et faites-y revenir les foies pendant 8 à 10 minutes, ajoutez-les aux légumes. Lavez et essuyez le persil. Détachez les feuilles et hachez-les finement, garnissez-en le ragoût de foies de volailles.

FOIES DE POULET AUX POMMES

Pour 4 personnes

500 g de foies de poulet
500 g de pommes acides
500 g d'oignons
130 g de beurre
4 cuillerées à soupe

de farine
4 tranches de pain complet
Marjolaine
Sel
Poivre

LAVEZ les foies à l'eau froide, essuyez-les et ôtez les nerfs ainsi que les parties blanches. Épluchez les pommes, ôtez le cœur et les pépins et coupez-les en

Ci-dessous : *Ragoût de foies de volaille*
À droite : *Foies de poulet aux pommes*

tranches fines. Épluchez les oignons et émincez-les. Faites chauffer 50 g de beurre dans une poêle et faites-y dorer les oignons, salez. Réservez les oignons et maintenez-les au chaud. Ajoutez 30 g de beurre dans la poêle, faites saisir les pommes.

Sortez-les dès qu'elles ont une belle couleur dorée, maintenez au chaud. Poivrez les foies, roulez-les dans la farine. Faites chauffer dans la poêle 50 g de beurre, faites-les revenir pendant 8 à 10 minutes en les retournant régulièrement.

Faites griller les 4 tranches de pain complet, disposez-les sur les assiettes préchauffées, dressez les foies sur le pain, salez et garnissez avec les pommes et les oignons. Décorez avec des feuilles de marjolaine.

FILET D'OIE EN COCOTTE

Pour 4 personnes

750 g de filet d'oie avec les os	40 à 50 g de graisse d'oie
	100 g de lard en tranches
2 paquets de légumes à pot-au-feu	1/4 de litre de vin blanc
	Sel
1 oignon	Poivre

SALEZ le filet d'oie. Nettoyez les légumes et coupez-les en julienne. Épluchez l'oignon et émincez-le. Faites chauffer la graisse d'oie dans une cocotte et faites-y revenir les légumes. Ajoutez le filet d'oie de sorte que les os soient au fond de la cocotte, couvrez la viande avec les tranches de lard et mouillez avec le vin blanc, fermez la cocotte. Laissez mijoter à petit feu 1 heure 30 à 1 heure 45 en complétant de temps en temps avec du vin blanc.

Dès que le filet d'oie est cuit, sortez-le, coupez-le en tranches et disposez-le sur un plat préalablement chauffé. Passez la sauce au chinois et nappez-en les tranches de viande.

À gauche : *Filet d'oie en cocotte*
Ci-dessous : *Cuisses d'oie aux poivrons*

CUISSES D'OIE AUX POIVRONS

Pour 4 personnes

2 cuisses d'oie d'environ 1 kg	500 g de poivrons
Paprika	500 g de tomates
1 cuillerée à soupe de saindoux	Persil
	Sel
3 oignons	Poivre

Salez les cuisses d'oie et saupoudrez-les de paprika. Faites chauffer le saindoux dans une cocotte et faites-y revenir la viande sur chaque côté. Jetez la moitié de la graisse de cuisson. Épluchez les oignons, coupez-les en quatre et dorez-les avec les cuisses d'oie. Mouillez d'un verre d'eau, couvrez et laissez braiser. Retournez régulièrement et arrosez les cuisses avec le jus de cuisson. Coupez les poivrons en deux, ôtez leurs pépins et membranes blanches, lavez-les et émincez-les. Pelez les tomates en les plongeant dans l'eau bouillante, puis dans l'eau froide et coupez-les en morceaux. Ajoutez les légumes après 1 heure de cuisson, salez, poivrez et laissez cuire durant 45 minutes. Désossez la viande et coupez en tranches, maintenez au chaud. Salez, poivrez les légumes et rectifiez l'assaisonnement avec du paprika. Servez les légumes dans un plat creux préalablement chauffé et dressez-y la viande, garnissez de persil haché. Servez avec des gnocchis.

POULET CHASSEUR

Pour 4 personnes

1 poulet prêt à cuire	2 cuillerées à soupe
3 cuillerées à soupe	de cognac
d'huile d'olive	1/8 de litre de bouillon
60 g de beurre	de viande
250 g de champignons	100 g de tomates
de Paris,	3 à 4 cuillerées
1/2 oignon	de persil haché
100 g de farine	Sel
1/8 de litre de vin blanc	Poivre

DECOUPEZ le poulet, salez, poivrez. Faites chauffer l'huile d'olive et le beurre dans une cocotte et faites-y revenir les morceaux de poulet de tous les côtés. Sortez-les de la cocotte et maintenez-les au chaud. Nettoyez les champignons et coupez-les en lamelles. Émincez le demi-oignon et faites-le revenir avec les champignons dans la cocotte. Ajoutez la farine et laissez cuire pendant quelques minutes en remuant, mouillez avec le vin blanc, le cognac et le bouillon de viande.

Plongez les tomates dans l'eau bouillante, passez-les à l'eau froide. Pelez-les et coupez-les en petits morceaux, ajoutez-les aux champignons. Portez à ébullition et laissez cuire à l'étuvée pendant 8 minutes. Ajoutez les morceaux de poulet, fermez la cocotte et laissez mijoter à petit feu pendant 30 minutes.

Disposez les morceaux de poulet sur un plat chaud et maintenez au chaud. Faites réduire la sauce, ajoutez le persil haché et nappez le poulet de sauce.

À gauche : *Poulet chasseur*
Ci-dessous : *Poularde Marengo*

POULARDE MARENGO

Pour 4 personnes

1 poularde prête à cuire	10 olives vertes
1 gousse d'ail	dénoyautées
2 cuillerées à soupe d'huile	10 g de truffes noires
500 g de tomates	en conserve
1/4 de litre de vin blanc	4 écrevisses cuites
250 g de petits	Sel
champignons de Paris	Poivre

COUPEZ la poularde en quatre. Épluchez l'ail et écrasez-le. Salez et poivrez la viande et frottez-la avec l'ail. Faites chauffer l'huile dans une cocotte et faites-y revenir les morceaux de poularde sur tous les côtés. Plongez les tomates dans l'eau bouillante, passez-les à l'eau froide, pelez-les, coupez-les en quatre, ôtez les pépins et ajoutez-les à la viande.

Mouillez avec le vin blanc, fermez la cocotte et laissez mijoter 45 minutes. Retournez la viande de temps en temps et complétez la sauce avec du vin blanc. Ajoutez les champignons nettoyés et les olives égouttées au bout de 30 minutes, fermez la cocotte et laissez mijoter à petit feu.

Disposez les morceaux de poularde sur un plat, réservez au chaud. Salez et poivrez la sauce et nappez-en la viande. Garnissez de fines tranches de truffe et d'écrevisses.

COUPEZ la poularde en quatre, salez-la. Saupoudrez avec la moitié du paprika. Faites chauffer l'huile dans une cocotte et faites-y revenir les morceaux de poularde de chaque côté. Émincez oignon et ail, ajoutez-les à la viande. Mouillez avec 1/4 de litre d'eau, fermez la cocotte et laissez mijoter 45 minutes. Retournez les morceaux de viande de temps en temps. Disposez la viande sur un plat chaud, réservez au chaud. Allongez la sauce avec de l'eau pour obtenir 40 cl de liquide. Ajoutez le concentré de tomates, le paprika, le piment et la marjolaine, portez à ébullition. Liez avec la crème et la maïzena, rectifiez l'assaisonnement, réchauffez la viande dans la sauce. Servez avec des pâtes ou du riz.

POULARDE AUX OIGNONS

Pour 4 à 6 personnes

1 poularde prête à cuire
d'environ 1,5 kg
2 cuillerées à soupe d'huile
500 g de petits oignons
250 g de carottes
3 noix de beurre

1 cuillerée à soupe
de thym
2 feuilles de laurier
100 g de crème fraîche
Sel
Poivre

POULARDE EN COCOTTE

Pour 4 à 6 personnes

1 poularde prête à cuire
2 à 3 cuillerées à soupe
de paprika
3 cuillerées d'huile
1 oignon
1 gousse d'ail
1 cuillerée à café
de marjolaine
3 cuillerées à soupe

de crème
1 cuillerée à soupe
de piment de Cayenne
70 g de concentré
de tomates
1 cuillerée à café
de maïzena
Sel et poivre

Ci-dessus : *Poularde
en cocotte*

COUPEZ la poularde en huit. Faites chauffer l'huile
dans une cocotte et faites-y revenir les morceaux de
viande sur chaque côté. Réservez-les, salez, poivrez.
Épluchez les oignons et coupez-les en 4. Nettoyez
les carottes et coupez-les en tranches.

Faites fondre le beurre dans la cocotte et faites-y
revenir les oignons et les carottes, salez, poivrez,
saupoudrez de thym. Remettez les morceaux de
viande à cuire avec le laurier, fermez la cocotte et
laissez mijoter pendant 20 minutes.

Ajoutez la crème fraîche au dernier moment en
mélangeant bien. Servez avec des pommes à
l'anglaise.

Ci-dessous : *Poularde aux oignons*

COQ AU VIN

À L'AUTOCUISEUR
Pour 4 à 6 personnes

1 poulet prêt à cuire	1/4 de litre de bouillon
80 g de lard maigre	de viande
50 g de beurre	1 feuille de laurier
1 oignon	4 clous de girofle
200 g de champignons	Romarin
de Paris	2 cuillerées à soupe
1/4 de litre + 3 cuillerées	de maïzena
à soupe de vin rouge	Sel et poivre

COUPEZ le poulet en 6 à 8 morceaux, salez, poivrez. Détaillez le lard en lardons et faites-les revenir dans l'autocuiseur. Ajoutez le beurre et faites dorer les morceaux de poulet de tous les côtés.

Coupez l'oignon en dés. Nettoyez les champignons, coupez-les en quatre et faites-les revenir avec la viande pendant quelques minutes. Mouillez avec 1/4 de litre de vin et le bouillon de viande. Ajoutez le laurier, les clous de girofle et le romarin. Fermez l'autocuiseur et achevez la cuisson à petit feu pendant 15 minutes.

Dressez la viande sur un plat chaud, maintenez au chaud. Mélangez le reste du vin à la maïzena et liez la sauce. Portez à ébullition et laissez cuire pendant 5 minutes en remuant constamment, salez, poivrez. Servez avec une purée de pommes de terre ou des pâtes et une salade d'endives.

À gauche : *Coq au vin*
Ci-dessous : *Poularde aux poireaux*

POULARDE AUX POIREAUX

Pour 4 à 6 personnes

1 poularde de 1,5 kg	750 g de poireaux
prête à cuire	1/8 de litre de vin blanc
1 cuillerée à soupe	150 g de crème fraîche
de paprika	Sel
2 noix de beurre	Poivre

DECOUPEZ la poularde en morceaux, salez, saupoudrez de paprika. Faites fondre le beurre et faites-y revenir les morceaux de poularde.

Nettoyez soigneusement les poireaux, coupez-les en rondelles, rincez-les et égouttez-les. Faites fondre les poireaux dans le beurre, mouillez avec le vin blanc. Étalez les poireaux dans un plat allant au four et disposez-y les morceaux de poularde. Mettez au four à 200°C (thermostat 6) pendant 40 minutes.

Dressez la viande sur un plat préalablement chauffé, maintenez au chaud. Répandez la crème fraîche sur les poireaux, rectifiez l'assaisonnement, salez.

POULET AU CURRY ET AUX BANANES

EN PAPILLOTE
Pour 4 personnes

1 poulet prêt à cuire	Huile
1 pomme	1 cuillerée 1/2 à soupe
3 bananes	de miel
1 cuillerée et 1/2 à café	1 noix de beurre
de curry	Sel et poivre

PRÉPARATION de la farce : épluchez la pomme et une banane, coupez-les en tranches fines. Mélangez 1 cuillerée de curry aux fruits, salez.

Salez et poivrez le poulet à l'intérieur et à l'extérieur. Farcissez-le avec les fruits, bridez avec un fil alimentaire. Enduisez une feuille d'aluminium d'huile et enveloppez-en le poulet. Mettez la papillote sur la grille du four à 250-275°C (thermostat 8-9) pendant 1 heure. Ouvrez la papillote 15 minutes avant la fin de la cuisson. Mélangez le miel avec le reste du curry et enduisez-en le poulet, retournez la volaille et enduisez l'autre côté. Sortez le poulet cuit de la papillote, ôtez le fil, sortez la farce et découpez le poulet.

Disposez les morceaux de poulet avec la farce sur un plat préalablement chauffé. Coupez les 2 bananes restantes dans le sens de la longueur. Faites chauffer le beurre et faites-y revenir les moitiés de bananes des deux côtés.

Ajoutez les sucs de cuisson restés dans la papillote et arrosez-en les bananes, disposez-les autour des morceaux de poulet. Servez avec un riz au curry et une salade.

POULET AU CITRON

Pour 4 à 6 personnes

1 gros poulet	1 citron non traité
8 gousses d'ail	1 bouquet de persil
Jus de 1 citron	10 cl de crème fraîche
1 cuillerée à café de sel	1 cuillerée à café
4 cuillerées à soupe d'huile	de romarin
2 pommes acides	Sel

ÉPLUCHEZ l'ail, pressez-le dans le jus de citron, salez. Enduisez le poulet de jus de citron aillé à l'intérieur comme à l'extérieur et enveloppez-le dans une feuille d'aluminium. Laissez macérer pendant 30 minutes.

Épluchez les pommes et le citron, lavez le persil. Farcissez le poulet avec des quartiers de pommes, le zeste de citron et des brins de persil, bridez le poulet avec un fil alimentaire. Enfilez le poulet sur la broche. Laissez rôtir sous le gril pendant 30 à 35 minutes. Mélangez la crème et le romarin, salez, enduisez le poulet de cette préparation et laissez rôtir pendant 5 minutes. Recommencez l'opération jusqu'à ce que la peau soit bien dorée.

Retirez le poulet de la broche, coupez-le en deux, retirez la farce et dressez sur un plat préalablement chauffé. Servez avec des pommes frites et une salade composée.

À droite : *Poulet au citron*
À gauche : *Poulet au curry et aux bananes*

POULET À LA MARJOLAINE ET AUX POIVRONS

Pour 4 à 6 personnes

1 poulet d'environ 1,5 kg prêt à cuire	1/4 de litre de vin blanc
2 gousses d'ail	1 à 2 poivrons verts
50 g de beurre	1 à 2 poivrons rouges ou jaunes
3 feuilles + 2 cuillerées à soupe de marjolaine hachée	500 g de tomates olivettes
	Sel
	Poivre du moulin

COUPEZ le poulet en quatre, salez, poivrez. Épluchez l'ail et hachez-le fin. Mélangez l'ail et le beurre et enduisez les morceaux de poulet avec cette préparation. Disposez les morceaux de viande dans un plat allant au four et parsemez de feuilles de marjolaine. Mettez sur la grille du four à 225°C (thermostat 7) et laissez rôtir 1 heure.

Mouillez avec le vin blanc au bout de 20 minutes environ, puis arrosez régulièrement pour que la viande ne se dessèche pas. Coupez les poivrons en deux, ôtez les pépins et les membranes blanches, lavez-les et coupez-les en lamelles. Ébouillantez les tomates puis passez-les à l'eau froide, pelez-les et coupez-les en quatre.

Après 40 minutes de cuisson, ajoutez d'abord les poivrons, puis les tomates 5 minutes plus tard. Mélangez tomates et poivrons. Laissez mijoter pendant 10 minutes. Garnissez avec de la marjolaine hachée.

CANARD FARCI

Pour 4 personnes

1 canard prêt à cuire	50 g de raisins secs
2 à 3 pommes acides	Sel et poivre

Salez le canard à l'intérieur et à l'extérieur. Épluchez les pommes, coupez-les en quatre et ôtez les pépins. Farcissez le canard avec les raisins et les quartiers de pommes, salez, poivrez.

Posez le canard dans une cocotte allant au four où l'on aura versé un peu d'eau, fermez, mettez au four à 200-225°C (thermostat 6-7) pendant 1 heure 30.

Découpez le canard, dressez-le sur un plat préalablement chauffé. Recueillez les sucs de cuisson, rectifiez l'assaisonnement et nappez-en la viande.

À gauche : *Poulet à la marjolaine et aux poivrons*
Ci-dessous : *Canard farci*

CANARD COL-VERT AU THYM

Pour 4 à 6 personnes

1 canard col-vert prêt à	de romarin
à cuire d'environ 2 kg	1 cuillerée à soupe
1 kg de pommes de terre	d'huile d'olive
3 cuillerées à soupe	2 oignons
de thym	Sel
1 cuillerée à café	Poivre

LAVEZ les pommes de terre. Mettez-les dans une casserole et couvrez d'eau salée, portez à ébullition. Laissez cuire à petits bouillons pendant 15 à 20 minutes. Égouttez-les et pelez-les immédiatement. Salez, saupoudrez le thym et de romarin et arrosez d'huile.

Salez le canard à l'intérieur et à l'extérieur. Farcissez la volaille avec une partie des pommes de terre aux herbes. Placez le canard sur le dos dans un plat allant au four où l'on aura versé un peu d'eau froide. Mettez à rôtir sur la grille du four à 225°C (thermostat 7) pendant 1 heure 30.

Épluchez les oignons et coupez-les en quatre, ajoutez-les au rôti au bout de 15 minutes de cuisson. Piquez le canard sous les ailes et sous les cuisses pour le dégraisser. Recueillez la graisse au bout de 30 minutes de cuisson. Ajoutez un peu d'eau chaude dès que les sucs de cuisson brunissent, arrosez régulièrement le canard. Ajoutez le reste des pommes de terre 15 minutes avant la fin de la cuisson et laissez dorer.

Découpez le canard et servez-le avec les pommes de terre sur un plat préalablement chauffé, garnissez de brins de thym et de romarin. Servez la sauce en saucière.

CANARD RÔTI AU RIZ

Pour 4 à 6 personnes

1 canard prêt à cuire	1 bouquet de persil
1 sachet de riz précuit	1 cuillerée à café de sauge
grain long	Marjolaine
3 oignons	1 œuf
2 carottes	1 cuillerée à soupe de miel
1 pomme	2 cuillerées à soupe
30 g de beurre	de maïzena
Abats cuits du canard :	Sel
cœur, gésier et foie	Poivre

Ci-dessous : *Canard col-vert au thym*

FAITES cuire le riz pendant 10 à 12 minutes, laissez-le gonfler (les grains doivent se détacher), égouttez-le. Épluchez l'oignon et émincez-le. Coupez les carottes en rondelles. Pelez la pomme, ôtez les pépins et coupez-la en dés. Faites chauffer le beurre et faites-y revenir l'oignon, les carottes et les morceaux de pomme. Laissez refroidir.

Émincez les abats. Lavez le persil et hachez-le fin. Mélangez le riz au persil et aux abats, ajoutez la sauge, la marjolaine, l'œuf battu et les légumes. Salez, poivrez, rectifiez l'assaisonnement de la farce. Saupoudrez le canard de sel, de poivre et de marjolaine à l'intérieur et à l'extérieur. Fourrez le canard de la farce.

Versez, dans un plat allant au four, un peu d'eau froide et posez le canard sur le dos, mettez à rôtir sur la grille en bas du four à 200°C (thermostat 6) durant 2 heures. Piquez de temps en temps le canard sous les ailes et sous les cuisses pour le dégraisser. Recueillez la graisse et arrosez-en le canard pendant la cuisson.

Dissolvez le miel dans un peu d'eau chaude et enduisez le canard de ce miel allégé 30 minutes avant la fin de la cuisson.

Ci-dessus : *Canard rôti au riz*

Découpez le canard, dressez-le sur un plat préalablement chauffé, maintenez au chaud. Déglacez le plat avec de l'eau, portez à ébullition, passez au chinois et dégraissez la sauce. Liez la sauce avec un peu de maïzena, salez, poivrez, rectifiez l'assaisonnement.

CANARD AUX OIGNONS NOUVEAUX

Pour 4 à 6 personnes

1 canard prêt à cuire avec ses abats	3 cuillerées à soupe de xérès
2 à 3 bottes d'oignons nouveaux	1/2 cuillerées à café de gingembre frais râpé
40 g de beurre	100 g de crème fraîche
30 g de sucre	1 tranche de racine
4 cuillerées à soupe de sauce au soja	de gingembre frais
	Sel et poivre

NETTOYEZ les oignons et gardez 15 cm de queue. Faites chauffer le beurre et faites-y revenir les oignons, saupoudrez de sucre, remuer doucement et laissez fondre. Arrosez avec la moitié de la sauce au soja, salez et laissez refroidir. Salez le canard à l'intérieur et à l'extérieur. Farcissez le canard avec les oignons nouveaux. Fermez en rabattant la peau et bridez la volaille. Enduisez le canard avec le beurre de cuisson des oignons. Posez la volaille, sur le dos, dans un plat allant au four, ajoutez les abats.

Mettez au four à 200°C (thermostat 6) pendant 2 heures. Arrosez d'eau chaude au bout de 15 minutes de cuisson. Mélangez le reste de la sauce au soja avec le xérès et le gingembre râpé et arrosez-en le canard au bout d'une demi-heure. Laissez rôtir.

Dressez le canard sur un plat préchauffé et maintenez au chaud. Déglacez la sauce avec de l'eau chaude, portez à ébullition, passez au chinois, dégraissez. Liez la sauce avec la crème fraîche, salez, poivrez et rectifiez l'assaisonnement avec la sauce au soja et le xérès. Épluchez et émincez la racine de gingembre, ajoutez-la à la sauce.

Servez en saucière. Servez avec du riz et des champignons.

CANARD AIGRE-DOUX

Pour 4 à 6 personnes

1 canard prêt à cuire	1 cuillerée à soupe
250 g de poires au sirop	de maïzena
250 g d'abricots au sirop	1 noix de beurre
Thym	Un peu de vinaigre de vin
Paprika	Sel et poivre

SALEZ le canard à l'intérieur et à l'extérieur. Égouttez poires et abricots et farcissez-en le canard. Bridez la volaille, salez, poivrez, saupoudrez de thym. Versez un peu d'eau au fond d'une cocotte allant au four et posez-y le canard. Couvrez et mettez au four à 200-225°C (thermostat 6-7) pendant 1 heure 10. Découpez le canard. Dressez-le sur un plat chaud et maintenez au chaud. Dégraissez la sauce, ajoutez de l'eau et portez à ébu-llition. Liez la sauce avec le beurre et la maïzena, salez, poivrez, rectifiez l'assaisonnement avec le vinaigre.

Ci-dessus : *Canard aigre-doux*
À droite : *Canard aux oignons nouveaux*

CANARD RÔTI À L'AIL

Pour 4 à 6 personnes

1 canard prêt à cuire	4 cuillerées à soupe
1 zeste râpé de 1/2 orange	de sauce au soja
non traitée	1 cuillerée à café
2 tranches de racine	de cannelle
de gingembre frais	1/8 de litre de bouillon
2 gousses d'ail	de poule
2 échalotes	1 cuillerée à soupe
5 cuillerées à soupe	de vinaigre
de miel liquide	Sel et poivre

SALEZ le canard à l'intérieur et à l'extérieur. Nettoyez le gingembre, hachez-le finement. Émincez l'ail et les échalotes. Mélangez l'ail et les échalotes avec 2 cuillerées à soupe de miel ainsi que 2 cuillerées à soupe de sauce soja, le zeste d'orange râpé, la cannelle et le bouillon de poule.

Portez à ébullition et laissez refroidir pendant 3 minutes. Fermez l'ouverture ventrale du canard avec du fil alimentaire. Placez le canard dans un plat allant au four ; emplissez la volaille de ce liquide chaud par le cou et fermez. Posez le canard sur le dos et mettez au four à 200°C (thermostat 6). Laissez rôtir pendant 30 minutes. Piquez le canard sous les ailes et sous les cuisses pour le dégraisser.

Dès que la sauce brunit, ajoutez un peu d'eau chaude, arrosez régulièrement le canard. Laissez cuire encore 1 heure 30 à 175°C (thermostat 5). Mélangez les restes de miel et de sauce au soja, salez, poivrez, ajoutez le vinaigre, mélangez bien et enduisez la volaille avec cette préparation pendant la cuisson. Sortez le canard du four, coupez les ficelles, versez le liquide dans un bol et servez en saucière. Dégraissez la sauce, passez-la au chinois et nappez-en le canard. Servez immédiatement.

Conseil : ajoutez 250 g d'échalotes épluchées au bout de 30 minutes de cuisson.

CANARD COL-VERT AUX POMMES

Pour 4 à 6 personnes

1 canard col-vert	1 gousse d'ail
de 2,5 kg prêt à cuire	1 chou chinois
avec ses abats	75 g de lard maigre
Origan	4 grosses pommes
250 g d'échalotes	acides
1 oignon	Sel et poivre

SALEZ et poivrez le canard à l'intérieur et à l'extérieur, saupoudrez-le d'origan. Posez le canard et ses abats dans un plat allant au four et mettez au four à 250°C (thermostat 8). Piquez le canard sous les ailes et sous les cuisses pour le dégraisser. Laissez rôtir pendant 45 minutes. Sortez la volaille du four, dressez-la sur un plat préalablement chauffé et maintenez au chaud.

Émincez les échalotes, l'oignon et l'ail. Lavez le chou et coupez-le en lamelles. Dégraissez un peu le jus de cuisson du canard. Faites-le chauffer dans une casserole, faites-y dorer les échalotes, l'ail et l'oignon, puis ajoutez le chou en mélangeant le tout.

Mettez le chou dans le plat où avait cuit le canard et glissez-le dans le four. Coupez le lard en petits lardons, ajoutez-les au chou. Remettez le canard au four avec le chou et laissez rôtir encore 45 minutes. Remuez les légumes de temps en temps. Épluchez les pommes, ôtez les pépins, coupez-les en tranches fines. Ajoutez-les au canard au bout de 30 minutes de cuisson.

À gauche : *Canard rôti à l'ail*
Ci-contre : *Canard col-vert aux pommes*

PIGEONS RÔTIS

Pour 4 personnes

4 pigeons prêts à cuire	1 cuillerée à soupe
1 noix de beurre	de maïzena
3 cuillerées à soupe	Sel
de crème	Poivre

FAITES une entaille dans le ventre de chaque pigeon,
salez à l'intérieur. Rabattez le cou à l'extérieur et
maintenez-le avec les ailes. Salez et poivrez les abats.
Glissez-les dans les pigeons avec le beurre et coincez
les pattes dans l'ouverture ventrale.

Versez un peu d'eau dans un plat allant au four et
disposez-y les pigeons. Mettez au four à 200-225°C
(thermostat 6-7) pendant 40 à 60 minutes. Mouillez
avec un peu d'eau chaude dès que les sucs de cuisson
brunissent, puis arrosez les pigeons régulièrement.
Dressez les pigeons sur un plat préalablement chauffé
et maintenez au chaud. Déglacez le plat avec de l'eau,
ajoutez la crème, allongez la sauce avec de l'eau et
portez à ébullition dans une casserole. Liez avec la
maïzena, rectifiez l'assaisonnement.

Variante : hachez les abats, mélangez-les avec de la
mie de pain, un œuf, du sel, une pointe de muscade
râpée et du persil haché, farcissez-en les pigeons et
bridez avec une ficelle.

PINTADE AU THON

Pour 4 personnes

1 pintade prête à cuire	150 g de thon au naturel
1 paquet de légumes	10 cl d'huile d'olive
à pot-au-feu	2 œufs durs
1 bouquet de persil	1 cuillerée à soupe
1 bouquet de basilic	de câpres
1 jaune d'œuf	Jus de 1 citron
1 cuillerée à café	Vin blanc
de moutarde	Tomates en quartiers
2 cuillerées à café	Tranches de citron
de vinaigre	Sel et poivre

METTEZ la pintade dans une casserole, recouvrez-la
d'eau salée, portez à ébullition et écumez. Nettoyez les
légumes, le persil et la moitié du basilic, ajoutez le
tout à la pintade, poivrez. Portez à ébullition et laissez
frémir pendant 45 à 50 minutes. Laissez refroidir la
pintade dans le bouillon, égouttez-la et découpez-la.
Enlevez la peau et disposez les morceaux de viande sur

un plat. Disposez quelques feuilles de basilic sur les
viandes. Mélangez le jaune d'œuf à la moutarde et au
vinaigre, salez, poivrez et fouettez. Égouttez le thon.

Ajoutez progressivement l'huile en fouettant. Épluchez
l'œuf, hachez-le finement et mélangez-le au thon.
Incorporez le thon et l'œuf haché à la mayonnaise avec
les câpres. Rectifiez l'assaisonnement avec le jus de
citron et du vin blanc. Nappez la volaille de sauce.
Garnissez de tomates et de tranches de citron.

PERDREAUX AU VIN

Pour 4 personnes

4 perdreaux prêts à cuire	1/8 de litre de vin rouge
60 g de lard en tranches	1 cuillerée à soupe
40 g de beurre	de maïzena
1 oignon	4 cuillerées à soupe
5 baies de genièvre	de crème
Un peu de sauge	Sel et poivre

PERDREAUX DOLMA

Pour 4 personnes

4 perdreaux prêts à cuire	8 tranches de lard fumé
Origan	40 g de beurre
Feuilles de vignes farcies	1/8 litre de vin rouge
en conserve	1/4 de litre de crème
Feuilles de vignes	Le zeste de 1/2 citron
marinées (dans les épiceries	non traité
orientales)	Sel et poivre du moulin

SALEZ et poivrez les perdreaux à l'intérieur et à l'extérieur, parsemez d'origan. Fourrez les perdreaux avec les feuilles de vigne farcies. Enveloppez chaque perdreau dans une feuille de vigne, ensuite enroulez-les avec le lard, bridez.

Versez un peu d'eau froide dans un plat allant au four, posez les perdreaux et mettez à four chaud 45 minutes. Ajoutez le vin rouge dès que les sucs de cuisson brunissent, arrosez régulièrement la viande en complétant avec du vin.

Sortez les perdreaux du four, dressez-les sur un plat préalablement chauffé, maintenez au chaud. Déglacez la sauce avec de la crème, ajoutez le zeste de citron, portez à ébullition, rectifiez l'assaisonnement. Servez avec des croquettes de pommes de terre.

SALEZ et poivrez les perdreaux à l'intérieur et à l'extérieur et enveloppez-les avec les tranches de lard. Faites chauffer le beurre dans une cocotte et faites-y revenir les perdreaux de tous les côtés. Épluchez l'oignon, coupez-le en quatre et faites-le dorer avec les perdreaux, ajoutez le genièvre, la sauge et le vin rouge. Laissez mijoter 45 à 60 minutes. Arrosez la viande de temps en temps et complétez la sauce en ajoutant du vin ou de l'eau.

Coupez les perdreaux en deux et dressez-les sur un plat chaud, maintenez au chaud. Déglacez la sauce avec de l'eau, passez-la au chinois, portez à ébullition, mélangez la maïzena et la crème et liez la sauce. Rectifiez l'assaisonnement avec du vin, salez, poivrez.

Servez avec des croquettes de pommes de terre ou des choux de Bruxelles.

Ci-dessus : *Pigeons rôtis*
À droite : *Perdreaux Dolma*

RAGOÛT AU CHOU CHINOIS

Pour 5 à 6 personnes

250 g de viande de bœuf
250 g de viande
de mouton
250 g de viande de porc
2 à 3 cuillerées à
soupe d'huile

1 gousse d'ail
2 oignons
1 kg de chou chinois
2 tomates
1/8 de litre de vin blanc
Sel et poivre

Coupez les viandes en dés. Faites chauffer l'huile dans une cocotte et faites dorer les morceaux de viande de tous les côtés, salez, poivrez. Épluchez l'ail et écrasez-le. Épluchez les oignons, coupez-les en rondelles. Ajoutez ail et oignons aux viandes et faites revenir à feu vif. Mouillez avec 1/4 de litre d'eau et laissez mijoter pendant 45 minutes.

Nettoyez le chou en ôtant les feuilles fanées, coupez-le en deux puis en lamelles, lavez-le et égouttez-le. Plongez les tomates dans l'eau bouillante, passez-les à l'eau froide, pelez-les et coupez-les en deux. Ajoutez le chou et les tomates aux viandes et versez encore 1/4 de litre d'eau, portez à ébullition, salez, poivrez, fermez la cocotte et laissez cuire à petit feu pendant 30 minutes en remuant de temps en temps. Ajoutez le vin blanc et donnez un bouillon avant de servir. Servez avec du riz ou des pommes de terre.

POTÉE AUX SALSIFIS

Pour 4 personnes

500 g de viande de porc
750 g de salsifis nettoyés
750 g de pommes de terre

40 g de beurre
Thym et sauge
Sel et poivre

Coupez la viande en dés. Lavez les salsifis, coupez-les en petits morceaux. Épluchez les pommes de terre et coupez-les. Faites chauffer le beurre et faites revenir la viande de tous les côtés, salez.

Mouillez avec 1/4 de litre d'eau puis ajoutez les salsifis, les pommes de terre et les aromates. Laissez mijoter à petit feu pendant 1 heure 45. Rectifiez l'assaisonnement.

POÊLÉE DE VEAU AU RIZ

Pour 4 personnes

500 g d'épaule de veau
désossée
4 cuillerées à soupe
d'huile
1 oignon
1 gousse d'ail
200 g de riz
1 litre de bouillon
de viande

1 poivron jaune
1 poivron rouge
1 grosse courgette
2 noix de beurre
20 olives vertes farcies
au piment
Paprika
Basilic et thym
Sel et poivre

Coupez la viande en dés. Faites chauffer l'huile dans une cocotte et faites revenir la viande pendant 10 minutes. Émincez l'oignon et l'ail, faites-les fondre avec la viande. Ajoutez le riz et mouillez avec le bouillon de viande, portez à ébullition et laissez cuire pendant 20 minutes en remuant de temps en temps.

Coupez les poivrons en deux, ôtez les pépins et les membranes blanches, découpez-les en lamelles. Nettoyez la courgette et coupez-la en tranches. Faites chauffer le beurre dans une poêle, faites cuire les légumes à l'étuvée pendant 15 minutes, salez, poivrez. Coupez les olives en rondelles et ajoutez-les aux légumes. Dès que le riz est cuit, ajoutez-y les légumes, salez, poivrez, saupoudrez de paprika, de basilic et de thym et servez immédiatement.

Ci-contre : *Ragoût au chou chinois*
À droite : *Poêlée de veau au riz*

POTÉE DE LÉGUMES
AUX BOULETTES DE VIANDE

Ci-dessus : *Potée de légumes aux boulettes de viande*
Ci-contre : *Soupe aux pois à la provençale*

Pour 6 personnes

500 g d'os	*moitié bœuf, moitié porc*
350 g de pommes de terre	*1 morceau de pain rassis*
1 kg de jardinière	*1 oignon*
de légumes surgelée	*1 œuf*
Sarriette	*Moutarde*
Thym	*1 cuillerée à soupe*
Marjolaine	*de persil haché*
400 g de viande hachée :	*Sel et poivre*

Lavez les os à l'eau froide, essuyez-les. Portez à ébullition de l'eau salée, plongez-y les os, écumez et laissez cuire pendant 1 heure 30. Épluchez les pommes de terre et coupez-les en dés. Sortez les os et passez le bouillon. Plongez les pommes de terre et les légumes dans le bouillon, salez, poivrez. Ajoutez les aromates et faites cuire à petits bouillons pendant environ 15 minutes.

Ramollissez le pain dans l'eau froide, essorez-le. Épluchez l'oignon, hachez-le finement. Mélangez les viandes, l'oignon, l'œuf et le pain, ajoutez la moutarde, salez, poivrez puis formez des petites boules. Réduisez le feu et laissez cuire les boulettes de viande dans le bouillon pendant 5 à 10 minutes. Garnissez de persil haché.

Conseil : ajoutez un peu de brocolis.

SOUPE AUX POIS À LA PROVENÇALE

Pour 3 à 4 personnes

450 g de poireaux surgelés	d'huile d'olive
500 g de tomates	Romarin
en conserve	Piment de Cayenne
300 g de petits pois	1 à 2 cuillerées à
surgelés	soupe de vinaigre
1/8 de litre de bouillon	3 à 4 œufs
de viande	3 à 4 toasts
1 gousse d'ail	Sel
1 cuillerée à soupe	Poivre

ÉPLUCHEZ l'ail et écrasez-le. Faites chauffer l'huile dans une casserole et faites revenir l'ail, ajoutez les poireaux puis les tomates avec leur jus après les avoir écrasées grossièrement à la fourchette, assaisonnez avec les aromates, salez et poivrez. Portez à ébullition en remuant de temps en temps, couvrez et laissez cuire 15 minutes à petits bouillons. Ajoutez les petits pois et laissez cuire pendant 5 minutes. Mouillez avec le bouillon de viande, l litre d'eau et le vinaigre et faites bouillir.

Pochez les œufs les uns après les autres dans le potage. Sortez-les délicatement et égouttez-les. Faites griller les toasts des deux côtés, disposez un toast garni d'un œuf sur chaque assiette et servez le potage en soupière.

RAGOÛT AUX CHAMPIGNONS

Pour 4 personnes

500 g de plat de côtes	250 g de champignons
de bœuf	de Paris
100 g de lard maigre	4 à 5 cuillerées à
Herbes de Provence	soupe de cognac
1 bouteille de vin blanc	1 cube de bouillon
250 g de petits oignons	de viande
500 g de petites pommes	1 bouquet de persil
de terre	Sel
1 noix de saindoux	Poivre

COUPEZ la viande en morceaux. Coupez le lard en dés, faites fondre les lardons dans une cocotte. Mettez-y à saisir la viande de tous les côtés, salez, poivrez, saupoudrez d'herbes de Provence. Mouillez avec 1/4 de litre de vin blanc. Fermez la cocotte. Laissez mijoter pendant 1 heure.

Faites chauffer le beurre dans une sauteuse et faites revenir oignons et pommes de terre en remuant sans arrêt. Nettoyez les champignons, coupez-les en quatre et faites-les cuire à l'étuvée avec les légumes.

Ajoutez les légumes à la viande, arrosez de cognac et mouillez avec le reste de vin blanc, salez, poivrez, rectifiez l'assaisonnement et laissez mijoter pendant 25 à 35 minutes. Garnissez de persil haché.

SOUPE DE POIS CASSÉS AU PETIT SALÉ

Pour 4 personnes

400 g de pois secs	1 paquet de légumes
2 litres de bouillon	à pot-au-feu
de viande	Marjolaine
1 kg de petit salé	4 saucisses de Montbéliard
500 g de pommes de terre	Sel et poivre

*L*AISSEZ tremper les pois dans l'eau claire pendant 12 à 24 heures. Videz l'eau de trempage des petits pois dans un faitout et portez à ébullition la viande et les pois. Laissez cuire à petits bouillons jusqu'à ce qu'ils soient presque tendres (1 heure à 1 heure 30).

Coupez les pommes de terre. Nettoyez les légumes et coupez-les en julienne, ajoutez les pommes de terre, les légumes et les saucisses de Montbéliard au bouillon, salez, poivrez et achevez la cuisson (pendant 30 minutes à 1 heure). Rectifiez l'assaisonnement, saupoudrez de marjolaine. Servez avec des croûtons frits.

Variante : le petit salé se remplace par du lard maigre.

POTÉE DE BŒUF AUX LÉGUMES

Pour 5 personnes

750 g de plat de côtes	Thym
de bœuf	2 cuillerées à soupe
1 kg de chou chinois	de concentré de tomates
4 carottes	1 bouquet de persil
2 poireaux	1 bouquet d'aneth
1 céleri-rave	Sel
500 g de pommes de terre	Poivre

*C*OUPEZ la viande en dés, plongez-la dans 1 litre d'eau bouillante, écumez et laissez cuire à petits bouillons pendant 1 heure. Enlevez les feuilles fanées du chou, ôtez les côtes et coupez les feuilles dans le sens de la longueur, émincez-les, lavez-les, égouttez-les.

Épluchez les carottes, le céleri et les pommes de terre, nettoyez les poireaux. Lavez les légumes, coupez-les en julienne et ajoutez-les à la viande en même temps que le chou. Salez, poivrez, saupoudrez de thym et laissez cuire à petits bouillons durant 45 minutes. Sortez la viande, coupez-la en morceaux. Remettez-les dans le faitout, ajoutez le concentré de tomates et mélangez bien. Garnissez avec de l'aneth et du persil haché.

POTÉE DE HARICOTS AU KASSELER

(COLLIER DE PORC FUMÉ)
Pour 5 personnes

750 g de collier de porc	en conserve
fumé ou kasseler	1/8 de litre de bouillon
125 g d'oignons	de viande
3 cuillerées à soupe d'huile	Piment de Cayenne
800 g de haricots blancs	1 bouquet de persil plat
en conserve	1 bouquet de ciboulette
425 g de haricots rouges	Sel et poivre

SOUPE AU CHOU ET AUX TOMATES

Pour 6 personnes

250 g de viande hachée :	*1 morceau de pain rassis*
moitié bœuf, moitié porc	*1 petit oignon*
1 kg de chou	*1 cuillerée à soupe*
750 g de pommes de terre	*de moutarde*
500 g de tomates	*1 œuf*
60 g de beurre	*Sel et poivre*

Lavez le chou et coupez-le en fines lamelles. Épluchez les pommes de terre et lavez-les, coupez-les en dés. Plongez les tomates dans l'eau bouillante, passez-les à l'eau froide, ôtez la peau et coupez-les en morceaux.

Faites chauffer le beurre dans une sauteuse, ajoutez le chou et les pommes de terre en remuant. Mouillez avec 1 litre d'eau, salez, poivrez, portez à ébullition et laissez cuire à l'étuvée 40 minutes. Faites ramollir le pain dans l'eau froide, essorez-le. Épluchez l'oignon et hachez-le finement. Mélangez les viandes, l'oignon, l'œuf, le pain, la moutarde, salez, poivrez et formez une vingtaine de boulettes de viande. Ajoutez les boulettes de viande et les tomates et laissez cuire encore 20 minutes. Salez, poivrez pour rectifier l'assaisonnement.

Ci-dessus : *Soupe de pois cassés au petit salé*
À droite : *Potée de haricots au* kasseler

DESOSSEZ la viande et coupez-la en morceaux. Émincez les oignons. Faites chauffer l'huile dans une cocotte et faites revenir la viande de tous les côtés, puis ajoutez les oignons. Dès que les oignons sont dorés, ajoutez les haricots blancs et les haricots rouges.

Mouillez avec le bouillon de viande, couvrez, portez à ébullition et laissez cuire à feu doux pendant 10 minutes, salez, poivrez. Rectifiez l'assaisonnement avec le piment de Cayenne. Garnissez de persil et de ciboulette hachés.

HARICOT DE MOUTON

Pour 4 personnes

400 g de viande de mouton	Sarriette
750 g de pommes de terre	40 g de beurre
750 g de haricots à écosser	Sel
ou 3 kg avec les cosses	Poivre

Coupez la viande en morceaux. Épluchez les pommes de terre, coupez-les en dés. Lavez les haricots. Faites chauffer le beurre dans une cocotte et faites revenir la viande de tous les côtés, salez et poivrez.

Ajoutez les pommes de terre, les haricots et la sarriette et mouillez avec 40 cl d'eau. Fermez la cocotte et laissez mijoter à petit feu pendant 1 heure à 1 heure 15, rectifiez l'assaisonnement.

POULE AU POT

Pour 4 personnes

1 kg d'ailes et de	2 oignons
carcasses de poulet	2 poireaux
500 g de blancs de poulet	1 bouquet garni
1 paquet de légumes	3 cuillerées à soupe
à pot-au-feu	de persil haché
1 kg de pommes de terre	Sel
2 à 3 carottes	Poivre

Plongez les morceaux de poulet dans l'eau froide salée, ajoutez le bouquet garni et portez à ébullition. Ajoutez les blancs au bouillon, portez à ébullition, écumez. Coupez les oignons en quatre. Nettoyez les légumes, coupez-les en julienne. Plongez-les dans le bouillon avec les oignons, portez à ébullition, réduisez le feu et continuez la cuisson à petits bouillons pendant 1 heure. Retirez la viande du bouillon et réservez-la.

Épluchez les pommes de terre, coupez-les en dés. Ajoutez-les aux légumes, portez à ébullition, laissez cuire pendant 5 minutes. Nettoyez les carottes, coupez-les en bâtonnets. Ajoutez-les au bouillon, portez à ébullition et laissez cuire pendant 7 minutes. Nettoyez les poireaux en ne gardant que 10 centimètres de vert. Coupez-les en rondelles et ajoutez-les aux autres ingrédients.

Portez à ébullition, laissez cuire pendant 3 à 5 minutes. Ajoutez la viande, réchauffez, rectifiez l'assaisonnement. Servez avec du persil haché.

POTÉE DE HARICOTS VERTS AUX TOMATES

Pour 4 personnes

400 g de viande de mouton	2 oignons
250 g de tomates	1 gousse d'ail
750 g de haricots verts	Herbes de Provence
500 g de pommes de terre	Persil haché
40 g de beurre	Sel et poivre

Coupez la viande en petits morceaux. Plongez les tomates dans l'eau bouillante, passez-les à l'eau froide, pelez-les et coupez-les. Équeutez les haricots. Épluchez les pommes de terre et coupez-les en dés.

Faites fondre le beurre dans une cocotte et faites revenir la viande de tous les côtés. Émincez l'oignon et l'ail. Ajoutez-les à la viande en même temps que les tomates, mettez à feu vif, salez, poivrez, saupoudrez d'herbes de Provence. Mouillez avec 1 litre d'eau et ajoutez les pommes de terre et les haricots. Fermez la cocotte et laissez mijoter 1 heure à 1 heure 15 à petit feu rectifiez l'assaisonnement. Garnissez avec du persil haché.

POTÉE AUX POIREAUX

Pour 4 personnes

75 g de lard maigre
4 saucisses de Montbéliard
1 kg de poireaux
750 g de pommes de
terre farineuses
2 carottes
1 céleri-rave

1 oignon
1 cuillerée à soupe d'huile
1 litre de bouillon
de viande
1 à 2 cuillerées à soupe
de persil haché
Sel et poivre

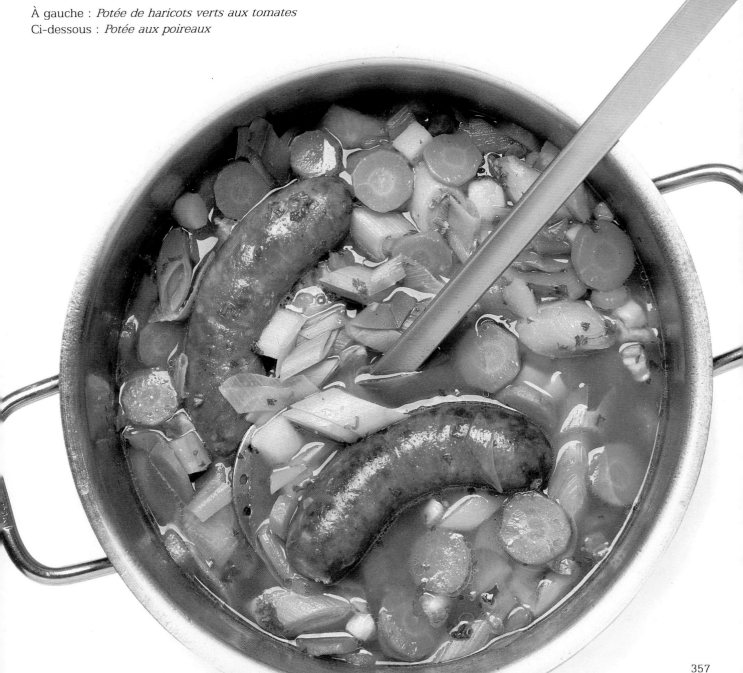

NETTOYEZ les poireaux en ne gardant que 10 cm de vert. Coupez-les dans le sens de la longueur, puis en morceaux de 1 cm, rincez-les soigneusement, égouttez-les. Nettoyez les carottes et le céleri, coupez-les en julienne. Épluchez l'oignon et les pommes de terre, coupez le tout en dés. Détaillez le lard.

Faites chauffer l'huile dans une cocotte, faites fondre les lardons, ajoutez les légumes sauf les poireaux et faites revenir en remuant. Mouillez avec le bouillon et ajoutez les saucisses de Montbéliard. Portez à ébullition, laissez cuire pendant 10 minutes puis ajoutez les poireaux, salez, poivrez.

Portez de nouveau à ébullition, laissez cuire pendant 15 à 20 minutes. Rectifiez l'assaisonnement. Servez avec du persil haché.

À gauche : *Potée de haricots verts aux tomates*
Ci-dessous : *Potée aux poireaux*

petits dés et le reste en tranches. Faites chauffer le beurre dans une cocotte et faites-y revenir les dés de viande. Ajoutez les navets et les oignons en remuant, salez, poivrez, saupoudrez de thym. Laissez cuire quelques instants puis mouillez avec 1/2 litre d'eau et posez les tranches de viande sur les légumes.

Fermez la cocotte et laissez mijoter à feu doux pendant 25 minutes. Épluchez les pommes de terre, coupez-les en dés et faites-les cuire avec les légumes pendant 15 minutes, salez, poivrez, rectifiez l'assaisonnement.

POTÉE AU POISSON

Pour 4 personnes

500 g de filets de cabillaud	50 g de beurre
Jus de citron	1/8 de litre de vin blanc
250 g de champignons	1 bouquet garni
de Paris	2 cuillerées à soupe
250 de haricots verts	de persil haché
400 g de pommes de terre	Sel
2 gros oignons	Poivre

RINCEZ les filets de poisson sous l'eau froide, essuyez-les. Arrosez-les de jus de citron, laissez macérer quelques minutes, salez-les et coupez-les en

POTAGE AU PANAIS

Pour 4 à 5 personnes

600 g de haut de côtes	500 g de pommes de terre
1 bouquet garni	750 g de panais
1 feuille de laurier	1 cuillerée à soupe
4 petits piments ou	d'aneth haché
1 cuillerée à soupe	Persil haché
de pâte de piment	Sel et poivre

PLONGEZ la viande dans de l'eau bouillante salée, ajoutez laurier, bouquet garni et piment. Portez à ébullition et laissez cuire 1 heure 15. Ajoutez-y les pommes de terre pelées et coupées en morceaux et laissez cuire 5 minutes. Épluchez les panais. Coupez-les en dés, poivrez et faites-les cuire 10 minutes avec les pommes de terre. Garnissez d'aneth et de persil haché.

RAGOÛT AUX NAVETS NOUVEAUX

Pour 5 à 6 personnes

1,5 kg de navets nouveaux	Thym
350 g d'oignons	750 g de pommes de terre
1 kg de joue de porc fumée	Sel
1 noix de beurre	Poivre

ÉPLUCHEZ les navets et les oignons, coupez-les en dés. Détaillez 1/4 de la joue de porc, sans la couenne, en morceaux de taille moyenne. Nettoyez les champignons et les oignons, coupez-les en lamelles. Équeutez les haricots. Coupez en dés les pommes de terre épluchées.

Faites fondre le beurre et faites-y blondir les oignons et ajoutez champignons, haricots et pommes de terre. Salez, poivrez et faites revenir quelques instants à feu vif. Mouillez avec 1 litre d'eau, ajoutez le bouquet garni et laissez cuire à l'étuvée pendant 25 minutes. Ajoutez le poisson, le vin blanc, salez, poivrez et achevez la cuisson à feu doux pendant 10 à 15 minutes. Servez avec du persil haché.

Ci-dessous : *Ragoût aux navets nouveaux* et *Potage au panais*
Page de gauche : *Potée au poisson*

MITONNÉ AUX POIREAUX

Pour 4 à 5 personnes

150 g de lard maigre	de viande
1 gros oignon	4 tomates pelées
1 noix de beurre	500 g de cervelas
500 g de pommes de terre	Curry
1 kg de poireaux	Paprika
1/2 litre de bouillon	Sel et poivre

Coupez le lard. Émincez l'oignon. Faites fondre le beurre dans une cocotte et faites-y revenir les lardons et l'oignon. Coupez en dés les pommes de terre épluchées. Lavez les poireaux, coupez-les en morceaux de 5 cm, égouttez-les. Faites-les revenir avec les pommes de terre dans la cocotte. Mouillez avec le bouillon, portez à ébullition et laissez cuire à petits bouillons (15 minutes environ). Coupez les tomates en quatre et le cervelas en tranches, ajoutez-les aux poireaux. Saupoudrez de curry et de paprika, salez et laissez cuire 5 à 10 minutes.

SOUPE DE POMMES DE TERRE AUX POIVRONS

Pour 4 personnes

500 g de plat de côtes	150 g de lard maigre
2 à 3 os à moelle	4 oignons
Poivre en grains	1 bouquet garni
1 paquet de légumes	Paprika
à pot-au-feu	4 saucisses de Francfort
1 kg de pommes de terre	Sel
2 à 5 poivrons verts	Poivre

PLONGEZ la viande et les os à moelle dans l'eau froide salée avec les grains de poivre et le bouquet garni. Portez à ébullition, écumez. Émincez les légumes à pot-au-feu, ajoutez-les au bouillon, portez à ébullition et laissez cuire pendant 1 heure 30 à 2 heures. Passez le bouillon, détachez la viande des os, coupez-la en dés et réservez. Épluchez les pommes de terre, coupez-les en morceaux. Coupez les poivrons en deux, puis en lamelles après avoir ôté les pépins et les membranes blanches.

Faites fondre les lardons et les oignons émincés dans une poêle. Mettez lardons, oignons et pommes de terre à cuire dans le bouillon. Portez à ébullition et laissez frémir pendant 5 minutes. Ajoutez les poivrons, portez à ébullition et achevez la cuisson à feu doux pendant 10 minutes. Salez, poivrez, saupoudrez de paprika. Coupez les saucisses de Francfort en tranches et pochez-les 5 minutes avec les autres ingrédients.

POTAGE DE POMMES DE TERRE AUX ŒUFS

Pour 4 à 5 personnes

2 œufs	de viande
1/8 litre de lait froid	1 kg de pommes de terre
Muscade râpée	1 jaune d'œuf
25 g de lard maigre	25 cl de crème
2 noix de beurre	fraîche liquide
1 paquet de légumes	Feuilles de cresson
à pot-au-feu	Sel
1,5 litre de bouillon	Poivre du moulin

PRÉPARATION des œufs : battez les œufs avec le lait, salez, râpez une pointe de muscade. Beurrez un ramequin, versez-y les œufs battus et mettez au bain-marie. Dès que l'eau du bain-marie arrive à ébullition,

Ci-dessus : *Cinq variétés de potées revigorantes et leurs ingrédients de base : pommes de terre, oignons, persil, ciboulette.*

couvrez la casserole et baissez le feu, l'eau ne doit plus bouillir. Laissez les œufs prendre (environ 30 minutes). Démoulez les œufs et coupez-les en dés.

Faites chauffer 1 noix de beurre dans une cocotte et faites-y revenir les lardons. Émincez les légumes, faites-les revenir avec les lardons. Mouillez avec le bouillon et portez à ébullition. Épluchez les pommes de terre, coupez-les en morceaux. Ajoutez-les au bouillon et laissez cuire pendant 20 à 25 minutes. Passez au mixer. Battez le jaune d'œuf avec la crème et liez le potage, salez, poivrez. Mêlez délicatement les dés d'œuf et garnissez de feuilles de cresson.

POTAGE DE POMMES DE TERRE AUX TOMATES

Pour 4 personnes

1 paquet de légumes	1 kg de pommes de terre
à pot-au-feu	150 g de crème fraîche
400 g de tomates	1 cuillerée à soupe
2 oignons	de basilic haché
2 noix de beurre	1 cuillerée à soupe
1,5 litre de bouillon	de ciboulette hachée
de viande	Sel et poivre

ÉMINCEZ les oignons et coupez les légumes en dés. Faites chauffer le beurre dans une cocotte et faites revenir les légumes. Mouillez avec le bouillon et portez à ébullition.

Épluchez les pommes de terre, coupez-les en morceaux, ajoutez-les au bouillon et laissez cuire pendant 12 à 15 minutes. Passez au mixer. Ajoutez la crème et les fines herbes et mélangez bien. Plongez les tomates dans l'eau bouillante. Passez-les sous l'eau froide, pelez-les, coupez-les en dés et ajoutez-les au potage. Portez à ébullition, salez, poivrez. Servez avec du jambon fumé coupé en dés.

POTAGE VÉGÉTARIEN

Pour 6 à 7 personnes

250 g de carottes	2 oignons
500 g de pommes de terre	50 g de beurre
250 g de haricots verts	2 litres de bouillon
250 g de tomates	de légumes
250 g de chou-fleur	2 cuillerées à soupe
250 g de choux	de persil haché
de Bruxelles	Sel et poivre

Épluchez les carottes, les pommes de terre, les haricots et coupez-les en morceaux. Plongez les tomates dans l'eau bouillante. Passez-les à l'eau froide, pelez-les et coupez-les en quatre. Lavez le chou-fleur et séparez les bouquets. Nettoyez les choux de Bruxelles, enlevez les feuilles fanées et faites deux entailles dans chaque chou. Épluchez les oignons et coupez-les en dés.

Faites chauffer le beurre dans une cocotte et faites-y revenir les oignons, les pommes de terre, les carottes et les choux de Bruxelles pendant 5 minutes en remuant. Mouillez avec le bouillon, couvrez et laissez cuire pendant 10 minutes. Ajoutez les haricots verts, le chou-fleur et les tomates et achevez la cuisson à feu doux pendant 20 minutes, salez, poivrez. Servez avec du persil haché.

BŒUF AU CHOU BLANC

Pour 4 personnes

500 g de viande de bœuf	40 g de beurre
1 bouquet garni	2 oignons
1 chou blanc	1 cuillerée à café
500 g de pommes de terre	de cumin
250 g de carottes	Sel et poivre

Coupez la viande en morceaux. Lavez le chou, coupez-le en lamelles. Épluchez les pommes de terre et les carottes et coupez-les en julienne. Faites chauffer le beurre dans une cocotte et faites saisir la viande de tous les côtés.

Épluchez l'oignon et émincez-le. Faites-le revenir quelques instants avec la viande. Salez, poivrez, saupoudrez de cumin, mouillez avec 1/2 litre d'eau, ajoutez le bouquet garni et laissez cuire à feu doux pendant 45 minutes. Complétez avec les légumes et laissez cuire à feu doux encore 20 minutes. Salez, poivrez.

SOUPE DE POIS SECS AU COLLIER DE PORC

Pour 4 à 5 personnes

400 g de pois secs	à pot-au-feu
2 litres de bouillon	Marjolaine
de viande	2 oignons
400 g de collier de porc	75 g de lard maigre
500 g de pommes de terre	Sel
1 paquet de légumes	Poivre

Laissez tremper les pois pendant 12 à 24 heures. Versez l'eau de trempage des pois dans un faitout et portez à ébullition avec les viandes et les pois, laissez cuire à petits bouillons. Épluchez les pommes de terre et les légumes, coupez-les en julienne. Ajoutez-les aux pois avec la marjolaine, salez, poivrez et laissez cuire à feu doux pendant 2 heures. Sortez la viande cuite du bouillon, coupez-la en dés et remettez-la dans le potage.

Épluchez les oignons, coupez le lard et les oignons en dés. Faites fondre les lardons dans une poêle et faites-y revenir les oignons jusqu'à ce qu'ils soient bien dorés. Ajoutez-les à la soupe.

Ci-contre : *Potage végétarien*

Ci-dessus : *Potée de légumes aux carottes*

POTÉE DE LÉGUMES AUX CAROTTES

Pour 4 à 5 personnes

100 g de haricots blancs	*2 noix de beurre*
250 g de poitrine	*2 oignons*
de porc désossée	*3/4 de litre d'eau de*
500 g de haut de côtes	*trempage des haricots*
1 kg de carottes	*2 cuillerées à soupe de*
500 g de pommes de terre	*fines herbes : persil plat*
100 g de céleri-rave	*et cerfeuil*
250 g de pommes	*Sel et poivre*

Lavez les haricots et faites-les tremper pendant 12 à 24 heures. Coupez la poitrine de porc en morceaux. Épluchez les carottes, les pommes de terre et le céleri, coupez-les en julienne. Épluchez les pommes et coupez-les en tranches après avoir ôté les pépins. Faites chauffer le beurre dans une cocotte et faites-y revenir la viande de chaque côté.

Émincez l'oignon. Ajoutez-le à la viande quand elle commence à dorer, salez, poivrez. Mouillez avec une partie de l'eau de trempage des haricots et ajoutez les haricots. Portez à ébullition, laissez cuire à petits bouillons pendant 30 minutes puis ajoutez les légumes. Portez de nouveau à ébullition et terminez avec les pommes au bout de 15 minutes de cuisson.

Laissez cuire encore 10 minutes. Sortez le haut de côtes, désossez la viande, coupez-la en dés et réchauffez-la avec les légumes. Salez, poivrez, rectifiez l'assaisonnement.

Servez avec des fines herbes hachées.

LAPIN AUX LENTILLES ET AUX GIROLLES

Pour 6 personnes

1 râble de lapin de 600 g	1 litre de bouillon
6 cuisses de lapin	de viande
200 g de lardons	250 g de girolles
50 g de beurre	2 gousses d'ail
1 cuillerée à soupe de thym	1 cuillerée à soupe
4 cl de calvados ou	de vinaigre de xérès
de cognac	1/8 de litre de vin rouge
250 g de lentilles	Sel et poivre

COUPEZ le râble de lapin en quatre. Salez et poivrez. Faites chauffer 30 g de beurre dans une cocotte, faites fondre les lardons et réservez-les. Faites-y ensuite saisir les morceaux de lapin de tous les côtés, saupoudrez de thym et mouillez avec le calvados ou le cognac.

Ajoutez les lentilles en remuant et versez le bouillon de viande. Portez à ébullition, couvrez et laissez cuire à feu doux pendant 1 heure en remuant de temps en temps. Lavez les girolles, coupez-les et égouttez-les.

Faites chauffer 20 g de beurre dans une poêle, faites réduire les champignons avec l'ail haché. Salez, poivrez, arrosez de vinaigre et de vin rouge. Ajoutez les lardons et les girolles aux lentilles 15 minutes avant la fin de la cuisson. Rectifiez l'assaisonnement, salez, poivrez, saupoudrez de thym.

Conseil : un vinaigre de vin et un peu de xérès peuvent remplacer le vinaigre de xérès.

POTÉE DE RUTABAGAS

Pour 4 personnes

400 g de poitrine	2 oignons
de porc désossée	1 bouquet garni
1 kg de rutabagas	1 cuillerée à soupe
750 g de pommes de terre	de persil haché
40 g de beurre	Sel et poivre

COUPEZ la viande en petits morceaux. Épluchez les rutabagas et les pommes de terre, coupez-les en julienne. Faites chauffer le beurre dans une cocotte et faites-y revenir la viande. Émincez l'oignon, faites-le dorer avec la viande. Salez, poivrez, ajoutez le bouquet garni, les pommes et terre et les rutabagas en remuant

puis mouillez avec 1 litre d'eau. Laissez mijoter à petit feu, rectifiez l'assaisonnement. Garnissez avec du persil haché.

SOUPE DE POMMES DE TERRE AUX SAUCISSES DE MONTBÉLIARD

Pour 6 personnes

500 g de saucisses	1,5 litre de bouillon
de Montbéliard	de viande
2 oignons	1,5 kg de pommes de terre
2 paquets de légumes	Thym, livèche, persil haché
à pot-au-feu	Sel
80 g de beurre	Poivre

ÉPLUCHEZ les oignons et coupez-les en tranches. Nettoyez les légumes et coupez-les en julienne. Faites chauffer le beurre dans une cocotte et faites-y revenir les oignons et les légumes.

Mouillez avec le bouillon de viande. Épluchez les pommes de terre et coupez-les en morceaux. Plongez les saucisses, les pommes de terre, le thym et la livèche dans le bouillon, salez, poivrez, portez à ébullition et laissez cuire à feu doux 30 minutes. Rectifiez l'assaisonnement et garnissez de persil haché.

À gauche : *Lapin aux lentilles et aux girolles*
Ci-dessous : *Soupe de pommes de terre aux saucisses de Montbéliard*

COUPEZ la viande en dés. Équeutez les pommes de terre et coupez-les en petits dés. Faire chauffer le beurre dans une cocotte, faites-y revenir la viande de tous les côtés. Émincez les légumes et l'oignon.

Faites revenir l'oignon avec la viande puis les légumes, salez, poivrez, saupoudrez de sarriette. Mouillez avec 1/2 litre d'eau, ajoutez les pommes de terre et les haricots. Laissez cuire à petit feu pendant 1 heure.

Variante : faitez revenir 250 g de tomates avec la viande et les oignons, mais réduisez la quantité de liquide à 1/4 de litre.

SOUPE DE POIS AU JAMBON

Pour 4 personnes

500 g de basses côtes	Thym
de porc	200 g de jambon sec
1 bouquet garni	2 œufs
1 paquet de légumes	6 biscottes
à pot-au-feu	Sel
1 kg de petits pois écossés	Poivre

METTEZ la viande à cuire dans 1,5 litre d'eau froide salée avec le bouquet garni, portez à ébullition, laissez frémir pendant 20 minutes.

Nettoyez les légumes et coupez-les en julienne. Ajoutez les légumes et les pois au bouillon, portez à ébullition, laissez cuire pendant 20 minutes. Salez, poivrez, saupoudrez de thym.

Préparation des boulettes de jambon : coupez le jambon en petits dés. Écrasez les biscottes à l'aide d'un torchon et d'un rouleau à pâtisserie. Dans un bol, mélangez cette chapelure avec les œufs battus et le jambon. Malaxez cette préparation et formez des petites boulettes à la main. Laissez-les cuire pendant 10 minutes dans la soupe de pois.

CHOU VERT BRAISÉ AU LARD

Pour 6 personnes

1 chou vert	500 g de plat de côtes
2 à 3 oignons	ou de collier de bœuf
150 g de lard maigre	Thym et laurier
en tranches	Sel et poivre

ENLEVEZ les feuilles fanées du chou, coupez-le en huit. Ôtez les côtes, lavez-le et coupez-le en lamelles. Épluchez les oignons et coupez-les en tranches. Étalez les tranches de lard au fond d'une cocotte et couvrez-les avec les tranches d'oignon. Faites cuire à l'étuvée pendant 10 minutes.

Coupez la viande en morceaux, mettez-la dans la cocotte, ajoutez le chou, le laurier et le thym. Salez, poivrez, mouillez avec 1/8 de litre d'eau, fermez la cocotte et laissez mijoter pendant 1 heure 30 environ.

BŒUF AUX HARICOTS VERTS

Pour 4 à 6 personnes

400 g de viande de bœuf	à pot-au-feu
1 kg de haricots verts	1 oignon
750 g de pommes de terre	Sarriette
40 g de beurre	Sel
1 paquet de légumes	Poivre

FÈVES AUX CAROTTES

Pour 4 à 5 personnes

500 g de fèves écossées,	2 noix de beurre
ou 2 kg avec les cosses	75 g de lard maigre
400 g de carottes nouvelles	4 cuillerées à soupe
400 g de pommes de terre	de crème fraîche
1 oignon	Sel
12 feuilles de sauge	Poivre

Ci-dessus : *Fèves aux carottes*
Page de gauche : *Soupe de pois au jambon*

LAVEZ les fèves, épluchez les carottes et coupez-les en tranches. Épluchez les pommes de terre, lavez-les et coupez-les en morceaux. Émincez l'oignon. Rincez délicatement les feuilles de sauge, gardez-en 4 ou 5 pour la décoration, hachez le reste.

Faites chauffer le beurre dans une cocotte, faites fondre les lardons et les oignons. Ajoutez les fèves, les carottes, les pommes de terre et la moitié de la sauge, salez, poivrez, laissez mijoter pendant quelques instants.

Mouillez avec l/8 de litre d'eau et laissez cuire les légumes à l'étuvée pendant 20 à 30 minutes. Liez avec la crème fraîche et garnissez de feuilles de sauge. Servez avec des saucisses grillées ou des côtes de porc.

Ci-dessus : *Casserole de légumes au fromage blanc*

CASSEROLE DE LÉGUMES AU FROMAGE BLANC

Pour 4 personnes

1 gros oignon
4 courgettes
2 poivrons : 1 rouge
et 1 vert
2 grosses tomates
Herbes de Provence
6 cuillerées à soupe
de vinaigre, si possible
de fruits

5 cuillerées d'huile d'olive
200 g de fromage blanc
1 gousse d'ail
2 œufs
2 cuillerées à soupe
de persil haché
Sel
Poivre

ÉPLUCHEZ les oignons, nettoyez les courgettes et coupez le bout en tranches. Coupez les poivrons en deux, ôtez les membranes blanches et les pépins, coupez-les en lamelles. Lavez les tomates, coupez-les en morceaux. Superposez les légumes dans une grande cocotte, salez, poivrez et saupoudrez chaque couche de légumes d'herbes de Provence, arrosez de vinaigre et d'huile d'olive et laissez cuire à l'étuvée pendant 40 minutes (sans remuer).

Mélangez le fromage blanc, l'ail écrasé et les œufs, salez, poivrez. Versez cette préparation sur les légumes 5 minutes avant la fin de la cuisson, couvrez et laissez prendre à feu doux. Garnissez de persil haché.

POTÉE AU CHOU VERT

Pour 6 à 7 personnes

100 g de haricots blancs	2 brins de thym
500 g de lard maigre	2 brins de marjolaine
1 chou vert	2 à 3 brins de persil
3 oignons	2 à 3 feuilles de céleri
3 à 4 gousses d'ail	2 à 3 feuilles de laurier
2 carottes	500 g de pommes de terre
2 racines de persil,	500 g de saucisson à l'ail
à défaut 5 brins de persil	Sel
2 poireaux	Poivre du moulin

Lavez les haricots et laissez-les tremper pendant 12 à 24 heures dans l'eau froide. Plongez le lard dans un faitout rempli de 1 litre d'eau, laissez cuire pendant 1 heure. Enlevez les feuilles fanées du chou, coupez-le en quatre, enlevez les côtes, lavez-le et coupez-le en lanières.

Épluchez les oignons et coupez-les en tranches, écrasez l'ail. Épluchez les carottes, les racines de persil et le poireau en conservant 10 cm de vert, coupez les légumes en rondelles. Ajoutez les haricots et leur eau de trempage au bouillon, puis les légumes. Portez à ébullition, laissez cuire à petits bouillons pendant 20 à 25 minutes.

Nettoyez délicatement les aromates, ajoutez-les aux légumes. Épluchez les pommes de terre, coupez-les en dés. Ajoutez-les à la potée en même temps que le saucisson que vous aurez piqué avec une fourchette, portez à ébullition et laissez cuire pendant 15 à 20 minutes. Sortez le lard et le saucisson du faitout, découpez-les et remettez-les dans la potée. Salez, poivrez, rectifiez l'assaisonnement.

CASSEROLE DE HARICOTS AU MOUTON

Pour 5 à 6 personnes

250 g de haricots blancs	4 cuillerées à soupe d'huile
1 bouquet garni	3 gousses d'ail
750 g de viande de mouton	500 g de tomates
250 g d'oignons	en conserve
1 cuillerée à café de thym	Poivre de Cayenne
Romarin	Sel et poivre

Laissez tremper les haricots pendant 12 à 24 heures dans 1 litre d'eau froide. Portez-les à ébullition dans leur eau, écumez, couvrez et laissez cuire à petit feu pendant 35 minutes.

Désossez la viande et coupez-la en morceaux. Épluchez les oignons, coupez-les grossièrement. Écrasez le thym et le romarin dans un mortier. Faites chauffer l'huile dans une cocotte et faites revenir les morceaux de mouton de tous les côtés. Ajoutez les oignons et les aromates, salez, poivrez et mouillez peu à peu avec l'eau de cuisson des haricots.

Fermez la cocotte et laissez mijoter pendant 15 minutes. Ajoutez les haricots égouttés et les tomates légèrement écrasées dans leur jus. Rectifiez l'assaisonnement avec le poivre de Cayenne, couvrez la cocotte et laissez mijoter pendant 1 heure. Épluchez et pressez une gousse d'ail, ajoutez-la aux haricots, salez, poivrez. Servez avec une salade verte.

Ci-dessous : *Casserole de haricots au mouton*

POITRINE DE VEAU AUX CAROTTES NOUVELLES ET AUX ÉPINARDS

Pour 7 à 8 personnes

1,5 kg de poitrine
de veau salée
1 bouquet garni
750 g de carottes
750 g de navets
400 g d'oignons
1 kg de pommes de
terre fermes
250 g d'épinards

en branches surgelés
1 bouquet de persil plat
1 à 2 cuillerées à café
de moutarde, si possible,
en poudre
200 g de crème fraîche
2 cuillerées à soupe
de raifort râpé
Sel et poivre blanc

PORTEZ la viande à ébullition dans de l'eau salée avec le bouquet garni et laissez cuire pendant 1 heure sans couvrir, retournez la viande au bout de 30 minutes.

Épluchez les carottes et les navets, coupez les carottes en bâtonnets et les navets en tranches. Émincez les oignons, ajoutez les légumes au bouillon. Laissez cuire à feu doux pendant encore 30 minutes. Sortez la viande, désossez-la, coupez-la en dés. Épluchez les pommes de terre, râpez-les grossièrement. Faites-les cuire dans le bouillon en même temps que les épinards et les feuilles de persil préalablement nettoyées, salez, poivrez, saupoudrez de moutarde. Remettez les morceaux de viande avec les légumes, achevez la cuisson à feu doux pendant 30 minutes. Battez la crème fraîche en chantilly, incorporez le raifort et servez à part.

POTÉE DE HARICOTS VERTS AU GIGOT D'AGNEAU

Pour 7 à 8 personnes

1,5 kg de gigot d'agneau	500 g de pommes de terre
2 à 3 noix de saindoux	2 gros poivrons verts
300 g de petits oignons	2 à 3 brins de sarriette
2 gousses d'ail	Persil haché
750 g de haricots verts	Sel et poivre

COUPEZ la viande en morceaux. Faites chauffer le saindoux dans une cocotte et faites revenir la viande de tous les côtés, salez, poivrez. Épluchez les oignons, coupez-les en deux. Hachez l'ail et faites revenir l'ail et les oignons avec la viande. Mouillez avec 1/2 litre d'eau, laissez cuire à feu doux pendant 30 minutes.

Équeutez les haricots, épluchez les pommes de terre et coupez-les en morceaux. Coupez les poivrons en deux, ôtez les membranes blanches et les pépins, coupez-les en lamelles. Ajoutez les légumes et la sarriette à la viande. Allongez le bouillon avec 1/2 litre d'eau, portez à ébullition, couvrez et laissez mijoter pendant 30 à 45 minutes. Rectifiez l'assaisonnement et garnissez de persil haché.

À gauche : *Poitrine de veau aux carottes nouvelles et aux épinards*
Ci-dessous : *Potée de haricots verts au gigot d'agneau*

CHOU VERT
AUX SAUCISSES D'AUVERGNE

Pour 6 personnes

750 g de chou vert	600 g de saucisses
400 g de pommes de terre	d'Auvergne
1 oignon	Sel
50 g de saindoux	Poivre blanc du moulin

Lavez le chou et émincez-le. Épluchez les pommes de terre et l'oignon, coupez-les en dés. Faites chauffer le saindoux dans une cocotte et faites dorer les oignons. Ajoutez d'abord le chou, salez, poivrez, puis les pommes de terre.

Enfoncez les saucisses dans les légumes et mouillez avec 1/4 de litre d'eau. Laissez mijoter, rectifiez l'assaisonnement. Coupez les saucisses en tranches et servez avec le chou.

POTÉE AU POTIRON

Pour 6 personnes

500 g de viande de bœuf	500 g de tomates
1 paquet de légumes	2 cuillerées à soupe
à pot-au-feu	de basilic haché
1 kg de potiron	Vinaigre ou jus de citron
3 oignons	Sel
3 cuillerées à soupe d'huile	Poivre du moulin

Nettoyez les légumes et plongez-les dans de l'eau salée avec la viande. Portez à ébullition, écumez, laissez cuire à petits bouillons pendant 1 heure. Sortez la viande, coupez-la en morceaux. Passez le bouillon, réservez-en 1 litre. Épluchez le potiron, ôtez les pépins avec une cuillère et coupez la chair en petits dés. Émincez les oignons.

Faites chauffer l'huile dans une poêle et faites revenir les oignons et le potiron pendant 5 minutes. Plongez les tomates dans l'eau bouillante, passez-les à l'eau froide, pelez-les et coupez-les grossièrement. Ajoutez-les au bouillon en même temps que les morceaux de viande, le basilic et le potiron. Laissez cuire pendant 5 minutes. Salez, poivrez, rectifiez l'assaisonnement en arrosant de vinaigre ou de jus de citron.

À gauche : *Chou vert aux saucisses d'Auvergne*
À droite : *Cocotte d'été aux oignons*

COCOTTE D'ÉTÉ AUX OIGNONS

Pour 4 personnes

500 g d'oignons	1/2 litre de bouillon
500 g de carottes	de viande
500 g de pommes de terre	Herbes de Provence
400 g de viande hachée :	Persil haché
moitié bœuf et moitié porc	Sel et poivre

Épluchez les oignons, les carottes et les pommes de terre et coupez-les en tranches. Salez et poivrez la viande hachée et superposez une couche de légumes, une couche de viande hachée dans une cocotte en terre, salez, poivrez, saupoudrez d'aromates et mouillez avec le bouillon de viande.

Fermez la cocotte et mettez à cuire sur la grille du four chauffé à 200-225°C (thermostat 6-7) pendant 1 heure 45. Garnissez avec du persil haché.

CHOU VERT AU KASSELER

Pour 4 à 5 personnes

1,5 kg de chou vert	1 oignon
500 g de kasseler : échine	2 saucisses
de porc semi-fumée	de Montbéliard
250 g de joue de porc fumée	Sel et poivre

NETTOYEZ le chou en ôtant les feuilles fanées et les côtes, lavez-le soigneusement. Blanchissez-le dans de l'eau bouillante durant 1 à 2 minutes, égouttez-le et hachez-le grossièrement.

Mettez le *kasseler* dans une grande cocotte avec la joue de porc, l'oignon émincé et le chou. Ajoutez les saucisses de Montbéliard et mouillez avec de l'eau, salez, poivrez. Portez à ébullition, fermez et laissez mijoter 1 heure.

Sortez les viandes, découpez-les en tranches et disposez-les sur un plat chaud avec les saucisses, rectifiez l'assaisonnement du chou et présentez-le avec les viandes. Servez avec des pommes sautées.

POTÉE AUX HARICOTS VERTS ET À LA SARRIETTE

Pour 4 à 5 personnes

500 g de viande à braiser :	3 à 4 brins de sarriette
moitié bœuf et moitié porc	250 g de champignons
3 cuillerées à soupe d'huile	de Paris
2 gros oignons	250 g de tomates
Paprika	2 cuillerées à soupe
500 g de pommes de terre	de persil haché
500 g de haricots verts	Sel
1 petit poivron rouge	Poivre

Coupez les viandes en dés de 1,5 cm environ. Faites
chauffer l'huile dans une cocotte et faites revenir
la viande de chaque côté. Épluchez les oignons,
émincez-les, ajoutez-les à la viande. Salez, poivrez,
saupoudrez de paprika. Mouillez avec 3/4 de litre d'eau
et portez à ébullition.

Épluchez les pommes de terre et les haricots verts,
coupez-les en morceaux. Coupez le poivron en deux,
ôtez les membranes blanches et les pépins et
émincez-le. Lavez délicatement les brins de sarriette.
Nettoyez les champignons, coupez-les en lamelles.

Au bout de 30 minutes de cuisson, ajoutez les pommes
de terre au bouillon. Portez à ébullition pendant
5 minutes puis mettez les haricots, le poivron et la
sarriette. Laissez cuire pendant 10 minutes avant de
compléter avec les champignons. Portez de nouveau
à ébullition et laissez cuire à feu vif pendant 3 à
5 minutes.

Plongez les tomates dans l'eau bouillante, passez-les
à l'eau froide, pelez-les et coupez-les en quatre.
Ajoutez-les aux autres légumes, salez, poivrez,
rectifiez l'assaisonnement. Garnissez de persil haché.

À gauche :
Chou vert au kasseler
Ci-dessous :
*Potée aux haricots verts
et à la sarriette*

POTÉE À LA HESSOISE

Pour 2 à 3 personnes

300 g de viande de bœuf	Sarriette
2 cuillerées à soupe d'huile	250 g de tomates pelées
150 g de poireaux	1 cuillerée à soupe
1 gousse d'ail	de persil haché
300 g de haricots verts	Sel et poivre

ÉMINCEZ la viande. Faites chauffer l'huile dans une cocotte et saisir la viande à feu vif. Lavez les poireaux, coupez-les en rondelles et ajoutez-les à la viande avec l'ail pilé. Laissez cuire à feu doux, salez, poivrez, mouillez avec 1/2 litre d'eau et continuez la cuisson pendant 35 minutes.

Équeutez les haricots. Ajoutez-les avec la sarriette et laissez mijoter pendant 20 minutes. Ajoutez les tomates et faites-les cuire pendant 5 minutes. Saupoudrez de persil, rectifiez l'assaisonnement. Servez avec des pâtes.

LABSKAUS

PLAT TRADITIONNEL DE HAMBOURG
Pour 4 à 5 personnes

600 g de bœuf salé	6 cuillerées à
1 bouquet garni	soupe de vinaigre
5 gros oignons	de cornichons
75 g de beurre	40 cl de bouillon de bœuf
1 kg de pommes de	Noix de muscade
terre cuites	Sel

FAITES bouillir 1/2 litre d'eau salée avec le bouquet garni. Plongez-y la viande et faites cuire pendant 2 heures. Réservez 40 cl de bouillon. Épluchez les oignons, hachez la viande cuite avec les oignons.

Faites chauffer le beurre dans une cocotte et faites revenir les oignons et la viande hachée pendant 5 minutes en remuant. Écrasez les pommes de terre encore chaudes avec le vinaigre de cornichons.

Mouillez la viande avec le bouillon et mélangez sur le feu, ajoutez les pommes de terre et achevez la cuisson en remuant, salez, poivrez, saupoudrez de muscade.

SOUPE D'ANGUILLES DE BRÊME

Pour 6 personnes

750 g de légumes :	de bouillon de viande
carottes, poireaux, navets,	250 g + 3 cuillerées
haricots et chou-fleur	à soupe de farine
400 g d'anguille, peau ôtée	1 bouquet garni
1 oignon	Persil haché
9 cuillerées à soupe d'huile	Sel
6 à 7 cuillerées à soupe	Poivre

ÉMINCEZ l'oignon, faites-le revenir dans 3 cuillerées d'huile. Nettoyez les légumes, coupez-les en julienne. Faites-les revenir avec l'oignon. Mouillez avec 1 litre d'eau et le bouillon, ajoutez le bouquet garni, portez à ébullition et laissez cuire pendant 5 minutes.

Tamisez la farine avec une pincée de sel dans un bol. Faites bouillir 1/4 de litre d'eau avec 3 cuillerées à soupe d'huile, mélangez à la farine et battez jusqu'à ce que des bulles se forment dans la pâte. Formez des noisettes de pâte à l'aide d'une petite cuillère.

Faites chauffer 3 cuillerées d'huile dans une casserole. Faites-y blondir 3 cuillerées de farine et versez le potage en remuant constamment pour éviter les grumeaux. Lavez les anguilles, ôtez les arêtes et coupez le poisson en morceaux. Ajoutez-les aux légumes en même temps que les boules de pâte, portez à ébullition, laissez frémir pendant 20 minutes. Rectifiez l'assaisonnement, garnissez de persil haché.

À gauche : *Potée à la hessoise*
À droite : *Soupe d'anguilles de Brême*

POTAGE MOCKURTLE

Pour 4 personnes

500 g d'os	1/8 de litre de madère
500 g de tête de veau	50 g de beurre
1/2 litre de vinaigre	60 g de farine
1 oignon	Marjolaine, thym, basilic
60 g de lard maigre	Sauge, paprika fort
1 feuille de laurier	200 g de champignons
5 baies de genièvre	de Paris
5 piments	1/8 de litre de vin rouge
5 grains de poivre	Poivre de Cayenne
1 paquet de légumes	Sel
à pot-au-feu	Poivre

Lavez les os et la tête de veau à l'eau froide. Dans un faitout, portez à ébullition 1/2 litre d'eau et le vinaigre. Faites-y blanchir la viande et les os, égouttez. Émincez l'oignon et coupez le lard en dés. Dans une cocotte, faites revenir ensemble les lardons, l'oignon, la viande et les os. Mouillez avec 2 litres d'eau, ajoutez les aromates et salez. Laissez cuire à petits bouillons durant 1 heure 30. Ajoutez-y les légumes coupés en julienne. Faites cuire 30 minutes. Retirez os et viande. Émincez la viande. Faites-la macérer, à part et couverte, avec le madère. Passez le bouillon et gardez-en 1,25 litre.

Écrasez les légumes. Faites blondir la farine dans le beurre fondu puis versez le bouillon en remuant sans cesse. Ajoutez marjolaine, thym, basilic, saupoudrez de paprika et portez à ébullition. Coupez les champignons en quatre et ajoutez-les au potage avec la viande et le vin rouge. Salez et rectifiez l'assaisonnement avec le poivre de Cayenne. Laissez cuire à feu doux encore 10 minutes. Servez immédiatement.

POTAGE RHÉNAN À L'ORGE MONDÉ ET AUX PRUNEAUX

Pour 4 personnes

250 g de pruneaux	30 g de beurre
2 cubes de bouillon	1 jaune d'œuf
de viande	Sel
100 g d'orge mondée	Poivre

Laissez tremper les pruneaux dans l'eau pendant 12 à 24 heures. Portez 1 litre 1/4 d'eau à ébullition, ajoutez le bouillon de viande, puis l'orge mondée et le beurre, portez à ébullition et laissez cuire à feu doux pendant 1 heure. Salez, poivrez, rectifiez l'assaisonnement.

Mélangez le jaune d'œuf avec 2 cuillerées à soupe d'eau et liez le potage.

Ci-dessus : *Soupe de pois nordique*
À gauche : *Potage rhénan à l'orge mondé et aux pruneaux*

SOUPE DE POIS NORDIQUE

Pour 4 à 6 personnes

500 g de petits pois en conserve	1/2 litre de bouillon de viande
500 g de pommes de terre	2 à 4 saucisses de Montbéliard
1 paquet de légumes à pot-au-feu	4 saucisses de Francfort
1 oignon	Persil haché
2 cuillerées à soupe de saindoux	Sel
	Poivre

ÉPLUCHEZ l'oignon et les pommes de terre, nettoyez les légumes et coupez-les en julienne. Faites chauffer le saindoux et faites revenir l'oignon coupé, ajoutez les pommes de terre coupées en dés et les légumes. Laissez mijoter pendant quelques instants, mouillez avec le bouillon de viande.

Ajoutez les saucisses au bouillon. Portez à ébullition et laissez cuire pendant 10 minutes. Versez les petits pois et leur jus dans le potage, portez à ébullition et laissez frémir pendant 5 minutes. Salez, poivrez, rectifiez l'assaisonnement et garnissez de persil haché.

RAGOÛT DE BŒUF
À LA PROVENÇALE

Pour 6 personnes

1 kg de viande de bœuf
2 feuilles de laurier
4 gousses d'ail
Thym
1/2 litre de vin blanc
2 cuillerées à soupe
de cognac
3 cuillerées à soupe
d'huile d'olive
125 g de lard
250 g de poitrine de porc

4 carottes
2 oignons
250 g de tomates
100 g d'olives noires
1 cuillerée à soupe
de ciboulette hachée
1 cuillerée à soupe
de persil haché
Romarin
Marjolaine
Sel et poivre

COUPEZ la viande en morceaux de 5 à 6 cm. Versez le vin, le cognac et l'huile d'olive dans un récipient et ajoutez les aromates en mélangeant bien. Laissez macérer la viande dans cette marinade pendant 12 heures dans un endroit frais.

Coupez le lard et la poitrine de porc en tranches. Épluchez les carottes et les oignons. Plongez les tomates dans l'eau bouillante, passez-les à l'eau froide et pelez-les. Coupez les légumes en rondelles. Dénoyautez les olives. Sortez la viande de la marinade.

Disposez successivement légumes et viande dans un plat allant au four, saupoudrez chaque couche de sel, poivre, persil, ciboulette, thym, romarin et marjolaine. Arrosez le tout avec la marinade, couvrez le plat et mettez-le sur la grille du four à 175-200°C (thermostat 5-6) pendant 2 heures 30. Garnissez de persil haché. Servez avec des pommes vapeur ou des pâtes.

SOUPE DE MOULES
À L'AMÉRICAINE

Pour 2 personnes

20 moules
250 g de pommes de terre
1 bouquet garni
2 à 3 cuillerées
à soupe de citron
1 morceau de céleri-rave
2 tomates pelées
1 poivron vert
1 oignon
75 g de lard maigre
3 à 4 cuillerées
à soupe d'huile

1 cube de bouillon
de viande
1 feuille de laurier
Feuilles de céleri
Thym
Marjolaine
Poivre de Cayenne
3 à 4 cuillerées à
soupe de vin blanc
Persil haché
Sel
Poivre

À gauche : *Ragoût de bœuf à la provençale*
Ci-dessous : *Soupe de moules à l'américaine*

LAVEZ les moules à l'eau froide en renouvelant l'eau, brossez soigneusement les coquilles, ôtez les barbes et rincez jusqu'à ce que l'eau soit claire. Jetez les moules qui seraient ouvertes : elles ne sont pas consommables.

Faites bouillir 1 litre d'eau avec le jus de citron et le bouquet garni, plongez-y les moules. Laissez cuire jusqu'à ce qu'elles s'ouvrent, comptez 5 minutes environ. Jetez les moules restées fermées. Passez le bouillon de moules au chinois et complétez avec de l'eau pour obtenir 1 litre de liquide. Sortez les moules de leur coquille.

Épluchez le céleri, lavez-le puis coupez le céleri et les tomates en dés. Coupez le poivron en deux, ôtez les membranes blanches et les pépins puis émincez-le. Épluchez les pommes de terre, lavez-les et coupez-les en dés. Émincez l'oignon. Faites fondre le lard dans l'huile, puis ajoutez l'oignon. Arrosez avec le bouillon de moules, ajoutez le bouillon de viande, le laurier, les feuilles de céleri, le thym, la marjolaine, le poivre de Cayenne et les légumes. Portez à ébullition et laissez cuire à petits bouillons pendant 40 minutes. Ajoutez les moules. Rectifiez l'assaisonnement avec le vin blanc, salez, poivrez, garnissez de persil haché.

POTÉE TRANSYLVANIENNE AUX POIVRONS

Pour 6 personnes

300 g de lard maigre	Sel de céleri
6 poivrons verts	300 g de tomates pelées
2 gros oignons	1/4 de litre de crème
500 g de pommes de terre	fraîche liquide
1 litre de bouillon	2 cuillerées à soupe
de viande	de persil haché
Paprika	Sel

COUPEZ le lard en lardons, faites-les fondre. Découpez en lamelles, larges de 1cm, les poivrons, une fois les membranes blanches et les pépins ôtés, puis lavez-les. Coupez en dés les oignons épluchés. Faites-les revenir avec les poivrons dans le lard. Coupez en petits dés les pommes de terre épluchées et ajoutez-les aux légumes.

Arrosez avec le bouillon de viande, salez, saupoudrez de paprika et de sel de céleri. Couvrez et laissez cuire 25 minutes. Coupez grossièrement les tomates et ajoutez-les. Laissez cuire 2 minutes, à découvert. Incorporez la crème et garnissez de persil haché.

POTAGE PAYSAN À L'ESPAGNOLE

Pour 6 à 8 personnes

250 g de viande de bœuf	200 g de pommes de terre
250 g de viande	200 g de carottes
de mouton	2 poireaux
3 à 4 cuillerées à	300 g de petits pois
soupe d'huile	surgelés
1 oignon	1 chorizo
Thym, basilic et	100 g de jambon cru
ail en poudre	Persil haché
2,5 litres de bouillon	Sel
de viande	Poivre

COUPEZ la viande en dés. Faites chauffer l'huile et faites-y revenir la viande. Ajoutez l'oignon émincé pour dorer avec la viande, salez, poivrez, assaisonnez avec les aromates. Arrosez avec le bouillon de viande. Portez à ébullition et maintenez, 45 minutes, à petits bouillons.

Épluchez pommes de terre, carottes et poireaux. Coupez-les en julienne et ajoutez-les au bouillon. Renouvellez l'ébullition et laissez cuire 5 minutes. Complétez avec les petits pois. Laissez cuire encore 10 minutes. Coupez le chorizo et le jambon, ajoutez-les quelques minutes avant la fin de la cuisson. Servez avec du persil haché.

POTÉE DE HARICOTS AUX CHIPOLATAS

Pour 4 personnes

1 kg de haricots verts	500 g de pommes de terre
1 paquet de légumes	Sarriette
à pot-au-feu	250 g de chipolatas
2 noix de beurre	aux herbes
3/4 de litre de bouillon	Fines herbes hachées
de viande	Sel

ÉQUEUTEZ les haricots. Coupez les légumes en julienne. Faites fondre le beurre et faites-y revenir les légumes, mouillez avec le bouillon de viande, salez. Portez à ébullition et réduisez le feu. Ajoutez-y les pommes de terre coupées en dés et la sarriette. Portez à ébullition et maintenez 15 minutes à petits bouillons. Coupez les saucisses en morceaux de 4 cm, pochez-les 7 minutes avec les légumes. Garnissez de fines herbes hachées.

À gauche : *Potage paysan à l'espagnole*
À droite : *Potée de haricots*

LÉGUMES À LA CATALANE

Pour 6 à 7 personnes

4 gros oignons	de viande
60 g de saindoux	Romarin
2 poivrons verts	200 g de jambon cru
200 g de carottes	ou de bacon
250 g de pommes de terre	2 œufs durs
300 g de petits pois	2 cuillerées à soupe
surgelés	de persil haché
1,25 litre de bouillon	Sel et poivre

ÉMINCEZ les oignons. Faites chauffer le saindoux dans la cocotte, faites-y fondre les oignons. Coupez les poivrons en deux, découpez-les en lamelles après avoir ôté les membranes blanches et les pépins. Faites-les revenir avec les oignons. Épluchez les carottes et les pommes de terre, coupez-les en julienne et ajoutez-les avec les petits pois, mouillez avec le bouillon de viande. Salez, poivrez et assaisonnez avec le romarin. Couvrez et laissez cuire 15 à 20 minutes. Coupez le jambon en lamelles. Écalez les œufs, coupez-les en tranches. Disposez le jambon et les œufs sur les légumes. Garnissez de persil haché.

CRÈME DE TOMATES ANDALOUSE

Pour 4 personnes

2 petits oignons	de Paris en conserve
80 g de lardons	100 g de petits pois
2 cuillerées à soupe d'huile	en conserve
1 cuillerée à soupe de farine	100 g de crème fraîche
1 kg de tomates pelées	4 cuillerées à
1/2 litre de bouillon	soupe de xérès
de viande	Persil haché
2 jaunes d'œufs	Sel
100 g de champignons	Poivre

FAITES revenir les lardons avec les oignons émincés dans une cocotte. Saupoudrez de farine et laissez blondir en remuant. Faites-y réduire les tomates grossièrement coupées. Mouillez avec le bouillon de viande, portez à ébullition, salez, poivrez. Laissez mijoter 10 minutes à petit feu. Passez le potage en écrasant les tomates. Égouttez champignons et petits pois, ajoutez-les au potage. Battez les jaunes d'œufs avec la crème et liez le potage, arrosez de xérè. Garnissez de persil.

SOUPE DE POISSON À LA HOLLANDAISE

Pour 4 personnes

750 g de lieu	1 paquet de légumes
Jus de citron	à pot-au-feu
2 cubes de bouillon	3 à 4 cuillerées d'huile
de viande	1 jaune d'œuf
6 grains de poivre	3 à 4 cuillerées à soupe
1 feuille de laurier	de crème fraîche
3 clous de girofle	Persil haché
1 zeste de citron non traité	Sel

COUPEZ en morceaux le poisson, peau et arêtes otées et arrosez-le de citron. Portez 1 litre d'eau à ébullition, faites-y dissoudre le bouillon de viande et ajoutez 3 grains de poivre, la feuille de laurier, les clous de girofle et le zeste de citron pour obtenir un court-bouillon. Plongez-y les légumes coupées en julienne, en même temps que les arêtes et la peau du poisson. Laissez cuire 40 minutes.

Passez le bouillon. Mettez à chauffer l'huile, faites-y revenir les morceaux de poisson puis plongez-les dans le bouillon, rectifiez l'assaisonnement, selon votre goût, sel et reste de poivre broyé au moulin. Laissez frémir pendant 5 à 10 minutes. Battez l'œuf avec la crème fraîche et liez le potage. Garnissez de persil haché. Servez avec des toasts aillés.

À gauche : *Légumes à la catalane*
Ci-dessous : *Soupe de poisson à la hollandaise*

FRICOT ESPAGNOL

Pour 5 à 6 personnes

250 g de viande de porc	1/2 cuillerée à café
250 g de viande de bœuf	de cumin
250 g de viande de veau	2 cuillerées à soupe
3 gros oignons	de crème fraîche
1,5 kg de pommes de terre	2 cuillerées à soupe
40 g de beurre	de persil haché
Paprika	Sel et poivre du moulin

COUPEZ les viandes en morceaux. Émincez les oignons. Pelez les pommes de terre et coupez-les en dés. Faites chauffer le beurre dans une cocotte et faites revenir d'abord la viande de tous les côtés puis les oignons et enfin les pommes de terre. Salez, poivrez, saupoudrez de paprika et de cumin puis mouillez avec 40 cl d'eau. Laissez mijoter 1 heure 15 en remuant de temps en temps. Mélangez la crème fraîche avec la farine et liez le fricot 10 minutes avant la fin de la cuisson.

Garnissez avec du persil haché.

RIZ À LA BOLOGNAISE

Pour 4 personnes

400 g de viande hachée :	250 g de riz à grains longs
moitié bœuf, moitié porc	80 cl de bouillon de viande
2 cuillerées à soupe d'huile	300 g de petits pois
4 à 5 oignons	en conserve
Paprika	Sel
Basilic	Poivre du moulin

FAITES chauffer l'huile dans la cocotte et faites revenir la viande hachée en prenant soin de bien l'écraser. Épluchez les oignons puis émincez-les. Mettez-les à réduire avec la viande. Salez, poivrez et saupoudrez de paprika et de basilic. Ajoutez le riz et mouillez avec le bouillon. Fermez la cocotte et laissez cuire pendant 20 à 25 minutes.

Ajoutez les petits pois au riz cuit, réchauffez le plat et rectifiez l'assaisonnement.

BORCHTCH

Pour 6 personnes

1 kg de betteraves rouges	Cerfeuil
500 g de viande de bœuf	Glutamate
250 g de lard maigre	2 à 3 cuillerées à soupe
100 g d'oignons,	de vinaigre
250 g de carottes	Sauce Worcester
250 g de céleri-rave	20 cl de crème fraîche
250 g de chou	Persil haché
1 poireau	Sel et poivre du moulin

ÉPLUCHEZ les betteraves, coupez-les en dés, saupoudrez-les de sel et réservez-les. Plongez la viande et le lard dans 2 litres d'eau salée bouillante et faites-les cuire à petits bouillons pendant 1 heure 30. Épluchez les carottes, les pommes de terre, le celeri et coupez-les en julienne. Ôtez les premières feuilles du chou, émincez-le, lavez-le bien et égouttez-le. Lavez bien le poireau et coupez-le en bâtonnets.

Sortez la viande du bouillon au bout de 1 heure 30 de cuisson et coupez-la en dés. Plongez dans le bouillon, les légumes, la viande et le cerfeuil, salez et poivrez. Renouvelez l'ébullition et laissez cuire 1 heure à petits bouillons. Rectifiez l'assaisonnement avec le glutamate, le vinaigre et la sauce *Worcester*. Incorporez la crème fraîche au borchtch et garnissez de persil haché.

SOUPE DE POISSON HONGROISE

Pour 5 personnes

750 g de filets de poisson :	1 poivron vert
cabillaud, lieu, colin	1 poivron rouge
frais ou surgelé	250 g de tomates pelées
Jus de 1 citron	2 à 3 cuillerées à soupe
250 g d'oignons	de farine
2 à 3 cuillerées à soupe	1 sachet de court-bouillon
d'huile	Sel

Coupez le poisson en morceaux, arrosez-le de jus de citron et salez-le. Émincez les oignons. Faites chauffer l'huile dans une cocotte et faites-y revenir les oignons.

Coupez les poivrons en deux, ôtez-leur les membranes blanches et les pépins. Découpez ensuite les moitiés de poivrons en lamelles. Coupez grossièrement les tomates, puis ajoutez les légumes aux oignons. Laissez cuire à petit feu, saupoudrez de farine en remuant

pour lier les légumes, mouillez avec 1 litre d'eau dans laquelle on aura pris soin de dissoudre le court-bouillon. Portez à ébullition et laissez mijoter pendant 15 minutes. Ajoutez le poisson et continuez la cuisson à petit feu pendant 10 à 15 minutes.

Page de gauche : *Fricot espagnol*
Ci-dessous : *Borchtch*

SOUPE INDIENNE AU RIZ

Pour 2 personnes

1 petit oignon	de viande
2 à 3 cuillerées à soupe	50 g de riz
d'huile	2 à 3 cuillerées à soupe
2 cuillerées à soupe	de xérès
de farine	1 jaune d'œuf
1 cuillerée à café de curry	3 à 4 cuillerées à soupe
2 cubes de bouillon	de crème fraîche

É MINCEZ l'oignon. Faites chauffer l'huile dans une casserole et faites-y revenir l'oignon, ajoutez la farine et le curry en remuant, puis mouillez avec 1 litre d'eau après y avoir dissous le bouillon.

Ajoutez le riz, portez à ébullition et laissez cuire à petits bouillons pendant 20 minutes Arrosez de xérès puis battez le jaune d'œuf avec la crème et liez la soupe.

IRISH STEW

Pour 4 personnes

1 kg de chou blanc	3 noix de beurre
200 g de pommes de terre	1/4 de litre de bouillon
3 oignons	de viande
1 carotte	Sel
500 g de viande	Poivre
de mouton	Cumin

C OUPEZ le chou en quatre et émincez-le. Épluchez les pommes de terre, les oignons et la carotte et coupez-les en julienne. Coupez la viande en dés.

Faites chauffer le beurre dans une cocotte et faites revenir la viande de tous les côtés. Ajoutez les oignons, laissez réduire quelques minutes puis complétez avec le chou, les pommes de terre et les carottes. Mouillez avec le bouillon chaud, poivrez et saupoudrez de cumin. Fermez la cocotte et laissez cuire 45 minutes à 1 heure. Rectifiez l'assaisonnement avant de servir.

Ci-dessous : *Soupe indienne au riz*

Ci-dessus : *Irish stew*

BOUILLABAISSE

Pour 5 à 6 personnes

750 g de poissons :
cabillaud, rascasse,
anguille, sole et limande
Jus de 1 citron
1 oignon
3 à 4 cuillerées à soupe
d'huile d'olive
1 poireau
1 fenouil
2 tomates pelées
1 gousse d'ail pilé
3 cubes de bouillon
de viande
1 feuille de laurier

1 bouquet garni
5 grains de poivre
2 clous de girofle
Safran
250 g de moules cuites
100 g de queues de
crevettes roses ou
de langoustines fraîches
ou surgelées
Croûtons aillés
Rouille : mayonnaise à
l'ail, au safran et à l'huile
d'olive
Sel et poivre

COUPEZ les poissons en morceaux et arrosez-les de citron. Épluchez l'oignon, coupez-le en rondelles. Faites chauffer l'huile dans une cocotte et faites-y revenir l'oignon. Coupez le poireau en rondelles. Nettoyez le fenouil, coupez-le en petits morceaux et coupez plus grossièrement les tomates. Ajoutez l'ail et les légumes aux oignons, faites réduire à petit feu, puis mouillez avec 1,5 litre d'eau où vous aurez dissous le bouillon de viande. Assaisonnez avec le laurier, les grains de poivre, les clous de girofle, le bouquet garni et le safran, salez.

Portez à ébullition et laissez cuire à petits bouillons pendant 15 minutes. Ensuite plongez dans la soupe les morceaux de poisson, laissez frémir durant 15 minutes. Ajoutez les moules et les crustacés quelques minutes avant la fin de la cuisson.

Disposez les croûtons aillés sur chaque assiette. Servez la bouillabaisse en soupière et la rouille en saucière.

ROGNONS À LA RUSSE

Pour 2 personnes

300 g de rognons de veau	1 cornichon aigre-doux
2 oignons	100 g de champignons
3 à 4 cuillerées à soupe	de Paris en conserve
d'huile	1 jaune d'œuf
2 cubes de bouillon	2 à 3 cuillerées à soupe
de viande	de crème
1 gros cornichon	Persil haché
au vinaigre	Poivre

Ouvrez les rognons, enlevez vaisseaux, nerfs et graisse. Faites-les blanchir à l'eau bouillante. Laissez les rognons dans l'eau pendant 1 heure environ, puis égouttez-les et coupez-les en tranches. Émincez les oignons. Faites chauffer l'huile dans une cocotte et faites-y revenir les oignons. Mouillez avec 1 litre d'eau où vous aurez dissous le bouillon.

Coupez les cornichons en dés, ajoutez-les au bouillon en même temps que les rognons. Portez à ébullition et laissez cuire à petits bouillons pendant 20 minutes. Coupez les champignons en deux. Mettez-les à cuire avec les rognons pendant une dizaine de minutes. Poivrez. Battez le jaune d'œuf avec la crème et liez la sauce. Garnissez de persil haché.

SOUPE AU POULET À LA CHINOISE

Pour 6 à 8 personnes

1 poulet	poireau et céleri
30 g de champignons	50 g de nouilles de riz
chinois	chinoises
6 cuillerées à soupe	Sauce de soja
de bouillon de poule	Pousses de bambou
instantané	en conserve
1 paquet de légumes	(environ 340 g)
à pot-au-feu : carotte,	Chili

Faites tremper les champignons quelques heures dans l'eau froide, égouttez-les et coupez-les en lamelles. Portez 2,5 litres d'eau à ébullition, ajoutez-y le bouillon instantané. Nettoyez les légumes et coupez-les en julienne. Plongez le poulet et les légumes dans l'eau bouillante, portez à ébullition et laissez cuire à petits bouillons pendant 1 heure.

Sortez le poulet du bouillon, désossez-le et coupez la viande en dés. Plongez les nouilles et les champignons dans le bouillon, laissez cuire pendant 20 minutes. Remettez la viande et les champignons dans la soupe, arrosez de sauce de soja et portez à ébullition. Rectifiez l'assaisonnement avec la sauce de soja et le *chili*.

HARICOTS À LA SERBE

Pour 4 personnes

400 g de plat de côtes	500 g de tomates pelées
175 g d'oignons	en conserve
2 gousses d'ail	500 g de haricots blancs
1 poivron rouge	en conserve
1 poivron vert	Poivre de Cayenne
1 poireau	Paprika fort
125 g de céleri-rave	Sarriette hachée
3 cuillerées à soupe d'huile	Sel et poivre

Faites cuire la viande dans 1/8 de litre d'eau pendant 1 heure. Sortez la viande de la cocotte et passez le bouillon. Émincez les oignons et l'ail. Coupez les poivrons en deux, ôtez les membranes blanches et les pépins, coupez-les en lamelles.

À droite : *Haricots à la serbe*
À gauche : *Rognons à la russe*

Lavez soigneusement le poireau, coupez-le en rondelles. Épluchez le céleri et coupez-le en dés. Faites chauffer l'huile dans une cocotte, faites réduire les légumes, mouillez avec le bouillon de cuisson de la viande. Coupez grossièrement les tomates et ajoutez-les avec leur jus, ajoutez les haricots. Salez, poivrez, assaisonnez avec le poivre de Cayenne et le paprika et laissez cuire pendant 12 à 15 minutes. Coupez la viande en dés et réchauffez-la avec les haricots. Garnissez de sarriette hachée.

RAGOÛT À L'ORIENTALE

Pour 5 personnes

750 g de jarret de bœuf
30 g de beurre
3 oignons
1 gousse d'ail
1 carotte
200 g de riz à grains longs
500 g de chou
50 g de grains de cachou

50 g de raisins secs
Curry
1 cuillerée à soupe
de chutney de mangue
3/4 de litre de bouillon
de poule
Sel
Poivre

ÉMINCEZ la viande. Faites chauffer le beurre dans un plat en fonte et faites-y revenir l'émincé de viande. Hachez oignons et ail. Coupez en dés la carotte épluchée. Ajoutez ail, oignons et carotte à la viande. Ajoutez le riz et faites saisir quelques instants en remuant.

Lavez le chou et coupez-le en lamelles. Ajoutez-le à la viande et aux carottes en même temps que les grains de cachou et les raisins sec. Salez, poivrez, saupoudrez largement de curry. Mélangez le *chutney* de mangue et mouillez avec le bouillon. Mélangez les ingrédients et mettez sur la grille du four chauffé à 200°C (thermostat 6) pendant 1 heure. Remuez de temps en temps.

1 à 2 gousses d'ail	de basilic haché
1 cuillerée à soupe	Vin rouge

Laissez tremper les haricots pendant 12 à 24 heures dans de l'eau froide en les couvrant. Coupez la viande en dés. Faites chauffer le saindoux dans une poêle et faites-y dorer les morceaux de viande de tous les côtés. Mettez les haricots et leur eau dans une grande casserole, complétez avec le bouillon de viande et ajoutez les morceaux de bœuf. Portez à ébullition et laissez cuire à petits bouillons pendant 1 heure 15.

Coupez les poivrons en deux, ôtez les membranes blanches et les pépins, épluchez les oignons et coupez les poivrons et les oignons en dés. Faites-les mijoter pendant 5 à 6 minutes avec le concentré de tomates, le *chili* et le paprika dans la poêle qui a servi pour la viande. Ajoutez les légumes aux haricots, portez à ébullition, couvrez et laissez cuire à petits bouillons pendant 30 minutes.

Faites blanchir les tomates dans l'eau bouillante, passez-les à l'eau froide, pelez-les et coupez-les en quatre. Ajoutez-les au *chili con carne* 10 minutes avant la fin de la cuisson. Assaisonnez avec le basilic et l'ail pilé, rectifiez éventuellement l'assaisonnement en ajoutant des épices et du vin rouge.

Ci-contre : *Ragoût à l'orientale*
Ci-dessous : *Chili con carne*

CHILI CON CARNE

Pour 6 personnes

750 g de haricots secs rouges	1 poivron vert
1 kg de viande de bœuf maigre	1 poivron rouge
50 g de saindoux	4 cuillerées à soupe de concentré de tomates
1,5 litre de bouillon de viande	2 cuillerées à café de chili
4 oignons	3 cuillerées à soupe de paprika
	5 tomates

GRATIN DE CHOU-FLEUR

Pour 6 personnes

1 chou-fleur	de poivre vert au vinaigre
de taille moyenne	125 g de jambon cru
de 1,5 kg environ	50 g de beurre
200 g de jambon cuit	20 g de farine
20 cl de crème fraîche	10 cl de lait
4 œufs	50 g de parmesan râpé
1 cuillerée à café	Sel

RETIREZ du chou-fleur les feuilles et le trognon. Détachez les bouquets, lavez-les soigneusement et plongez-les dans de l'eau bouillante salée. Faites-les cuire 12 minutes et égouttez-les. Hachez le jambon cuit.

Mélangez soigneusement la crème, un œuf, le jambon et le poivre vert. Découpez le jambon cru en petits dés et intégrez-le au mélange. Versez la moitié de ce mélange dans un plat à gratin beurré, mettez-y la moitié du chou-fleur puis le reste du mélange et le reste de chou-fleur.

Préparation de la sauce : faites fondre le beurre et ajoutez-y la farine. Remuez jusqu'à ce qu'on obtienne une légère coloration. Versez-y le lait en fouettant pour éviter les grumeaux. Portez à ébullition et laissez cuire 5 minutes.

Mélangez à la béchamel les 3 jaunes d'œufs battus et le parmesan. Incorporez aussi au mélange 3 blancs d'œufs montés en neige. Répartissez-le sur le chou-fleur. Placez le plat dans le four préalablement chauffé et faites cuire à 200°C (thermostat 6).

Ci-dessus : *Gratin de chou-fleur*
Ci-contre : *Gratin de céleri*

GRATIN DE CÉLERI

Pour 4 à 6 personnes

1 kg de céleri à côtes
750 g de blanc de dinde
100 g de pain de mie
10 cl de bouillon de volaille
1 œuf
3 cuillerées à soupe
de vin blanc
3 cuillerées à soupe
de crème
1 cuillerée à café
de jus de citron

Zeste de 1/2 citron
non traité
1 cuillerée à café
de moutarde de Dijon
1 barquette de cresson
80 g de beurre
40 g de farine
50 cl de lait
100 g de gorgonzola
Noix de muscade
Sel et poivre du moulin

COUPEZ les blancs de dinde en petits cubes. Faites tremper le pain dans le bouillon. Pressez-le et passez-le au mixer avec la volaille, l'œuf, le vin, la crème, le jus et le zeste de citron, la moutarde et le cresson.

Faites fondre 40 g de beurre et intégrez-les également au mélange. Salez et poivrez. Préparez le céleri en retirant les fils durs des côtes. Lavez les côtes et coupez-les en deux. Beurrez un plat à gratin et mettez-y la moitié des céleris, la partie creuse dirigée vers le haut. Recouvrez-les avec la viande, puis le reste des céleris, cette fois la partie creuse tournée côté viande.

Préparation de la sauce : faites fondre à nouveau 40 g de beurre, ajoutez-y la farine et tournez jusqu'à ce qu'elle se colore légèrement. Ajoutez le lait chaud et battez au fouet en faisant attention qu'il ne se forme pas de grumeaux. Portez à ébullition et laissez cuire 5 minutes. Ajoutez le gorgonzola à la sauce et faites-le fondre en tournant. Salez et poivrez.

Râpez un peu de noix de muscade. Versez la sauce sur le gratin et mettez le plat au four à 200°C (thermostat 6) pendant 1 heure environ. Si le dessus dore trop vite, recouvrez-le d'une feuille de papier d'aluminium. Accompagnez d'une salade verte.

GRATIN DE POMMES DE TERRE AU JAMBON

Pour 5 à 6 personnes

1 kg de pommes de terre	de viande
75 g de jambon cru	25 cl de lait
75 g de jambon cuit	2 cuillerées à soupe
30 g de margarine	de chapelure
35 g de beurre	Noisettes de beurre
25 cl de bouillon	Sel

Lavez les pommes de terre et faites-les cuire dans de l'eau bouillante, 20 minutes environ. Égouttez-les et pelez-les. Laissez-les refroidir et coupez-les en rondelles. Découpez le jambon (cuit et cru) en petits

dés. Dans un plat à gratin beurré, disposez alternativement des couches de pommes de terre et de jambon. Terminez par une couche de pommes de terre.

Préparation de la sauce : faites fondre le beurre. Ajoutez-y la chapelure et remuez jusqu'à ce qu'elle se colore légèrement. Ajoutez le bouillon chaud et le lait. Fouettez en évitant la formation de grumeaux. Portez la sauce à ébullition et laissez-la cuire 5 minutes. Salez.

Versez la sauce sur les pommes de terre et saupoudrez de chapelure. Déposez quelques noisettes de beurre. Glissez le plat dans le four préchauffé et laissez cuire à 200-225°C (thermostat 6-7) pendant 30 à 40 minutes.

Variante : vous pouvez préparer une sauce différente en battant 25 cl de crème, 25 cl de bouillon de viande, 1 cuillerée à soupe de maïzena et 2 œufs. Vous pouvez aussi remplacer la chapelure par du fromage râpé.

GRATIN D'AUBERGINES

Pour 4 à 6 personnes

500 g de tomates	Romarin
500 g d'aubergines	150 g de yaourt
1 cuillerée à soupe d'huile	3 œufs
2 oignons	1 cuillerée à soupe
500 g de veau haché	de farine
Paprika doux	Sel
Thym	Poivre du moulin

PLONGEZ les tomates dans de l'eau bouillante, puis passez-les à l'eau froide. Pelez-les, ôtez leurs pédoncules et coupez-les en rondelles. Équeutez les aubergines et lavez-les, puis coupez-les en tranches de 1/2 cm d'épaisseur. Saupoudrez-les de sel et laissez-les dégorger 30 minutes. Épongez-les ensuite dans un linge ou un papier absorbant. Faites chauffer l'huile et faites-y revenir les tranches d'aubergine sur les deux faces. Retirez-les.

Épluchez les oignons, coupez-les en petits morceaux et faites-les revenir dans l'huile. Ajoutez-y la viande hachée et faites-la revenir en écrasant les gros morceaux. Assaisonnez de sel, de poivre, de paprika, de thym et de romarin.

Laissez cuire. Déposez les aubergines, les tomates et la viande en couches successives dans un plat à gratin beurré. Assaisonnez à chaque couche avec toutes les épices. Glissez le plat dans le four préchauffé. Laissez cuire durant environ 30 minutes à 250°C (thermostat 8).

Mélangez le yaourt avec les œufs et la chapelure. Salez. Versez sur le gratin et remettez au four pour 15 minutes.

À gauche : *Gratin de pommes de terre au jambon*
Ci-dessous : *Gratin d'aubergines*

GRATIN DE PÂTES AUX TOMATES

Pour 4 personnes

200 g de pâtes
750 g de tomates
150 g de jambon cru
3 œufs
10 cl de lait
2 cuillerées à soupe
de persil haché

2 cuillerées à soupe
de ciboulette coupée fin
2 cuillerées à soupe
de parmesan râpé
2 cuillerées à soupe
de chapelure
Sel et poivre

FAITES cuire les pâtes dans 1,5 litre d'eau bouillante salée, en remuant de temps en temps, pendant 8 minutes. Passez-les à l'eau froide et laissez-les s'égoutter.

Plongez les tomates dans de l'eau bouillante pendant quelques instants. Passez-les à l'eau froide et pelez-les. Retirez les queues et coupez les tomates en rondelles. Coupez le jambon en dés. Beurrez un plat à gratin et déposez alternativement des couches de tomates, de jambon et de pâtes. Battez les œufs avec le lait, le persil et la ciboulette. Salez et poivrez. Versez ce mélange sur les pâtes.

Mélangez le parmesan et la chapelure et saupoudrez-en le plat. Glissez dans le four préchauffé et laissez cuire environ 30 minutes à 200°C (thermostat 6). En fin de cuisson, recouvrez éventuellement le plat d'une feuille d'aluminium.

GRATIN DE CHOU-RAVE AU JAMBON

Pour 6 personnes

1 kg de chou-rave
pesé sans les feuilles
1 cuillerée à soupe
de farine
1 noix de beurre
1 cuillerée à soupe

de crème fraîche
200 g de jambon
3 ou 4 œufs
Noix de muscade
Sel
Poivre

ÉPLUCHEZ le chou-rave (en réservant les feuilles), lavez-le et coupez-le en lanières de 1/2 cm d'épaisseur. Plongez-les dans 25 cl d'eau salée, portez à ébullition et laissez cuire 10 à 15 minutes (le chou doit rester ferme). Égouttez-les en recueillant le liquide.

Faites fondre le beurre, mélangez-y la farine. Ajoutez le liquide de cuisson du chou-rave et portez à ébullition sans cesser de tourner. Battez au fouet en faisant attention qu'il ne se forme pas de grumeaux. Laissez cuire environ 5 minutes.

Ajoutez la crème, puis les feuilles de chou que vous aurez hachées et les morceaux blanchis. Salez et poivrez. Coupez le jambon en dés. Dans un plat à gratin beurré, déposez des couches successives de chou-rave et de jambon.

Battez les œufs, râpez de la noix de muscade, salez et poivrez. Versez ce mélange sur le gratin. Fermez le plat avec un couvercle ou une feuille d'aluminium et glissez-le dans le four préchauffé. Faites cuire 30 minutes environ à 225-250°C (thermostat 7-8).

GRATIN DE POMMES DE TERRE À LA SAUCISSE

Pour 6 personnes

1 kg de pommes de terre	3 cuillerées à soupe
4 œufs durs	de chapelure
2 petites saucisses fumées	Noisettes de beurre
300 g de crème fraîche	Sel

LAVEZ les pommes de terre et faites-les cuire dans de l'eau bouillante pendant 20 à 30 minutes. Pelez-les aussitôt, laissez-les refroidir et coupez-les en rondelles. Écalez les œufs et coupez-les également en rondelles, ainsi que les saucisses.

Déposez ces trois ingrédients en couches successives dans un plat à gratin beurré, en salant chaque couche de pommes de terre et d'œufs. La dernière doit être une couche de pommes de terre. Versez la crème sur les pommes de terre et saupoudrez de chapelure.

Déposez quelques noisettes de beurre et glissez dans le four préchauffé. Faites cuire 30 minutes environ à 225-250°C (thermostat 7-8).

Ci-dessus : *Gratin de pommes de terre à la saucisse*
Ci-dessous : *Gratin de pâtes aux tomates*

GRATIN DE MAÏS MEXICAIN

Pour 6 personnes

500 g de viande hachée :	150 g de salami
moitié bœuf, moitié porc	500 g de tomates
1 oignon	Origan
1 gousse d'ail	200 g de gruyère
1 cuillerée à soupe d'huile	2 cuillerées à soupe
Piment en poudre	de chapelure
Cannelle en poudre	Noisettes de beurre
300 g de maïs en boîte	Sel et poivre

Épluchez l'oignon et l'ail ; coupez-les en petits morceaux. Faites-les revenir dans l'huile. Ajoutez la viande hachée et faites-la griller en remuant et en écrasant les gros morceaux avec une cuillère en bois. Assaisonnez de sel, de poivre, de piment et de cannelle. Déposez la viande dans un plat à gratin beurré et égalisez-la.

Égouttez le maïs et versez-le sur la viande. Coupez les tranches de salami en lanières et répartissez-les sur le maïs. Plongez rapidement les tomates dans de l'eau bouillante, puis passez-les à l'eau froide et pelez-les. Retirez les queues et coupez les tomates en quatre, puis en fines rondelles et déposez-les sur le salami. Assaisonnez de poivre et d'origan.

Râpez le gruyère et mélangez-le à la chapelure. Saupoudrez-en les tomates. Déposez quelques noisettes de beurre, puis glissez le plat dans le four préchauffé. Laissez cuire 30 minutes à 200°C (thermostat 6).

GRATIN FERMIÈRE À LA FAISSELLE

Pour 4 personnes

150 g de pâtes jaunes	20 cl de crème
150 g de pâtes vertes	1 bouquet de ciboulette
750 g de tomates	1/2 bouquet de persil
250 g de jambon cuit	400 g de faisselle
3 œufs	Sel et poivre

Faites cuire les pâtes dans 1,5 litre d'eau bouillante salée, en remuant de temps en temps, pendant environ 8 minutes. Passez-les à l'eau froide et laissez-les s'égoutter.

Plongez rapidement les tomates dans de l'eau bouillante, puis passez-les à l'eau froide et pelez-les. Enlevez les queues et coupez les tomates en rondelles. Coupez le jambon en dés. Battez les œufs avec la crème. Salez et poivrez. Lavez les herbes, épongez-les dans un linge, puis coupez-les ou hachez-les.

Beurrez un plat à gratin, puis déposez-y les tomates que vous assaisonnerez de sel, de poivre, de ciboulette et de persil, ajoutez le jambon et les pâtes. Saupoudrez avec les herbes. Versez le mélange œufs-crème. Glissez le plat dans le four préchauffé et laissez cuire 40 minutes environ à 200°C (thermostat 6). Battez la faisselle et versez-la sur le plat 10 minutes avant la fin de la cuisson.

À droite : *Gratin fermière à la faisselle*
Ci-contre : *Gratin de maïs mexicain*

LES GRATINS • 403

GRATIN DE PÂTES
AU FROMAGE BLANC

Pour 4 personnes

200 g de spaghettis	*2 cuillerées à soupe*
1 cuillerée à soupe d'huile	*de ciboulette coupée fin*
250 g de fromage blanc	*2 saucisses fumées*
150 g de crème fraîche	*50 g de lard maigre*
3 œufs	*Sel*
1 cuillerée à café de cumin	*Poivre*

FAITES cuire les spaghettis dans 2,5 litres d'eau bouillante salée, additionnée d'une cuillerée d'huile et pas plus d'une dizaine de minutes pour qu'ils soient *al dente*. Passez-les à l'eau froide et laissez s'égoutter. Mélangez le fromage blanc avec la crème, les œufs, le cumin et la ciboulette. Salez et poivrez. Coupez les saucisses en rondelles. Mélangez-les avec les spaghettis et le fromage blanc. Déposez le tout dans un plat à gratin beurré. Coupez le lard en fines tranches et posez-les sur le gratin. Glissez le plat dans le four préchauffé. Faites cuire à 200-225°C (thermostat 6-7) pendant 50 minutes environ.

GRATIN DE MINNA
À LA CHOUCROUTE

Pour 4 à 5 personnes

200 g de carottes	*1 œuf*
1 tranche de pain rassis	*700 g de choucroute*
1 petit oignon	*2 ou 3 saucisses*
250 g de viande hachée :	*de Francfort*
moitié bœuf, moitié porc	*Sel et poivre*

GRATIN DE COURGETTES

Pour 3 à 4 personnes

500 g de courgettes	Noix de muscade
100 g de jambon cuit	2 cuillerées à soupe
2 oignons	d'huile
2 cuillerées à soupe	100 g de gruyère râpé
de farine	Sel
2 œufs	Poivre

COUPEZ les courgettes en gros morceaux, lavez et essuyez-les. Jetez les extrémités. Salez les morceaux et pressez-les dans un torchon. Coupez en dés le jambon et les oignons épluchés. Mélangez la farine et les œufs. Ajoutez tous ces ingrédients aux courgettes. Poivrez et râpez de la noix de muscade. Huilez un plat à gratin et versez-y la préparation. Glissez le plat dans le four chaud et faites cuire 30 minutes à 225°C (thermotat 7). En fin de cuisson, saupoudrez de gruyère râpé et faites gratiner.

À gauche : *Gratin de pâtes au fromage blanc*
Ci-dessous : *Gratin de courgettes*

GRATTEZ les carottes, lavez-les et faites-les cuire dans 15 cl d'eau pendant une vingtaine de minutes. Mettez le pain à ramollir dans de l'eau, puis pressez-le. Épluchez un oignon, coupez-le en petits morceaux, puis mélangez-le avec le pain, la viande hachée et l'œuf. Salez et poivrez. Beurrez un plat à gratin.

Coupez les carottes en rondelles et disposez-les sur le pourtour du moule. Disposez la viande également en cercle, tout contre les carottes. Versez la moitié de la choucroute au centre.

Coupez les saucisses en rondelles et répartissez-les sur la choucroute. Recouvrez avec le reste de choucroute. Fermez le plat avec un couvercle ou une feuille d'aluminium et glissez-le dans le four préchauffé. Faites cuire à 200-225°C (thermostat 6-7) pendant 1 heure à 1 heure 30. Laissez reposer le gratin quelques instants avant de le retourner sur une assiette.

GRATIN DE POMMES DE TERRE AUX ÉPINARDS

Pour 6 personnes

750 g de pommes de terre	750 g d'épinards
à chair farineuse	1 oignon
25 cl de lait	1 gousse d'ail
150 g de lard maigre	1 noix de beurre
150 g de fromage râpé	Sel et poivre

ÉPLUCHEZ les pommes de terre et lavez-les, puis coupez-les en rondelles. Portez le lait à ébullition et ajoutez-y les pommes de terre. Faites cuire une dizaine de minutes, couvercle fermé et à feu doux.

Coupez le lard en dés. Ajoutez-le aux pommes de terre, ainsi que 50 g de fromage. Salez et poivrez. Déposez les pommes de terre au centre d'un plat à gratin beurré. Triez et lavez soigneusement les épinards, mettez-les encore mouillés dans une casserole et faites-les cuire, couvercle fermé, jusqu'à ce que les feuilles se détachent. Égouttez-les. Épluchez l'oignon et l'ail, coupez-les en

petits morceaux. Faites-les revenir dans le beurre. Ajoutez les épinards. Faites-les sauter rapidement, puis disposez-les en couronne autour des pommes de terre. Saupoudrez avec le reste de fromage. Glissez le plat dans le four préchauffé et laissez gratiner 5 à 10 minutes.

PAIN PERDU EN GRATIN

Pour 3 personnes

5 tranches de pain rassis	1 à 2 cuillerées à soupe
4 à 6 noix de beurre	d'huile
aux herbes	3 à 4 cuillerées à soupe
250 g de petits	d'herbes hachées
champignons	3 œufs
80 g de salami	200 g de fromage blanc
125 g de jambon	Sel
2 oignons	Poivre

COUPEZ le pain en dés. Faites fondre le beurre et faites-y griller les morceaux de pain. Épluchez les champignons et lavez-les. Laissez-les s'égoutter et coupez en deux les plus gros. Coupez en dés le salami et le jambon. Épluchez les oignons et coupez-les en petits morceaux. Faites chauffer l'huile et faites-y revenir les oignons. Ajoutez le salami, le jambon et les champignons. Salez et poivrez. Ajoutez les croûtons (gardez-en quelques-uns) et les herbes. Versez le tout dans un plat à gratin beurré.

Battez les œufs avec le fromage blanc. Versez ce mélange sur le gratin et répartissez-y les croûtons restants. Glissez le plat dans le four chaud et faites cuire 30 minutes à 200-225°C (thermostat 6-7).

GRATIN D'ÉPINARDS

Pour 6 à 8 personnes

1,5 kg d'épinards	12 feuilles de sauge
750 g d'oignons	500 g de gruyère
4 cuillerées à soupe d'huile	250 g de fromage blanc
1 gousse d'ail	25 cl de crème
12 tranches de pain de mie	4 œufs
375 g de jambon cuit	Sel et poivre

ÉPLUCHEZ les oignons et émincez-les. Faites chauffer l'huile et faites-y revenir les oignons pendant une vingtaine de minutes. Salez et poivrez. Triez et lavez soigneusement les épinards. Mettez-les encore mouillés dans une casserole et faites-les cuire, couvercle fermé, jusqu'à ce que les feuilles se détachent. Égouttez-les et hachez-les grossièrement.

Épluchez la gousse d'ail et pressez-la. Frottez-en le plat à gratin (d'une contenance de 4 litres). Déposez 6 tranches de pain de mie grillées dans le plat et recouvrez-les avec la moitié du jambon. Rincez la sauge et déposez 6 feuilles sur le jambon. Râpez la moitié du gruyère et répartissez-le sur le plat.

Déposez en alternance des couches d'oignons et d'épinards. Mélangez le fromage blanc, la crème et les œufs. Versez ce mélange sur les épinards. Déposez les tranches de pain de mie restantes, puis le jambon et les feuilles de sauge. Recouvrez le plat de tranches de gruyère. Glissez le plat dans le four chaud et faites cuire 50 minutes environ à 200°C (thermostat 6).

Ci-dessous : *Pain perdu en gratin*

À gauche : *Gratin de pommes de terre aux épinards*

GRATIN DE MACARONIS AU JAMBON

Pour 2 personnes

150 g de macaronis	Noix de muscade
200 g de jambon cuit	2 cuillerées à soupe
60 g de gruyère	de chapelure
2 œufs	Noisettes de beurre
25 cl de lait	Sel et poivre

FAITES cuire les macaronis dans 1,5 litre d'eau salée bouillante. Une fois cuits, versez-les dans une passoire, passez-les à l'eau froide et laissez-les s'égoutter. Coupez le jambon en dés. Râpez le gruyère. Dans un plat à gratin beurré, déposez des couches successives de macaronis, de jambon et de fromage. La dernière doit être une couche de macaronis.

Battez les œufs et le lait, salez, poivrez et râpez de la noix de muscade. Versez ce mélange sur les macaronis. Saupoudrez de chapelure. Déposez quelques noisettes de beurre. Glissez le plat dans le four chaud et faites cuire 30 minutes environ à 225-250°C (thermostat 7-8).

GRATIN DE POISSON SAUCE À L'ANETH

Pour 6 personnes

750 g de filets de poisson	4 bouquets d'aneth
500 g de pommes de terre	4 œufs
250 g de carottes	100 g de gruyère râpé
80 g de beurre	300 g de petits pois
Jus de 2 citrons	congelés
60 g de farine	Sel
50 cl de lait	Poivre

ÉPLUCHEZ les pommes de terre. Grattez les carottes. Lavez ces deux légumes et coupez-les en fines rondelles. Plongez les rondelles de pommes de terre dans de l'eau salée et portez à ébullition. Laissez-les cuire 5 minutes et égouttez-les. Déposez-les dans un plat à gratin beurré.

Faites fondre 20 g de beurre, faites-y revenir les carottes, salez et poivrez. Ajoutez 2 cuillerées d'eau et faites cuire 10 minutes, couvercle fermé. Versez ensuite les carottes sur les pommes de terre. Rincez les filets de poisson sous l'eau froide et épongez-les. Coupez-les dans le sens de la longueur. Arrosez-les de 2 cuillerées à soupe de jus de citron et laissez-les reposer 30 minutes. Épongez-les et salez.

Préparation de la sauce : faites fondre 60 g de beurre. Ajoutez-y la farine et laissez-la se colorer légèrement. Versez le lait et battez au fouet pour éviter les grumeaux. Portez la sauce à ébullition et laissez cuire 10 minutes. Salez, poivrez et ajoutez le reste de citron. Laissez un peu refroidir. Rincez l'aneth et coupez-le finement. Incorporez à la sauce l'aneth, les œufs et le gruyère râpé.

Versez la moitié de cette sauce sur les légumes. Recouvrez-les avec une couche de petits pois, puis avec les filets de poisson. Versez-y le reste de sauce. Glissez le plat dans le four préchauffé et laissez cuire 30 minutes à 180°C (thermostat 5), puis 20 minutes à 225°C (thermostat 7).

Remarque : il se peut que le gratin ait l'air assez liquide, mais une fois la croûte entamée, ce liquide est absorbé par les légumes qui sont alors très juteux.

Ci-contre : *Gratin de macaronis au jambon*

Ci-dessus : *Gratin de chou frisé*

GRATIN DE CHOU FRISÉ

Pour 6 personnes

1 kg de chou frisé	1 cube de bouillon
1 oignon	de viande
1 gousse d'ail	25 cl de vin blanc
200 g de pain bis	Beurre
250 g de fromage	Sel

RETIREZ les feuilles abîmées du chou. Coupez-le en huit et retirez le trognon. Lavez le chou et coupez-le en lanières. Épluchez l'oignon et l'ail et mettez-les à cuire avec le chou frisé dans 30 cl d'eau salée. Laissez cuire pendant environ 15 minutes, puis versez dans une passoire et égouttez en recueillant le liquide.

Coupez le pain en lanières. Coupez le fromage en morceaux. Dans un plat à gratin beurré, déposez en alternant une couche de chou, une couche de pain et une ciuche de fromage, en réservant la dernière couche pour le fromage.

Faites fondre le cube de bouillon dans 75 cl de liquide de cuisson du chou où vous aurez ajouté 25 cl de vin blanc. Versez sur le chou. Glissez le plat dans le four préchauffé et faites cuire à 225°C (thermotat 7) pendant 25 à 30 minutes.

GRATIN DE CHOUCROUTE À LA HONGROISE

Pour 6 personnes

750 g de choucroute
70 g de saindoux
2 feuilles de laurier
125 g de riz à grains longs
1 oignon

375 g de viande hachée :
moitié bœuf, moitié porc
2 petites saucisses fumées
40 cl de crème
Sel et poivre

FAITES fondre 50 g de saindoux. Aérez la choucroute et faites-la revenir dans le saindoux. Ajoutez 25 cl d'eau, le laurier, le sel et le poivre. Laissez cuire la choucroute environ 50 minutes, jusqu'à ce qu'elle ait perdu tout son liquide. Vérifiez l'assaisonnement.

Faites bouillir 1 litre d'eau salée. Mettez-y le riz et laissez-le cuire à gros bouillons 12 à 15 minutes. Versez le riz dans une passoire et passez-le sous l'eau froide. Épluchez l'oignon, coupez-le en dés et faites-le cuire avec 5 cuillerées à soupe d'eau jusqu'à évaporation totale du liquide.

Ajoutez 20 g de saindoux et faites-y griller la viande que vous aurez au préalable salée et poivrée. Ajoutez ensuite le riz. Coupez les saucisses en rondelles. Dans un plat à gratin beurré, déposez des couches successives de choucroute, de viande et de saucisse en réservant la dernière couche pour la choucroute et quelques rondelles de saucisse. Versez la crème sur le gratin. Glissez le plat dans le four préchauffé et laissez cuire 30 minutes environ à 225-250°C (thermostat 7-8).

GRATIN DE LÉGUMES

Pour 6 à 8 personnes

500 g de pommes de terre
400 g de carottes
350 g de courgettes
250 g de tomates
2 oignons
1 gousse d'ail
1 cuillerée à soupe d'huile
1 kg de viande hachée :

moitié bœuf, moitié porc
8 feuilles de sauge
200 g de gruyère
3 cuillerées à soupe
de chapelure
Beurre
Sel
Poivre blanc

ÉPLUCHEZ les pommes de terre et lavez-les, puis coupez-les en rondelles. Faites-les blanchir 5 minutes dans de l'eau bouillante salée, puis retirez-les avec une écumoire et égouttez-les. Déposez-les en couches dans un plat à gratin beurré.

Épluchez les oignons et l'ail, coupez-les en petits morceaux. Faites-les revenir dans l'huile. Ajoutez-y la viande et faites-la griller en écrasant les gros morceaux avec une cuillère en bois. Salez et poivrez. Rincez 4 feuilles de sauge sous l'eau froide, épongez-les dans un linge, hachez-les et ajoutez-les à la viande. Disposez un tiers de la viande sur les pommes de terre.

Grattez les carottes et coupez-les en rondelles. Faites-les blanchir 3 minutes dans de l'eau bouillante salée, puis retirez-les avec une écumoire et égouttez-les. Déposez-les sur la viande, puis déposez la moitié de la viande restante sur les carottes.

Coupez les extrémités des courgettes, lavez-les et coupez-les en rondelles. Faites-les blanchir 3 minutes dans de l'eau bouillante, puis retirez-les avec une écumoire et égouttez-les. Disposez-les sur la viande. Formez une dernière couche avec la viande restante.

Plongez rapidement les tomates dans de l'eau bouillante, puis passez-les à l'eau froide. Retirez les pédoncules, pelez-les, coupez-les en deux. Coupez les tomates en rondelles et déposez-les sur la viande. Salez et poivrez. Rincez 4 autres feuilles de sauge sous l'eau froide, épongez-les dans un linge, hachez-les et parsemez-en les tomates.

Râpez le gruyère. Mélangez-le avec la chapelure et saupoudrez-en les tomates. Déposez quelques noisettes de beurre. Glissez le plat dans le four préchauffé et faites cuire environ 30 minutes à 200°C (thermostat 6).

Variante : vous pouvez réaliser cette recette avec de la viande d'agneau et du thym frais.

Ci-dessus : *Gratin de légumes*
À gauche : *Gratin de choucroute à la hongroise*

GRATIN DE CHOU VERT

Pour 8 personnes

1,5 kg de chou vert	500 g de pommes de terre
3 oignons	500 g de pommes acides
60 g de saindoux ou	80 g de chapelure
de graisse d'oie	Sel
250 g de saucisse pimentée	Poivre

Préparez le chou, lavez-le et hachez-le grossièrement. Épluchez 2 oignons et coupez-les en petits morceaux. Faites fondre 20 g de saindoux, faites-y revenir les oignons, puis ajoutez le chou et 25 cl d'eau. Salez et poivrez. Laissez cuire environ 1 heure, couvercle fermé. Coupez la saucisse en morceaux.

Épluchez les pommes de terre, lavez-les et coupez-les en rondelles. Faites-les cuire dans de l'eau salée pendant environ 7 minutes. Versez-les dans une passoire. Épluchez les pommes, coupez-les en quatre, épépinez-les et coupez-les en gros quartiers. Déposez dans un plat à gratin beurré un quart du chou, puis la saucisse, les pommes de terre et les pommes. Terminez avec le reste de chou.

Épluchez 1 oignon et coupez-le en rondelles. Faites fondre le reste de saindoux et faites-y revenir les rondelles d'oignon. Ajoutez la chapelure et faites-la griller rapidement. Répartissez le mélange sur le chou, puis glissez le plat dans le four préchauffé et faites cuire 30 minutes environ à 200°C (thermostat 6).

TOURTE AU POULET

Pour 4 à 6 personnes

500 g de blancs de poulet	200 g de girolles étuvées
2 rouleaux de pâte	3 cuillerées à soupe
feuilletée surgelés	de crème
2 cuillerées à soupe d'huile	1 bouquet de ciboulette
250 g de champignons	1 jaune d'œuf
de Paris étuvés	Sel
15 cl de vin blanc	Poivre

Laissez décongeler les rouleaux de pâte à température ambiante. Coupez le poulet en dés. Faites chauffer l'huile et faites-y griller les morceaux de poulet. Salez et poivrez. Ajoutez les champignons de Paris, le vin blanc, les girolles et la crème, et remuez bien. Faites cuire le tout.

Beurrez soigneusement un moule à gratin et tapissez-le d'une feuille de pâte en la laissant déborder du plat. Versez-y la préparation cuite du poulet. Rincez la ciboulette sous l'eau froide, égouttez-la et épongez-la dans un linge. Hachez-la et répartissez-la sur la viande.

Découpez les morceaux de pâte qui dépassent du plat en formant un petit rebord vers l'extérieur. Ces chutes serviront pour la décoration. Prenez l'autre feuille de pâte et faites-en un couvercle. Soudez ce couvercle avec les bords de la tourte et creusez une petite cheminée au centre pour laisser passer la vapeur.

Décorez avec les chutes de pâte et badigeonnez le tout avec un jaune d'œuf battu. Glissez le plat dans le four préalablement chauffé et laissez cuire 35 à 40 minutes à 200°C (thermostat 6).

À gauche : *Gratin de chou vert*
Ci-contre : *Tourte au poulet*

GÂTEAU À LA CANNELLE

À L'AUTOCUISEUR
Pour 6 à 8 personnes

1/2 litre de lait	1 sachet de préparation
1 pincée de sel	pour entremets
125 g de semoule	à la vanille
100 g de beurre	1 cuillerée à café
100 g de sucre	de cannelle en poudre
1 sachet de sucre vanillé	50 g de raisins secs
3 œufs	25 g d'amandes en poudre

PORTEZ 3/8 de litre de lait salé à ébullition, retirez du feu. Versez la semoule en pluie tout en remuant, laissez gonfler en remuant de temps en temps. Travaillez le beurre en pommade, incorporez progressivement le sucre, le sucre vanillé, les œufs et la semoule encore chaude.

Délayez la préparation pour entremets dans 4 à 5 cuillerées à soupe de lait froid, ajoutez la semoule, la cannelle, les raisins secs et les amandes. Versez la pâte dans un moule à bain-marie (de 1/2 litre) bien beurré. Le moule ne devra être rempli qu'au 2/3 de sa capacité.

PUDDING AU PAIN PERDU

Pour 6 à 7 personnes

250 g de pain rassis	50 g d'amandes
3/8 de litre de lait chaud	en poudre
100 g de beurre	50 g de raisins secs
100 g de sucre	1 zeste râpé de citron
2 œufs	non traité

COUPEZ le pain en petits morceaux, arrosez avec le lait très chaud. Laissez tremper en remuant de temps en temps. Travaillez le beurre en pommade, incorporez progressivement le sucre et les jaunes d'œufs puis le pain, les amandes, les raisins secs, le sel et le zeste de citron râpé.

Battez les blancs en neige, incorporez-les avec précaution dans la pâte. Versez la pâte dans un moule à pudding beurré. Fermez le moule, mettez-le dans une casserole d'eau bouillante (le niveau de l'eau doit se situer environ 2 cm au-dessous du couvercle du moule). Laissez cuire 1 heure environ.

Démoulez le pudding. Servez froid ou chaud avec de la crème anglaise (voir page 422).

Variante : vous pouvez remplacer une partie du pain par des restes de viennoiserie rassise. Utilisez alors un peu moins de sucre.

Couvrez le moule et mettez le dans un autocuiseur avec un fond d'eau de manière à ce qu'il ne soit immergé qu'au tiers de sa hauteur. Fermez l'autocuiseur. Laissez cuire 45 minutes.

Servez avec de la compote ou de la crème anglaise (voir page 422).

Ci-dessus : *Gâteau à la cannelle*
À droite : *Pudding au pain perdu*

PUDDING AUX FRUITS

À L'AUTOCUISEUR
Pour 6 à 8 personnes

200 g de poires séchées
200 g de pruneaux
dénoyautés
200 g d'abricots séchés
3/8 de litre d'eau
200 g de farine
1 sachet de levure
en poudre
30 g de sucre
1 sachet de sucre vanillé
1 pincée
de gingembre moulu

1 pincée de clous
de girofle moulus
1 cuillerée à café
de cannelle en poudre
1 cuillerée à soupe
d'eau-de-vie de cerise
(kirsch)
65 g de noisettes
grossièrement hachées
65 g de citron confit
coupé en petits dés
100 g de raisins secs

FAITES tremper dans de l'eau les fruits séchés, laissez-les gonfler quelques heures. Faites cuire les fruits gonflés dans leur eau de trempage pendant 2 minutes environ, égouttez (récupérez le jus). Découpez les fruits refroidis en petits morceaux. Mélangez la farine et la levure, tamisez au-dessus d'un saladier, disposez en forme de puits. Ajoutez le sucre, le sucre vanillé, le gingembre, les clous de girofle et la cannelle, l'eau-de-vie de cerise et 15 cl du jus des fruits refroidi (remplacez éventuellement par de l'eau). Montez le tout en une pâte homogène. Incorporez les fruits coupés en petits morceaux, les noisettes, le citron confit et les raisins secs.

Versez la pâte dans un moule à bain-marie (de 1/2 litre) bien beurré. Couvrez le moule, posez-le dans un autocuiseur rempli d'eau de telle sorte qu'il ne soit qu'au 1/3 immergé. Fermez l'autocuiseur. Laissez cuire 1 heure environ. Démoulez. Servez avec de la crème anglaise (voir page 422) ou de la compote.

Variante : vous pouvez utiliser d'autres fruits secs : dattes, figues, pommes, pêches.

Page de droite : *Savarin aux pêches*
Ci-dessous : *Pudding aux fruits*

SAVARIN AUX PÊCHES

Pour 6 personnes

500 g de pêches
175 g de sucre
1 sachet de sucre vanillé
3/8 de litre de vin
blanc ou de cidre

65 g de maïzena
3 œufs
Huile
Crème chantilly

É BOUILLANTEZ les pêches pour pouvoir facilement les éplucher. Coupez-les en deux et dénoyautez-les. Faites-les cuire dans 3/8 de litre d'eau avec le sucre et le sucre vanillé jusqu'à ce qu'elles deviennent tendres. Égouttez-les, récupérez leur jus, ajoutez au besoin de l'eau pour obtenir 1/4 de litre de jus. Ajoutez le vin blanc ou le cidre, portez à ébullition.

Délayez la maïzena avec les jaunes d'œufs dans 6 cuillerées à soupe d'eau froide, versez dans le jus en remuant, portez à ébullition. Battez les blancs en neige, incorporez-les à l'ensemble. Huilez un moule à savarin, disposez les pêches sur le dos, recouvrez-les avec le mélange, laissez refroidir.

Démoulez le savarin aux pêches sur un plat rond. Décorez avec la crème chantilly.

Variante : vous pouvez remplacer les pêches par des prunes, des poires ou des abricots.

COURONNE À LA NOUGATINE

Pour 4 personnes

2 noix de beurre	1 litre de lait
140 g de sucre	250 g d'abricots au sirop
100 g d'amandes	Crème chantilly
concassées	1/2 orange
2 sachets de préparation	1 à 2 cuillerées à
pour entremets à la vanille	soupe de Grand Marnier

PREPAREZ la nougatine en faisant un caramel blond, c'est-à-dire faites chauffer le beurre et 60 g de sucre. Ajoutez les amandes, faites cuire jusqu'à ce que la nougatine soit suffisamment colorée. Versez-la sur une plaque huilée, laissez refroidir. Concassez en petits morceaux.

Préparez un entremets en suivant les instructions sur le sachet pour 1 litre de lait. Versez dans un moule à savarin rincé à l'eau froide, mettez au frais. Retournez l'entremets sur une assiette, saupoudrez de nougatine. Égouttez les abricots, mettez de côté 1/4 de litre de jus. Disposez les abricots au centre du savarin à la nougatine, décorez avec la crème chantilly.

Préparation de la sauce : lavez, séchez et coupez le zeste de 1/2 orange en fines lanières, portez rapidement à ébullition dans le jus d'abricot. Ajoutez la liqueur d'orange, laissez refroidir. Servez avec le savarin à la nougatine.

FLAN VANILLÉ AU CARAMEL

Pour 4 personnes

1 noisette de beurre	1/2 litre de lait bouillant
175 g de sucre	1 sachet de sucre vanillé
4 œufs	Sel

FAITES un caramel blond en chauffant 100 g de sucre avec le beurre jusqu'à ce que le sucre blondisse. Versez dans 4 petits ramequins. Battez les œufs en omelette, ajoutez 75 g de sucre et progressivement le lait bouillant. Incorporez le sucre vanillé et une pincée de sel.

Versez le flan dans les ramequins, posez-les sur la lèchefrite dans laquelle vous aurez préalablement versé de l'eau bouillante de manière à ce que les ramequins soient à moitié immergés.

Laissez cuire 20 à 25 minutes à 180°C (thermostat 5).

ŒUFS AU LAIT

Pour 3 à 4 personnes

3 œufs	1 sachet de sucre
1/2 litre de lait	vanillé
80 g de beurre	Sel

FAITES bouillir le lait avec le sucre et une pincée de sel. Allumez le four. Battez les œufs en omelette dans un saladier. Incorporez-y le lait bouillant, petit à petit, sans cesser de battre avec un fouet. Versez dans un moule. Posez-le sur la lèchefrite dans laquelle vous aurez versé un fond d'eau.

Faites cuire 20 minutes à 180°C (thermostat 6). Laissez refroidir avant de démouler. Décorez avec des fruits frais.

Page de gauche : *Couronne à la nougatine*
Ci-dessous : *Œufs au lait*

Faites cuire 30 à 40 minutes au four à 200-225°C (thermostat 6-7). Servez avec une sauce au chocolat ou une crème anglaise (voir ci-dessous).

CRÈME ANGLAISE

Pour 4 personnes

1/2 litre de lait	100 g de sucre en poudre
4 jaunes d'œufs	1 gousse de vanille

METTEZ les jaunes et le sucre dans un saladier. Battez au fouet pour obtenir un mélange mousseux. Faites bouillir le lait avec la vanille. Versez le lait bouillant sur le mélange sans cesser de remuer. Transvasez cette crème dans une casserole. Faites épaissir à feu très doux sans cesser de remuer jusqu'à ce que la crème nappe la cuillère. Pour être réussie, cette crème ne doit pas bouillir.

Conseil : intercalez une plaque entre la casserole et la source de chaleur, vous aurez ainsi une cuisson plus régulière.

CHARLOTTE AU CHOCOLAT ET AUX MARRONS

Pour 6 personnes

20 à 25 biscuits	80 g de beurre
à la cuillère	200 g de purée
15 cl de rhum ambré	de marrons non sucrée
200 g de chocolat	4 œufs
à pâtisserie	Sel

TREMPEZ un instant les biscuits dans le rhum pour les imbiber. Réservez-en 10 et disposez le reste sur le fond et les bords d'un moule à charlotte. Faites fondre le beurre et le chocolat à feu doux jusqu'à ce que l'on obtienne une consistance lisse puis ajoutez la purée de marrons et mélangez bien, toujours à feu doux. Retirez du feu. Incorporez-y les jaunes d'œufs.

Battez les blancs en neige et incorporez-les avec précaution à la préparation refroidie. Versez-en la moitié dans le moule à charlotte, couvrez le mélange de 5 biscuits puis ajoutez le reste du mélange et enfin les   biscuits restants. Tassez bien.

Mettez au réfrigérateur pendant plusieurs heures, si possible une nuit. Démoulez avant de servir.

PUDDING AUX AMANDES OU AUX NOISETTES

Pour 6 personnes

100 g de beurre	50 g d'amandes ou
100 g de sucre	de noisettes en poudre
1 sachet de sucre vanillé	150 g de farine
3 œufs	50 g de maïzena
Sel	1/2 sachet de levure
Quelques gouttes d'essence	en poudre
d'amande amère	3 cuillerées à soupe de lait

TRAVAILLEZ le beurre en pommade. Progressivement, incorporez le sucre, le sucre vanillé, les œufs, une pincée de sel, quelques gouttes d'essence d'amande amère, les amandes ou les noisettes en poudre. Mélangez la farine, la maïzena et la levure. Tamisez. Versez peu à peu le lait. Versez le mélange dans un moule beurré.

ENTREMETS À LA SEMOULE

Pour 4 personnes

60 cl de lait
1 sachet d'entremets
à la vanille

30 g de semoule
50 g de sucre
2 œufs

PORTEZ 1/2 litre de lait à ébullition. Mélangez l'entremets à la vanille avec la semoule, le sucre et les jaunes d'œufs, délayez dans 6 cuillerées à soupe de lait froid, puis versez en remuant dans le lait que vous avez retiré du feu. Faites bouillir rapidement.

Battez les blancs en neige, incorporez dans le mélange tiède. Versez le tout dans une coupe de verre ou dans un moule à flan rincé à l'eau froide. Mettez au frais. Démoulez et servez après avoir décoré avec de la crème chantilly.

Ci-dessous : *Entremets à la semoule*
À gauche : *Pudding aux amandes ou aux noisettes*

GÂTEAU DE SEMOULE À LA VANILLE

Pour 4 personnes

40 cl de lait
Sel
100 g de semoule
75 g de beurre
60 g de sucre
1 sachet de sucre vanillé
3 œufs
4 gouttes d'extrait

de citron
1 sachet d'entremets
à la vanille
3 cuillerées à soupe de lait
1 cuillerée à café
de levure en poudre
1 à 2 cuillerées à soupe
de raisins secs

PORTEZ à ébullition le lait avec une pincée de sel, retirez du feu. Versez en pluie la semoule en remuant, laissez gonfler. Travaillez le beurre en pommade, incorporez l'un après l'autre le sucre, le sucre vanillé, les œufs, l'extrait de citron et la semoule. Délayez la poudre à entremets dans 3 cuillerées à soupe de lait froid et ajoutez-la. Incorporez enfin la levure et les raisins secs. Versez le tout dans un moule et mettez au four sur la lèchefrite contenant un fond d'eau pendant 1 heure à 180-200°C (thermostat 5-6).

CRÈME AU VIN ROUGE

Pour 4 personnes

1 sachet de jelly
à la framboise
125 g de sucre

1/4 de litre de vin rouge
25 cl de crème fraîche
liquide

PORTEZ à ébullition 1/4 de litre d'eau. Mélangez le sachet de *jelly* et le sucre, délayez dans le vin. Versez le tout dans l'eau que vous avez retirée du feu, portez rapidement à ébullition, laissez refroidir en remuant de temps en temps. Montez la crème liquide en chantilly, incorporez-la dans le mélange refroidi. Versez le dessert dans une coupe en verre mettez au frais pour obtenir de la consistance. Servez avec des gâteaux secs.

CRÈME AUX NOIX ET À L'ORANGE

Pour 2 personnes

4 feuilles de gélatine	Liqueur d'orange (Grand
2 œufs	Marnier ou Cointreau)
75 g de sucre	25 cl de crème fraîche
1/4 de litre de jus d'orange	liquide
1/8 de litre de lait	75 g de noix décortiquées

FAITES ramollir la gélatine dans de l'eau froide, laissez gonfler 10 minutes, faites fondre dans une casserole avec très peu d'eau en remuant jusqu'à dissolution. Battez les jaunes d'œufs et le sucre jusqu'à ce que le mélange blanchisse. Incorporez en fouettant le jus d'orange, le lait, 2 cuillerées à soupe de liqueur d'orange et la gélatine tiède, mettez au frais.

Battez les blancs en neige. Montez en chantilly la crème fraîche. Dès que le dessert commence à épaissir,

Ci-dessous : *Crème aux noix et à l'orange*
À gauche : *Crème au vin rouge*

incorporez les blancs en neige et la chantilly (mettez de la crème de côté pour la décoration). Hachez finement les noix (mettez-en de côté pour la décoration), mélangez-les à la crème. Ajoutez la liqueur de votre choix. Versez la crème dans une coupe en verre ou dans des coupes à dessert individuelles, mettez au frais. Décorez avec le reste de chantilly et les noix hachées.

CRÈME À LA BANANE

Pour 3 personnes

3 bananes	3 œufs
75 g de sucre	Sel

ÉPLUCHEZ les bananes. Passez-les au mixer avec le sucre et 3 jaunes d'œufs. Faites épaissir légèrement sur feu doux pendant 3 minutes, puis laissez bien refroidir.

Battez les blancs d'œufs avec une pincée de sel, puis incorporez-les avec précaution à la crème.
Servez bien frais.

ARANCA AU VIN

Pour 2 personnes

10 cl de vin blanc	pour crème au citron
1 blanc d'œuf	15 cl de crème fraîche
1 sachet de préparation	liquide

EN SUIVANT les instructions du sachet, préparez une crème au citron (sans faire bouillir) avec le vin blanc, 10 cl d'eau et le blanc d'œuf. Montez en chantilly la crème liquide, incorporez à la crème au citron. Versez le dessert dans des coupes, mettez au frais 30 minutes.

CRÈME AU RHUM

Pour 4 personnes

4 jaunes d'œufs	1 cuillerée à café
65 g de sucre	de gélatine en poudre ou
1 sachet de sucre vanillé	2 feuilles de gélatine
Zeste râpé de 1/2 citron	35 cl de crème liquide
non traité	Copeaux de chocolat
6 cuillerées à soupe de rhum	Sel

TRAVAILLEZ les jaunes d'œufs, le sucre et le sucre vanillé jusqu'à ce que le mélange blanchisse. Ajoutez 1 pincée de sel, le zeste de citron et le rhum. Incorporez-y la gélatine diluée avec 3 cuillerées à soupe d'eau froide. Réchauffez en remuant jusqu'à dissolution. Mettez au frais.

Ci-dessous : *Crème au rhum*

Dès que le dessert s'épaissit, montez en chantilly la crème liquide, incorporez au dessert. Décorez pour servir avec des copeaux de chocolat.

CRÈME PARADIS

Pour 4 personnes

1 sachet de crème à la vanille	500 g de compote,
30 cl de lait	selon votre choix

EN SUIVANT les instructions sur le sachet, préparez une crème avec le lait froid. Versez la compote dans des coupes individuelles. Couvrez avec la crème.

CRÈME VANILLÉE À L'ORANGE

Pour 4 personnes

1/4 de litre de jus	pour entremets à la vanille
d'orange	25 cl de crème fraîche
environ 5 oranges	liquide
1 sachet de préparation	Tranches d'orange

VERSEZ dans un saladier le jus d'orange et 6 cuillerées à soupe d'eau. Versez-y en une fois le contenu du sachet d'entremets. Fouettez énergiquement pour obtenir une crème homogène. Incorporez-y la crème liquide montée en chantilly. Laissez prendre une vingtaine de minutes. Garnissez à discrétion avec des tranches d'orange.

CRÈME À LA SEMOULE

Pour 4 personnes

2 jaunes d'œufs	1/2 gousse de vanille
150 g de crème fraîche	2 cuillerées de sucre
1/2 litre de lait	50 g de semoule

BATTEZ les jaunes avec 1 cuillerée à soupe de crème fraîche. Versez le reste de la crème fraîche dans le lait. Ajoutez la gousse de vanille avec la poudre extraite de celle-ci et le sucre. Faites cuire 5 à 10 minutes. Versez en pluie la semoule en remuant, laissez gonfler. Incorporez le jaune battu hors du feu. Servez chaud ou froid.

Ci-contre, de gauche à droite :
Crème vanillée à l'orange, Aranca au vin, crème Paradis.

BAVAROIS À L'ORANGE

Pour 6 personnes

1 sachet de gélatine
en poudre ou 4 feuilles
8 jaunes d'œufs
70 g de sucre
1 sachet de sucre vanillé
1/8 de litre de liqueur
d'orange (Grand Marnier
ou Cointreau)

1 à 2 cuillerées à soupe
de jus de citron
50 cl de crème fraîche
liquide
3 oranges
500 g de fraises
25 g de pistaches
décortiquées

DELAYEZ la gélatine dans 3 cuillerées à soupe d'eau froide, laissez gonfler 10 minutes. Fouettez dans un bain-marie, jusqu'à obtention d'une crème épaisse, les jaunes d'œufs, 50 g de sucre, le sucre vanillé, la liqueur d'orange et le jus de citron. Incorporez la gélatine. Posez le saladier dans un bain d'eau froide. Fouettez jusqu'à ce que la préparation commence à épaissir.

Montez la crème liquide en chantilly, incorporez-la à l'ensemble. Mettez au frais. Préparez des quartiers d'oranges. Coupez les fraises en deux. Saupoudrez les fruits avec du sucre, disposez-les sur des assiettes. Accompagnez avec la crème, saupoudrez avec les pistaches. Servez avec des cigarettes russes.

Ci-dessus : *Crème diplomate*
Ci-contre : *Bavarois à l'orange*

CRÈME DIPLOMATE

Pour 4 personnes

1 sachet de préparation
pour entremets à la vanille
50 g de sucre
Sel
1/2 litre de lait
40 g de citron confit
125 g de raisins secs
1 cuillerée à café de sucre

25 cl de crème fraîche
liquide
1 sachet de sucre vanillé
100 à 125 g de biscuits à
la cuillère ou de boudoirs
2 à 3 cuillerées de rhum
50 g de chocolat amer
en copeaux

PREPAREZ un entremets en suivant les instructions sur le sachet. Mettez au frais, remuez de temps à autre. Faites chauffer dans 4 cuillerées à soupe d'eau, le citron confit coupé en petits dés, les raisins secs et le sucre jusqu'à évaporation complète de l'eau, mettez au frais.

Montez la crème en chantilly avec le sucre vanillé, incorporez-la à l'entremets froid. Imbibez les biscuits de rhum. Râpez le chocolat. Disposez la crème dans une coupe de verre ou dans des coupes individuelles.

Servez avec des petits gâteaux au chocolat.

ŒUFS À LA NEIGE

Pour 4 personnes

4 œufs	1 sachet de sucre
1/2 litre de lait	vanillé
100 g de sucre en poudre	Sel

FAIRE bouillir le lait avec une pincée de sel et le sucre vanillé. Fouettez les jaunes d'œufs avec le sucre jusqu'à ce que le mélange blanchisse. Incorporez-y peu à peu le lait bouillant. Remettez dans la casserole et faites cuire à feu doux sans cesser de remuer, en râclant bien le fond jusqu'à ce que la crème enrobe la cuillère. Retirez du feu avant l'ébullition.

Battez les blancs en neige très ferme. Faites chauffer 2 à 3 litres d'eau. Quand l'eau frémit, déposez-y de grosses cuillerées de blanc en neige. Laissez cuire quelques instants, puis retournez-les. Égouttez-les sur du papier absorbant. Renouvelez l'opération jusqu'à épuisement des blancs. Déposez les blancs en neige sur la crème anglaise refroidie (voir page 422).

PAMPLEMOUSSE PARADIS

Pour 4 personnes

2 pamplemousses	1/4 de litre de lait
1 sachet de crème	Rondelles de citron
au citron	non traité

COUPEZ les pamplemousses en deux. Détachez avec précaution la pulpe de la peau avec un couteau pointu et aiguisé (enlevez la peau blanche), coupez en morceaux, égouttez.

Préparez une crème au citron en suivant les instructions sur le sachet avec 1/4 de litre de lait seulement. Incorporez la pulpe de pamplemousse. Versez la crème dans les écorces des pamplemousses, garnissez avec les rondelles de citron.

Ci-dessus : *Pamplemousse paradis*
Ci-contre : *Bananes au gingembre*

BANANES AU GINGEMBRE

Pour 6 personnes

3 bananes
3 pruneaux
1/2 cuillerée à café
de gingembre moulu
3 à 4 cuillerées à soupe
de jus d'orange
6 cuillerées à soupe
de Cointreau
1 cuillerée à café
de gélatine en poudre

ou 1 feuille de gélatine
1/8 de litre de lait
1/2 gousse de vanille
2 jaunes d'œufs
1 cuillerée à soupe
de sucre
25 cl de crème fraîche
liquide
Chocolat noir râpé ou
en pépites

ÉPLUCHEZ les bananes, coupez-les en rondelles.
Mélangez les pruneaux coupés en petits dés avec les
bananes, le jus d'orange, le gingembre et le *Cointreau*.
Laissez macérer.

Préparation de la crème au Cointreau : délayez la
gélatine dans 2 cuillerées à soupe d'eau froide et
laissez gonfler 10 minutes. Portez le lait à ébullition.

Fendez la gousse de vanille, extrayez la poudre,
mettez gousse et poudre de vanille dans le lait, portez
de nouveau à ébullition, laissez refroidir un peu.

Mélangez les jaunes d'œufs et le sucre. Ajoutez le lait
et faites chauffer au bain-marie en remuant jusqu'à ce
que le mélange épaississe (6 à 7 minutes). Incorporez
la gélatine, remuez jusqu'à dissolution. Mettez la
casserole dans l'eau froide, remuez de temps en temps.
Versez le *Cointreau* dès que le mélange épaissit.
Montez en chantilly la crème liquide, incorporez-la
au mélange.

Disposez les bananes au gingembre sur des coupes à
dessert, recouvrez avec la crème, mettez au frais.
Garnissez avec le chocolat.

BAVAROIS AUX ABRICOTS

Pour 6 personnes

1 kg d'abricots
150 g de sucre
Zeste râpé de 1 citron
non traité
3 cuillerées à soupe
de jus de citron
6 cuillerées à soupe

d'eau-de-vie
2 gousses de vanille
6 jaunes d'œufs
1 sachet de gélatine
en poudre
50 cl de crème fraîche
liquide

LAVEZ les abricots, coupez-les en morceaux. Faites-les cuire à l'étuvée durant 10 à 15 minutes dans un peu d'eau avec 100 g de sucre, le zeste et le jus de citron. Versez l'eau-de-vie sur les abricots, filtrez, récupérez le jus (environ 1/8 de litre). Disposez les abricots dans des coupes individuelles, mettez au frais. Fendez la gousse de vanille dans le sens de la longueur, extrayez la poudre, mélangez-la avec 3 cuillerées à soupe du jus des abricots, les jaunes d'œufs et le sucre. Fouettez

jusqu'à l'obtention d'une crème épaisse. Délayez la gélatine dans 3 cuillerées à soupe d'eau froide, laissez gonfler 10 minutes. Une fois ramollie, chauffez-la dans le reste du jus des abricots jusqu'à sa dissolution, incorporez progressivement dans la crème aux jaunes d'œufs.

Montez la crème liquide en chantilly très ferme, incorporez dès que le mélange commence à épaissir. Recouvrez les abricots avec la crème, mettez au frais.

TIMBALE AUX CERISES

Pour 10 à 12 personnes

1,5 kg de griottes
cuites à l'étuvée
6 cuillerées à soupe d'eau-
de-vie de cerise ou de poire
7 cuillerées à soupe
de sucre en poudre

1 sachet de gélatine
en poudre
1 litre de crème fraîche
liquide
2 sachets de sucre vanillé
Cerises

Ci-dessus : *Bavarois aux abricots*
À gauche : *Timbale aux cerises*

Égouttez les griottes, récupérez leur jus, laissez-les macérer pendant 1 heure au moins dans l'eau-de-vie avec 3 cuillerées à soupe de sucre en poudre. Délayez la gélatine dans 5 cuillerées à soupe d'eau froide, laissez gonfler 10 minutes, chauffez en remuant jusqu'à dissolution.

Montez en chantilly la crème liquide avec 4 cuillerées à soupe de sucre en poudre et le sucre vanillé. Incorporez-en 1 cuillerée à soupe dans la gélatine tiède. Mélangez avec précaution le mélange de gélatine et le reste de la crème, puis ajoutez les cerises avec l'alcool. Versez le mélange dans un moule en prenant soin de frapper de temps en temps le fond du moule contre la table pour bien tasser.

Mettez le moule couvert au frais pendant plusieurs heures (de préférence toute une nuit). Immergez rapidement la timbale dans de l'eau bouillante juste avant de servir, retournez la crème sur un plat. Décorez avec des cerises et servez immédiatement.

CRÈME CARAMEL

Pour 4 à 6 personnes

150 g de sucre	*8 jaunes d'œufs*
50 cl de crème fraîche	*3 cuillerées à soupe*
liquide	*de gélatine en poudre*

Faites chauffer le sucre dans une poêle jusqu'à ce qu'il brunisse. Versez-y la crème liquide, mélangez, portez à ébullition, retirez du feu. Incorporez progressivement les jaunes d'œufs.

Délayez la gélatine dans 3 cuillerées à soupe d'eau froide, laissez gonfler 10 minutes, faites dissoudre dans la crème au caramel en remuant. Faites chauffer le tout au bain-marie en remuant jusqu'à ce que la crème au caramel épaississe. Versez dans des coupes. Laissez refroidir.

CHARLOTTE À LA RUSSE

Pour 6 à 7 personnes

200 g de fruits confits
8 cuillerées à soupe
de marasquin
1 gousse de vanille
1/4 de litre de lait
4 jaunes d'œufs
1 œuf

50 g de sucre
1 sachet de sucre vanillé
1 sachet de gélatine
en poudre
50 cl de crème liquide
28 biscuits à la cuillère
ou boudoirs

METTEZ quelques fruits confits de côté pour la décoration, coupez le reste et arrosez-le avec le marasquin. Couvrez et laissez macérer toute la nuit. Fendez la gousse de vanille dans le sens de la longueur et mettez-la dans le lait que vous faites bouillir. Battez les jaunes, l'œuf entier, le sucre et le sucre vanillé jusqu'à obtention d'un mélange jaune pâle. Versez lentement le lait, faites cuire sans cesser de remuer jusqu'à obtention d'une crème.

Délayez la gélatine dans 3 cuillerées à soupe d'eau froide, laissez gonfler 10 minutes puis faites chauffer en remuant jusqu'à dissolution. Laissez-la refroidir un peu avant de l'incorporer dans le mélange. Fouettez-le dans un bain d'eau froide jusqu'à ce qu'il refroidisse. Montez la crème liquide en chantilly puis mélangez-en

Ci-dessus : *Entremets aux airelles*
Ci-contre : *Charlotte à la russe*

3 cuillerées avec les fruits macérés dans le marasquin. Mettez un peu de chantilly de côté pour la décoration et mélangez le reste au mélange œufs-lait. Coupez les biscuits en deux et garnissez-en le bord d'un moule à manqué.

Versez la crème, lissez et mettez au réfrigérateur. Avant de servir, démoulez, mettez le reste de la crème dans une poche à douille et faites des noisettes de crème sur le pourtour de la charlotte. Décorez avec le reste des fruits confits.

ENTREMETS AUX AIRELLES

Pour 4 personnes

1 cuillerée à café
de gélatine en poudre
1/8 de litre de porto
1 cuillerée à soupe
de sucre
Le zeste râpé de 1/2
citron non traité

1 cuillerée à soupe
de jus de citron
250 g de confiture
d'airelles
25 cl de crème fraîche
liquide
Airelles

DELAYEZ la gélatine dans 2 cuillerées à soupe d'eau froide, laissez gonfler 10 minutes, chauffez en remuant jusqu'à dissolution. Mélangez le porto, le sucre, la confiture d'airelles, le zeste et le jus de citron. Incorporez la gélatine tiède, mettez au froid.

Avant que la crème n'épaississe, montez la crème liquide en chantilly. Mélangez-en 2/3 à la préparation. Décorez avec le reste de la crème. Garnissez avec des airelles.

Ci-dessus : *Crème à l'orange*
À gauche : *Petite charlotte au* sherry

PETITE CHARLOTTE AU SHERRY

Pour 4 personnes

2 cuillerées à café de gélatine en poudre	1 sachet de sucre vanillé
16 boudoirs	1 cuillerée à soupe de jus d'orange
8 cuillerées à soupe de sherry	75 cl de crème fraîche liquide
3 jaunes d'œufs	
125 g de sucre	4 cerises au marasquin

DELAYEZ la gélatine avec 3 cuillerées à soupe d'eau froide dans une petite casserole, laissez gonfler 10 minutes, réchauffez en remuant jusqu'à dissolution. Mettez les boudoirs sur une assiette, imbibez-les de 4 cuillerées à soupe de *sherry*. Mettez dans un bain-marie, jaunes d'œufs, sucre, sucre vanillé et jus d'orange et fouettez jusqu'à obtenir une masse crémeuse. Retirez du bain-marie et fouettez jusqu'au refroidissement. Montez la crème liquide en chantilly (réservez-en pour la décoration). Incorporez-la dans le mélange des jaunes d'œufs avec le restant de *sherry* et la gélatine. Laissez refroidir. Disposez 4 boudoirs dans chaque coupe et remplissez de crème. Décorez avec la chantilly réservée, garnissez avec les cerises au marasquin.

CRÈME À L'ORANGE

Pour 4 personnes

2 grosses oranges	1 cuillerée à soupe de jus de citron
1 sachet de gélatine en poudre	15 cl de crème fraîche liquide
3 œufs	
100 g de sucre	Amandes effilées

COUPEZ les oranges en deux et pressez-les sans abîmer les écorces. Mettez de côté 10 cuillerées à soupe de jus. Mettez les écorces des demi-oranges évidées au congélateur. Délayez la gélatine avec 6 cuillerées à soupe d'eau froide, laissez gonfler 10 minutes, réchauffez en remuant jusqu'à dissolution. Battez les jaunes avec les 2/3 du sucre et fouettez jusqu'à obtenir une masse crémeuse. Incorporez-y jus d'orange et gélatine tiède. Réservez au frais. Battez les blancs en neige ferme, incorporez le reste du sucre sans cesser de fouetter. Montez la crème en chantilly. Incorporez ces deux derniers éléments dans la crème aux œufs. Remplissez les écorces d'orange avec la crème à l'aide d'une poche à douille. Décorez avec les amandes effilées ou nappez de chocolat liquide.

MACARONS AUX FRUITS ROUGES

Pour 6 personnes

500 g de fraises	2 cl de liqueur d'orange
250 g de framboises	25 cl de crème fraîche
1 citron vert	liquide
180 g de sucre	200 g de petits macarons
3 jaunes d'œufs	aux amandes
1 cuillerée et demie	4 cuillerées à soupe
de gélatine en poudre	de porto

LAVEZ les fraises, égouttez-les, équeutez-les, coupez-les en deux ou en quatre. Versez le jus de 1 citron vert, saupoudrez avec 30 g de sucre, laissez macérer. Faites cuire les framboises avec 50 g de sucre dans 2 cuillerées à soupe d'eau, réduisez les fruits en purée sur une passoire. Battez les jaunes d'œufs et 100 g de sucre, incorporez progressivement le coulis de framboises.

Délayez la gélatine dans 2 cuillerées à soupe d'eau froide, laissez gonfler 10 minutes et faites chauffer sans cesser de remuer jusqu'à dissolution, versez-y la liqueur d'orange et incorporez à la crème aux framboises. Quand la crème commence à épaissir, montez la crème liquide en chantilly, incorporez-en la moitié au mélange, mettez au frais.

Ci-dessous : *Macarons aux fruits rouges*

Arrosez de porto les 3/4 des macarons dans des coupes individuelles. Ajoutez les fraises, versez la crème et garnissez avec le reste des macarons. Décorez avec le reste de chantilly et parsemez de zeste de citron vert.

CLAFOUTIS

Pour 6 personnes

500 g de cerises ou	125 g de sucre
mirabelles, ou poires,	en poudre
ou prunes	30 cl de lait
60 g de farine	1 noix de beurre
3 œufs	Sel

LAVEZ les cerises et équeutez-les. Mélangez la farine, le sucre et une pincée de sel. Incorporez-y les œufs entiers et le lait.

Beurrez un plat à gratin, répartissez-y les cerises, puis versez la pâte. Faites cuire à 200-225°C (thermostat 6-7) pendant 45 minutes. Saupoudrez d'un peu de sucre en poudre avant de servir.

CRÈME À LA POMME ET AU GINGEMBRE

Pour 4 personnes

2 grosses pommes acides	non traité
1/4 de litre de vin blanc	100 g de gingembre
1 sachet de gélatine	au sirop
en poudre ou 4 feuilles	25 cl de crème fraîche
2 jaunes d'œufs	liquide
100 g de sucre	1 pomme pour
1 zeste de citron	la décoration

ÉPLUCHEZ les pommes acides, coupez-les en huit morceaux et faites-les cuire dans le vin blanc jusqu'à ce qu'elles deviennent moelleuses, réduisez-les en purée. Délayez la gélatine dans 3 cuillerées à soupe d'eau froide, laissez gonfler 10 minutes, réchauffez sans cesser de remuer jusqu'à dissolution, incorporez à la purée de pommes.

Battez les jaunes d'œufs avec le sucre, incorporez le zeste de citron. Ajoutez-y la pulpe de pommes, mélangez, mettez au frais environ 45 minutes. Découpez finement le gingembre, mettez-en une partie de côté pour la décoration. Montez la crème liquide en chantilly. Incorporez les deux derniers éléments à la crème et

3 cuillerées à soupe d'eau froide, laissez gonfler 10 minutes, faites chauffer sans cesser de remuer jusqu'à dissolution, incorporez à la crème, mettez au frais. Mélangez la moitié des tranches d'abricot dans la crème avant que celle-ci ne commence à épaissir.

Montez la crème liquide en chantilly, incorporez-la à la crème d'abricot, mettez au frais. Passez les framboises au tamis, mélangez avec 25 g de sucre et l'alcool de framboise. Décorez la crème avec le coulis de framboises et le reste des tranches d'abricots.

Ci-contre : *Crème à la pomme et au gingembre*
Ci-dessous : *Bavarois à l'abricot et à la pulpe de framboise*

versez dans des coupes individuelles. Lavez la pomme restante, séchez-la et coupez-la en fines rondelles. Décorez la crème avec le reste du gingembre et les rondelles de pomme.

BAVAROIS À L'ABRICOT ET À LA PULPE DE FRAMBOISE

Pour 6 à 8 personnes

750 g d'abricots bien mûrs
6 jaunes d'œufs
125 g de sucre
1 gousse de vanille
1 cuillerée à soupe
de jus de citron
2 cuillerées à soupe
d'eau-de-vie

1 sachet de gélatine
en poudre ou 4 feuilles
25 cl de crème fraîche
liquide
250 g de framboises
1 à 2 cuillerées à
soupe d'alcool
de framboise

OUVREZ les abricots en deux et dénoyautez-les. Réduisez en purée les 2/3 des abricots, découpez le reste en tranches. Battez les jaunes d'œufs avec 100 g de sucre jusqu'à ce que le mélange blanchisse.

Fendez la gousse de vanille dans le sens de la longueur, extrayez la poudre de vanille, incorporez-la au mélange. Incorporez la pulpe d'abricot, le jus de citron et l'eau-de-vie. Délayez la gélatine dans

DESSERT À LA PÊCHE SAUCE CHOCOLAT

Pour 4 personnes

4 pêches mûres
100 g de sucre
1 sachet de préparation
pour entremets à la vanille

1 /2 litre de lait froid
25 cl de crème fraîche
liquide
100 g de chocolat amer

Pochez les pêches sans les faire bouillir, trempez-les dans l'eau froide, enlevez la peau, coupez-les en deux et dénoyautez-les. Portez à ébullition 1/8 de litre d'eau avec 100 g de sucre, déposez les pêches dans le sirop et faites cuire 5 minutes. Égouttez les pêches, laissez-les refroidir. Préparez un entremets en suivant les instructions sur le sachet, versez dans une coupe de verre ou dans des coupes individuelles, mettez au frais. Découpez les moitiés de pêche en quartiers, disposez-les en éventail sur l'entremets froid. Montez en chantilly la moitié de la crème fraîche liquide, décorez votre dessert.

Préparation de la sauce au chocolat : cassez le chocolat en petits morceaux, mettez-le dans une casserole au bain-marie et remuez jusqu'à ramollissement, incorporez l'autre moitié de crème fraîche liquide. Versez sur le dessert.

MACARONS
À LA CRÈME AU VIN

Pour 4 à 6 personnes

4 jaunes d'œufs	*en poudre ou 4 feuilles*
125 à 150 g de sucre	*de gélatine*
en poudre	*35 cl de crème fraîche*
1/8 de litre de vin rouge	*liquide*
Cognac ou rhum	*250 g de raisin noir*
1 sachet de gélatine	*100 g de macarons*

FOUETTEZ les jaunes avec le sucre en poudre jusqu'à ce que le mélange blanchisse, incorporez le vin. Délayez la gélatine dans 3 cuillerées à soupe d'eau froide, laissez gonfler 10 minutes, faites chauffer sans cesser de remuer jusqu'à dissolution, incorporez au mélange, mettez au frais.

Quand la crème commence à épaissir, montez la crème liquide en chantilly, incorporez-la au mélange. Lavez, séchez les raisins. Mettez un peu de raisin de côté pour la décoration. Coupez les autres en deux et épépinez-les.

Disposez en alternant, dans une coupe en verre, les couches de crème, de demi-raisins et de macarons imbibés d'alcool. La dernière couche doit être une couche de crème. Décorez avec le reste des raisins et de la chantilly.

Page de gauche : *Dessert à la pêche sauce chocolat*
En haut, à droite : *Macarons à la crème au vin*

COUPE HÉLÈNE
À LA MOUSSE AU CHOCOLAT

Pour 4 personnes

1 cuillerée à café	*2 blancs d'œufs*
de gélatine en poudre	*25 cl de crème fraîche*
ou 1 feuille de gélatine	*liquide*
150 g de chocolat amer	*Copeaux de chocolat*

DELAYEZ la gélatine dans 1 cuillerée à soupe d'eau froide, laissez gonfler 10 minutes.

Préparation de la mousse au chocolat : faites fondre au bain-marie le chocolat coupé en petits morceaux en remuant sans cesse. Laissez refroidir en tournant de temps en temps. Battez les blancs en neige. Faites chauffer la gélatine tout en remuant jusqu'à sa dissolution. Incorporez-y 1 à 2 cuillerées à soupe de crème fraîche. Fouettez le reste de la crème jusqu'à ce qu'elle soit presque ferme, incorporez la solution de gélatine, fouettez vivement. Ajoutez le chocolat fondu et incorporez soigneusement les blancs en neige. Versez la mousse au chocolat dans des coupes individuelles, décorez avec des copeaux de chocolat.

SALADE DE FRUITS À LA CALIFORNIENNE

Pour 4 à 6 personnes

350 g d'ananas frais	350 g de raisins secs
350 g de pêches	3 clous de girofle
10 g de gingembre frais	350 g de sucre roux
2 gousses de vanille	1/2 litre de rhum blanc

ÉPLUCHEZ l'ananas, enlevez le cœur. Faites pocher les pêches, sans les faire bouillir, puis passez-les à l'eau froide. Pelez-les et dénoyautez-les. Découpez les fruits en morceaux ainsi que le gingembre épluché. Fendez la vanille dans la longueur. Ajoutez à ces ingrédients les raisins secs et les clous de girofle. Versez le sucre fondu dans le rhum sur les fruits. Couvrez le récipient

Ci-dessous : *Salade de fruits à la californienne*

hermétiquement. Laissez reposer 3 à 4 heures dans un endroit frais. Servez avec une glace à la vanille.

SALADE DE BAIES DES BOIS

Pour 2 personnes

250 g de baies des bois, par exemple framboises, mûres, myrtilles	4 cl de cognac
	25 cl de crème fraîche liquide
100 g de sucre	8 cl de liqueur de fruits

LAVEZ et égouttez bien les baies des bois une fois triées. Arrosez avec le sucre dissous dans l'eau-de-vie et laissez macérer pendant 30 minutes. Montez la crème liquide en chantilly, incorporez la liqueur, mélangez avec précaution avec les baies. Servez bien frais.

Ci-dessus : *Meringue exotique à la crème de framboise*

MERINGUE EXOTIQUE À LA CRÈME DE FRAMBOISE

Pour 4 personnes

4 kiwis	20 cl de crème liquide
4 moitiés de pêches	1 cuillerée à soupe
au sirop	de sucre en poudre
4 meringues	100 g de framboises

DECOUPEZ les kiwis en rondelle, disposez-les avec les moitiés de pêches sur les meringues.

Préparation de la crème à la framboise : montez la crème liquide en chantilly avec le sucre en poudre. Réduisez les framboises en purée pour obtenir 2 cuillerées à soupe de pulpe, passez au tamis, incorporez à la crème. Mettez la crème à la framboise dans une poche munie d'une douille en étoile, décorez les pêches avec des noisettes de crème.

ENTREMETS AUX POMMES

Pour 4 à 6 personnes

1 kg de pommes, par	100 g de raisins secs
exemple reinettes	50 g de beurre
150 g de sucre	Cannelle en poudre

ÉPLUCHEZ les pommes et coupez-les en lamelles. Dans un moule à soufflé beurré, étalez 1/3 des pommes, ajoutez 3 cuillerées à soupe de sucre, 50 g de raisins secs et 25 g de beurre. Saupoudrez de cannelle.

Renouvelez l'opération et terminez par le reste des pommes. Saupoudrez de sucre, posez quelques lamelles de beurre. Tassez bien l'ensemble. Couvrez d'une feuille de papier d'aluminium et faites cuire au four à 200-225°C (thermostat 6-7) pendant 1 heure environ. Laissez refroidir avant de démouler. Servez avec une crème anglaise (voir page 422).

MERINGUES AUX FRUITS ET À LA CRÈME

Pour 4 personnes

2 blancs d'œufs	3 kiwis
100 g de sucre en poudre	2 cuillerées à soupe de sucre
6 à 8 abricots	15 cl de crème fraîche liquide
40 cl de liqueur d'abricot	

BATTEZ les blancs en neige très ferme, incorporez progressivement le sucre en poudre. Remplissez de blancs en neige une poche munie d'une douille en étoile, disposez un papier sulfurisé sur une plaque de four, formez 4 escargots (diamètre 8 à 10 cm) et des noisettes de crème sur le pourtour. Faites cuire 1 heure au four à 60°C (thermostat 2).

Laissez les meringues sécher pendant plusieurs heures. Coupez les abricots en deux, dénoyautez-les et coupez-les en tranches. Faites-les cuire dans la liqueur d'abricot pendant 5 minutes environ, mettez-les dans une passoire et récupérez le jus que vous avez laissé

refroidir. Épluchez les kiwis, coupez-les en rondelles, mélangez-les avec les abricots et le sucre, laissez reposer. Disposez les fruits sur les meringues. Montez en chantilly la crème liquide et le sucre, incorporez le jus des abricots. Décorez les fruits avec la chantilly à l'aide d'une poche à douille, servez immédiatement.

MIRABELLES À LA CRÈME D'AIRELLES

Pour 4 personnes

500 g de mirabelles	fraîche liquide
50 g de sucre	250 g d'airelles
25 cl de crème	en conserve

LAVEZ les mirabelles, coupez-les en deux, dénoyautez-les. Portez à ébullition 12,5 cl d'eau avec le sucre, faites cuire les moitiés de mirabelles pendant 2 à 3 minutes jusqu'à ce qu'elles soient presque translucides. Laissez refroidir les fruits, égouttez.

Préparation de la crème d'airelles : montez en chantilly la crème fraîche liquide. Laissez égoutter les airelles, incorporez-les avec précaution à la crème. Dressez les mirabelles dans des coupes et décorez avec la crème aux airelles.

KAKIS MELBA

Pour 4 personnes

4 kakis bien mûrs	de framboises
4 boules de glace à la vanille	2 cl de liqueur d'orange
100 g de gelée	Copeaux de chocolat

LAVEZ, séchez les kakis. Enlevez les feuilles mais laissez la queue. Fendez les fruits en quatre jusqu'à la queue pour qu'ils s'ouvrent en étoile.

Dans des coupes individuelles, mettez une boule de glace au centre de chaque étoile. Mélangez la gelée de framboises avec la liqueur d'orange, versez sur les kakis. Décorez avec les copeaux de chocolat.

Ci-contre : *Meringues aux fruits et à la crème*
Page de droite : *Kakis Melba*

LES DESSERTS • 445

FRUITS DES BOIS EN SABAYON

Pour 6 personnes

300 g de fraises	6 jaunes d'œufs
300 g de mûres	4 cuillerées à soupe
300 g de framboises	de vin blanc
1 zeste de citron vert	25 cl de crème
1 à 2 cuillerées à soupe	fraîche liquide
de jus de citron vert	2 cuillerées à soupe
30 g de sucre	de liqueur d'abricot
2 cuillerées à soupe	1 cuillerée à café
d'eau-de-vie	de cannelle moulue

Versez l'ensemble des baies lavées dans un saladier. Mélangez-les avec le zeste et le jus de citron vert, le sucre et l'eau-de-vie. Couvrez, laissez macérer.

Préparation du sabayon : battez les œufs en mousse avec le reste des ingrédients dans un bain-marie jusqu'à ce que le mélange pâlisse et soit tiède. Versez le sabayon sur les baies.

GRIOTTES À LA CRÈME

Pour 4 personnes

500 g de griottes fraîches	4 à 5 cuillerées à soupe
ou 450 g de griottes	d'eau-de-vie de cerise
au sirop	2 cuillerées à
30 g de beurre	soupe de crème
2 cuillerées à soupe	fraîche liquide
de sucre	Glace à la vanille ou
40 g d'amandes effilées	au chocolat

Lavez les griottes fraîches, équeutez-les, dénoyautez-les ou laissez égoutter les griottes en bocal. Faites chauffez le beurre dans une poêle et faites-y blondir le sucre. Ajoutez les cerises et les amandes, faites chauffer en remuant.

Flambez avec l'eau-de-vie de cerise. Incorporez la crème fraîche, portez à ébullition. Disposez la glace sur 6 assiettes à dessert, décorez avec les cerises.

Ci-dessus : *Fruits des bois en sabayon*
À droite : *Ananas à la crème*

ANANAS À LA CRÈME

Pour 4 personnes

1 ananas frais	de sucre en poudre
3 à 4 cuillerées à soupe	1 cuillerée à café
de rhum blanc	d'extrait de vanille ou
25 cl de crème fraîche	d'orange
2 à 3 cuillerées à soupe	1 grenade

COUPEZ l'ananas en deux quelques centimètres au-dessous de la couronne. Décollez la pulpe de l'écorce avec un couteau long et effilé, ôtez la pulpe à l'aide d'une cuillère, enlevez le cœur. Coupez la pulpe en petits dés, arrosez-la avec le rhum, laissez macérer à couvert environ 6 heures.

Montez la crème fraîche en chantilly, incorporez-y progressivement le sucre en poudre, ajoutez l'extrait de vanille ou d'orange puis la pulpe d'ananas. Remplissez l'écorce d'ananas avec le mélange. Disposez le reste dans une coupe. Coupez la grenade en deux. Décorez avec les pépins.

FLAMBÉE EXOTIQUE GLACÉE

Pour 4 personnes

1 petit ananas	100 g de fraises
100 g de sucre en poudre	40 g de beurre
2 cuillerées à soupe	3 cuillerées de sucre
de jus de citron	1/8 de litre de jus
25 cl de crème liquide	d'orange
1 kiwi	2 cuillerées à soupe
1 mangue de 150 g environ	de liqueur d'orange
100 g de dattes fraîches	2 cuillerées à soupe
100 g de pulpe d'ananas	de rhum blanc

COUPEZ l'ananas épluché en petits morceaux, réservez le quart et réduisez le reste en purée. Laissez macérer avec le sucre en poudre et le jus de citron. Montez en chantilly la crème liquide, incorporez-y la purée d'ananas. Versez le tout dans un saladier qui sera mis 5 heures au congélateur en brassant vivement toutes les 20 à 30 minutes. Coupez le kiwi épluché en rondelles.

Épluchez la mangue, retirez le noyau et coupez-la en petits morceaux. Coupez les dattes en deux, enlevez le noyau puis coupez-les à nouveau en deux. Lavez les fraises équeutées, et coupez-les en deux ou en quatre. Faites fondre le beurre dans une poêle, versez-y le sucre, faites brunir en remuant. Ajoutez le jus d'orange, remuez jusqu'à l'obtention d'une sauce épaisse, incorporez-y tous les fruits et la liqueur d'orange. Versez le rhum dans une louche, enflammez, arrosez les fruits avec l'alcool en feu. Disposez les fruits sur 4 assiettes à dessert, ajoutez 2 boules de glace à la vanille.

COMPOTE DE RHUBARBE

Pour 4 personnes

500 g de rhubarbe	1 sachet de sucre
100 g de sucre	vanillé

LAVEZ la rhubarbe, coupez-la en petits morceaux de 2 cm de long, saupoudrez-la avec le sucre. Ajoutez le sucre vanillé dès que le jus commence à épaissir, portez à ébullition.

Laissez cuire à couvert jusqu'à ce que la rhubarbe soit tendre. Laissez refroidir la compote. Rectifiez éventuellement le goût avec du sucre.

Page de gauche : *Flambée exotique glacée*
Ci-contre : *Rhubarbe au sabayon d'orange*

RHUBARBE AU SABAYON D'ORANGE

Pour 4 à 6 personnes

3 à 4 oranges	1 cuillerée à soupe
100 g de sucre	de jus de citron
750 g de rhubarbe	15 pistaches hachées
3 œufs	1 zeste d'orange
3 cuillerées à soupe	non traitée
de liqueur d'orange	Sel

PRESSEZ les oranges, portez à ébullition 30 cl de jus avec le sucre. Préparez la rhubarbe et lavez-la, coupez-la en petits morceaux de 5 cm de long, cuisez-la pendant 4 à 5 minutes dans le jus d'orange. Égouttez-la et faites réduire le jus. Versez sur la rhubarbe, mettez au frais.

Battez les œufs en mousse dans un bain-marie avec une pincée de sel, la liqueur d'orange et le jus de citron, fouettez jusqu'à refroidissement. Versez la sauce sur la rhubarbe et garnissez avec les pistaches et le zeste d'orange râpé.

BANANES
À LA NEIGE D'AMANDE

Pour 4 personnes

4 bananes	50 g de sucre
Jus de 1/2 citron	50 g d'amandes
1 blanc d'œuf	en poudre

COUPEZ la peau des bananes en deux dans le sens de la longueur. Arrosez-les avec le jus de citron.

Battez le blanc d'œuf en neige ferme. Incorporez progressivement, cuillerée par cuillerée, le sucre tout en fouettant, puis les amandes. Remplissez avec cette neige aux amandes une poche munie d'une douille en étoile, décorez-en les bananes, disposées sur une plaque à four. Recouvrez-les d'une feuille d'aluminium, placez 5 minutes sous le gril.

ANANAS MERINGUÉ

Pour 4 personnes

2 ananas, chacun de 800 g	de rhum
300 g de fromage blanc	4 blancs d'œufs
1 cuillerée à soupe	2 cuillerées à soupe
de sucre	de sucre en poudre tamisé
2 cuillerées à soupe	Cerises confites

COUPEZ les deux ananas avec leurs feuilles dans le sens de la longueur, détachez la pulpe de l'écorce, coupez-la en petits dés. Incorporez les dés d'ananas au fromage blanc, ajoutez le sucre et le rhum, versez le tout dans les moitiés d'ananas.

Battez les blancs en neige, incorporez le sucre en poudre, versez sur les ananas à l'aide d'une poche à douille. Mettez les ananas dans le four à 100°C (thermostat 3), laissez légèrement colorer les meringues pendant 5 minutes environ. Garnissez avec des cerises confites.

Page de droite : *Fromage frais aux fruits de saison*
Ci-dessous : *Ananas meringué*

FROMAGE FRAIS AUX FRUITS DE SAISON

Pour 3 à 4 personnes

200 g de fromage frais
6 cuillerées à soupe
de jus d'orange
1 cuillerée à soupe
de sucre en poudre
1/2 sachet de sucre vanillé

Fruits de saison :
fraises, cerises,
abricots, raisins, poires,
pommes, mangues,
melons, par exemple
Jus de citron

BATTEZ le fromage frais avec le jus d'orange, le sucre en poudre et le sucre vanillé, mettez au frais. Lavez 100 g des différentes variétés de fruits de saison, séchez ou épluchez. Versez le jus de citron sur les poires et les pommes. Ne coupez pas les fruits en morceaux trop petits. Enfilez les fruits sur des brochettes, servez avec le fromage battu.

MERINGUES
AUX GROSEILLES À MAQUEREAU

Pour 4 personnes

500 g de groseilles	*250 g de sucre*
à maquereau	*2 blancs d'œufs*

PORTEZ les baies de groseilles à maquereau à ébullition avec 150 g de sucre dilués dans 1 cuillerée à soupe d'eau. Faites-les cuire jusqu'à ce qu'elles soient tendres. Égouttez, récupérez le jus.

Préparation des meringues : battez les blancs en neige ferme, incorporez cuillerée par cuillerée les 100 g de sucre restant, mettez le mélange dans une poche à douille. Sur la plaque du four recouverte d'une feuille de papier d'aluminium, formez les fonds et les couvercles des meringues avec approximativement un diamètre de 7 cm et une hauteur de 2 cm.

Mettez la plaque dans le four à 100°C (thermostat 3) pour 50 minutes. Laissez refroidir. Garnissez les meringues avec les groseilles.

SOUFFLÉ AUX CERISES

Pour 4 personnes

300 g de pain rassis	*Zeste râpé de 1 citron*
1/2 litre de lait	*non traité*
50 g de beurre	*1 kg de cerises*
4 œufs	*3 cuillerées à soupe*
75 g de sucre	*d'eau-de-vie de cerise*
Cannelle en poudre	*Beurre*

COUPEZ le pain en fines tranches, faites-le tremper dans le lait tiède. Travaillez le beurre en pommade, incorporez progressivement 4 jaunes d'œufs, le sucre, la cannelle et le zeste de citron. Ajoutez le pain, remuez bien. Mélangez les cerises dénoyautées avec l'eau-de-vie et incorporez à l'ensemble. Battez en neige le blanc des œufs, incorporez-le au mélange. Versez le tout dans un moule à soufflé beurré, parsemez de copeaux de beurre, saupoudrez d'un peu de sucre et de cannelle. Mettez le moule dans le four à 150°C (thermostat 5) pendant une heure. Servez votre soufflé très chaud.

COUPE DE FRAMBOISES

Pour 4 personnes

500 g de framboises	120 g de meringues
5 cuillerées à soupe	40 cl de crème fraîche
d'eau-de-vie de	liquide
framboise	1 sachet de sucre vanillé

VERSEZ l'eau-de-vie sur les framboises. Cassez les meringues en gros morceaux. Montez en chantilly la crème liquide avec le sucre vanillé. Disposez les éléments en couches dans une coupe, la dernière couche doit être composée de framboises. Servez bien frais.

Variante : des fraises avec de l'eau-de-vie de cerise ou des oranges marinées dans de la liqueur d'orange peuvent remplacer les framboises.

POMMES À LA NEIGE

Pour 4 à 6 personnes

8 pommes	100 g de sucre en poudre
2 blancs d'œufs	1 sachet de sucre vanillé

ÉPLUCHEZ les pommes, coupez-les en quatre, épépinez-les, coupez-les en lamelles. Portez à ébullition dans un peu d'eau, laissez cuire à couvert pendant 5 à 8 minutes. Égouttez, réduisez en purée.

Battez les blancs en neige, incorporez le sucre en poudre et le sucre vanillé. Incorporez le tout à la compote de pommes, versez dans des coupes. Servez avec des petits macarons.

Ci-dessous : *Soufflé aux cerises*
Page de gauche : *Meringues aux groseilles à maquereau*

MERINGUE DE KAKIS CÉLESTES

Pour 4 personnes

4 kakis bien mûrs
4 cuillerées à soupe
de rhum
4 blancs d'œufs

2 cuillerées à soupe
de sucre
1 cuillerée à café
de pralin

*L*AVEZ les kakis, enlevez les feuilles mais laissez la queue, coupez-les pour qu'ils s'ouvrent en forme d'étoile, disposez-les sur une plaque pouvant aller au four, la queue vers le bas. Versez le rhum sur les fruits.

Battez les blancs en neige ferme, incorporez le sucre. À l'aide d'une poche à douille, disposez la meringue au centre des kakis, mettez la plaque sous le gril, laissez colorer les meringues 5 à 7 minutes. Disposez les fruits sur des soucoupes, saupoudrez avec le pralin. Servez immédiatement.

BANANES AU CHOCOLAT

Pour 8 personnes

8 bananes
4 cuillerées à café
de jus de citron
4 cuillerées à café
de pistaches hachées

6 à 8 cuillerées à soupe
de lait
100 g de chocolat
15 cl de crème
fraîche liquide

*É*PLUCHEZ les bananes, arrosez-les avec le jus de citron, saupoudrez-les avec les pistaches hachées. Portez le lait à ébullition, ajoutez le chocolat cassé en petits morceaux, faites chauffer sans bouillir jusqu'à obtention d'une sauce épaisse (remuez de temps en temps).

Versez la sauce au chocolat sur les assiettes. Disposez les bananes. Montez la crème fraîche liquide en chantilly, décorez les bananes à l'aide d'une poche à douille. Saupoudrez de pistaches hachées.

SALADE DE FRUITS À LA LIQUEUR

Pour 6 personnes

2 bananes
2 pommes
2 cuillerées à soupe
de jus de citron
125 g de raisin
2 oranges
4 abricots
2 cuillerées à soupe

de sucre
Sucre vanillé
50 cl de crème fraîche
liquide
2 à 3 cuillerées à soupe
de Grand Marnier
30 g de noisettes
concassées

*É*PLUCHEZ les bananes, coupez-les en rondelles. Épluchez les pommes, coupez-les en quatre, épépinez-les, coupez-les en morceaux. Arrosez les fruits avec le jus de citron. Épépinez les grains de raisin. Épluchez les oranges, enlevez leur peau blanche, coupez les quartiers en morceaux. Lavez les abricots, dénoyautez-les, coupez-les en quartiers. Incorporez le sucre et le sucre vanillé aux fruits, versez dans une coupe en verre.

Mélangez la crème fraîche avec le *Grand Marnier*. Incorporez les noisettes. Versez la sauce sur les fruits et servez avec des biscuits.

À gauche : *Meringue de kakis célestes*
À droite : *Bananes au chocolat*

QUARTIERS D'ORANGES À LA PURÉE D'AVOCAT

Pour 4 personnes

4 oranges	Sucre vanillé
2 avocats	1 cuillerée à soupe
Jus de 1 orange	de Grand Marnier
2 cuillerées à soupe de sucre	Cerises confites

SÉPAREZ les oranges en quartiers, récupérez le jus. Disposez ces quartiers dans des coupes, mettez au frais.

Retirez le noyau des avocats coupés en longueur, séparez la pulpe de la peau. Avec un mixer, réduisez-la en purée avec le jus d'orange, le sucre, le sucre vanillé et le *Grand Marnier*. Mettez la purée dans une poche à douille, décorez les quartiers d'oranges. Garnissez de cerises confites. Servez avec des biscuits .

GONDOLES D'ANANAS

Pour 4 personnes

1 ananas frais	1 gousse de vanille
200 g de sucre	

ANANAS À LA CRÈME DE FRAMBOISE

Pour 4 personnes

250 g de framboises	3 cuillerées à soupe
25 cl de crème fraîche	de sucre en poudre
liquide	1 ananas frais

REDUISEZ les framboises en purée, passez-les au tamis. Montez la crème liquide en chantilly très ferme, incorporez-y les framboises en purée et le sucre en poudre.

Coupez en huit l'ananas avec ses feuilles, enlevez soigneusement le cœur. Séparez la pulpe de la peau, coupez chaque quartier de pulpe en petites tranches que vous disposez en quinconce sur l'écorce. Servez séparément la crème de framboises.

Ci-contre : *Quartiers d'oranges à la purée d'avocat*
Ci-dessous : *Ananas à la crème de framboise*

COUPEZ en quatre l'ananas avec ses feuilles, enlevez le cœur. Séparez la pulpe de la peau avec un couteau bien aiguisé, coupez en tranches de 2 cm d'épaisseur. Portez à ébullition 12,5 cl d'eau avec le sucre et la gousse de vanille fendue. Ajoutez les morceaux d'ananas, portez à ébullition, laissez cuire 3 minutes.

Laissez égoutter les morceaux d'ananas sur une grille. Portez de nouveau le jus à ébullition, laissez cuire jusqu'à ce que le liquide blondisse, retirez la gousse de vanille. Disposez les écorces d'ananas comme de petites gondoles sur des assiettes individuelles. Plongez les morceaux d'ananas dans le caramel, égouttez rapidement, disposez sur les écorces d'ananas.

PARFAIT À LA NOISETTE

Pour 8 personnes

150 g de noisettes concassées	100 g de chocolat à pâtisserie
350 g de sucre	50 cl de crème fraîche liquide
7 jaunes d'œufs	Carrés de chocolat
1 œuf entier	

POUR PRÉPARER la nougatine, faites griller les noisettes 5 à 8 minutes sur la plaque du four préchauffé ou dans une poêle à sec. Faites caraméliser 100 g de sucre, incorporez-y les noisettes. Étalez sur une plaque beurrée, laissez refroidir, puis réduisez en poudre croquante.

Portez à ébullition 1/4 de litre d'eau avec 250 g de sucre, laissez cuire jusqu'à obtention d'un liquide sirupeux (environ 7 minutes). Battez les jaunes avec l'œuf entier, incorporez le sirop sucré très chaud sans cesser de fouetter jusqu'à obtention d'une masse crémeuse, mettez le récipient dans l'eau froide, fouettez jusqu'à refroidissement complet. Incorporez la nougatine à la crème. Faites fondre le chocolat au bain-marie.

Montez en chantilly la crème liquide, incorporez-en 2 cuillerées à soupe au chocolat refroidi. Mélangez vigoureusement le reste à la crème aux œufs et à la nougatine, versez le tout dans un saladier que vous laisserez 6 heures au congélateur. Remuez de temps en temps. Formez des boules avec une cuillère à glace, disposez sur des assiettes à dessert, garnissez avec les carrés de chocolat, servez immédiatement.

DESSERT GLACÉ OLYMPIQUE

Pour 4 personnes

1 citron non traité	20 cl de crème liquide
200 g de sucre	1/2 sachet de gélatine en poudre
200 g de raisins secs	1/4 de litre de jus de citron
4 cuillerées à soupe de rhum blanc	2 blancs d'œufs

LAVEZ le citron à l'eau très chaude et prélevez le zeste. Portez à ébullition 1/2 litre d'eau, ajoutez-y le zeste de citron et le sucre, laissez bouillir 3 à 5 minutes, ôtez les zestes et réservez le sirop. Arrosez les raisins secs avec le rhum blanc, laissez macérer. Montez en chantilly la crème liquide, incorporez les raisins secs. Délayez la gélatine dans 4 à 5 cuillerées à soupe du jus de citron, laissez gonfler 10 minutes et faites chauffer sans cesser de remuer jusqu'à sa dissolution.

Battez en neige les blancs d'œufs. Mélangez le sirop de citron, la crème aux raisins secs, le reste du jus de citron, les blancs en neige et la gélatine tiède, mettez au frais. Remuez soigneusement une dernière fois avant que le dessert ne commence à épaissir, versez dans des moules individuels, placez dans le congélateur.

Avant de servir, plongez les coupes dans de l'eau très chaude, renversez les moules sur des coupes. Servez avec de la sauce au chocolat.

COUPE MONA LISA

Pour 6 personnes

3/4 de litre de glace amande et caramel	20 cl de crème fraîche liquide
Sauce au chocolat liquide	Chocolat amer

FORMEZ des boules de glace, disposez sur des assiettes à dessert froides. Versez la sauce au chocolat autour de la glace, décorez avec la crème et le chocolat.

Servez avec des petits gâteaux au chocolat.

Ci-contre : *Parfait à la noisette*
Page de droite : *Dessert glacé olympique*

PARFAIT GLACÉ À LA FRAMBOISE

Pour 4 personnes

500 g de framboises
2 œufs
125 g de sucre
2 cuillerées à soupe

de jus de citron
50 cl de crème fraîche
liquide
Amandes grillées et effilées

REDUISEZ les framboises en purée, passez-les au tamis. Battez les jaunes avec le sucre jusqu'à ce que le mélange blanchisse, incorporez le jus de citron. Battez les blancs en neige, incorporez-les aux jaunes, mélangez avec précaution le tout à la purée de framboises.

Versez dans un saladier ou dans des ramequins, couvrez à l'aide d'une feuille d'aluminium, placez 3 à 4 heures dans le congélateur. Vous pouvez plonger rapidement les ramequins ou le saladier dans l'eau chaude avant de servir. Décollez alors le parfait avec un couteau et retournez-le sur un plat. Saupoudrez avec les amandes grillées.

COUPE HÉLÈNE

Pour 7 à 8 personnes

1,5 litre de glace
à la pistache
500 g d'abricots au sirop

Gelée de framboises
35 cl de crème liquide
Amandes effilées

FORMEZ des boules de glace à l'aide d'une cuillère à glace, disposez sur des assiettes à dessert froides. Égouttez les oreillons d'abricots et disposez-en un sur chaque boule de glace. Faites fondre à feu doux la gelée de framboises et versez-la sur les coupes, décorez avec la crème montée en chantilly et les amandes grillées.

GLACE GRATINÉE À L'ORANGE

Pour 6 à 8 personnes

4 oranges	2 œufs
125 g de sucre	1 sachet de sucre vanillé
3 cuillerées à soupe	1/2 litre de glace vanille
de Grand Marnier	16 biscuits à la cuillère

ÉPLUCHEZ les oranges, coupez-les en fines rondelles. Saupoudrez-les avec 25 g de sucre, versez le *Grand Marnier*, laissez mariner. Battez les blancs en neige ferme. Mélangez 100 g de sucre avec le sucre vanillé, incorporez-le, cuillère après cuillère, aux blancs en neige dont vous mettrez deux cuillerées à soupe dans une poche à douille en étoile. Incorporez deux jaunes d'œufs au reste des blancs en neige. Disposez la glace dans un grand plat ovale pouvant aller au four. Cassez en

deux 9 des biscuits, imbibez-les avec le jus des oranges marinées, disposez-les autour de la glace. Couchez les biscuits restants sur la glace. Étalez les œufs battus, décorez avec la poche à douille, mettez le plat sous le gril 3 à 4 minutes à 225°C (thermostat 7).

Disposez les rondelles d'oranges sur la glace.

COUPE ALEXANDRA

Pour 5 à 6 personnes

3/4 de litre de glace	50 cl de crème fraîche
au parfum vanille-noix	liquide
4 à 6 cuillerées à soupe	Noix concassées
de liqueur à l'œuf	Pistaches concassées

FORMEZ des boules de glace à l'aide d'une cuillère à glace, disposez sur une coupe en verre froide. Versez la liqueur en auréole sur les boules, décorez la glace avec la crème montée en chantilly, garnissez avec les noix et les pistaches.

Ci-dessus : *Coupe Alexandra*
Page de gauche : *Parfait glacé à la framboise*

COUPE RÊVE D'ÉTÉ

Pour 6 à 7 personnes

3/4 de litre de sorbet	*1 sachet de sucre*
au cassis	*vanillé*
25 cl de crème liquide	*Cassis*

POSEZ la glace sur un plat. Fouettez la crème pendant 30 secondes, incorporez le sucre vanillé, montez en chantilly. Garnissez la glace avec la crème chantilly et des grains de cassis. Servez avec des biscuits .

RÊVE D'APHRODITE

Pour 4 personnes

1 mangue	*à la pistache*
2 cuillerées à soupe	*25 cl de crème fraîche*
de Grand Marnier	*liquide*
1/2 litre de glace	*Pistaches décortiquées*

LAVEZ la mangue, coupez-la en deux, dénoyautez-la et épluchez-la. Coupez la pulpe en morceaux, arrosez-la avec le *Grand Marnier*.

Servez la glace avec les morceaux de pulpe, décorez avec la crème montée en chantilly, garnissez avec les pistaches.

COUPE HAWAÏ

Pour 4 personnes

4 rondelles d'ananas	*au citron*
au sirop	*25 cl de crème liquide*
1/2 litre de sorbet	*Gaufrettes*

DISPOSEZ les rondelles d'ananas sur des assiettes à dessert froides (avant de servir, mettez-les 5 minutes au congélateur). Formez des boules de glace à l'aide d'une cuillère à glace, disposez sur les rondelles d'ananas. Décorez avec la crème liquide montée en chantilly, garnissez avec les gaufrettes.

DESSERT ANANAS-FRAISES

Pour 4 personnes

16 grosses fraises	1/4 de litre de glace
2 cl de marasquin	à la fraise
4 rondelles d'ananas	30 g d'amandes grillées
au sirop	effilées

Lavez et coupez les fraises en deux. Arrosez-les avec le marasquin et laissez mariner. Égouttez les rondelles d'ananas, disposez-les sur des assiettes. Posez une boule de glace à la fraise, faite à la cuillère à glace, sur chacune des rondelles d'ananas. Ajoutez-y les fraises. Saupoudrez avec les amandes, servez immédiatement.

BANANES DE RÊVE

Pour 4 personnes

2 à 3 bananes	30 cl de crème liquide
Jus de citron	Chocolat râpé
1/2 litre de glace	Cerises
au chocolat	Litchis

Coupez les bananes épluchées en rondelles et disposez sur les assiettes à dessert. Arrosez-les du jus de citron. Coupez la glace en huit tranches, disposez 2 tranches sur chaque part de banane. Décorez avec la crème montée en chantilly, garnissez avec le reste des ingrédients.

COUPE EXPRESSO

Pour 4 personnes

4 jaunes d'œufs	1/8 de litre de café fort
100 g de sucre	3/4 de litre de glace vanille
3 cuillerées à soupe	Chocolat râpé
d'Amaretto	Cigarettes russes

Battez les jaunes d'œufs et le sucre dans un bain-marie jusqu'à ce qu'ils blanchissent. Incorporez l'Amaretto et le café, fouettez 5 minutes environ. Disposez des boules de glace dans des coupes individuelles, arrosez avec le sabayon. Garnissez avec le chocolat râpé, servez immédiatement avec les cigarettes russes.

Page de gauche : *Dessert ananas-fraises*
Ci-contre : *Coupe expresso*

COUPE CHÂTEAU ROYAL

Pour 4 à 6 personnes

6 à 8 cuillerées à soupe	1/2 litre de glace
de sauce au chocolat	à la noix
1 à 2 cuillerée à soupe	Graines de pistache
de cognac	hachées
2 cuillerées à soupe	Rondelles de bananes
de crème liquide	Quartiers de mandarines
1 cuillerée à soupe	Cerises
de gingembre haché	Cigarettes russes

Melangez sauce au chocolat, cognac, crème liquide et gingembre. Versez dans les coupes à dessert froides. Disposez-y les boules de glace faites à l'aide d'une cuillère à glace. Décorez avec de la chantilly, garnissez avec le reste des ingrédients.

CAPRICE

Pour 4 personnes

4 cuillerées à soupe
de sauce au chocolat
3/4 de litre de glace
au caramel

25 cl de crème fraîche
liquide
Amandes
Cigarettes russes

VERSEZ la sauce au chocolat dans des coupes à dessert froides. Formez douze boules de glace à l'aide d'une cuillère à glace, disposez 3 boules dans chaque coupe. Décorez avec la crème liquide montée en chantilly, garnissez avec les amandes et les cigarettes russes.

GLACE À LA VANILLE

Pour 4 personnes

2 jaunes d'œufs
75 g de sucre

1/2 gousse de vanille
25 cl de crème liquide

BATTEZ les jaunes et le sucre jusqu'à ce que le mélange blanchisse, incorporez la poudre de vanille. Montez en chantilly la crème liquide, incorporez-la au mélange. Versez le tout dans une coupe à glace, mettez 3 à 4 heures dans le congélateur. Disposez la glace dans 4 coupes à dessert à l'aide d'une cuillère à glace. Servez avec des baies sucrées et des gaufrettes.

SALADE DE FRUITS À LA GLACE CHOCOLAT-VANILLE

Pour 6 à 7 personnes

500 g de fraises
2 cuillerées à soupe
de sucre
3 kiwis

2 bananes
Jus de citron
1/2 litre de glace
chocolat-vanille

LAVEZ les fraises, équeutez-les, coupez-les en deux, saupoudrez-les avec le sucre. Épluchez les kiwis et les bananes, découpez-les en rondelles, arrosez les rondelles de bananes avec le jus de citron.
Versez les fruits dans une coupe de verre. Formez des boules de glace à l'aide d'une cuillère à glace, disposez sur la salade de fruits.
Servez immédiatement.

Ci-dessous : *Salade de fruits
à la glace chocolat-vanille*

464

Ci-dessus : *Coupe olympique*

COUPE OLYMPIQUE

Pour 4 personnes

3/4 de litre de glace à la pistache	*Coulis de fraises*
6 abricots cuits à l'étuvée	*25 cl de crème liquide*
	Amandes en poudre

REPARTISSEZ 12 boules de glace avec une cuillère à glace, dans 4 coupes froides. Disposez un demi-abricot sur chaque boule, recouvrez de coulis de fraises. Décorez de crème liquide montée en chantilly et d'amandes.

PÊCHES CARDINAL

Pour 4 personnes

3/4 de litre de glace au caramel	*Coulis de framboises*
25 cl de crème liquide	*Amandes grillées concassées*
4 moitiés de pêches au sirop	*Gaufrettes*

FAITES 12 boules de glace avec une cuillère à glace, disposez-les dans 4 coupes à dessert froides. Décorez avec la crème liquide montée en chantilly. Égouttez les moitiés de pêches, disposez-les sur la glace. Versez le coulis de framboises sur les coupes avec les amandes. Garnissez avec les gaufrettes.

COUPE RHEINGOLD

Pour 4 personnes

400 à 500 g de raisins noirs	*25 cl de crème liquide*
1/2 litre de glace au chocolat	*Noisettes hachées*
	Gaufrettes

LAVEZ les raisins, coupez-les en deux, épépinez-les. Coupez la glace en dés, disposez-la avec les raisins dans 4 coupes à dessert froides (avant de servir, mettez 5 minutes au congélateur). Garnissez avec la crème montée en chantilly, les noisettes et les gaufrettes.

FÊTE DE GLACE ET DE FEU

Pour 4 personnes

1/2 litre de lait	125 g de riz rond
1 pincée de sel	2 œufs
4 cuillerées à soupe	1/2 litre de glace
de sucre	en bûche
Zeste de 1/2 citron non traité	Jus de citron

PORTEZ à ébullition le lait salé avec 2 cuillerées à soupe de sucre, le zeste de citron et le riz, laissez gonfler 20 minutes environ. Incorporez les jaunes dans le riz encore chaud, laissez refroidir.

Disposez sur 4 coupes pouvant aller au four, mettez au frais. Coupez la glace en dés, disposez sur le riz. Battez les blancs en neige très ferme, incorporez le jus de citron. Décorez la glace avec les blancs en neige à l'aide d'une poche à douille. Placez les coupes sous le grill très chaud pendant 5 minutes environ. Servez immédiatement.

PARFAIT AU CAFÉ

Pour 6 personnes

60 g de café moulu	1/2 litre de crème
1 à 2 cuillerées à café	fraîche liquide
de café soluble	Fruits confits
150 g de sucre	Grains de moka ou
3 jaunes d'œufs	copeaux de chocolat
1 pincée de sel	

VERSEZ 1/4 de litre d'eau bouillante sur le café moulu, versez le café soluble, laissez infuser pendant 15 minutes, filtrez. Portez à ébullition 10 cl d'eau avec le sucre, laissez cuire jusqu'à obtention d'un sirop. Battez les jaunes en écume, incorporez le sirop sucré très chaud, fouettez jusqu'à obtention d'une crème épaisse. Ajoutez alors le café et le sel.

Montez en chantilly la crème liquide, incorporez-la à la crème aux œufs. Versez le tout dans un récipient métallique, placez dans le congélateur pendant 3 à 4 heures. Disposez la glace sur une assiette froide. Décorez avec les fruits confits, les grains de moka ou les copeaux de chocolat. Servez avec des meringues.

Ci-dessous : *Fête de glace et de feu*

Ci-dessus : *Abricots à la glace au chocolat*

ABRICOTS
À LA GLACE AU CHOCOLAT

Pour 4 personnes

8 à 12 abricots	de sucre
1 noix de beurre	1/2 litre de glace
50 g d'amandes	chocolat-vanille
mondées	4 cuillerées à soupe
4 à 6 cuillerées à soupe	de liqueur de moka

Pochez les abricots dans l'eau bouillante, trempez-les dans l'eau froide, enlevez la peau, coupez-les en deux, enlevez le noyau. Coupez les abricots en quartiers. Faites fondre le beurre, faites blondir les amandes. Incorporez le sucre, faites fondre sans cesser de remuer.

Ajoutez les abricots, faites cuire à l'étuvée pendant 5 minutes environ, laissez refroidir. Faites des boules de glace à l'aide d'une cuillère à glace, disposez-les sur les abricots, arrosez avec la liqueur de moka. Servez immédiatement.

PARFAIT VANILLE-FRAISE AU SABAYON

Pour 4 à 6 personnes

1 gousse de vanille	60 g de sucre en poudre
15 cl de crème fraîche liquide	500 g de fraises
Sel	3 cuillerées à soupe de liqueur d'orange
8 œufs	1/4 de litre de porto

Extrayez la poudre de vanille de sa gousse fendue dans la longueur. Portez à ébullition la crème fraîche avec cette poudre et une pincée de sel. Battez 4 jaunes d'œufs avec 30 g de sucre jusqu'à ce qu'ils blanchissent. Incorporez-y lentement la crème très chaude. Laissez refroidir. Battez 2 blancs d'œufs en neige avec le reste du sucre, incorporez à l'ensemble. Versez la crème dans un moule à savarin de 1 litre, mettez 5 heures au congélateur, remuez de temps en temps. Coupez en deux les fraises lavées et équeutées. Saupoudrez de sucre, arrosez avec la liqueur d'orange, laissez macérer.

Préparation du sabayon au porto : fouettez, dans un bain-marie, 4 jaunes d'œufs avec le porto et une pincée de sel jusqu'à obtenir une masse crémeuse. Renversez le parfait sur une assiette froide. Disposez les fraises au centre, arrosez avec le sabayon au porto. Servez immédiatement.

SORBET À LA PAPAYE

Pour 4 personnes

1 papaye de 500 g environ	40 g de sucre en poudre
10 cl de jus de pamplemousse	Vin mousseux

Coupez en deux la papaye, épépinez-la, retirez la pulpe à l'aide d'une cuillère. Réduisez en purée avec le jus de pamplemousse et le sucre tamisé. Versez la purée de papaye dans un saladier, placez 2 à 3 heures dans le congélateur (le sorbet ne doit pas devenir ferme). Disposez le sorbet dans des coupes à champagne. Remplissez les verres avec du vin mousseux. Servez immédiatement.

ICEBERG AUX FRUITS

Pour 2 personnes

125 g de fromage frais	1 cuillerée à soupe de sucre
1 cuillerée à café de jus de citron	1/4 de litre de glace aux fruits
Jus de 1/2 orange	30 g de blé soufflé grillé

Melangez le fromage frais avec les jus de citron et d'orange, ajoutez le sucre, versez sur des assiettes à dessert. Coupez la glace en deux, disposez-la sur les assiettes. Saupoudrez le tout avec le blé soufflé.

PÊCHES MELBA

Pour 4 personnes

300 g de framboises congelées	1/2 litre de glace à la vanille
4 moitiés de pêches cuites à l'étuvée	Crème liquide

Décongelez les framboises, passez-les au mixer. Montez la crème en chantilly. Égouttez les pêches, coupez-les en éventail. Coupez la glace en dés, disposez dans 4 coupes, couvrez chacune avec une moitié de pêche. Arrosez avec le coulis de framboises. Décorez avec la crème chantilly, servez immédiatement.

Ci-contre : *Parfait vanille-fraise au sabayon*
À droite : *Sorbet à la papaye*

COUPE KIWI

Pour 4 personnes

6 kiwis
1/2 cuillerée à café
de sucre vanillé
1 cuillerée à soupe
de confiture d'orange
1 cuillerée à soupe
de liqueur d'orange

4 boules de glace
à la vanille
4 boules de glace
à la pistache
4 boules de glace
à la fraise

ÉPLUCHEZ les 6 kiwis. Découpez-en 4 en petits morceaux, écrasez-les avec une fourchette, mélangez avec le sucre vanillé, la confiture et la liqueur d'orange. Coupez 2 kiwis en deux dans la longueur puis en tranches.

Disposez la glace dans 4 coupes à glace, arrosez avec la sauce, garnissez avec les tranches de kiwis. Servez immédiatement.

Ci-dessous : *Sorbet au melon*

SORBET AU MELON

Pour 2 personnes

1 melon d'environ 1 kg
60 à 80 g de sucre
en poudre

2 cuillerées à soupe
de jus de citron
Vin mousseux sec

COUPEZ le melon en deux, épépinez-le puis évidez chaque moitié. Coupez en dés et en quartiers une partie de la chair, couvrez, mettez au frais. Réduisez le reste en purée, incorporez le sucre en poudre et le jus de citron. Placez 5 heures au congélateur, remuez de temps en temps. Versez le sorbet dans les écorces de melon froides, arrosez avec le vin mousseux, garnissez avec la pulpe mise de côté, servez immédiatement.

COUPE WILLIAM

Pour 6 personnes

1/2 litre de glace
à la vanille
3 poires cuites
3 cuillerées à soupe

d'eau-de-vie de poire
1/8 de litre de crème
liquide
30 g de chocolat noir

POSEZ la glace sur un plat allongé. Disposez les poires égouttées et coupées en deux par-dessus. Arrosez d'eau-de-vie. Montez la crème en chantilly. Réduisez le chocolat en pommade dans une casserole au bain-marie, incorporez avec précaution à la crème, décorez la glace. Servez immédiatement avec des biscuits.

GLACE À LA VANILLE SUR LIT DE MÛRES

Pour 2 personnes

125 g de lait caillé
1 sachet de sucre vanillé
20 g de sucre
125 g de mûres

1/4 de litre de glace
à la vanille
Pétales de maïs
(Cornflakes)

MELANGEZ lait caillé, sucre vanillé, sucre et mûres, disposez sur deux assiettes à dessert. Coupez la glace en gros dés, disposez-les sur les assiettes. Saupoudrez avec les pétales de maïs, servez immédiatement.

À droite : *Coupe William*

DISQUES D'OR À LA CRÈME D'AIRELLES

Pour 6 personnes

100 g de pâte d'amande brute	1/8 de litre de jus d'airelle
120 g de sucre en poudre	1 cuillerée à café de gélatine en poudre
3 œufs	1 cuillerée à soupe de liqueur de cassis
25 g de farine	
1 pincée de cannelle, en poudre	1 cuillerée à café de zeste râpé de citron non traité
125 g d'airelles fraîches ou en conserve	12 cl de crème liquide

REDUISEZ en pommade la pâte d'amande, 50 g de sucre en poudre et 1 œuf à l'aide d'un mixer électrique. Incorporez la farine tamisée et la cannelle, couvrez et laissez reposer 3 heures environ. Étalez la pâte en 10 disques de 10 cm de diamètre environ sur une plaque à four huilée. La pâte passée au four étant fragile, prévoyez-en deux de plus. Mettez la plaque dans le four préchauffé à 180° C (thermostat 6) et laissez cuire environ 5 minutes, jusqu'à ce que la pâte se colore légèrement. Décollez-la aussitôt de la plaque, laissez refroidir sur une grille. Saupoudrez avec du sucre tamisé, faites caraméliser au gril.

Préparation de la crème d'airelles : portez le jus et les fruits à ébullition, retirez de la flamme, couvrez, laissez refroidir. Délayez la gélatine dans 2 cuillerées à soupe d'eau froide, laissez gonfler 10 minutes. Battez les 2 jaunes d'œufs avec 50 g de sucre en poudre jusqu'à ce que le mélange blanchisse, incorporez la liqueur de cassis et le zeste de citron, puis le coulis d'airelles en prenant soin d'en mettre 4 cuillerées à soupe de côté. Réchauffez la gélatine sans cesser de remuer jusqu'à dissolution, incorporez à l'ensemble, placez dans le réfrigérateur.

Montez en chantilly la crème liquide, incorporez-la à la crème aux airelles, mettez au frais. Remplissez une poche à douille avec la crème, enduisez 5 cercles de pâte. Garnissez avec les airelles mises de côté. Recouvrez avec les disques de pâte restants, le côté caramélisé sur le dessus, pressez légèrement.

Variante : vous pouvez remplacer les airelles par du cassis ou des groseilles.

OMELETTE AUX BAIES

Pour 4 personnes

4 œufs	4 cuillerées à soupe de lait
1 cuillerée à soupe de sucre	4 cuillerées à soupe de flocons d'avoine
1/2 cuillerée à café de sel	2 noix de beurre

FOUETTEZ énergiquement l'ensemble des ingrédients à l'exception du beurre. Faites fondre une partie du beurre dans une poêle, versez le quart de la pâte, faites dorer l'omelette des deux côtés en rajoutant un peu de beurre avant de la retourner.

Placez l'omelette au chaud. Procédez de même avec le reste de la pâte. Servez avec des fraises sucrées, des cassis, des framboises, des airelles, des groseilles ou de la chantilly à la liqueur d'orange.

Ci-contre : *Disques d'or à la crème d'airelles*
Page de droite : *Crêpes Suzette*

CRÊPES SUZETTE

Pour 6 personnes

50 g de farine
1 œuf
2 à 3 cuillerées à soupe
de sucre en poudre
25 cl de crème fraîche
liquide

1/4 de litre de lait
100 g de beurre
3 oranges
6 cuillerées à soupe
de Grand Marnier

VERSEZ la farine tamisée dans un saladier, cassez l'œuf entier au centre, ajoutez 1 cuillerée à soupe de sucre en poudre et le mélange crème-lait. Fouettez vivement, laissez reposer 30 minutes environ. Faites fondre du beurre dans une poêle, versez une mince couche de pâte, laissez dorer des deux côtés. Faites en tout 6 crêpes, gardez-les au chaud.

Préparation du beurre à l'orange : mélangez 50 g de beurre ramolli avec le zeste de 1 orange et 1 à 2 cuillerées à soupe de sucre en poudre.

Épluchez 2 oranges, enlevez la peau blanche, coupez en tranches de 1/2 cm d'épaisseur environ. Faites fondre un peu de ce beurre à l'orange dans une poêle à flamber, réchauffez une crêpe des deux côtés, pliez-la en triangle, gardez-la au chaud sur une assiette chaude.

Procédez de même pour les 6 crêpes. Faites chauffer le reste du beurre à l'orange dans la poêle, ajoutez les tranches d'orange et faites-les chauffer à feu doux des deux côtés. Rassemblez les oranges au milieu de la poêle, disposez les crêpes pliées autour, réchauffez de nouveau rapidement. Arrosez avec le *Grand Marnier*, faites flamber. Servez avec de la glace à la vanille.

OMELETTE AUX BISCUITS
À LA CRÈME DE PRUNEAUX

Pour 4 personnes

2 œufs	de pruneaux
60 g de sucre	Cannelle en poudre
40 g de farine	1 à 2 cuillerées à soupe
30 g de maïzena	de cognac
15 cl de crème fraîche	Zeste râpé d'un citron
liquide	non traité
4 cuillerées à soupe	Sucre glace

FOUETTEZ les jaunes d'œufs avec la moitié du sucre jusqu'à ce que le mélange blanchisse. Battez les blancs en neige très ferme avec le reste du sucre. Mélangez la farine et la maïzena, tamisez, incorporez au mélange œufs-sucre, puis ajoutez les blancs en neige.

Saupoudrez de farine une plaque à four huilée. Formez 4 disques de pâte de 15 cm de diamètre environ, mettez la plaque dans le four pendant 5 minutes environ à 250°C (thermostat 7). Décollez les omelettes de la plaque.

Montez la crème liquide en chantilly très ferme, incorporez-y les pruneaux broyés au mixer, la cannelle, le cognac et le zeste de citron. Garnissez les omelettes de cette crème aux pruneaux, saupoudrez de sucre glace.

Ci-dessous : *Omelette aux biscuits à la crème de pruneaux*
À droite : *Omelette Nelson*

OMELETTE NELSON

Pour 4 personnes

5 kiwis	1 cuillerée à soupe de sucre
5 dattes fraîches	1/2 sachet de sucre
2 cuillerées à soupe	vanillé
de marasquin	12 biscuits à la cuillère
2 cuillerées à soupe	3 œufs
de jus d'oranges	100 g de sucre
fraîchement pressées	en poudre

COUPEZ en deux les kiwis pelés, dans le sens de la longueur puis en tranches. Mettez-en quelques-unes de côté pour décorer. Enlevez la peau des dattes, coupez-les en deux dans le sens de la longueur, dénoyautez-les. Arrosez les fruits avec le marasquin et le jus d'oranges, ajoutez le sucre et le sucre en poudre, laissez macérer les fruits au réfrigérateur.

Disposez les biscuits dans un moule plat pouvant aller au four, recouvrez avec les fruits macérés et leur jus. Battez les jaunes et le sucre en poudre jusqu'à ce que le mélange blanchisse. Battez les blancs en neige, incorporez-les au mélange œufs-sucre. Versez le tout sur les fruits. Mettez le moule dans le four préchauffé pendant 12 à 15 minutes à 200°C (thermostat 6).

Garnissez l'omelette avec les tranches de kiwis restantes, servez immédiatement.

SOUFFLÉ GOURMAND
DE CONSTANCE

Pour 2 personnes

4 œufs	en poudre
75 g de sucre	Beurre
25 g de cacao	1 cuillerée à soupe
75 g d'amandes	de chapelure

BATTEZ les blancs en neige. Battez les jaunes et le sucre jusqu'à ce que le mélange blanchisse. Versez les blancs battus sur les jaunes. Tamisez le cacao sur les blancs, ajoutez les amandes, mélangez le tout avec précaution. Versez la préparation dans un moule à soufflé enduit de beurre, saupoudrez avec la chapelure.

Mettez le moule dans le four préchauffé et faites cuire à 180°C (thermostat 5) pendant 25 minutes. Servez avec de la chantilly ou une crème anglaise.

GLOSSAIRE

Même si chacun ou chacune a son petit secret pour améliorer une recette de cuisine, il nous faut tous partager les rudiments du "jargon culinaire". Ce glossaire vous permettra de préparer le *bœuf façon rustique* ou le *pot-au-feu* en sachant ce que veut dire *parer un légume, déglacer un suc de cuisson* et quelques autres termes qui vous initieront un peu plus à l'art culinaire.

À l'étouffée : cuire dans un récipient clos.

À l'étuvée : faire cuire à feu doux dans un récipient fermé.

Angostura : bitter concentré à base de rhum et de suc provenant de l'écorce d'un arbuste d'Amérique du Sud.

Appareil : mélange de plusieurs ingrédients.

Bain-marie : eau bouillante dans laquelle on place un récipient contenant ce qu'on veut faire chauffer ou réchauffer lentement.

Barder : entourer de fines tranches de lard.

Beurre manié : mélange d'une quantité égale de beurre et de farine.

Blanchir : faire bouillir, soit pour attendrir (par exemple du chou), soit pour cuire (viandes ou légumes), soit pour faciliter l'épluchage (tomates par exemple ; dans ce cas, 30 secondes suffisent).

Blondir : faire revenir légèrement jusqu'à obtenir une coloration juste dorée.

Bouquet garni : bouquet d'aromates comprenant généralement du persil, du thym et du laurier.

Braiser : Cuire à feu doux et à l'étouffée.

Chinois : passoire fine en forme de cône.

Ciseler : couper finement avec des ciseaux.

Concasser : hacher ou broyer grossièrement.

Darne : Tranche épaisse taillée dans un gros poisson.

Déglacer : récupérer les sucs de cuisson au fond d'une poêle ou d'une casserole en les faisant dissoudre dans un peu d'eau (ou dans un autre liquide).

Dégorger : plonger dans l'eau froide une viande ou un poisson pour éliminer le sang et les impuretés.

Donner un bouillon : porter un liquide à ébullition puis, dès le premier bouillon, réduire le feu (ou l'éteindre si la recette le précise).

Dresser : disposer sur un plat de service.

Écumer : ôter l'écume de la surface d'un liquide.

Émincer : couper en tranches, en lanières ou en lamelles fines.

Équeuter : ôter les queues.

Exprimer : extraire de l'eau d'un aliment en le pressant.

Foncer : tapisser l'intérieur d'un moule avec de la pâte.

Fumet : sauce à base de poisson.

Fricandeau : tranche de veau lardée, braisée ou poêlée.

Julienne : légumes variés coupés en menus morceaux.

Lever : prélever des morceaux d'une viande, d'un poisson, d'une volaille ou d'un légume.

Lier : épaissir, donner une consistance homogène.

Livèche : plante aromatique originaire de Perse.

Marasquin : liqueur de marasque (variété de cerise acide).

Mariner : mettre à tremper dans un liquide (par exemple du vin), dans lequel on a ajouté des aromates et divers ingrédients.

Mijoter : faire cuire à petit feu.

Monder : ôter la peau (en parlant d'amandes ou de noisettes).

Mouiller : ajouter de l'eau.

Napper : recouvrir complètement de sauce.

Oreillon : moitié d'abricot dénoyauté.

Parer : supprimer les parties inutiles d'un légume, d'une viande ou d'un poisson.

Poche à douille : ustensile formé d'une poche en toile et d'un embout de forme conique qui sert à distribuer une pâte ou une crème.

Réduire : faire bouillir pour que la préparation devienne plus concentrée.

Réserver : mettre de côté en attendant de l'utiliser pour la suite de la recette.

Revenir (faire) : faire dorer dans une matière grasse fortement chauffée.

Rissoler : faire cuire sur toutes les faces jusqu'à obtenir une coloration dorée.

Roux : mélange de farine et de beurre qu'on a fait roussir à feu doux et qui sert à lier une sauce.

Saisir : cuire à feu très vif (en début de cuisson).

Travailler : battre avec une spatule ou un fouet.

INDEX ALPHABÉTIQUE